道路工程

姚波 王晓 主编

东南大学出版社
SOUTHEAST UNIVERSITY PRESS
·南京·

内容提要

本书全面系统地阐述了公路与城市道路路线、路基和路面设计的基本原理和方法。全书共分为 11 章，其中第 1 章为道路工程设计基础；第 2~7 章为路线设计部分，包括道路平面、道路纵断面、道路横断面、道路线形设计、道路总体设计、选线与定线以及道路交叉设计；第 8~11 章为路基和路面结构设计部分，包括路基设计、路面基层设计、沥青路面设计和水泥混凝土路面设计。

本书可作为高等院校土木工程、交通工程、道路桥梁与渡河工程、城乡规划和城市设计等专业的教材，也可供从事公路、城市道路及有关道路工程建设、设计、施工、监理、养护的工程技术人员和管理人员参考。

图书在版编目(CIP)数据

道路工程/姚波,王晓主编. —南京:东南大学出版社, 2020.8(2024.8重印)

ISBN 978-7-5641-8734-7

Ⅰ. ①道… Ⅱ. ①姚… ②王… Ⅲ. ①道路工程—高等学校—教材 Ⅳ. ①U41

中国版本图书馆 CIP 数据核字(2019)第 285780 号

道路工程

主　　编	姚　波　王　晓
出版发行	东南大学出版社
社　　址	南京市四牌楼 2 号　　邮编：210096
出 版 人	江建中
网　　址	http://www.seupress.com
电子邮箱	press@seupress.com
经　　销	全国各地新华书店
印　　刷	江苏凤凰数码印务有限公司
开　　本	787mm×1092mm　1/16
印　　张	25.5
字　　数	635 千字
版　　次	2020 年 8 月第 1 版
印　　次	2024 年 8 月第 3 次印刷
书　　号	ISBN 978-7-5641-8734-7
定　　价	65.00 元

本社图书若有印装质量问题，请直接与营销部联系。电话(传真)：025-83791830

前　言

改革开放40多年来,道路交通事业作为我国现代化建设的基础呈现出日新月异的变化,取得了举世瞩目的成就。截至2019年末,全国公路总里程达501.25万km,其中高速公路车道里程达66.94万km,高速公路通车里程已居世界首位。随着城镇化进程的不断加快,城市道路建设在城市建设总投资中的比重也逐年上升,道路基础设施建设及管理水平不断提高。

大量高等级道路的修建,促进了工程建设理念、建设理论及建设技术的发展,取得了许多新的科技成果,相关部门也据此对行业规范、标准进行了大量的修订。特别是"十三五"以来,国家交通运输部及住房和城乡建设部先后对公路与城市道路相关标准及规范进行了全面修订、补充、完善和更新,《公路路线设计规范》(JTG D20—2017)、《公路路基设计规范》(JTG D30—2015)、《公路沥青路面设计规范》(JTG D50—2017)、《公路路面基层施工技术细则》(JTG/T F20—2015)、《公路沥青路面养护设计规范》(JTG 5421—2018)、《公路项目安全性评价规范》(JTG B05—2015)、《城市道路工程设计规范》(CJJ 37—2012)(2016年版)等一批与道路相关的设计、施工规范相继颁布实施。这些新的规范、标准吸收了国内外科研、设计和工程实践的最新成果[比如2017年颁布实施的《公路沥青路面设计规范》(JTG D50—2017),采用了"基于使用性能的力学-经验设计方法",取代了一直以来采用的路表设计弯沉这一传统指标的设计方法],与旧规范的技术体系有一定的差异,客观上促进了道路交通事业的发展,也对道路工程从业人员的知识水平和能力提出了更高的要求。

与此同时,为适应社会和经济快速发展的需要,我国高等教育改革正不断深化,拓宽专业知识面、优化知识结构、更新知识内容、培养具有全面素质的创新能力人才已成为高等教育发展的必然趋势,土木工程、交通工程、道路桥梁与渡河工程、城乡规划和城市设计等专业的学生均需要学习道路工程的相关知识。

本教材编写的目标是在有限的课时下,力求拓宽专业面,让学生具备在更广阔领域就业所需要的知识面。全书将道路勘测设计、路基工程、路面工程等内容有机地融为一体,并紧密结合现行规范、规程,以满足不同学校、不同层次、不同专业的教学需求,各教学单位可根据自身专业特点及要求,对教学内容进行适当调整和删减。期望通过课程学习和工程实践,使学生既能对道路工程各方面的专业知识有一个全面、系统、深入的了解,又能正确应用有关标准、规范,分析和解决工程中的实际问题,从而具备从事道路工程设计、施工和管理的基本知识和能力。

本教材分为11章,由姚波(南京理工大学)和王晓(东南大学)主编。第1~10章由姚波编写,第 11 章由王晓编写。王思其、郭鹏成等硕士研究生在插图绘制方面做了相关工作,东南大学出版社的张绍来等编辑对全部书稿做了详细审阅,提出了许多宝贵意见和建议,在此表示衷心感谢。本书在编写过程中参考了有关规范、标准、材料和论著等大量文献资源,由于条件所限,未能与原著作者一一取得联系,在此谨向有关编著者表示衷心的感谢,引用与理解不当之处,敬请见谅!

因本书涉及面广,限于作者的学识水平,书中错误和不足之处在所难免,恳请读者和专家批评指正和提出宝贵意见,以便进一步修正、补充和完善,特此致谢。

姚 波

二〇二〇年六月于南京

目 录

1 绪论 ··· 1
  1.1 道路和道路运输 ··· 1
    1.1.1 道路的定义 ·· 1
    1.1.2 道路的功能 ·· 2
    1.1.3 常见交通运输方式 ·· 3
    1.1.4 道路运输的特点 ··· 3
  1.2 道路设计的基本内容 ·· 4
    1.2.1 线形设计 ··· 4
    1.2.2 结构设计 ··· 5
    1.2.3 交通工程设施设计 ·· 8
  1.3 道路设计的依据 ··· 9
    1.3.1 技术依据 ··· 9
    1.3.2 自然环境条件 ·· 10
    1.3.3 交通条件 ··· 18
  1.4 道路分类与技术分级 ··· 29
    1.4.1 道路分类 ··· 29
    1.4.2 公路分类与技术分级 ··· 30
    1.4.3 城市道路分类 ·· 33
  1.5 我国道路发展现状与规划 ··· 34
    1.5.1 我国道路发展现状 ··· 34
    1.5.2 道路发展规划 ·· 35
  思考题 ··· 36

2 道路平面 ··· 38
  2.1 道路平面线形 ··· 38
    2.1.1 道路实体与平面中线 ··· 38

2.1.2　汽车行驶轨迹与道路线形 ··· 39
　　2.1.3　平面线形三要素 ··· 41
2.2　直线 ·· 41
　　2.2.1　直线的特点 ··· 41
　　2.2.2　直线的长度限制 ··· 42
　　2.2.3　直线的数学表达式 ·· 43
2.3　圆曲线 ··· 43
　　2.3.1　圆曲线的特点 ·· 43
　　2.3.2　圆曲线的几何要素 ·· 43
　　2.3.3　圆曲线的半径 ·· 44
2.4　缓和曲线 ··· 47
　　2.4.1　缓和曲线的作用 ··· 48
　　2.4.2　汽车在缓和曲线上的行驶特性 ··· 49
　　2.4.3　回旋线的几何要素 ·· 50
　　2.4.4　缓和曲线的合理长度 ··· 51
　　2.4.5　不设缓和曲线的条件 ··· 53
思考题 ··· 54

3　道路纵断面 ··· 55
3.1　概述 ·· 55
　　3.1.1　道路实体与纵断面 ·· 55
　　3.1.2　纵断面图 ·· 55
　　3.1.3　设计线 ··· 58
　　3.1.4　设计高程 ·· 59
3.2　纵坡与坡长 ·· 59
　　3.2.1　纵坡 ·· 59
　　3.2.2　坡长 ·· 62
3.3　竖曲线 ·· 63
　　3.3.1　竖曲线的定义 ·· 63
　　3.3.2　竖曲线的作用 ·· 64
　　3.3.3　竖曲线的线形 ·· 64
　　3.3.4　竖曲线的几何要素 ·· 64
　　3.3.5　竖曲线最小半径和最小长度 ·· 65
　　3.3.6　竖曲线高程的计算 ·· 68

思考题 …………………………………………………………………… 69

4 道路横断面 …………………………………………………………………… 70
4.1 概述 …………………………………………………………………… 70
4.1.1 道路实体与横断面 ……………………………………………… 70
4.1.2 公路横断面 ……………………………………………………… 70
4.1.3 城市道路横断面 ………………………………………………… 73
4.2 行车道 ………………………………………………………………… 76
4.2.1 行车道数量 ……………………………………………………… 76
4.2.2 行车道宽度 ……………………………………………………… 76
4.2.3 加速车道、减速车道 …………………………………………… 77
4.2.4 爬坡车道 ………………………………………………………… 77
4.2.5 避险车道 ………………………………………………………… 79
4.2.6 错车道 …………………………………………………………… 80
4.3 中间带、路缘带、路肩与紧急停车带 ………………………………… 80
4.3.1 中间带 …………………………………………………………… 80
4.3.2 路缘带 …………………………………………………………… 82
4.3.3 路肩 ……………………………………………………………… 82
4.3.4 紧急停车带 ……………………………………………………… 84
4.4 路拱、边坡与边沟 …………………………………………………… 85
4.4.1 路拱 ……………………………………………………………… 85
4.4.2 边坡 ……………………………………………………………… 88
4.4.3 边沟 ……………………………………………………………… 89
4.5 超高与加宽 …………………………………………………………… 89
4.5.1 圆曲线超高 ……………………………………………………… 89
4.5.2 超高过渡段 ……………………………………………………… 90
4.5.3 圆曲线加宽 ……………………………………………………… 95
4.5.4 加宽过渡段 ……………………………………………………… 97
　　思考题 …………………………………………………………………… 98

5 道路线形设计 ………………………………………………………………… 99
5.1 平面线形设计 ………………………………………………………… 99
5.1.1 直线的应用 ……………………………………………………… 99
5.1.2 圆曲线的应用 …………………………………………………… 100

5.1.3 缓和曲线的应用 …… 100
　　　5.1.4 平面线形要素组合设计 …… 101
　　　5.1.5 平面线形里程桩号计算 …… 105
　　　5.1.6 平曲线长度 …… 112
　　　5.1.7 视距 …… 113
　　　5.1.8 道路平面设计方法与成果 …… 118
　　5.2 纵断面线形设计 …… 123
　　　5.2.1 一般规定 …… 123
　　　5.2.2 纵断面设计要点 …… 123
　　　5.2.3 纵断面设计 …… 125
　　5.3 平、纵线形组合设计 …… 127
　　　5.3.1 线形组合的设计要点 …… 127
　　　5.3.2 平、纵线形的组合 …… 128
　　　5.3.3 平、纵线形与景观环境的协调配合 …… 134
　　5.4 横断面设计 …… 135
　　　5.4.1 一般规定 …… 135
　　　5.4.2 横断面设计 …… 135
　　　5.4.3 路基土石方数量计算与调配 …… 137
　　思考题 …… 140

6 道路总体设计、选线与定线 …… 142
　　6.1 道路总体设计 …… 142
　　　6.1.1 概述 …… 142
　　　6.1.2 道路功能与技术标准 …… 144
　　　6.1.3 建设规模与建设方案 …… 145
　　　6.1.4 环境保护与资源节约 …… 146
　　　6.1.5 设计检验与安全评价 …… 147
　　6.2 道路选线 …… 147
　　　6.2.1 概述 …… 147
　　　6.2.2 路线方案的比选 …… 150
　　　6.2.3 平原区选线 …… 153
　　　6.2.4 丘陵区选线 …… 154
　　　6.2.5 山岭区选线 …… 157
　　6.3 道路定线 …… 167

  6.3.1 概述 ··· 167
  6.3.2 纸上定线 ··· 167
 思考题 ··· 170

7 道路交叉设计 ··· 171
 7.1 概述 ·· 171
  7.1.1 交叉口的特征 ·· 171
  7.1.2 改善交叉口的基本途径 ·· 174
  7.1.3 路线交叉的分类 ·· 175
  7.1.4 交叉口设计主要内容 ·· 175
 7.2 道路平面交叉设计 ··· 175
  7.2.1 平面交叉口的类型 ·· 175
  7.2.2 平面交叉口的交通组织设计 ·· 177
  7.2.3 平面交叉口的车道数与通行能力 ·· 180
  7.2.4 平面交叉口平面布设 ·· 182
  7.2.5 平面交叉口的立面设计 ·· 188
  7.2.6 环形交叉口的设计 ·· 194
 7.3 道路立体交叉设计 ··· 198
  7.3.1 概述 ··· 198
  7.3.2 立体交叉的类型及适用特点 ·· 199
  7.3.3 互通式立体交叉形式的选择 ·· 204
 思考题 ··· 207

8 路基设计 ·· 208
 8.1 路基的概念与构造 ··· 208
  8.1.1 路基的基本概念 ·· 208
  8.1.2 路基横断面形式 ·· 209
 8.2 路基土的特性与设计参数 ·· 211
  8.2.1 路基土的分类与工程性质 ·· 211
  8.2.2 路基的水温状况与干湿类型 ·· 218
  8.2.3 路基的力学强度特性 ·· 224
 8.3 一般路基设计 ··· 232
  8.3.1 一般路基设计的基本要求 ·· 232
  8.3.2 路基横断面设计及附属设施 ·· 233

8.3.3 路堤设计 ……………………………………………………………………… 237
8.3.4 路堑设计 ……………………………………………………………………… 240
8.4 路基的主要病害 …………………………………………………………………… 242
8.4.1 路基的病害类型 ………………………………………………………………… 242
8.4.2 路基病害的防治原则 …………………………………………………………… 244
8.5 路基边坡稳定性分析 ……………………………………………………………… 245
8.5.1 路基边坡稳定性分析原理 ……………………………………………………… 245
8.5.2 路基边坡稳定性分析方法 ……………………………………………………… 247
8.5.3 高路堤与陡坡路堤边坡稳定性分析 …………………………………………… 258
8.5.4 深路堑边坡稳定性分析与评价 ………………………………………………… 260
8.6 路基防护工程 ……………………………………………………………………… 263
8.6.1 坡面防护 ………………………………………………………………………… 263
8.6.2 冲刷防护 ………………………………………………………………………… 266
8.7 挡土墙类型与适用范围 …………………………………………………………… 268
8.7.1 挡土墙的类型 …………………………………………………………………… 269
8.7.2 各种挡土墙的特点和适用范围 ………………………………………………… 270
思考题 …………………………………………………………………………………… 272

9 路面基层设计 …………………………………………………………………… 273
9.1 概述 ………………………………………………………………………………… 273
9.2 碎石与级配碎石基层 ……………………………………………………………… 274
9.2.1 碎石 ……………………………………………………………………………… 274
9.2.2 级配碎石基层 …………………………………………………………………… 274
9.3 无机结合料稳定类材料基层 ……………………………………………………… 276
9.3.1 无机结合料稳定类材料的物理力学特性 ……………………………………… 276
9.3.2 石灰稳定类基层 ………………………………………………………………… 283
9.3.3 水泥稳定类基层 ………………………………………………………………… 287
9.3.4 工业废渣稳定基层 ……………………………………………………………… 292
思考题 …………………………………………………………………………………… 296

10 沥青路面设计 …………………………………………………………………… 297
10.1 概述 ……………………………………………………………………………… 297
10.1.1 沥青路面的基本特性 ………………………………………………………… 297
10.1.2 沥青路面的性能要求 ………………………………………………………… 297

  10.1.3 沥青路面使用性能的气候分区 …………………………………… 298
  10.1.4 沥青路面设计的内容与方法 …………………………………… 300
 10.2 沥青路面的分类与结构组合 …………………………………………… 304
  10.2.1 沥青路面分类 …………………………………………………… 304
  10.2.2 沥青路面结构组合 ……………………………………………… 305
 10.3 弹性层状体系理论 ……………………………………………………… 314
 10.4 沥青混凝土材料特性及设计参数 ……………………………………… 316
  10.4.1 沥青混合料的结构组成 ………………………………………… 316
  10.4.2 沥青混合料温度与时间依赖性 ………………………………… 317
  10.4.3 沥青混合料应力-应变特性 …………………………………… 318
  10.4.4 高温性能 ………………………………………………………… 319
  10.4.5 低温性能 ………………………………………………………… 321
  10.4.6 水稳定性 ………………………………………………………… 323
  10.4.7 疲劳性能 ………………………………………………………… 324
 10.5 沥青路面的破坏状态与设计指标 ……………………………………… 329
  10.5.1 沥青混合料层和无机结合料稳定层疲劳开裂 ………………… 329
  10.5.2 沥青混合料层永久变形 ………………………………………… 330
  10.5.3 路基顶面沉陷 …………………………………………………… 331
  10.5.4 低温缩裂 ………………………………………………………… 332
  10.5.5 设计指标 ………………………………………………………… 332
 10.6 我国沥青路面结构设计 ………………………………………………… 334
  10.6.1 沥青路面设计标准 ……………………………………………… 334
  10.6.2 路面结构设计流程 ……………………………………………… 335
  10.6.3 交通荷载参数分析与计算 ……………………………………… 336
  10.6.4 路面结构验算 …………………………………………………… 341
 思考题 …………………………………………………………………………… 355

11 水泥混凝土路面设计 ……………………………………………………… 356
 11.1 概述 ……………………………………………………………………… 356
  11.1.1 水泥混凝土路面的基本特性 …………………………………… 356
  11.1.2 水泥混凝土路面的工作特性 …………………………………… 357
  11.1.3 水泥混凝土路面的使用性能要求 ……………………………… 358
  11.1.4 水泥混凝土路面设计内容 ……………………………………… 358
 11.2 水泥混凝土路面的分类与结构 ………………………………………… 358

11.2.1　水泥混凝土路面的分类 ·· 358
　　11.2.2　水泥混凝土路面结构 ·· 362
11.3　水泥混凝土路面应力分析 ·· 364
　　11.3.1　弹性地基板理论 ·· 364
　　11.3.2　水泥混凝土路面力学模型 ······································ 366
　　11.3.3　有限元方法 ·· 366
　　11.3.4　弹性地基双层板荷载应力分析 ·································· 367
　　11.3.5　弹性地基双层板温度应力分析 ·································· 370
11.4　水泥混凝土路面的病害及设计指标 ······································ 371
　　11.4.1　水泥混凝土路面的病害 ·· 371
　　11.4.2　水泥混凝土路面的极限状态与设计准则 ·························· 373
11.5　水泥混凝土路面结构组合设计 ·· 374
　　11.5.1　面层 ·· 374
　　11.5.2　基层和底基层 ·· 376
　　11.5.3　垫层 ·· 380
　　11.5.4　路基 ·· 380
11.6　水泥混凝土路面材料特性及设计参数 ···································· 381
　　11.6.1　路基回弹模量 ·· 381
　　11.6.2　粒料类基层回弹模量 ·· 382
　　11.6.3　无机结合料稳定类材料弹性模量 ································ 382
　　11.6.4　水泥混凝土弯拉强度 ·· 383
11.7　水泥混凝土路面厚度设计 ·· 384
　　11.7.1　可靠度设计标准 ·· 384
　　11.7.2　路面结构设计标准和验算标准 ·································· 385
　　11.7.3　交通荷载参数分析与计算 ······································ 386
　　11.7.4　水泥混凝土路面板厚度计算流程 ································ 389
11.8　接缝设计 ·· 390
　　11.8.1　纵向接缝 ·· 390
　　11.8.2　横向接缝 ·· 391
　　11.8.3　接缝材料 ·· 393
思考题 ·· 393

参考文献 ·· 394

1 绪论

本章提要

本章主要介绍道路的定义和功能;道路设计的基本内容,包括线形设计、结构设计、交通工程设施设计;道路设计的依据,包括设计规范,自然条件与交通条件对道路设计的影响;道路分类与技术分级,包括道路分类、公路分类与技术分级、城市道路分类等;我国道路发展现状与规划。

1.1 道路和道路运输

1.1.1 道路的定义

道路是供各种无轨车辆和行人通行的交通基础设施。人类建造道路的历史已有几千年,远古时代,人们经常沿着动物的足迹或别人走过的路径行走,被经常踩踏的地方就成为小路或小径。此后,道路伴随着人类社会文明的进步和发展阔步前进,从人行小道发展成为安全、高效、舒适的现代化道路,对于繁荣经济、交流文化、维护民族团结和国家统一,都做出了巨大贡献。道路的发展可分为4个阶段:

(1) 供行人和牛马及其他兽类行走、驮运货物的阶段　在公元前20世纪的新石器时代晚期,中国就有记载使役牛、马为人类运输而形成的驮运道。

(2) 供畜力车辆和行人通行的大道阶段　根据《史记》记载,早在4 000多年前,中国已有了畜力车辆和行车的路。这一阶段的道路有"路""驰道""驿道"和"直道"等名称,如"秦直道"和举世闻名的"丝绸之路"。在古罗马时代的欧洲,形成了以罗马为中心、四通八达的道路网,这就是"条条大路通罗马"说法的由来。

(3) 行驶汽车的道路阶段　20世纪初,汽车工业获得了飞跃发展,为了适应汽车行驶的需求,欧洲和美国开始大量修建沥青混凝土和水泥混凝土铺装的道路,逐步形成了现代化道路。

(4) 以高速、分道行驶为特征的高速公路阶段　第二次世界大战前,德国在科隆和波恩之间建造了世界上第一条高速公路。此后,高速公路在各国都得到了快速发展,已经成为现代化道路的标志。

现代化道路是一条带状的三维空间工程实体,它是由路基、路面、桥梁、涵洞、隧道和沿线设施所组成的线形构造物,为长途、大量、迅速地运输货物提供了基础条件,更为人们的生活带来了快捷与方便。

道路是国家经济和社会发展的重要基础设施,社会经济水平和交通运输需求决定着道路的发展进程,而道路也制约着社会经济和交通运输的发展水平。道路的现代化程度,既反映国民经济的发展水平,也是综合国力的体现。

近年来,在 5G、大数据、云计算、物联网、人工智能、区块链等新一代信息技术的驱动下,以数字化、信息化为特征的智能道路的概念被广泛提出,道路被赋予了车路联网、车路协同、无人驾驶、视频监控、智能感知、能量收集、气象监测等更多的功能,这一领域已经成为科技研究的热点和社会关注的焦点。

1.1.2 道路的功能

(1) 道路是交通的基础,是社会、经济活动所产生的人流、物流的运输通道,是城市内部和城市之间交通中转、集散的纽带。

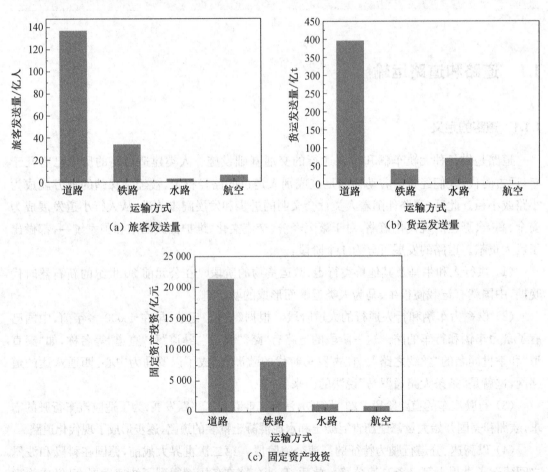

图 1.1.1 2018 年道路运输在综合运输体系中的地位

(2) 道路是国土结构的骨架,城市道路则是城市建设的基础,城市各类建筑依据道路的走向反映城市的风貌。因此,城市道路是划分街坊的界线,形成城市结构的骨架。

(3) 道路作为公共空间,不仅提供交通体系的空间,而且能保证城市的日照、通风,提供绿化、管线布置的场地,为地面排水提供条件;在发生火灾、水灾和地震等自然灾害或空袭等紧急情况时,能提供疏散和避险的通道与空间;各种构筑物的使用效益,有赖于道路来实现。

(4) 道路是经济建设的先行设施,健全的道路系统能促进经济发展,方便生活。正如民间俗语所说:"要致富,先修路;小路小富,大路大富,快路快富。"它对商品流通、经济发展、国防巩固、边疆建设、山区和旅游事业开发等方面都有巨大的推动作用。

1.1.3 常见交通运输方式

交通运输作为国民经济的大动脉和基础产业之一,是联系国民经济各领域及城市和乡村、生产和消费的纽带,是推动社会经济发展和人类文明进步的重要因素,在人民生活以及社会物质财富的生产和分配过程中起着极为重要的作用。

现代交通运输体系主要由道路运输、铁路运输、水路运输、航空运输及管道运输等方式构成。它们各具特点,既承担各自的运输任务,又互相联系和相互补充,形成综合的运输能力,其特点如下。

(1) 道路运输 机动、灵活、适应性强,既可以深入到城镇、乡村、山区、港口及机场等的各个角落,独立实现"门到门"的直达运输,又可以承担其他运输方式的客货集散与联系以及铁路运输、水路运输及航空运输固定路线之外的转运任务,适用于人流及货物的各种运距的小批量运输。

(2) 铁路运输 能力大、速度较快,运输成本和能耗都较低,受自然条件的影响相对较小,宜于承担中长距离客货运输和大宗物资的运输。高铁的发展使人们出行时间大大缩短。但铁路运输投资大、建设周期长,需转运(二次、三次),装卸费用较高,属线性运输,受铁路轨道限制。

(3) 水路运输 运量大、耗能和运输成本低,是通航地区最廉价的运输方式,具有明显的经济效益。

(4) 航空运输 速度最快,在快速运送旅客、运载贵重紧急商品和货物方面具有明显优势,宜于承担大中城市间长距离客运以及边远地区高档和急需物资的运输,但运输成本高,能耗大。

(5) 管道运输 是运送液体、气体和粉状货物的专用方式,运输成本低、损耗少,安全性好,如原油、天然气常采用管道运输。

1.1.4 道路运输的特点

道路运输与其他运输方式的比较见表1.1.1。

表 1.1.1 交通运输方式比较表

运输方式	可达性方便性	安全性	运输能力	运输速度/(km/h)	能源消耗	货物	经济运距/km	投资
道路运输	"门到门"直达运输方便	差	2.5万人/d 60人/车	<120	中	集装箱 散装货物	<200 或不限	中

(续表)

运输方式	可达性方便性	安全性	运输能力	运输速度/(km/h)	能源消耗	货物	经济运距/km	投资
铁路运输	受地形限制	好	11.5万人/d 1 500人/列车	80～350	低	集装箱 大宗散装货物	—	大
水路运输	受可通航道和港口限制	好	大	16～30	低	集装箱 散装货物	—	小
航空运输	受机场限制 直捷性好	尚可	小 200人/架	500～1 000	高	紧急、贵重货物	500～1 000	大
管道运输	普及面差	好	大	1.6～30	低	油、天然气	—	大

由表1.1.1可见，道路运输的优势如下。

（1）机动灵活　道路运输可以深入到城市、工厂、矿山、村庄，可实现"门到门"的运输，能迅速集中和分散货物，货物装卸可以实现直达运输，避免中转重复装卸，批量不受限制，时间不受约束，在小于200 km的短途运输中，可以做到经济可靠、迅速及时，是我国综合交通运输体系中最活跃的一种运输方式。

（2）普及面广、适应性强　道路运输承担大量城市间和城市内短途运输的任务，能满足政治、经济、国防等各方面的需要。平时方便居民生产、生活，促进经济繁荣；战时输送部队与军事装备；出现灾情时，能疏散居民及运送救援物资。

（3）速度快、造价低　现代汽车的时速仅次于飞机和高铁。每千米道路造价比铁路低，道路运输投资少、周转快、收益大。建设新厂矿和修筑新铁路前，必须先修道路。我国新疆、青海、西藏等地广人稀或铁路较少地区，主要靠道路运输。

（4）运量大　虽然单车载客载货量较小，但车辆数量多，道路运输客、货总运量和总周转量在综合运输体系中所占的比重很大。根据我国交通运输部发布的《2018年交通运输行业发展统计公报》，道路运输的旅客发送量、货运发送量和固定资产投资均高于铁路、水路和航空等运输方式，如图1.1.1所示。

因此，道路运输是我国最活跃的运输方式之一。除运输成本相对高一些之外，其他方面优势明显，是现代化综合运输体系中最重要的运输方式之一。

1.2　道路设计的基本内容

道路设计可分为线形设计、结构设计以及交通工程设施设计。从某种技术角度讲，于道路而言，线形犹如其骨骼，结构犹如其肌肉，交通设施则像其各种器官。

1.2.1　线形设计

工程设计首要解决的问题是设计图的制作，即如何将这个实体用设计图表达出来，道路设计也不例外。道路是在具有高低起伏的原地面上通过开挖或填筑的空间线形带状构筑物,不能像机械零件设计一样直接用主视图、俯视图和侧视图以及必要的剖面图表达。近一个世纪以来,人们仿照三视图表达实体设计的思想,将道路实体设计用其平面图、纵断面图和横断面图叠合表达,从而解决了道路设计出图的问题。因此,只要将道路平面、纵断面、横断面分别设计出来,道路实体就可以表达出来,设计方就能够制作出交付施工的设计文件,施工方也就能够按照设计意图将道路建造出来。

道路线形设计是确定道路线形空间位置和各部分几何尺寸的工作。在道路线形设计中,线形是指道路中线在空间的几何形状和尺寸。道路中线是一条三维空间曲线,由直线和曲线组成。道路线形设计是从平面线形、纵断面线形和横断面线形三个方面来研究的。

(1) 道路平面图 道路中线在水平面上的投影为路线的平面。

(2) 道路纵断面图 沿道路中线的竖向剖面图,再行展开即是路线的纵断面。

(3) 道路横断面图 道路中线上任意一点的法向切面是道路在该点横断面。

图 1.2.1 为道路平面、纵断面和横断面线形投影的示意图。

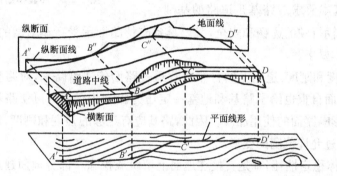

图 1.2.1 道路平面、纵断面和横断面线形投影示意图

线形设计主要是对道路几何尺寸和外形形状的控制。体现安全、经济、舒适、美观、环保要求的道路是通过理论和实践相结合的合理设计来实现的。理论上需要探讨车辆、驾驶员、乘客与道路之间的关系,这些关系包括:取定尺寸——设计车辆;取定速度——设计速度;车的多少——交通量;路的容量——通行能力;自由程度——服务水平;行车轨迹——道路线形;视觉连续——行车视距;行车条件——行驶理论。

1.2.2 结构设计

结构设计主要是根据道路使用条件和使用环境的要求,采用合理的结构层次和建筑材料,设计具有安全、稳定、耐久特征的"长寿命"构造物。结构设计需要探讨道路结构、道路材料在自然环境、车辆荷载、地质与水文条件下的物理、力学状态,使用性能发展规律、损坏模式和设计指标等。道路的结构组成包括路基、路面、桥涵、隧道、交叉工程、排水系统、防护工程等。

由于篇幅的限制,本节重点介绍结构设计中的路基和路面设计。路基和路面是供车辆行驶的主要道路工程结构物,共同承担着车辆荷载的作用,它们的质量好坏直接影响到道路的使用品质。为了满足行车对道路提出的通畅、迅速、安全、舒适、经济等方面的要求,路基和路面的强度、稳定性和耐久性等就必须达到一定标准。

1) 路基

路基是按照道路平面位置和纵坡要求在原地面上开挖或堆填而成的具有一定断面形状的带状土质或石质构造物,它是道路这一线形建筑物的主体,又是路面的基础,承担由路面传来的行车荷载及各种自然因素的作用。

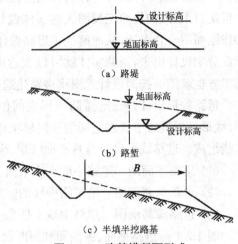

图 1.2.2 路基横断面形式

(1) 路基横断面形式　由于地形的变化和填挖高度的不同,路基横断面也各不相同,典型的横断面形式有路堤、路堑、半填半挖三种,如图 1.2.2 所示。路堤是高于原地面的填方路基,路堑是低于原地面的挖方路基,半填半挖路基既有填方也有挖方。

(2) 路基的基本要求　路基是道路的基础结构,既要保证车辆行驶的通畅和安全,又要具备支持路面承受行车荷载的能力,因此路基必须满足以下基本要求。

① 足够的强度和刚度:道路上的行车荷载通过路面传递给路基,对路基产生一定的压力,同时路基和路面自重也给予路基和地基一定压力。这些压力都可使路基产生一定的变形,使路基破坏,影响路面的使用品质。因此,路基应有足够的强度和刚度,以保证在外力作用下,不致产生超过允许范围的变形。

② 足够的整体稳定性:路基是直接在地面上填筑或挖除一部分地面建成的。路基的修建改变了原地面的自然平衡状态。在工程地质不良的地区修建的路基加剧了原地面的不平衡状态,可能引起路堑边坡坍塌和路堤下滑。为使路基具有抵抗自然因素侵蚀的能力,必须因地制宜地采取一定技术措施,保证路基整体结构的稳定性。

③ 足够的水温稳定性:路基在地面水和地下水的作用下,其强度将显著降低。特别是在季节性冰冻地区,土在冻结过程中水分发生迁移和积聚,引起水温状况的变化,路基发生周期性的冻融循环,其强度急剧下降。因此,应保证路基在最不利的水温状况下,仍具有足够的强度,即要求路基具有足够的水温稳定性。

2) 路面

路面是由各种不同的材料,按一定厚度与宽度分层铺筑在路基顶面上的结构物,以供车辆直接在其表面上行驶。

(1) 路面的结构组成　铺筑在路基顶面上的路面结构,是用各种材料分层铺筑而成。路面结构层主要由面层、基层和垫层等组成。

① 面层:面层是直接承受自然影响和行车荷载作用的层次。因此,它应具有足够的抵抗车辆垂直、水平及冲击作用的能力和良好的水温稳定性,应耐磨不透水,表面具有良好的抗滑性和平整度。

面层由两层或三层组成,分别称为上面层和下面层,或上面层、中面层和下面层。

修筑面层用的材料主要有水泥混凝土、沥青混凝土、混凝土块料以及级配碎石或砾石等。高等级公路一般采用沥青混凝土或水泥混凝土作为面层材料。

② 基层：基层是位于面层之下，主要承受由面层传来的车轮荷载垂直压力，并把它向下面层次扩散分布的层次。设置基层可减小面层的厚度，所以基层应具有足够的抗压强度和扩散荷载的能力。车轮荷载水平力作用沿深度递减很快，对基层影响很小。虽然车轮不直接与基层接触，但基层应有平整的表面，以保证面层厚度均匀。基层与面层应结合良好，以提高路面结构整体强度，避免面层沿基层滑移推挤。基层不能阻止地下水和地表水侵入，当面层透水时，也不能阻止雨水侵入，所以基层应具有足够的水稳定性。

修筑基层用的材料主要有：碎（砾）石，天然砂砾，用石灰、水泥或沥青处治的土，用石灰、水泥或沥青处治的碎（砾）石，各种工业废渣（煤渣、矿渣、石灰渣等）与土、砂、石所组成的混合料，以及水泥混凝土等。

基层有时分两层铺筑，即上基层和底基层。修筑底基层所用材料的质量要求可较上基层低些。

③ 垫层：垫层是设置在基层与路基之间的层次，主要用来调节和改善路面结构的水、温状况，减轻土基不均匀冻胀，隔断地下毛细水上升，排蓄基层或土基中多余的水分，阻止路基土挤入基层中，以保证路面结构的稳定性；它还能扩散由基层传来的车轮荷载垂直作用力，以减小土基的应力和变形。

修筑垫层所用的材料强度不一定要高，但水稳定性、隔热性和吸水性要好，常用材料有两种类型：一种是由松散颗粒材料组成，如用砂、砾石、炉渣、片石以及锥形块石等修成的透水性垫层；另一种是由整体性材料组成，如用石灰土、炉渣石灰土类修筑的稳定性垫层。

（2）路面的分类及特点　道路路面可分为沥青路面、水泥混凝土路面和砌块路面三大类。

① 沥青路面：沥青路面是指铺筑沥青面层的路面。沥青路面在车辆荷载作用下所产生的弯沉变形较大，路面结构本身抗拉强度低，车辆荷载通过各结构层向下传递到土基，使土基受到较大的单位压力，因而土基的强度、刚度和稳定性对路面结构整体强度和刚度有较大影响。沥青路面包括沥青混凝土路面、沥青贯入式路面和沥青表面处治等。沥青路面表面平整无接缝、柔性好、噪声小，具有明显的行车舒适性、耐磨性等优点，但受到沥青材料温敏性的限制，沥青面层结构的强度受温度变化影响较大。

② 水泥混凝土路面：水泥混凝土路面是指铺筑水泥混凝土面层的路面。水泥混凝土的强度，特别是抗弯拉强度，比其他类型路面要高得多；它的弹性模量也较其他类型路面大得多，故呈现较大的刚性。水泥混凝土路面板在车辆荷载作用下的垂直变形极小，荷载通过混凝土板体的扩散分布作用传递到地基上的单位压力要比沥青路面小得多。水泥混凝土路面包括普通混凝土路面、钢筋混凝土路面、连续配筋混凝土路面、钢纤维混凝土路面。水泥混凝土路面刚度大，扩散荷载能力强，稳定性好，抗压、抗折性能好。其缺点是：接缝较多，噪声大，行车舒适性不佳；抗滑、表面耐磨性能的构造和保持难度大。

③ 砌块路面：砌块路面是指用一定形状的石料或人工预制砌块铺筑面层的路面。砌块路面适用于支路、广场、停车场、人行道与步行街。砌块路面材料类型包括：天然石材，水泥混

凝土预制砌块,地面砖,装饰用建筑砖和其他砌块材料,如木砌块、橡胶砌块以及其他特殊用途的砌块等。用于城市道路路面铺装的砌块路面多为天然石材路面和混凝土预制块路面。

(3) 路面的基本要求　车辆直接行驶于路面表面,路面的作用是能够担负车辆的载重而不被破坏,并能保证车辆有一定的行驶速度,全天候安全通车。对路面基本要求如下。

① 足够的强度、刚度和稳定性:路面应有足够的强度和刚度,以承受车辆荷载的作用,而不产生路面破坏的形变和磨损;并有足够的稳定性,在不利的自然因素(水、温度等)作用下,其变化幅度减少到最低限度。

② 耐久性:路面要承受车辆荷载和气候因素的重复作用,而逐渐出现疲劳破坏和塑性变形累积,以及因老化衰变而破坏,从而导致养护工作量增大、路面寿命缩短。所以,路面必须经久耐用,具有较高的抗疲劳、抗老化及抗变形累积的能力。

③ 表面平整度:路面表面应平整,以减小车轮对路面的冲击力,保证行车的平稳、舒适并达到要求的速度,避免行车颠簸和震动、速度下降、运输成本提高以及路面破坏加剧。

④ 表面抗滑性:路面表面要有一定的粗糙度,以免车轮与路面间的摩擦系数过小,而在气候条件不利(雨、雪天)时产生车轮打滑,迫使车速降低、燃料消耗增加,甚至在车辆转弯或制动时发生滑溜等交通安全事故。

⑤ 低噪声和低扬尘性:车辆发动机的轰鸣、排气、轮胎与路面摩擦及喇叭声等形成的噪声,使人感到厌烦,影响沿线的生产和居民生活。所以路面应尽可能平整、无缝,以减小噪声,并使路面在车辆通行时扬尘较少。扬尘会对行车视距、车辆零件、乘客舒适以及环境卫生带来不良影响,也不利于沿线农作物的生长。

(4) 路面类型选择及设计使用年限　路面类型应根据道路功能、技术等级、交通量、环境保护以及工程造价等因素进行综合论证后选用;路面结构形式应根据当地气候条件、交通荷载、当地材料,并结合路面结构耐久性、资源循环利用等因素进行全寿命周期经济分析后合理确定。道路路面结构设计使用年限应不小于表1.2.1的规定。

表1.2.1　道路路面结构设计使用年限　　　　　　　　　　　　　　　单位:年

道路技术等级	高速公路	一级公路	二级公路	三级公路	四级公路
沥青混凝土路面	15	15	12	10	8
水泥混凝土路面	30	30	20	15	10

1.2.3　交通工程设施设计

道路除线形组成和结构组成外,为了保证行车安全舒适,增进路容美观,还需设置各种交通设施,主要有以下3种。

(1) 交通安全设施　为保证行车和行人安全、充分发挥道路的作用而设置的设施,如信号灯、交通标志、标线、护栏、防护网、隔离栅、照明设施、视线诱导设施、防眩设施、防雪栅、积雪标杆等。交通安全设施应根据公路功能、交通组成、公路环境、运营条件等设置,以满足交通安全管理与服务的需求。

(2) 交通管理设施　为道路营运全线管理、养护服务的设施,主要包括监控、收费、通信、供配电、照明和管理养护等设施。

（3）交通服务设施　为车辆和乘客提供各种服务的设施，如服务区、加油站、维修站、停车场、客运汽车停靠站等。服务设施是道路交通运输的基本组成部分，是体现道路交通文化的窗口，应根据路网规划、道路服务水平和交通量有重点、分层次地设计。

1.3　道路设计的依据

1.3.1　技术依据

各类道路在设计和施工时的依据及具体要求各不相同，使用的规范、标准、规程也不一样。一般而言，公路设计、施工、监理要采用国家交通运输部出台和颁发的相应规范、标准、规程及其拓展延伸的国家规范、标准和规程；城市道路则采用住房和城乡建设部出台和颁发的相应规范、标准、规程及其拓展延伸的国家规范、标准和规程；林区道路则是采用国家林业局出台和颁发的相应规范、标准和规程及其拓展延伸的国家规范、标准和规程。

道路设计主要应遵守以下技术规定和要求。

（1）《公路工程技术标准》(JTG B01—2014)（以下简称《标准》）　《标准》是根据汽车的行驶性能和对道路的要求、驾驶者的判断、乘客的感觉、荷载数量和环境等方面的要求，再根据理论并总结公路科研、设计、施工、养护的经验而制定的。《标准》是法定的技术要求，反映了我国公路建设的技术方针，是指导我国公路工程建设、设计、施工、监理的依据之一。《标准》是我国公路建设长期实践经验的总结，随着公路工程建造技术的进步和科学技术的发展，其内容也在不断更新和完善。

《标准》内容包含10个模块。第一、二、三模块一般为总则、术语和基本规定，主要介绍使用范围、分级和分类、公路等级选用、设计车辆、设计速度、公路用地和建筑限界、抗震设防、环境保护、技术评价、财务评价、经济评价、安全评估和社会评价等内容。第四模块一般为路线设计标准，主要内容包括路线设计基本要求和路幅以内各组成部分的功能要求，如行车道宽度、爬坡车道和变速车道、中间带、路肩、紧急停车带、超车道、错车道、辅道等；其次是路线平面和纵断面线形设计的技术指标和技术要求，包括视距、直线、平曲线半径、平曲线超高、平曲线加宽、缓和曲线、回头曲线、纵坡及其坡度和坡长、平均纵坡、合成纵坡、高原纵坡、最大纵坡、最小纵坡、竖曲线及其半径、平竖曲线组合等内容。第五模块为路基路面，内容包括基本要求、路基设计洪水频率、路基高度、路基压实度、路基防护、路面设计要求、标准轴载、路面类型选用、路面结构设计使用年限、路面排水与防水等内容。第六模块为桥涵，包括桥涵设计的基本要求、桥涵分类、桥涵跨径、桥涵设计洪水频率、桥面净空和渡口码头等。第七模块为汽车及人群荷载，包括汽车荷载、汽车荷载等级、车道荷载计算图示、车辆荷载布置、横向分布系数、桥涵设计车道数和人群荷载等。第八模块为隧道，包括隧道设计的基本要求、隧道净空、隧道分类、隧道防水、隧道照明、隧道通风以及隧道附属设施等。第九模块为路线交叉，包括公路与公路、铁路、乡村道路、管线交叉设计要求。第十模块为交通工程及沿线设施,包括交通安全设施、交通管理设施、防护设施、公路绿化和环境保护等。

(2)《公路路线设计规范》(JTG D20—2017)(以下简称《路线规范》) 《路线规范》是为了指导设计者正确运用《标准》,合理确定公路等级、建设规模、主要技术指标而制定的。它以《标准》所规定的路线几何方面的基本规定和主要技术指标为依据,随《标准》的更新而不断修订和完善。设计者应掌握制定标准的理论基础,结合项目的特点,创造性地运用《路线规范》。

(3)《公路路基设计规范》(JTG D30—2015)(以下简称《路基规范》) 《路基规范》是为统一公路路基设计技术标准,使公路路基达到安全可靠、经济合理的要求而制定的规范,包括一般路基设计、特殊路基设计、路基排水、路基防护与支挡、路基拓宽改建等内容,适用于各等级新建和改扩建公路的路基设计。

(4)《公路水泥混凝土路面设计规范》(JTG D40—2011)(以下简称《水泥规范》) 《水泥规范》是为适应交通运输发展和公路建设需要,提高水泥混凝土路面的技术水平、使用品质和设计质量,保证工程安全可靠、经济合理而制定的规范。它包括结构组合设计、结构层厚度设计、材料组成设计、接缝构造设计、钢筋配置设计等内容,各等级新建和改建公路的水泥混凝土路面设计均应遵守该规范。

(5)《公路沥青路面设计规范》(JTG D50—2017)(以下简称《沥青规范》) 《沥青规范》是为了指导设计者在进行公路新建和改建工程的沥青路面设计时,如何选取合理的结构组合、修筑材料、改建方案等工作,细致地规定了交通荷载、路面参数、结构验算、试验方法等内容,适用于各等级公路新建和改建工程的沥青路面设计。

(6)《城市道路工程设计规范》(CJJ 37—2012)(2016年版)(以下简称《城规》) 《城规》是根据我国城市道路建设和发展的需要,规范城市道路工程设计,统一城市道路工程设计主要技术指标,指导城市道路专用标准的编制而制定的规范。城市范围内新建和改建各级城市道路设计均应执行该规范。

(7)《公路项目安全性评价规范》(JTG B05—2015)(以下简称《安规》) 《安规》是为了指导公路项目的工程可行性研究阶段、初步设计阶段、施工图阶段的安全性评价工作而制定的规范,也适用于项目的交工阶段和后评价。其目的是完善公路设施,改善交通安全环境,提高公路建设项目的安全性。三级及其以上等级公路项目的安全性评价执行该规范。

另外,还有交通运输部颁布的路基、路面、桥涵、交通工程及沿线设施等方面的技术规范和要求,也是在道路设计中应该了解、掌握并遵守的。

1.3.2 自然环境条件

1) 影响道路结构的自然环境因素

道路裸露在大气中,其稳定性在很大程度上由当地自然条件所决定。因此,需要深入调查道路沿线的自然条件,从总体到局部、从大区域到具体路段的自然情况,分析其对道路线形和结构的影响,因地制宜地采取有效的工程措施,以确保路基、路面具有足够的强度和稳定性。对道路结构有影响的自然环境因素包括地理条件、地质条件、气候条件、水文和水文地质条件以及土的类别等。

(1)地理条件 道路沿线的地形、地貌和海拔高度不仅影响路线的选定,也影响路基与路面的设计。平原、丘陵、山岭各区地势不同,路基的水温情况也不同。平原区地势平坦,排水困难,地表易积水,地下水位相应较高,因而路基需要保持一定的最小填土高度,路面结构层应选择水稳定性良好的材料,并采取一定的结构排水设施;丘陵区和山岭区,地势起伏较大,路基、路面排水设计至关重要,否则会导致稳定性下降,影响路基、路面的耐久性。

(2) 地质条件　沿线的地质条件,如岩石的种类、成因、节理、风化程度和裂隙情况,岩石走向、倾向、倾角、层理和岩层厚度,有无夹层或遇水软化的夹层以及有无断层或其他不良地质现象(岩溶、冰川、泥石流、地震等),都对道路结构的稳定性有一定的影响。

(3) 气候条件　气候条件,如气温、降水、湿度、冰冻深度、日照、蒸发量、风向、风力等,都会影响道路沿线地面水和地下水的状况,并且影响到路基、路面的水温情况。在一年之中,气候有季节性的变化,因此道路结构的水温情况也随之变化。气候还受地形的影响,例如山顶与山脚、山南坡与山北坡气候有很大的差别。这些因素都会影响道路结构的稳定性。

(4) 水文和水文地质条件　水文条件包括公路沿线地表水的排泄,河流洪水位、常水位,有无地表积水和积水时间的长短、河岸的淤积情况等;水文地质条件包括地下水位,地下水移动的规律,有无层间水、裂隙水、泉水等。这些地面水及地下水都会影响路基、路面的稳定性,如果处理不当,常会引起各种病害。

(5) 土的类别　土是建筑路基和路面的基本材料,不同的土质具有不同的工程性质,直接影响路基和路面的强度与稳定性。不同的土质含有不同粒径的土颗粒。砂粒成分多的土,强度构成以内摩擦力为主,强度高,受水的影响小,但施工时不易压实;较细的砂,在渗流情况下,容易流动,形成流砂;黏粒成分多的土,强度形成以黏聚力为主,其强度随密实程度的不同,变化较大,并随湿度的增大而降低;粉土类的土,毛细现象强烈,路基、路面的强度和承载力随着毛细水上升和湿度增大而下降,在负温度坡差作用下,水分通过毛细作用移动并积聚,使局部土层湿度大幅增加,路基冻胀,最后导致路基翻浆、路面结构层断裂等各种破坏。

2) 温度和湿度对道路结构的影响

道路结构直接暴露在大气之中,经受着自然环境因素的影响。温度和湿度是对路基、路面结构有重要影响的自然环境因素。路基、路面结构的温度和湿度状况随周围环境的变化而变化。

路基和路面材料的强度与刚度随路面结构内部温度和湿度的变化,有时会有大幅度地增减。图1.3.1给出了沥青混凝土的动态模量随温度升高而降低的情况,图1.3.2所示为路基回弹模量随湿度增长而急剧下降的情况。

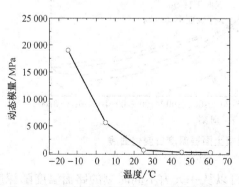
图1.3.1　温度对沥青混凝土动态模量的影响

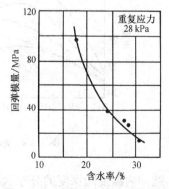
图1.3.2　湿度对路基刚度的影响

路基土和路面材料的体积随路基、路面结构内温度和湿度的升降而引起膨胀和收缩。由于温度和湿度是随环境而变化的,而且沿着结构的深度呈不均匀分布,因此在不同时期和不同深度处,膨胀和收缩的变化也是不相同的。如果这种不均匀的胀缩因某种原因受到约束而不能实现时,路基和路面结构内便会产生附加应力,即温度应力和湿度应力。

路基土和路面材料的几何性质和物理性质随温度与湿度产生的变化,将使路基和路面结构设计复杂化。如不能充分估计这种因自然环境因素变化而产生的后果,则路基和路面结构在车辆荷载和自然因素共同作用之下,将提前出现损坏,缩短路面的使用年限。因此,在分析和设计路基、路面结构时,除了充分考虑车辆荷载可能引起的各种损伤之外,还应考虑自然因素的影响。

(1) 温度　大气的温度在一年四季和一昼夜之间发生着周期性的变化。受大气直接影响的路面温度也相应地在一年之间和一日之间发生着周期性的变化。图 1.3.3 和图 1.3.4 分别显示了在夏季晴天条件下,沥青面层和水泥混凝土面层内温度的昼夜变化观测结果。由图中可见,道路表面温度变化与气温变化大致是同步的,但是由于部分太阳辐射热被路面所吸收,道路表面的温度较气温高,尤其是沥青路面,由于吸热量大,温度增加的幅度超过水泥混凝土路面。面层结构内不同深度处的温度同样随气温的变化呈周期性变化,升降的幅度随深度的增加而减小,其峰值的出现也随深度的增加而越来越滞后。

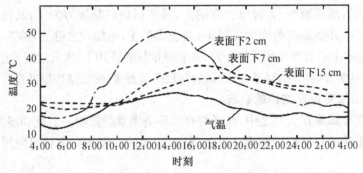

图 1.3.3　沥青面层温度日变化曲线

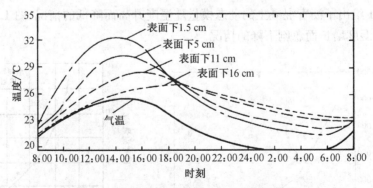

图 1.3.4　水泥混凝土面层温度日变化曲线

路面结构内温度随深度的分布状况,可以从一天内不同时刻的路面温度随深度的分布曲线图中看到。图 1.3.5 即为水泥混凝土面层的一个实例。由图 1.3.5 可见,顶面与底面之间的温差,在一天内经历了由负(顶温低于底温)到正(顶温高于底温),再由正到负的循环变化。如果以单位深度内的平均温度差作为温度梯度,则由图 1.3.6 所示的曲线可以看出,水泥混凝土面层温度梯度的变化与气温的变化大致是同步的,具有周期性特点。

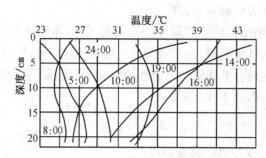

图 1.3.5 一天内不同时刻水泥混凝土面层深度的温度变化曲线

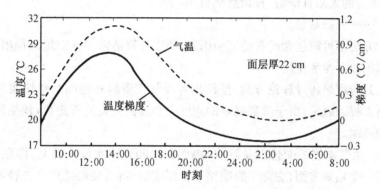

图 1.3.6 水泥混凝土面层温度梯度与气温的日变化曲线

除了日变化之外,一年四季面层不同深度处的温度还随气温的变化而经历着年变化。图 1.3.7 所示为沥青面层不同深度处的月平均气温变化的情况,可以看出,平均气温最高和最低的 7 月和 1 月,面层的平均气温也相应为最高值和最低值。

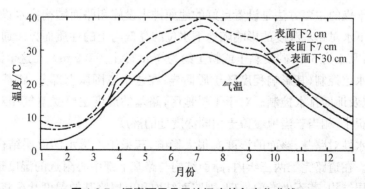

图 1.3.7 沥青面层月平均温度的年变化曲线

影响道路结构内温度状况的因素很多,可分为外部因素和内部因素两类。外部因素主要是气象条件,如太阳辐射、气温、风速、降水量和蒸发量等,其中太阳辐射和气温是决定路面温度状况的两项最重要的因素;内部因素则为路面各结构层材料的热物理特性参数,如热传导率、热容量和对辐射热的吸收能力等。

道路结构内的温度状况,可通过在外部和内部影响因素之间建立联系的方法来预估。这种方法有两类,即统计方法和理论方法。

统计方法就是在道路结构的不同深处埋设测温元件,连续观测年循环内不同时刻的温度变化,同时收集当地的气象资料,包括对应的气温和辐射热等;然后,对记录的路面温度和气象因素进行逐步回归分析,选择符合显著性检验要求的因素,分别建立不同深度处各种路面温度指标的回归方程式,如下式所示。

$$T_{\max}=a+bT_{a\cdot\max}+cQ \tag{1.1}$$

式中:$T_{\max}$——道路某一深度处的最高温度(℃);

$T_{a\cdot\max}$——相应的最高气温(℃);

Q——相应的太阳日辐射[日辐射热(J/m^2)];

a,b,c——回归常数。

由于统计方法不可能包含所有的复杂因素,所以计算的精确度有地区局限性,其结果可以在条件相似的地区参考使用。

理论方法是应用热传导理论方程,推演出各项气象资料和路面材料热物理特性参数组成的温度预估方程。通常,由于参数确定的难度大和理论假设的理想化,预估的结果与实测结果有一定的差距。

(2) 湿度 大气湿度的变化以及降水、地面积水和地下水浸入路基、路面结构,是自然环境影响的另一个重要方面,它除了影响路基土湿度的变化,使路基产生各种不稳定状态之外,对路面结构层也有许多不利的影响。

路基、路面结构的强度、刚度及稳定性,在很大程度上取决于路基的湿度变化。例如在北方季节性冰冻地区,冰冻开始时路基水分向冻结线积聚形成冻胀,春暖融冻期形成翻浆的现象较普遍。而在南方非冰冻区,当雨季来临时,未能及时排除的地面积水和离地面很近的地下水将使路基土浸润而软化。

保持路基干燥的主要方法是设置良好的地面排水设施和路面结构排水设施,经常养护,保持畅通。地下水对路基湿度的影响随地下水位的高低与土的性质而异。通常认为受地下水影响的高度:黏土为 6 m,砂质黏土或粉土约为 3 m,砂土为 0.9 m。在这个深度范围内,路基湿度受地下水位控制,其影响程度随土质而异;在这个范围以上部分,路基湿度主要受大气降水、蒸发以及地面排水控制。对于干旱地区,路基的湿度主要受空气相对湿度的控制,受降水的影响很小,相当于当地覆盖土相同深度处的湿度。

面层的透水性对路基、路面的湿度有很大影响,若采用不透水的面层结构,将减少降水和蒸发的影响。在道路完工两三年内,路面结构与路基上部中心附近的湿度逐渐趋向稳定。对于透水的面层结构,若不做专门处理,则路面结构和上层路基的湿度状况将受到降水和蒸发的影响而产生季节性的变化。

路肩以下路基湿度的季节性变化,对路面结构及其下的路基也有影响。通常在路面边缘以内 1 m 左右,湿度开始增大,直至路面边缘与路肩下的湿度相当;路肩如果经过处理,防止雨水渗入,则路面下的土基湿度将趋向于稳定,与路基中心湿度相当。

3) 公路的自然区划

我国地域辽阔,又是一个多山国家。从北到南分处于寒带、温带和热带。从青藏高原到东部沿海高程相差 4 000 m 以上,因此自然因素变化极为复杂。不同地区自然条件的差异同道路建设有密切关系,路基、路面与地势地貌、地质、水文、水热及土质等不同区划特征紧密相关,因此各地区有不同的设计注意点。为了区分各地自然区域的筑路特性,经过长期研究,原交通部制定了《公路自然区划标准》(JTJ 003)。该区划是根据以下三个原则制定的。

① 道路工程特征相似的原则:即在同一区划内,在同样的自然因素下筑路具有相似性。例如,北方不利季节主要是春季融冻时期,有翻浆病害;南方不利季节在雨季,有冲刷、水毁等病害。

② 地表气候区划差异性原则:地表气候是地带性差异与非地带性差异的综合结果。通常,地表气候随着当地纬度而变,如北方寒冷,南方温暖,这称为地带性差异。除此之外,还与高程的变化有关,即沿垂直方向的变化,如青藏高原,由于海拔高,与纬度相同的其他地区相比,气候更加寒冷,即称为非地带性差异。

③ 自然气候因素既有综合又有主导作用的原则:自然气候的变化是各种因素综合作用的结果,但其中又有某种因素起着主导作用。例如,道路冻害是水和热综合作用的结果,但是在南方,只有水而没有寒冷气候的影响,不会有冻害,说明温度起主导作用;西北干旱区与东北潮湿区,同样都有负温度区(指 0 ℃ 以下地区),但前者冻害轻于后者,说明水起主导作用。

(1) 一级区划的主要指标　根据我国地理、地貌、气候等因素,以均温等值线和三阶梯的两条等高线作为一级区划的标志。

① 全年均温 −2 ℃ 等值线:在一般情况下,地面大气温度达到 −2 ℃ 时,地面土开始冻结。因此,它大体上是区分多年冻土和季节冻土的界线。

② 1月份均温 0 ℃ 等值线:是区分季节冻土和全年不冻的界线。

③ 我国地势的三级阶梯的两条等高线:1 000 m 等高线:走向北偏东,自大兴安岭,南下太行山、伏牛山、武当山、雪峰山、九万山、大明山至友谊关而达国境。3 000 m 等高线:走向自西向东,后折向南。西起帕米尔,沿昆仑山、阿尔金山、祁连山,南下西倾山、岷山、邛崃山、夹金山、锦屏山、雪山、云岭而达国境。

由于三级阶梯的存在,通过地形的高度和阻隔,使区域气候具有不同的特色,也成为划分一级区划的主要标志。

"公路自然区划"分三级,一级区划是首先将全国划分为多年冻土、季节冻土和全年不冻土三大地带,然后根据水热平衡和地理位置,划分为冻土、温润、干湿过渡、湿热、潮暖、干旱和高寒 7 个大区:Ⅰ.北部多年冻土区;Ⅱ.东部温润季冻区;Ⅲ.黄土高原干湿过渡区;Ⅳ.东南湿热区;Ⅴ.西南潮暖区;Ⅵ.西北干旱区;Ⅶ.青藏高寒区。

我国七个一级自然区的路面结构设计注重的特点各有不同,根据各地区经验,可大致归纳如下。

Ⅰ区——北部多年冻土区

该区纬度高、气温低,为我国唯一的多年冻土区。多年冻土层夏季上部融化为无法下渗的层上水,降低土基强度;秋季层上水由上至下冻结,形成冻结层之间的承压水。冬季产生冻胀,夏季有热融发生。

该区道路设计的重要原则是维持其冻稳性,不可轻易挖去覆盖层,保护冻土上限不致下降,以防路基热融沉陷,导致路面破坏。在路基设计中宁填勿挖。原地面植被不应破坏,露地土质应为冻稳性良好的土或砂砾,必须采用路堑时,应有保证边坡和基层稳定的措施。沥青面层因导热系数高,应相应抬高路基。结构组合中如设砂砾垫层,只能按蓄水设计,不能按排水设计。

Ⅱ区——东部温润季冻区

该区是我国主要的季节冻土区,冻结程度及其对路基的影响自北向南一般逐渐减小。除黏土、软土和粉土外,土基强度较好。主要矛盾是冬季冻胀,春季翻浆,形成明显的不利季节,翻浆的轻重程度取决于路基的潮湿状态。夏季水毁和泥石流也有一定的影响。地形以平原和丘陵为主,局部低山,公路修建条件不困难。

该区路基、路面结构组合设计中,应使路基填土高度符合要求,结合当地自然条件,采取隔温、排水、阻断毛细水上升等措施,以防止冻胀翻浆。利用水温性、冻稳性好的材料做路面的基层,在水文土质不良的路段,可设置排水垫层,促进水排出,提高路基、路面整体强度。

Ⅲ区——黄土高原干湿过渡区

该区为东部温润季冻区向西北干旱区和西南潮暖区的过渡区,以集中分布黄土和黄土状土为其主要特点,地下水位深,干燥土基强度较好,边坡能直立稳定,但土基对水分的敏感性高。公路面临的主要问题是粉质大孔性黄土的冲蚀和遇水湿陷。在河谷盆地的潮湿路段以及灌溉耕地,土基稳定性差、强度低,必须妥善处理。因为湿度较低,翻浆自东向西,自北向南显著减轻,新构造活跃的西部地震较少,病害较多。

该区路面结构组合的特点,是必须选择不透水的面层或上封闭层。以防止雨水下渗造成黄土湿陷。潮湿地段应注意排水以保护路基。对路肩横坡的设计应使水迅速排出。掺灰类结构物层是稳定的路面基层结构。在石料基层下增设砂砾底基层,亦为本区常用。

Ⅳ区——东南湿热区

该区是我国最湿热的地区,春、夏东南季风造成的梅雨和夏雨形成该区道路的明显不利季节。雨量充沛集中,季节性强,台风暴雨多,水毁、冲刷和滑坡是道路的主要病害。一年中的低温相对较高,易引起沥青路面泛油,加大水泥路面翘曲应力。地形以丘陵、平原为主,道路地理条件较好。

为减轻该区沥青路面在热季泛油和雨季黏聚力降低,沥青材料宜选用较低的标号,保证其稳定性。水泥混凝土路面应提高抗滑性能并注意封闭表面,以提高道路的水温性。在路面和路基结构设计中,应加强公路的排水系统。水稻田、软土和潮湿的路段应进行处理,或选用低塑砂砾料或泥灰结碎石做底基层或垫层。

Ⅴ区——西南潮暖区

该区为东南湿热区向青藏高寒区的过渡区。一些地区因同时受东南和西南季风的影响,雨期较长。加之地势较高,蒸发较少,渗透较大,故路基较湿,湿质路基和部分干湿季节分明的地区,土基强度较高,本区为我国岩溶集中分布地区。北部和西部新构造强烈,地形高差大、地震病害亦多。

该区路基、路面结构组合，首要任务是保证其湿稳性。为保证道路强度，断面一般宜采用路堤，并使边坡符合要求。该区土质多系碳酸盐类岩石风化形成，结构稳定，强度较好，山地多，石料丰富，有利于在施工中就地取材。岩溶地区应在详细地质勘测基础上进行设计，以保证道路整体稳定性。

Ⅵ区——西北干旱区

该区由于气候干旱，路基强度和道路水文状况均佳，筑路砂石材料较多。路面主要病害为搓板、松散、扬尘，高山区有风雪流危害，灌区和绿区有冻胀翻浆病害，山区公路通过垂直自然带，选线和修筑均较复杂。

该区路基、路面的特殊要求是保证其干稳性。由于干旱，大部分白色路面搓板严重，许多地区缺黏土和水，改建沥青路面为主要解决办法。绿洲灌区地下水位高，冻融翻浆严重，结构层应充分利用就近所产的砂砾、石料进行处理。道路设计中还应注意风蚀和沙埋的防治。

Ⅶ区——青藏高寒区

全区为海拔高、气温低的高寒高原，给道路建设带来特殊的问题，分布有高原多年冻土、泥石流和现代冰川。东南部由于新构造运动活跃和地形破碎，地震强烈，道路自然病害如滑坡、崩塌、泥石流等均较严重。道路通过条件困难，尤其是 4 000 m 以上的高山地区更甚。

该区道路结构设计应针对自然条件和工程病害，采取措施保证路基的整体稳定性，全区除高原冻土地带应维持其冻稳性外，大部分公路路基低，一般用砂砾结构，材料和强度可满足要求。交通量大时应敷设沥青路面。由于昼夜温差大，紫外线照射强，沥青老化快，且施工季节短，故施工应采取措施。柴达木盆地气候较干旱，氯化盐可做筑路材料。

（2）二级区划的主要指标　二级区划仍以气候和地形为主导因素，但具体标志与一级区划有显著差别。二级区划是在一级区划内再以潮湿系数 K 为依据，分为过湿、中湿、润湿、润干、中干和过干 6 个等级。潮湿系数 K 为年降水量 R 与年蒸发量 Z 之比，即：

$$K=\frac{R}{Z} \tag{1.2}$$

潮湿系数 K 值按全年的大小分为 6 个等级：

① 过湿区：$K>2.00$；
② 中湿区：$2.00 \geqslant K>1.50$；
③ 润湿区：$1.50 \geqslant K>1.00$；
④ 润干区：$1.00 \geqslant K>0.50$；
⑤ 中干区：$0.50 \geqslant K>0.25$；
⑥ 过干区：$K<0.25$。

除 6 个潮湿等级外，还结合各区地理、气候特征等因素，在全国 7 个一级自然区划内又分为 33 个二级区和 19 个副区（亚区），共有 52 个二级自然区。它们的区界与名称如下。

Ⅰ北部多年冻土区中有：$Ⅰ_1$ 连续多年冻土区，$Ⅰ_2$ 岛状多年冻土区。

Ⅱ东部温润季冻区中有：$Ⅱ_1$ 东北东部山地润湿冻区，$Ⅱ_{1a}$ 三江平原副区，$Ⅱ_2$ 东北中部山前平原重冻区，II_{2a}辽河平原冻融交替副区，II_3东北西部润干冻区，II_4海滦中冻区，II_{4a}冀北山地副区，II_{4b}旅大丘陵副区，II_5鲁豫轻冻区，II_{5a}山东丘陵副区。

III黄土高原干湿过渡区中有：III_1山西山地、盆地中冻区，III_{1a}雁北张宣副区，III_2陕北典型黄土高原中冻区，III_{2a}榆林副区，III_3甘东黄土山地区，III_4黄渭间山地、盆地轻冻区。

IV东南湿热区中有：IV_1长江下游平原润湿区，IV_{1a}盐城副区，IV_2江淮丘陵、山地润湿区，IV_3长江中游平原中湿区，IV_4浙闽沿海山地中湿区，IV_5江南丘陵过湿区，IV_6武夷南岭山地过湿区，IV_{6a}武夷副区，IV_7华南沿海台风区，IV_{7a}台湾山地副区，IV_{7b}海南岛西部润干副区，IV_{7c}南海诸岛副区。

V西南潮暖区中有：V_1秦巴山地润湿区，V_2四川盆地中湿区，V_{2a}雅安、乐山过湿副区，V_3三西、贵州山地过湿区，V_{3a}滇、南桂西润湿副区，V_4川、滇、黔高原干湿交替区，V_5滇西横断山地区，V_{5a}大理副区。

VI西北干旱区中有：VI_1内蒙古草原中干区，VI_{1a}河套副区，VI_2绿洲—荒漠区，VI_3阿尔泰山地冻土区，VI_4天山—界山山地区，VI_{4a}塔城副区，VI_{4b}伊犁河谷副区。

VII青藏高寒区中有：VII_1祁连—昆仑山地区，VII_2柴达木荒漠区，VII_3河源山原草甸区，VII_4羌塘高原冻土区，VII_5川藏高山峡谷区，VII_6藏南高山台地区，VII_{6a}拉萨副区。

(3) 三级区划的主要指标　三级区划是二级区划的进一步划分。三级区划的方法有两种，一种是按照地貌、水温和土质类型将二级区进一步划分为若干类型单位的类型区别；另一种是以水热、地理和地貌等为标志将二级区进一步划分为若干更低级区域的区域划分。各地可根据当地的具体情况选用。

1.3.3　交通条件

道路是供车辆行驶的，因此道路设计要适应车辆通行的需要，能够长期保证车辆安全、快速、平稳地通行。车辆荷载又是造成路基、路面结构损伤的主要成因。因此，为了保证道路能够达到预定的功能，具有良好的结构性能，应调查和掌握交通条件，包括交通量及其增长率、方向系数、车道系数、车辆类型组成、不同车型轴型的布置、车辆轴重的大小与特性、设计期限内车辆轴型的分布以及车辆静态荷载与动态荷载特性等。

1) 设计车辆

按照《汽车和挂车类型的术语和定义》(GB/T 3730.1)，道路上通行的汽车车辆可分为乘用车和商用车。乘用车(不超过9座)分为普通乘用车、活顶乘用车、高级乘用车、小型乘用车、敞篷车、仓背乘用车、旅行车、多用途乘用车、短头乘用车、越野乘用车和专用乘用车共11类；商用车分为客车、货车和半挂牵引车共3类。客车细分为小型客车、城市客车、长途客车、旅游客车、铰接客车、无轨电车、越野客车和专用客车；货车细分为普通货车、多用途货车、全挂牵引车、越野货车、专用作业车和专用货车。因此，行驶在道路上的车辆类型多种多样。如果设计中每种车型都考虑，将会是很困难的事情，只有归类取代表车辆分析才能使道路设计工作简化，为此引入设计车辆的概念。

道路采用的设计车辆是设计中采用的代表性车辆，这些车辆能够代表路上所有车辆的几何尺寸和对道路的影响，其外廊尺寸、载质量和动力性能是确定公路几何参数的主要依据。我国道路设计所采用的设计车辆外廓尺寸规定如表 1.3.1 和图 1.3.8 所示。

表 1.3.1　设计车辆外廓尺寸

车辆类型	总长/m	总宽/m	总高/m	前悬/m	轴距/m	后悬/m
小客车	6.0	1.8	2.0	0.8	3.8	1.4
载重汽车	12.0	2.5	4.0	1.5	6.5	4.0
大型客车	13.7	2.55	4.0	2.6	6.5+1.5	3.1
铰接列车	18.1	2.55	4.0	1.5	3.2+11.1	2.3
铰接客车	18.0	2.5	4.0	1.7	5.8+6.7	3.8

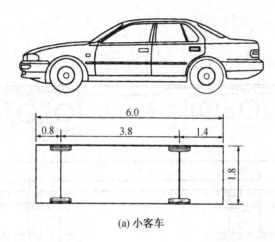

(a) 小客车

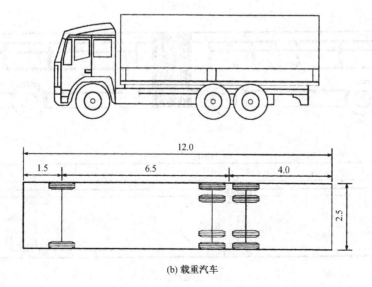

(b) 载重汽车

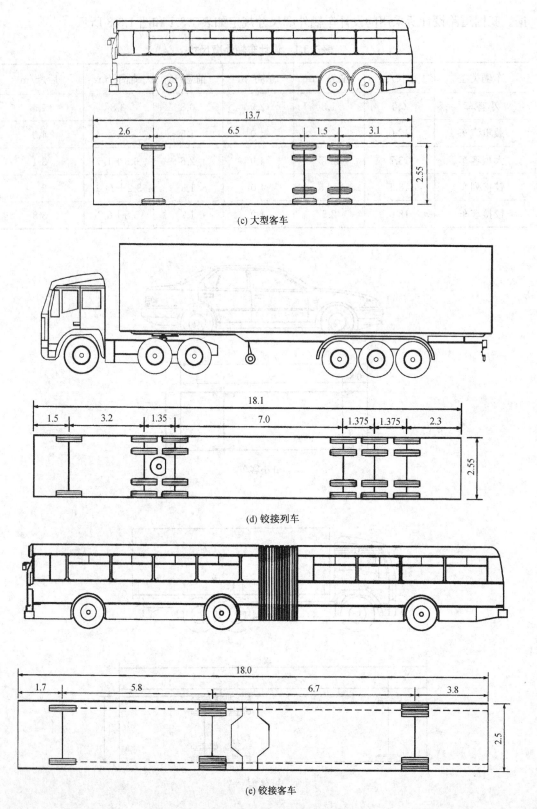

(c) 大型客车

(d) 铰接列车

(e) 铰接客车

图 1.3.8 设计车辆的外廓尺寸(尺寸单位:m)

道路设计时应根据道路功能、交通组成、车型比例,确定设计车辆。对于不同功能和等级的道路项目,设计车型选用应有所差异和侧重,不是所有设计车型均适用于各技术等级的道路项目。如干线公路应满足5种设计车型的通行要求,同时与干线公路直接衔接的集散公路则应当兼顾干线公路设计车型的通行需要;而支线公路应以侧重满足小客车和载重汽车的通行要求为主。

2) 设计速度

道路设计中的车速是一项重要的指标。设计速度是确定道路几何设计指标并使其相互协调的基本要素。一经选定,道路的所有相关要素如平曲线半径、视距、超高、纵坡、竖曲线半径等指标均与其配合以获得均衡设计,所以在设计中取定车速是很重要的。

设计速度是当气候条件良好、交通密度小、车辆行驶只受道路本身条件的影响时,具有中等驾驶技术的驾驶人员能安全顺适地驾驶车辆的速度。设计速度可以理解为在理想的道路交通条件下,道路的设计要素起控制作用路段的最大安全速度。

设计速度的选用应根据道路的功能与技术等级,结合地形、工程经济、预期的运行速度和沿线土地利用性质等因素综合论证确定,并应符合表1.3.2规定。

表1.3.2 道路的设计速度

道路技术等级	高速公路			一级公路			二级公路			三级公路		四级公路	
设计速度/(km/h)	120	100	80	100	80	60	80	60	40	40	30	30	20

3) 交通量

道路设计中,不但要考虑车辆尺寸、行驶速度,还要考虑车的流量大小。车的流量也称为交通量,它是指单位时间内通过道路某断面的车辆数目(双向)。交通量的具体数值由交通调查和交通预测确定。

(1) 年平均日交通量 为了获得设计使用年限内的总交通量,通常首先需要确定设计道路的初始年平均日交通量,也即通车第一年的年平均日交通量,按式(1.3)进行计算。

$$AADT = \frac{1}{365}\sum_{i=1}^{365}Q_i \tag{1.3}$$

式中:$AADT$——初始年平均日交通量;

Q_i——一年内的每日实际交通量。

公路初期交通量和其他参数可参照可行性研究报告等有关交通量预测资料,结合当地交通观测站的观测和统计资料,或通过实地设立站点进行观测和统计。

2轴4轮及以下的客、货运车辆,由于轴重很轻,对道路的损坏作用很轻微,因而可忽略其对道路结构设计的影响。在我国现行的路面设计规范中,一般是将获取的初始年平均日交通量(双向)及其车辆类型组成数据,剔除2轴4轮及以下的客、货运车辆交通量,得到2轴6轮及以上车辆(包括大型客车、货车)的交通量,作为设计用双向初期年平均日交通量($AADTT$)。双向初期年平均日交通量乘方向系数(DDF)和车道系数(LDF),即为设计车道的年平均日货车交通量。

$$Q_1 = AADTT \times DDF \times LDF \tag{1.4}$$

式中：Q_1——设计车道的年平均日货车交通量；

$AADTT$——2轴6轮及以上车辆的双向初期年平均日交通量；

DDF——方向系数；

LDF——车道系数。

（2）方向系数　方向系数为车辆在相对行驶的两个方向上的分布比例，根据不同方向上实测交通量数据确定，无实测数据时可在0.5～0.6范围内选取。

（3）车道系数　车道系数为设计车道上2轴6轮及以上车辆（包括大型客车和货车）数量占该方向上大型客车和货车交通量的比例。

车道系数可按下列三个水平确定，改建设计应采用水平一，新建路面设计可采用水平二或水平三。

① 水平一：根据现场交通量观测资料统计设计方向不同车道上车辆的数量，确定车道系数；

② 水平二：采用当地的经验值；

③ 水平三：如实际调查确有困难，车道系数可依据设计公路的车道数，采用表1.3.3的推荐值。交通受非机动车和行人影响严重时取低限，反之取高限。

表1.3.3　不同单向车道的车道系数

道路等级	单向1车道	单向2车道	单向3车道	单向4车道以上
高速公路	—	0.70～0.85	0.45～0.60	0.40～0.50
其他等级公路	1.00	0.50～0.75	0.50～0.75	—

（4）交通量年平均增长率　道路通行的年平均日交通量是逐年增大的。要确定道路设计使用年限内的总交通量，还需要预估设计使用年限内交通量的发展。交通量的年平均增长率可依据道路技术等级、功能以及地区经济和交通发展情况等，通过调查分析，预估设计使用年限内的货车交通量增长趋势，确定设计使用年限内货车交通量的年平均增长率。通常，可根据最近若干年内连续观测的交通量资料，通过整理得出交通量的变化规律，然后利用它外延到所需年份的平均日交通量。

现有的交通量预估公式，一般认为交通量逐年递增且大致符合几何级增长规律，即在设计使用年限内，以固定的增长率 γ 逐年增加，t 年后的年平均日交通量计算式为：

$$Q_t = Q_1 (1+\gamma)^{t-1} \tag{1.5}$$

由于这种计算方法受初始年和 t 年的年平均日交通量 Q_1 和 Q_t 的偶然性影响较大，即没有计入各中间年交通量的影响，所得增长率用来计算累计交通量误差较大。有时可通过数值解法获得 t 年内的平均增长率，即：

$$\sum_{i=1}^{t} Q_i = Q_1 \frac{(1+\gamma)^t}{\gamma} \tag{1.6}$$

在道路结构设计中，需要通过调查研究、分析论证来确定交通量年平均增长率 γ。γ 值的变化幅度很大，不同地区、不同经济条件、不同时间 γ 值都不一样。通常在发达国家、大城市附近，由于经济基础已具有相当规模，交通量的基数较大，所以增长率 γ 较小。对于发展中国家、新开发的经济区，一般 γ 值较大，若干年之后又逐步下降，趋向稳定。确定交通量年平均增长率 γ 后，设计使用年限内设计车道累计交通量 Q 可按式(1.7)或式(1.8)预估。

$$Q = \frac{365Q_1[(1+\gamma)^t - 1]}{\gamma} \tag{1.7}$$

$$Q = \frac{365Q_t[(1+\gamma)^t - 1]}{\gamma(1+\gamma)^{t-1}} \tag{1.8}$$

式中：Q——道路设计年限内设计车道的累计交通量；

Q_1——设计初始年的年平均日交通量；

Q_t——设计末年的年平均日交通量；

γ——道路设计使用年限内交通量年平均增长率；

t——道路设计使用年限或设计基准期。

4）车辆对道路的作用

（1）静态作用　汽车对道路的作用力可分为停驻状态和行驶状态两种状态下的作用力。当汽车处于停驻状态时，对路面的作用力为静态压力，主要是由轮胎传给路面的垂直压力，它的大小受下述因素的影响：

① 汽车轮胎的内压力 p_i；

② 轮胎的刚度和轮胎与路面接触的形状；

③ 车辆荷载的大小。

货车轮胎的标准静内压力 p_i 一般在 0.4～0.7 MPa 范围内。通常轮胎与路面接触面上的压力 p 略小于内压力 p_i，为 $(0.8～0.9)p_i$。车轮在行驶过程中，内压力会因轮胎充气温度升高而增加。因此，滚动的车轮，其接触压力也有所增加，为 $(0.9～1.1)p_i$。

轮胎的刚度随轮胎的新旧程度而有所不同，接触面的形状和轮胎的花纹也会影响接触压力的分布。一般情况下，接触面上的压力分布不均匀。不过在路面设计中，通常会忽略上述因素的影响，而直接取内压力作为接触压力，并假定压力在接触面上均匀分布。

轮胎与路面的接触面形状如图 1.3.9 所示，它的轮廓近似于椭圆形，在工程设计中以圆形接触面积来表示。将车轮荷载简化成当量的圆形均布荷载，并采用轮胎接触压力 p，接触面当量圆半径 δ 可按式(1.9)确定。

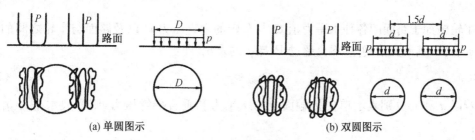

图 1.3.9　车轮荷载计算图示

$$\delta = \sqrt{\frac{P}{\pi p}} \tag{1.9}$$

式中：P ——作用在车轮上的荷载(kN)；

p ——轮胎接触压力(kPa)。

对于双轮组车轴，若每一侧的双轮用一个圆表示，称为单圆荷载；如用两个圆表示，则称为双圆荷载(图1.3.10)。单圆荷载的当量圆直径 D 和双圆荷载的当量圆直径 d，分别按式(1.10)和(1.11)计算。

$$D = \sqrt{\frac{8P}{\pi p}} = \sqrt{2}\, d \tag{1.10}$$

$$d = \sqrt{\frac{4P}{\pi p}} \tag{1.11}$$

我国路面设计规范中规定的标准轴载 BZZ‑100 的 $P = 25\text{ kN}$，$p = 700\text{ kPa}$，用式(1.10)、式(1.11)计算，可分别得到相应的当量圆直径为：$D \approx 0.302\text{ m}$，$d \approx 0.213\text{ m}$。

(2) 动态作用　当汽车处于行驶状态时，除了施加给路面垂直压力之外，还给路面施加水平力。此外，由于汽车以较快的速度通过，这些动力作用还有瞬时性的特征。

汽车在道路上匀速行驶，车轮受到路面给它的滚动摩阻力，路面也相应受到车轮施加于它的一个向后的水平力；汽车在上坡行驶或在加速行驶过程中，为了克服重力与惯性力，需要给路面施加向后的水平力；相应地，在下坡行驶或者在减速行驶过程中，为了克服重力与惯性力的作用，需要给路面施加向前的水平力；汽车在弯道上行驶，为了克服离心力，保持车身稳定不产生侧滑，需要给路面施加侧向水平力。特别是在汽车启动和制动过程中，施加于路面的水平力相当大。车轮作用于路面的垂直压力与水平力如图1.3.10所示。

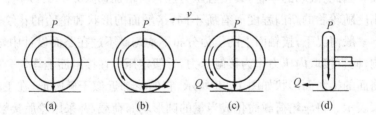

图1.3.10　车轮作用于路面的垂直压力与水平力

车轮施加于路面的各种水平力值 Q 与车轮的垂直压力 P 以及路面与车轮之间的附着系数 φ 有关，其最大值 $Q_{\max}$ 不会超过 P 与 φ 的乘积，即：

$$Q_{\max} \leqslant P\varphi \tag{1.12}$$

若以 q 和 p 分别表示单位接触面上的水平力和垂直接触压力，则最大水平力 $q_{\max}$ 应满足：

$$q_{\max} \leqslant p\varphi \tag{1.13}$$

表 1.3.4 所列的路面附着系数 φ 为实地测量的资料。由表 1.3.4 可见，φ 的最大值为 0.70～1.00，它同路面类型和路面状况以及行车速度有关。相同的路面结构类型，干燥状态的 φ 值比潮湿状态高；路面结构类型与干燥状态相同的情况下，车速越高，φ 值越小。

表 1.3.4 路面附着系数表

路面状况	路面类型	车速/(km/h)		
		12	32	64
干燥	沥青混凝土	0.70～1.00	—	0.50～0.65
	水泥混凝土	0.70～0.85		0.60～0.80
潮湿	沥青混凝土	0.40～0.65		0.10～0.50
	水泥混凝土	0.60～0.70		0.35～0.55

路面表面必须保持足够的附着系数，这是保证正常行车的重要条件。但是从路面结构本身来看，附着系数的大小直接关系结构层承受的水平荷载。在水平荷载的作用下，结构层产生复杂的应力状态，特别是面层结构，直接承受水平荷载作用。若面层抗剪强度不足，将会出现推挤、拥包、波浪、车辙等破坏现象。

汽车在道路上行驶，由于车身自身的振动和路面的不平整，其车轮实际上是以一定的频率和振幅在路面上跳动，作用在路面上的车辆荷载时而大于静态荷载，时而小于静态荷载。车辆荷载大小主要随行车速度、路面的平整度和车辆的振动特性三个因素而变化。

动态荷载的最大峰值与静态荷载之比称为冲击系数。在较平整的路面上，行车速度不超过 50 km/h 时，冲击系数不超过 1.30。车速增加或路面平整度不佳，则冲击系数还要增大。在设计路面时，有时以静态荷载乘冲击系数作为设计荷载。

行驶的汽车对路面施加的荷载有瞬时性，车轮通过路面上任一点，该点承受荷载的时间是很短的，只有 0.01～0.10 s。在路面以下一定深度处，应力作用的持续时间略长一点，但仍十分短暂。由于路面结构中应力传递是通过相邻的颗粒来完成的，若应力出现的时间很短，则来不及传递分布，其变形特性便不能像静载那样呈现得比较完全。因此，动态荷载作用下路面结构的响应分析较为复杂，至今仍有大量的问题有待进一步研究。

(3) 车辆荷载对路面的重复作用　车辆荷载对路面的多次重复作用也是一项重要的动态影响。在交通流量大的道路上，道路结构每天将承受数万次车辆荷载的作用，在路面的整个使用期限内承受的作用次数更为可观。路面承受一次车辆荷载作用和承受多次重复作用的效果并不一样。对于弹性材料，在重复荷载作用下，呈现出材料的疲劳性质，也就是材料的强度将随荷载重复次数的增加而降低；对于弹塑性或黏弹性材料，如土基和柔性路面，在重复荷载作用下，永久变形将逐渐增大，称为变形的累积。所以对于路面设计，不仅要重视静态荷载与动态荷载的量值，道路通行的各类车辆荷载的数量也是重要的因素。

道路上通行的车辆不仅具有不同的类型和轴重,而且通行的交通量也是变化的。因此,交通量与交通荷载组成均是随机变量,随着时间、地点以及年限不同都在变化。路面结构设计中,为了准确衡量交通量,使交通量具有可比性,并准确考虑和计算车辆荷载对路面的综合累积损伤作用,必须分车型和轴型调查,确定各车型和轴型间的关系,并通过适当的方式将不同车型和轴型换算成标准车型与轴型。

5) 车辆轴型与轴载谱

无论是客车还是货车,车身的全部重量都通过车轴上的轮胎传给路面。因此,对于路面结构设计而言,更加重视汽车的轴载。由于轴载的大小直接关系到路面结构的响应,为了统一设计标准和便于交通管理,各个国家对于轴载的最大限值均有明确的规定。

整车形式的客车、货车车轴分前轴和后轴。绝大部分车辆的前轴为两个单轮组成的单轴,轴载约为汽车总重量的三分之一。汽车的后轴有单轴、双轴和三轴三种,大部分货车后轴由双轮组组成,只有少量轻型货车后轴由单轮组组成。每一根后轴的轴载大约为前轴轴载的两倍。目前,在我国道路上行驶的货车后轴轴载,一般在 60~130 kN 范围内。

为了满足各个国家对汽车轴限的规定,货车趋向于增加轴组分散总重,因此出现了多轴的货车。有些运输专用设备的平板拖车,采用多轴多轮,以减轻对路面的作用。路面设计中车辆轴型按轮组和轴组类型分为 7 类,如表 1.3.5 所示。

表 1.3.5 轴型分类

轴型编号	轴型说明	轴型编号	轴型说明
1	单轴(每侧单轮胎)	5	双联轴(每侧双轮胎)
2	单轴(每侧双轮胎)	6	三联轴(每侧单轮胎)
3	双联轴(每侧单轮胎)	7	三联轴(每侧双轮胎)
4	双联轴(每侧各一单轮胎、双轮胎)		

每一类车均为不同的轴型组合而成,可按表 1.3.6 将车辆类型分为 11 类。车辆类型按轴组组成命名,如"15 型货车"是指前轴为轴型 1,后轴为轴型 5。1 类车型为对路面破坏较小的小轿车或载质量较轻的小货车,道路结构设计时不予考虑;2 类车为大客车,对路面有一定的破坏作用,需在道路结构设计中考虑;除 1 类、2 类以外的其他车型都为对道路有显著作用的货车。为便于表述,将除 1 类车以外的 2 类~11 类车统称为大型客车和货车。在我国,轴型 3(每侧单轮胎的双联轴)、轴型 4(每侧各一单轮胎、双轮胎的双联轴)和轴型 6(每侧单轮胎的三联轴)所占比例非常小,为简化分析,可将之分别归类到轴型 5(每侧双轮胎的双联轴)和轴型 7(每侧双轮胎的三联轴)。

将表 1.3.6 所列车型中某一类车型数量占 2 类~11 类车辆总数的百分比称为车辆类型分布系数,整体货车和半挂货车占 2 类~11 类车辆总数的百分比称为货车类型分布系数(TTC)。

表 1.3.6　车辆类型分类

车型编号	说明	主要车型	图示	其他车型
1 类	2 轴 4 轮车辆	11 型车	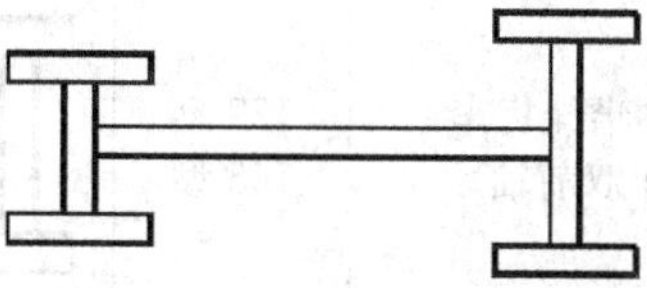	
2 类	2 轴 6 轮及以上客车	12 型车	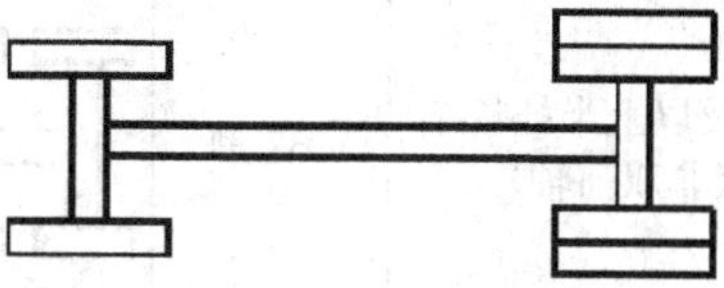	15 型客车
3 类	2 轴 6 轮整体式货车	12 型货车	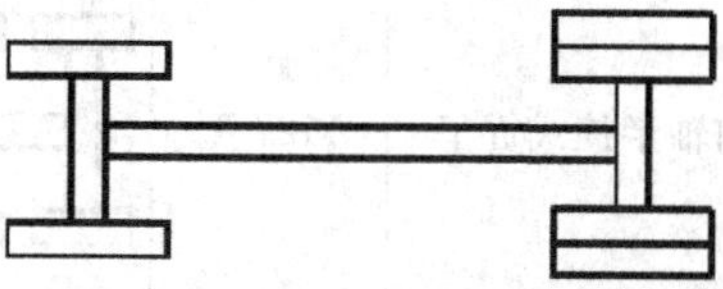	
4 类	3 轴整体式货车（非双前轴）	15 型	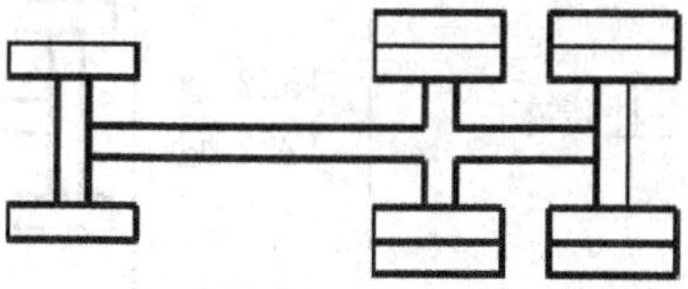	
5 类	4 轴及以上整体式货车（非双前轴）	17 型	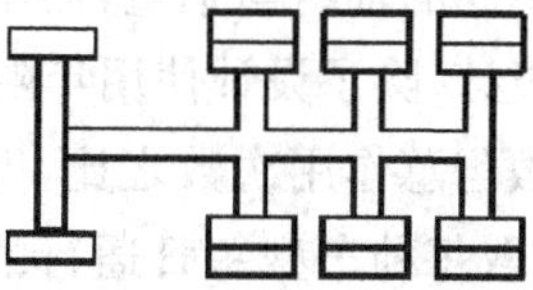	
6 类	双前轴整体式货车	112 型 115 型	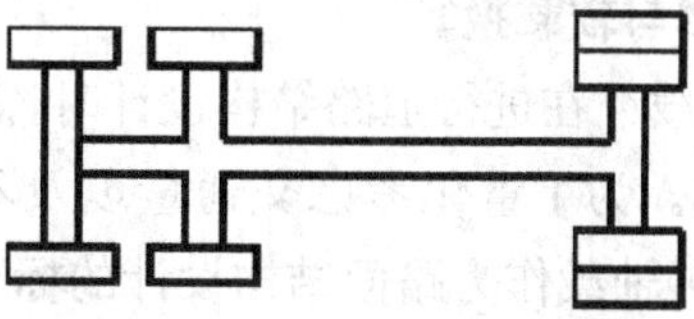	117 型
7 类	4 轴及以下半挂货车（非双前轴）	125 型	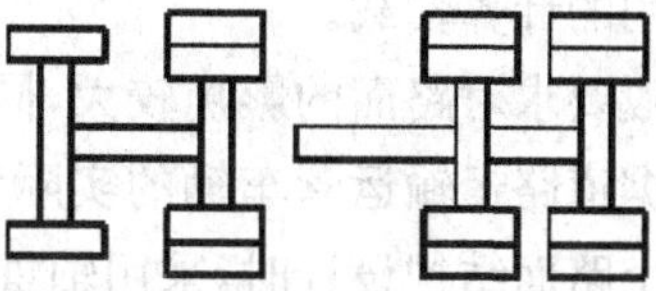	122 型

(续表)

车型编号	说明	主要车型	图示	其他车型
8类	5轴半挂货车（非双前轴）	127型 155型	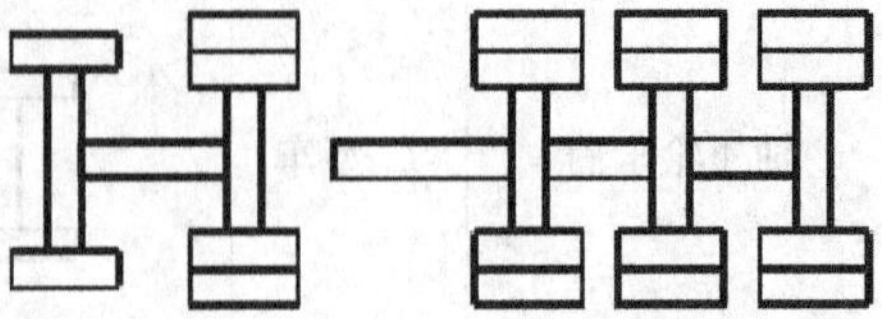	
9类	6轴及以上半挂货车（非双前轴）	157型	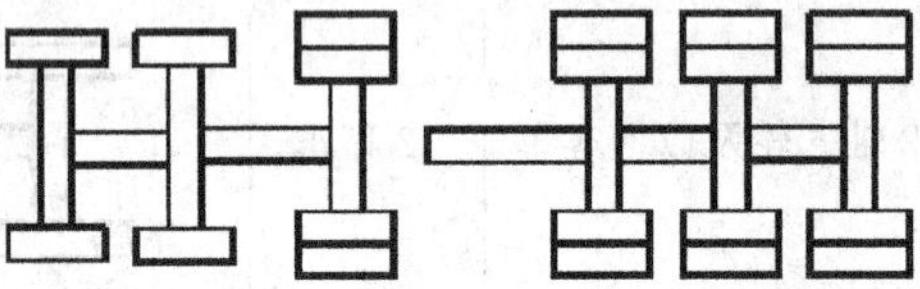	
10类	双前轴半挂式货车	1127型	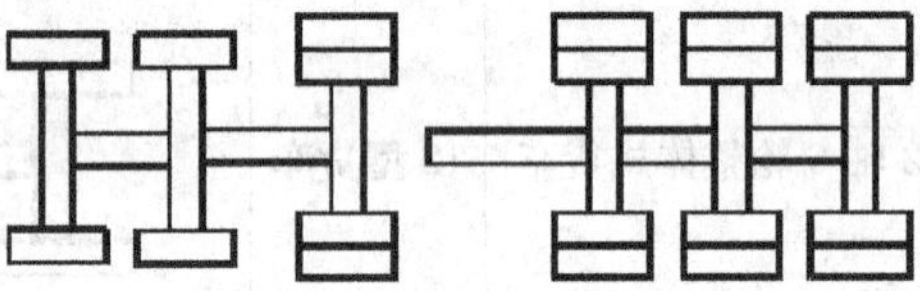	1122型 1125型 1155型 1157型
11类	全挂货车	1522型 1222型	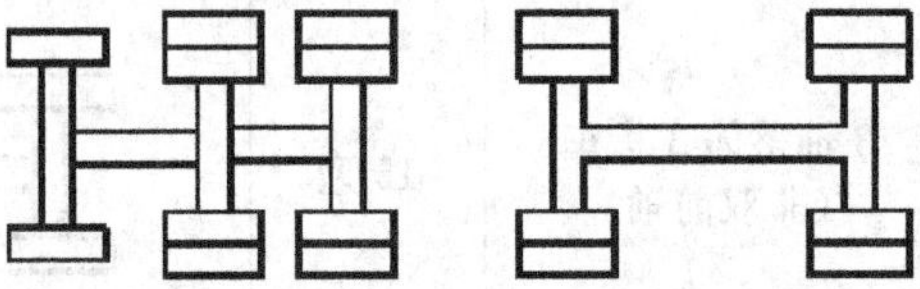	

不同车型具有不同的轴组与轴重,而不同轴组和轴重给道路结构带来的损伤程度是不同的。对道路结构设计,除了设计使用年限内的累计交通量之外,另一个重要的交通因素便是各级轴载作用次数与总作用次数之比,即轴载组成或轴载谱。由交通调查得到不同车型的组成分布,进而获取每种车型每日通行的轴载数,乘相应的轴载谱百分率,即可推算出所有车辆各级轴载的作用次数。

6) 标准轴载与轴载换算

(1) 标准轴载　在进行道路结构设计时,需要获取不同车辆类型的混合交通量,确定其轴型和轴载组成。为了量化考虑交通量以及不同车辆类型对路面结构的综合累积损伤作用,一般选用一种轴载作为路面结构设计的标准轴载,其他各种轴载按照一定的原则换算为标准轴载,从而将交通量转换为结构设计用的当量设计轴载累计作用次数。标准轴载即为路面结构设计采用的计算轴载。

标准轴载一般要求对路面的影响较大,同时又能反映本国道路运输运营车辆的总体轴载水平。我国根据道路运输运营车辆的实际水平,规定公路与城市道路在进行沥青混凝土路面和水泥混凝土路面结构设计时,采用轴重为 100 kN 的单轴-双轮组轴载作为设计轴载,简称为 BZZ-100,其计算图示如图 1.3.11 所示,计算参数如表 1.3.7 所示。

表 1.3.7　设计轴载的参数

设计轴载/kN	轮胎接地压强/MPa	单轮接地当量圆直径/mm	两轮中心距/mm
100	0.70	213.0	319.5

轴载的大小直接关系到道路结构的设计承载力与结构强度,标准轴载问题涉及运输经济和道路结构经济性两个方面。国外目前有货车重型化、载客汽车小型化的趋势,使道路运输承受的轴载增加,道路的损坏问题日趋严重。在我国,由于市场经济的逐步建立,道路货运的经济性为货运部门主要考虑的因素,重轴载车辆的比例越来越大。道路结构的早期破坏与超出规定的重轴载车辆有很大的关系。因此,必须加强管理,尽可能限制超出规定的重轴载车辆的运行。

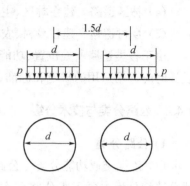

图 1.3.11　标准轴载图示

车辆超载和超限是两个不同的概念。超载运输是指车辆所装载的货物(或人员)超过车辆额定的载货质量(或人员数)。超限运输是指在道路上行驶的车辆、工程机械,其总质量、轴载质量、外形尺寸三者之一超过法定的限值标准。其中总质量和轴载质量超限是直接关系道路结构破坏的因素。超载但不超限的车辆对道路的使用寿命有一定的影响,超载且超限的车辆对道路的使用寿命有很大的影响,有的甚至超过道路结构的极限承载力,使道路出现结构性破坏。对超载条件下道路结构的设计问题,道路设计技术人员应十分重视。

(2) 轴载换算　不同轴载在同一道路结构上重复作用不同次数后,可使结构层永久变形量或疲劳破坏达到相同极限状态。因此,在一定轴载范围内,不同轴载对道路的作用效果可以互相换算。在进行换算时,应该遵循两项原则:第一,同一种路面结构在不同轴载作用下在使用末期达到相同的损伤程度(破坏状态);第二,对某一种交通组成,不论以哪种标准轴载进行换算,所设计的路面厚度相同。我国现行沥青混凝土路面设计方法中采用沥青混合料层疲劳寿命、无机结合料稳定层疲劳寿命、沥青混合料永久变形和路基永久变形为主要设计标准。因此,轴载换算时采用了沥青混合料层层底拉应变、无机结合料稳定层层底拉应力、沥青混合料层永久变形量和路基顶面竖向压应变为指标的轴载换算方法。我国现行水泥混凝土路面设计方法中则采用水泥混凝土面板底面的弯拉应力为指标进行轴载换算。

当量轴次是按等效损坏原则,将不同轴载的作用次数换算为设计轴载的当量作用次数。

1.4　道路分类与技术分级

1.4.1　道路分类

道路是供车辆和行人通行的工程设施,按使用范围可分为以下 5 类。

(1) 公路 连接城市之间的道路。
(2) 城市道路 城市范围内的道路,它作为城市的公共空间,是城市建设的基础,是城市交通、生产和生活的必要设施,是城市总平面布置的骨架。
(3) 厂矿道路 主要供工厂、矿山运输车辆通行的道路。
(4) 林区道路 建在林区,主要供各种林业运输工具通行的道路。
(5) 乡村道路 建在乡村、农场,主要供行人及各种农业运输工具通行的道路。

由于各类道路所处位置、功能和性质均不相同,在设计时所遵循的标准也各不相同。在设计时应选用适用的规范和标准。

1.4.2 公路分类与技术分级

1) 公路分类

(1) 依据交通功能分类 公路按照交通功能分为干线公路、集散公路和支路三类。干线公路细分为主要干线公路和次要干线公路,集散公路细分为主要集散公路与次要集散公路。

主要干线公路主要连接20万人口以上的大中城市、交通枢纽、重要对外口岸和军事战略要地,提供省际及大中城市间长距离、大容量、高速度的交通服务。

次要干线公路主要连接10万人口以上的城市和区域性经济中心,提供区域内或省域内中长距离、较高容量和较高速度的交通服务。

主要集散公路主要连接5万人口以上的县(市)、主要工农业生产基地、重要经济开发区、旅游名胜区和商品集散地,提供中等距离、中等容量及中等速度的交通服务,并与干线公路衔接,使所有的县(市)都在干线公路的合适距离之内。

次要集散公路主要连接1万人口以上的县(市)、大的乡镇和其他交通发生地,提供较短距离、较小容量、较低速度的交通服务,衔接干线公路、主要集散公路与支线公路,疏散干线公路交通、汇集支线公路交通。

支线公路主要以服务功能为主,直接与用路者的出行源点相衔接,并衔接集散公路,为地区出行提供接入与通达服务。

(2) 依据行政管理属性分类 公路按其在公路路网中的地位分为国道、省道、县道和乡道。

① 国道:包括普通国道和国家高速公路。在国家公路网中,国道由具有全国性和区域性的政治、经济、国防意义的干线公路组成,以英文字母"G"表示。普通国道提供普遍的、非收费的交通基本公共服务,国家高速公路提供高效、快捷的运输服务。

② 省道:在省公路网中,具有全省性的政治、经济、国防意义,并经确定为省级干线的公路,以英文字母"S"表示。

③ 县道:具有全县性的政治、经济意义,并经确定为县级的公路。

④ 乡道:具有全乡性的政治、经济意义,并经确定为乡级的公路。

(3) 公路功能类别的确定 公路功能类别可按下列步骤确定。

① 依照行政属性、用地性质、交通需求等实施区域划分,并将区域抽象为节点。

② 确定节点重要度:节点重要度是定量描述区域内各节点间相对重要程度的指标,主要以总人口、工业总产值、人均收入等指标作为定量分析各节点重要度的指标。节点的层次结构见表1.4.1。当一条公路的主要控制点为A层节点时,该公路为主要干线公路;当主要控制点为B层节点时,该公路应为次要干线公路;当主要控制点为C层节点时,该公路应为主要集散公路;当主要控制点为D层节点时,该公路为次要集散公路;当主要控制点为E层节点时,该公路为支线公路。

表1.4.1 节点的层次结构

节点层次	中心节点	主要节点	公路分类
A	北京	各省会、自治区首府、直辖市、特区	主要干线公路
B	省会或自治区首府	各地市政府所在地	次要干线公路
C	地市政府所在地	各县(市)政府所在地	主要集散公路
D	县市政府所在地	各乡、镇政府所在地	次要集散公路
E	乡镇政府所在地	各行政村	支线公路

2) 公路分级与技术标准

(1) 公路分级 公路根据交通特性及控制干扰的能力分为高速公路、一级公路、二级公路、三级公路及四级公路5个技术等级。

① 高速公路:高速公路为专供汽车分方向、分车道行驶,全部控制出入的多车道公路。高速公路的年平均日设计交通量在15 000辆小客车以上。高速公路单向最少设置两个车道,对允许进入的车辆进行限制,设置中央分隔带分隔对向交通,采用立交接入等措施全部控制出入,排除纵横向干扰,为通行效率最高的公路。

② 一级公路:一级公路为供汽车分方向、分车道行驶,可根据需要控制出入的多车道公路。一级公路的年平均日设计交通量在15 000辆小客车以上。一级公路单向至少设置两个车道,根据功能需要采取不同程度的控制出入。

具备干线功能的一级公路,为保证其快速、大容量、安全的服务能力,通常采用部分控制出入措施,只对所选定的相交公路或其他道路提供平面出入连接,而在同其他公路、城市道路、铁路、管线、渠道等相交处设置立体交叉,并设置隔离设施以防止行人、低速车辆、非机动车以及牲畜等进入;而当一级公路用作集散公路时,纵横向干扰都较大,通常采取接入管理措施,合理控制公路和周围土地接口的位置、数量、形式,提高安全保障和服务水平。

③ 二级公路:二级公路为供汽车行驶的双向公路。二级公路的年平均日设计交通量为5 000~15 000辆小客车。二级公路一般不设中央分隔带,不控制出入。当慢行车辆交通量较大、街道化程度严重时,可采取加宽硬路肩的方式增设慢行车道,减少纵、横向干扰,保证行车安全。

④ 三级公路:三级公路为供汽车、非汽车交通混合行驶的双车道公路,不设中央分隔带,限速较低。三级公路的年平均日设计交通量为2 000~5 000辆小客车。

⑤ 四级公路:四级公路为供汽车、非汽车交通混合行驶的双车道或单车道公路。双车道四级公路年平均日设计交通量在2 000辆小客车以下;单车道四级公路年平均日设计交通量在400辆小客车以下。

三、四级公路为供汽车、非汽车交通混合行驶的双车道公路(四级公路在交通量较小时采用单车道),允许拖拉机等慢行车辆和非机动车使用行车道,其混合交通特征明显,抑制干扰能力最弱。

公路分级见表1.4.2。

表1.4.2 公路分级表

项目	高速	一级	二级	三级	四级
设计速度/(km/h)	80,100,120	60,80,100	40,60,80	30,40	20,30
AADT/(pcu/d)	>15 000	>15 000	5 000~15 000	2 000~5 000	400~2 000
出入口控制	完全控制	部分控制	部分控制或不控制	—	—

注:AADT为标准车的年平均日交通量(双向),四级公路数字为双向单车道交通量,标准车辆一律用小客车。

(2) 公路技术等级与设计速度选用 公路技术等级选用应根据路网规划、公路功能,并结合交通量论证确定。确定一条公路的等级,首先应确定该公路的功能,是干线公路,还是集散公路,即属于直达还是连接,以及是否需要控制出入等,根据预测交通量初拟公路等级;然后再结合地形、交通组成等,确定设计速度和路基宽度。

按照公路的使用任务、功能和远景交通量可按设计路段分段采用不同的公路技术等级,或同一公路技术等级不同的设计速度。在公路技术等级选用中应遵照"按设计路段确定公路技术等级的原则"。

① 公路设计交通量预测:公路设计交通量预测应符合下列规定。

a. 高速公路和一级公路设计交通量预测年限为20年;二级公路、三级公路设计交通量预测年限为15年;四级公路可根据实际情况确定。

b. 设计交通量预测年限的起算年为该项目的计划通车年。

c. 设计交通量的预测应充分考虑走廊带范围内远期社会、经济的发展规划和综合运输体系的影响。

② 公路技术等级选用:应在论证确定公路功能的基础上,结合项目所在地区的综合运输体系、远景发展规划及设计交通量论证确定,并应遵循下列原则。

a. 主要干线公路作为公路网中结构层次最高的主通道,应选用高速公路。

b. 次要干线公路作为主要干线公路的补充,应选用二级及二级以上公路。当设计交通量达到15 000辆小客车/d,宜选用一级及一级以上公路;当设计交通量达到10 000辆小客车/d,且沿线纵横向干扰较大,宜选用一级公路;当设计交通量低于10 000辆小客车/d,可选用二级公路;当货车混入率较高时,宜间隔设置超车车道,减小纵向干扰。

c. 主要集散公路连接干线公路与支线公路,宜选用一级公路、二级公路。当设计交通量达到 15 000 辆小客车/d,可选用一级公路;当设计交通量在 5 000~15 000 辆小客车/d,可选用二级公路;当设计交通量达到 10 000 辆小客车/d,且沿线纵横向干扰较大时,宜选用一级公路;当设计交通量低于 5 000 辆小客车/d,宜选用二级公路。

d. 次要集散公路服务于县乡区域交通,宜选用二级公路、三级公路。当设计交通量达到 5 000 辆小客车/d,宜选用二级公路;当设计交通量低于 5 000 辆小客车/d,宜选用三级公路。

e. 支线公路宜选用三级公路、四级公路。当设计交通量达到 5 000 辆小客车/d,宜选用二级公路。

f. 当既有公路不能满足功能需要时,应结合公路网发展规划,有计划地进行改建。

③ 设计速度的选用:应根据公路功能与技术等级,结合地形、工程经济、预期运行速度和沿线土地利用性质等因素综合论证确定,并应符合下列规定。

a. 高速公路设计速度不宜低于 100 km/h,受地形、地质等条件限制时,可以选用 80 km/h。高速公路的设计速度为 120 km/h、100 km/h 和 80 km/h,目的是保证高速公路的高速、安全和舒适等特点,世界各国高速公路标准的设计速度最低为 80 km/h(只有匈牙利、保加利亚和日本的城市道路中的高速公路有 60 km/h 的设计速度)也是这个道理。

b. 作为干线的一级公路,设计速度宜采用 100 km/h;受地形、地质等条件限制时,可采用 80 km/h。作为集散的一级公路,设计速度宜采用 80 km/h;受地形、地质等条件限制时,可采用 60 km/h。

c. 高速公路和作为干线的一级公路的局部特殊困难路段,且因新建工程可能诱发工程地质病害时,经论证,该局部路段的设计速度可采用 60 km/h,但长度不宜大于 15 km,或仅限于相邻两互通式立体交叉之间的路段。

d. 作为干线的二级公路,设计速度宜采用 80 km/h;受地形、地质等条件限制时,可采用 60 km/h。作为集散的二级公路,设计速度宜采用 60 km/h。考虑到我国地域广泛、经济基础薄弱、山区及环境脆弱地区选线和建设的难度,根据我国公路建设的特点和政策的延续性,二级公路位于地形、地质等自然条件复杂的山区,经论证该路段的设计速度可采用 40 km/h,但应采取保证线形的顺适和运行安全的措施。

e. 三级公路的设计速度的选用主要视地形、地质等自然条件而定。三级公路设计速度宜采用 40 km/h;受地形、地质等条件限制,可采用 30 km/h。

f. 四级公路只有一档,主要适用于地形、地质等自然条件复杂的山区,或交通量很小的路段。四级公路设计速度宜采用 30 km/h;受地形、地质等条件限制时,可采用 20 km/h。

同一公路项目可分段选用不同的技术等级。同一技术等级可分段选用不同的设计速度。不同技术等级、不同设计速度的设计路段之间应选择合理的衔接位置或地点,过渡应顺适,衔接应协调。

1.4.3 城市道路分类

城市道路按其在城市道路系统中的地位、交通、服务功能分为快速路、主干路、次干路和支路 4 类。

（1）快速路　是城市道路中设有中央分隔带，具有 4 条以上的车道，全部或部分采用立体交叉与控制出入，供车辆以较高的速度行驶的道路。快速路完全为交通功能，是城市内长距离快速交通运输的动脉，设计速度为 60~80 km/h。在快速路两侧不宜设置吸引大量人流的公共建筑物的进出口。两侧一般建筑物的进出口应通过辅路加以控制。

（2）主干路　是在城市道路网中起骨架作用的道路，以交通功能为主的道路（小城市的主干路可兼沿线服务功能）。主干路的设计速度为 40~60 km/h。自行车交通量大时，宜采用机动车与非机动车分隔的形式。主干路上平面交叉口间距以 800~1 200 m 为宜，以减少交叉口交通对主干路交通的干扰。交通性的主干路解决大城市各区之间的交通联系，以及与城市对外交通枢纽之间的联系。例如，北京的东、西长安街是全市性东西向主干路。

（3）次干路　次干路是联系主干路之间的干道，与主干路共同组成干道网，起到广泛连接城市各部分和集散交通的作用。次干路的设计速度为 40 km/h。次干路沿街多数为公共建筑和住宅建筑，兼有服务功能。

（4）支路　支路是次干路与街坊内道路的连接线，解决地区交通，以服务功能为主。沿街以居住建筑为主。

1.5　我国道路发展现状与规划

1.5.1　我国道路发展现状

1885 年，广西修建了中国第一条可通行汽车的道路——龙（龙州）南（镇南关）公路，1896 年竣工，全长 55 km。此后，从 20 世纪初到新中国成立前的近 40 年时间中，由于当时社会不稳定，经济落后，道路建设大都以军用为主，全国共修建了 13 万 km 道路，由于战争的破坏及失养，到新中国成立时全国共有可通车的道路仅 8.1 万 km。新中国成立以后，国家对道路建设做出了很大努力，取得了显著成就。特别是改革开放后的 40 年来，我国的道路建设事业以前所未有的速度发展，掀起了高等级公路、桥梁、隧道的建设高潮。

根据交通运输部公布的《2018 年交通运输行业发展统计公报》，截至 2018 年底，我国公路总里程达 484.65 万 km。全国四级及以上等级公路里程 446.59 万 km，约占公路总里程的 92.1%；二级及以上等级公路里程 64.78 万 km，约占公路总里程的 13.4%；高速公路里程达 14.26 万 km；国道里程 36.30 万 km，省道里程 37.22 万 km；农村公路里程 403.97 万 km，其中县道里程 54.97 万 km，乡道里程 117.38 万 km，村道里程 231.62 万 km。2018 年全国公路里程分技术等级构成见图 1.5.1。2003 年至 2018 年我国高速公路通车里程见图 1.5.2。

1988 年我国修建的第一条高速公路——沪嘉高速公路通车，是我国公路建设的里程碑，标志着我国公路发展迈进了以高速、分道行驶为特征的现代化高速公路阶段。沪嘉高速

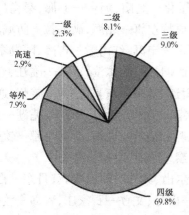

图 1.5.1 2018 年全国公路里程分技术等级构成

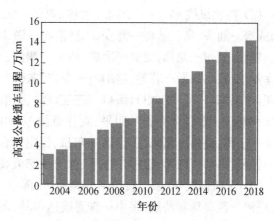

图 1.5.2 我国高速公路通车里程

公路全长 20.5 km,南起上海市区祁连山路,北止嘉定南门,宽 45 m,4 车道,设计速度为 120 km/h。

30 多年来,我国高速公路掀起了建设高潮,投资持续高位运行,关键通道和重大工程稳步推进,高速公路在"促投资、稳增长"、服务国家战略实施、推进供给侧结构性改革上做出了重要贡献,取得了一批标志性的重大科技成果,极大地提升了我国道路交通的核心竞争力和可持续发展能力。截至 2018 年底,我国高速公路通车里程达 14.26 万 km,居世界第一位。

1.5.2 道路发展规划

2013 年 6 月 20 日,《国家公路网规划(2013—2030 年)》获国务院批准。国家公路网规划的目标是:"形成布局合理、功能完善、覆盖广泛、安全可靠的国家干线公路网络,实现首都辐射省会、省际多路连通、地市高速通达、县县国道覆盖。1 000 km 以内的省会间可当日到达,东中部地区省会到地市可当日往返,西部地区省会到地市可当日到达;区域中心城市、重要经济区、城市群内外交通联系密切,形成多中心放射的路网格局;沿边、沿海公路连续贯通,形成环绕边境线的沿边、沿海普通国道路线;有效连接陆路门户城市和重要边境口岸,形成重要国际运输通道,与东北亚、中亚、南亚、东南亚的联系更加便捷。"

国家公路网规划方案由普通国道和国家高速公路两个路网层次构成,总规模达到 40.1 万 km。

1) 普通国道

普通国道网由 12 条首都放射线(编号为 G101~G112)、47 条南北纵线(编号为 G201~G247)、60 条东西横线(编号为 G301~G360)和 81 条联络线(编号为 G501~G581)组成,总规模约 26.5 万 km。普通国道将全面连接县级及以上行政区、交通枢纽、边境口岸和国防设施。

(1) 首都放射线 12 条 北京—沈阳、北京—抚远、北京—滨海新区、北京—平潭、北京—澳门、北京—广州、北京—香港、北京—昆明、北京—拉萨、北京—青铜峡、北京—漠河、北京环线。

(2) 南北纵线 47 条　鹤岗—大连、黑河—大连、绥化—沈阳、烟台—上海、秦皇岛—深圳、威海—汕头、乌兰浩特—海安、二连浩特—淅川、苏尼特左旗—北海、满都拉—防城港、银川—榕江、兰州—龙邦、策克—磨憨、西宁—澜沧、马鬃山—宁洱、红山嘴—吉隆、阿勒泰—塔什库尔干、霍尔果斯—若羌、喀纳斯—东兴、东营—深圳、同江—哈尔滨、嘉荫—临江、海口—三亚(东)、海口—三亚(中)、海口—三亚(西)、张掖—孟连、丹东—东兴、饶河—盖州、通化—武汉、嫩江—双辽、牙克石—四平、克什克腾—黄山、兴隆—阳江、新沂—海丰、芜湖—汕尾、济宁—宁德、南昌—惠来、正蓝旗—阳泉、保定—台山、呼和浩特—北海、甘其毛都—钦州、开县—凭祥、乌海—江津、巴中—金平、遂宁—麻栗坡、景泰—昭通、兰州—马关。

(3) 东西横线 60 条　绥芬河—满洲里、珲春—阿尔山、集安—阿巴嘎旗、丹东—霍林郭勒、庄河—西乌珠穆沁旗、绥中—珠恩嘎达布其、黄骅—山丹、文登—石家庄、青岛—兰州、连云港—共和、连云港—栾川、上海—霍尔果斯、乌鲁木齐—红其拉甫、西宁—吐尔尕特、长乐—同仁、成都—噶尔、上海—聂拉木、高雄—成都、上海—瑞丽、广州—成都、瑞安—友谊关、瑞金—清水河、福州—昆明、广州—南宁、秀山—河口、连云港—固原、启东—老河口、舟山—鲁山、洞头—合肥、丹东—阿勒泰、萝北—额布都格、三合—莫力达瓦旗、龙井—东乌珠穆沁旗、承德—塔城、天津—神木、黄骅—榆林、海兴—天峻、滨州港—榆林、东营港—子长、胶南—海晏、日照—凤县、大丰—卢氏、东台—灵武、启东—那曲、上海—安康、南京—德令哈、武汉—大理、察雅—萨嘎、利川—炉霍、台州—小金、张家界—巧家、宁德—福贡、南昌—兴义、福州—巴马、湄洲—西昌、东山—泸水、石狮—水口、佛山—富宁、文昌—临高、陵水—昌江。

此外还包括 81 条联络线。

2) 高速公路

国家高速公路网由 7 条首都放射线、11 条南北纵线和 18 条东西横线，以及地区性环线、并行线、联络线等组成，约 11.8 万 km；另规划远期展望线 1.8 万 km，远期展望线主要位于西部地广人稀的地区。国家高速公路全面连接地级行政中心、城镇人口超过 20 万人的中等及以上城市、重要交通枢纽和重要边境口岸。

国家高速公路网规划方案具体为：

(1) 首都放射线 7 条　北京—哈尔滨、北京—上海、北京—台北、北京—港澳、北京—昆明、北京—拉萨、北京—乌鲁木齐。

(2) 南北纵线 11 条　鹤岗—大连、沈阳—海口、长春—深圳、济南—广州、大庆—广州、二连浩特—广州、呼和浩特—北海、包头—茂名、银川—百色、兰州—海口、重庆—昆明。

(3) 东西横线 18 条　绥芬河—满洲里、珲春—乌兰浩特、丹东—锡林浩特、荣成—乌海、青岛—银川、青岛—兰州、连云港—霍尔果斯、南京—洛阳、上海—西安、上海—成都、上海—重庆、杭州—瑞丽、上海—昆明、福州—银川、泉州—南宁、厦门—成都、汕头—昆明、广州—昆明。

此外还包括 6 条地区性环线以及若干条并行线、联络线等。

【思考题】

1. 道路设计主要包括哪些方面的内容？

2. 道路结构的性能要求包括哪些方面?
3. 我国公路自然区划的原则是什么?
4. 车辆对道路的作用是如何简化的?
5. 简述道路的分类。
6. 公路和城市道路是如何分类的?

2 道路平面

> **本章提要**
>
> 　　本章主要介绍了道路平面线形三要素及各要素的主要特征；直线的特点及长度限制；圆曲线的几何要素、半径与汽车行驶稳定性的关系；缓和曲线的作用、几何要素、最小长度等。

2.1 道路平面线形

2.1.1 道路实体与平面中线

　　道路平面设计是在路线平面图上研究道路的基本走向及线形的过程。图 2.1.1 是在没有设计和施工前的原地面形态，图 2.1.2 是在原地面上布置的道路中线，图 2.1.3 是在原地面上通过开挖或填筑修筑而成的路基。由图 2.1.2 可以看出，这条中线是用桩点来标定的，这是在勘测设计和施工中常用的做法。道路中线在设计图纸上是由直线和曲线构成的连续线条表达，在实地则是由一个个桩标定的，这些桩相当于实地的点，从始到终的各个桩的连线就构成了道路中线。在道路详细测量中，这些桩的位置很重要，因为它不但要表示出道路中线的实地位置，而且还要反映出线路的纵横地形、占地、拆迁、道路交叉、地质不良

图 2.1.1　没有修筑道路以前的原地面

地段的起终点等所在的位置，并且为土石方计算等设计提供依据。布置时必须知道每个桩的具体位置，由于路线的走向已由选线确定，因此确定每个桩的实地位置，只要知道每个桩沿路线的相对位置即可。桩有两个要素：一个是位置，另一个是桩号，每个桩上都要有桩号。桩号是指从该桩路线起点开始沿着路线方向到这个桩的水平距离，在桩上或桩位处用数字标记。

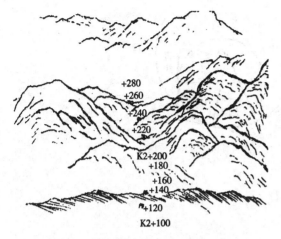 

图 2.1.2　在原地面上用桩标示的道路中线　　　　图 2.1.3　带状公路实体图

2.1.2　汽车行驶轨迹与道路线形

道路设计要适应汽车行驶的需要,在研究道路中线形状之前,首先应了解汽车的行驶轨迹,保证设计道路线形与汽车的行驶轨迹相协调,才能使行进中的车辆不致"脱轨",从而确保行车安全。汽车行驶包括直行和转弯两种方式,这里主要分析转弯时的轨迹线,以揭示道路中线的合理形状。通过对汽车行驶轨迹的调查和分析发现,汽车行驶轨迹的特点可归纳为以下 3 点。

(1) 轨迹是连续且圆滑的,即在任何一点上不出现错头、折点或间断。
(2) 轨迹的曲率是连续的,即轨迹上任一点不出现两个曲率值。
(3) 轨迹的曲率变化率是连续的,即轨迹上任一点不出现两个曲率变化率值。

不满足上述第(1)条的路线如图 2.1.4 所示;满足了上述第(1)条,但不满足第(2)条的路线如图 2.1.5 所示。

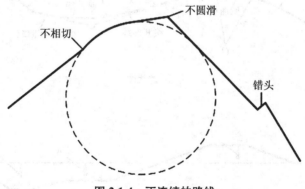

图 2.1.4　不连续的路线

为满足第(2)条要求,在直线与圆曲线间引入了一条曲率逐渐变化的"缓和曲线"(见图 2.1.6),使整条线形符合汽车行驶轨迹特性,保持了线形的曲率连续,与汽车行驶轨迹接近。实践证明这是很好的线形,国内外普遍采用。

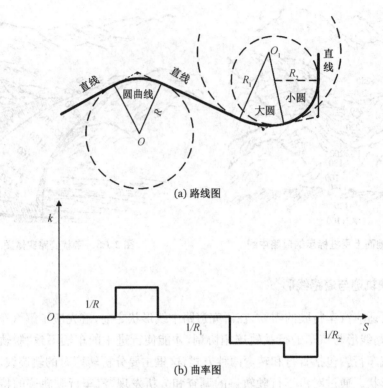

图 2.1.5 曲率不连续的路线

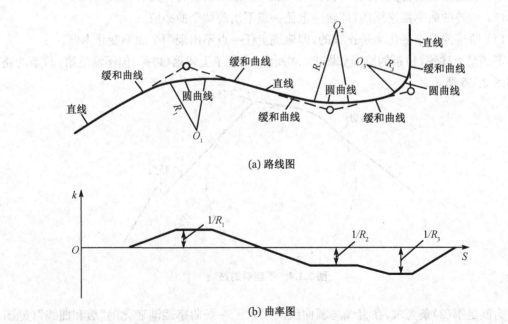

图 2.1.6 曲率连续的路线

2.1.3 平面线形三要素

行驶中汽车的导向轮与车身纵轴之间有3种关系：①角度为0；②角度为常数；③角度为变数。与上述三种状态对应的汽车行驶轨迹线为：

(1) 曲率为0的线形——直线。

(2) 曲率为常数的线形——圆曲线。

(3) 曲率为变数的线形——缓和曲线。

由实地轨迹调查和汽车理论轨迹分析得出，道路设计中的线形不论多么复杂，均可由直线、圆曲线和缓和曲线三种基本线形构成。换言之，公路实际采用的线形是由直线、圆曲线和缓和曲线这三种基本线形其中之一或组合而成的。直线、圆曲线和缓和曲线称为平面线形三要素。

在实际工程中，高速公路、一级公路、二级公路、三级公路平面线形由直线、圆曲线、缓和曲线三种要素组成；四级公路平面线形由直线、圆曲线两种要素组成。

2.2 直线

作为平面线形要素之一的直线，在公路和城市道路中使用最为广泛。一般在定线时，只要地势平坦、无大的地物障碍，定线人员都首先考虑使用直线，在美学上直线也有其自身的特点。

2.2.1 直线的特点

直线是平面线形基本要素之一，主要优点有：

(1) 路线短捷，方向明确　直线具有能以最短的距离连接两控制点和线形易于选定的特点，通视条件好。汽车在直线上行驶受力简单，方向明确，驾驶操作简易。

(2) 线形简单，容易测设　由于已知两点就可确定一条直线，因而直线线形简单，容易测设。在测设中用花杆和经纬仪即可直接定出一条直线的方向，用钢尺或光电测距仪可测出直线的长度。

但是直线应用于线形时，也有其不可避免的缺点：

(1) 环境难调，经济性差　由于直线线形缺乏变化，不易与地形及周围环境协调。特别是位于山岭重丘区的道路，往往造成工程量增大、破坏自然环境、经济性差等弊端。

(2) 行车单调，易感疲劳　从行车安全的角度，过长的直线容易使驾驶者感到单调、疲乏，难以准确目测车间距离，还会导致出现超速行驶状态。这些都是影响行车安全的不利因素，因而长直线段往往是发生车祸较多的路段。

因此，在设计直线线形和确定直线长度时，必须慎重选用。当具体项目中因条件限制采用长直线时，应结合运行速度分析和安全性评价，增设必要的提醒和警示标志，避免出现疲劳驾驶等现象。

2.2.2 直线的长度限制

为保证行车的安全性和舒适性,道路平面设计中直线的最大与最小长度应有所限制。

(1) 直线的最大长度　直线的长度不宜过长。直线过长,会出现道路线形单调,容易诱发驾驶疲劳问题,对行车安全不利。受地形条件或其他特殊情况限制而采用长直线时,应结合沿线具体情况采取相应的技术措施。

有些国家在长直线的运用上有条件地加以限制。像日本这样的多山之国,高速公路平面线形以曲线为主;日本规定直线最大长度(以 m 计)不宜超过设计速度(以 km/h 计)的 20 倍,即 72 s 行程;法国认为长直线宜采用半径 5 000 m 以上的圆曲线代替。美国和俄罗斯这样的地广人稀之国,线形以直线为主,而又有所区别:美国规定线形应尽可能直捷,与地形一致;俄罗斯对直线的运用未做规定,且部分类似于高速公路的快速干道不封闭,但都采用宽中央分隔带改善路容,或设置低路堤、缓边坡以增加高速行车的安全度。

我国现行《路线规范》对直线的最大长度未做明确限定,仅规定"直线的长度不宜过长",给设计人员留下空间去做分析、判断,以使设计更加符合实际。当受地形条件或其他特殊情况限制而采用长直线时,需要结合沿线具体情况采取相应的技术措施。一般而言,直线长度(以 m 计)在城镇附近或其他景色有变化的地点大于设计速度(以 km/h 计)的 20 倍是可以接受的;在景色单调的地点,最好控制在设计速度(以 km/h 计)的 20 倍以内;而在特殊的地理条件下应特殊处理。

(2) 直线的最小长度　在道路平面线形中,两圆曲线间以直线相连接时,直线的长度不宜过短,这是基于保证线形连续性而考虑的。这个直线长度是指前一曲线的终点到后一曲线起点之间的长度。圆曲线间直线过短,会造成线形组合生硬、视觉上不连续等问题。

① 同向曲线间的直线最小长度:互相通视的同向曲线间若插以短直线,容易产生把直线和两端的曲线看成反向曲线的错觉,当直线过短时甚至在视觉上容易形成直线与两端曲线构成反弯的错觉,破坏了线形的连续性,且容易造成驾驶操作的失误,通常称为"断背曲线"(见图 2.2.1),设计中应尽量避免。

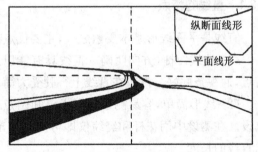

图 2.2.1　同向曲线间插入短直线

由于这种线形组合所产生的缺陷是来自驾驶员的错觉,所以若将两曲线拉开,也就是限制中间直线的最短长度,使对向曲线在驾驶员的视觉以外则可以避免上述缺点。大量的观测资料证明,行车速度越高,驾驶员越是注视远处的目标,这个距离(以 m 计)在数值上大约是设计速度 v'(以 km/h 计)的 6 倍,所以《路线规范》推荐同向曲线间的最短直线长度以不小于 $6v'$ 为宜。这种要求在车速较高的道路($v'>60$ km/h)上应尽可能保证,而对于低速道路($v'<40$ km/h)则有所放宽,参考执行即可。在受到条件限制时,无论是高速路还是低速路,都宜在同向曲线间插入大半径曲线或将两曲线做成基本型复曲线、卵形复曲线或 C 形复曲线。

② 反向曲线间的直线最小长度:转向相反的两圆曲线之间,考虑到为设置超高和加宽

过渡段的需要以及驾驶员转向操作的需要,如无缓和曲线时,宜设置一定长度的直线。反向圆曲线间的最小直线长度(以 m 计)以不小于设计速度(以 km/h 计)的 2 倍为宜。

2.2.3 直线的数学表达式

一般只要知道直线上的两个端点位置即可确定线段,而这两个点的位置可以是两个点的坐标,也可以是两个点的实地位置。因为在设计和施工中,是将道路中线表达在图纸上或敷设在实地上,所以应将路线导线及中线直线段在纸上或实地上反映出来。只要知道直线上两点位置就可以表达出直线,见式(2.1)。

$$\frac{Y-Y_i}{Y_{i+1}-Y_i}=\frac{X-X_i}{X_{i+1}-X_i} \tag{2.1}$$

2.3 圆曲线

圆曲线具有易与地形相适应、可循性好、线形美观以及易于测设等优点,使用十分普遍。各级道路平面不论转角大小,均应设置圆曲线。路线平面线形中常用的单曲线、复曲线、双交点或多交点曲线、虚交点曲线、回头曲线等一般均包含圆曲线。

2.3.1 圆曲线的特点

圆曲线是道路上常采用的线形,其具有如下特点。

(1) 圆曲线上任一点的曲率半径 R 为常数,驾驶员在驾驶车辆时方向盘转向为一固定值。
(2) 汽车在圆曲线上行驶时受离心力的作用。
(3) 汽车在圆曲线上行驶时比在直线段行驶多占用车道宽度。
(4) 圆曲线半径较小时,驾驶员视线受到内侧路堑边坡或其他障碍物影响,视距条件差。
(5) 大半径的圆曲线线形美观、顺适,行车舒适。

2.3.2 圆曲线的几何要素

圆曲线的几何要素主要包括切线长、曲线长、圆曲线半径、转角和外距等,如图 2.3.1 所示,其计算公式为:

$$T=R\tan\frac{\alpha}{2} \tag{2.2}$$

$$L=\frac{\pi}{180}\alpha R \tag{2.3}$$

$$E=R\left(\sec\frac{\alpha}{2}-1\right) \tag{2.4}$$

$$D=2T-L \tag{2.5}$$

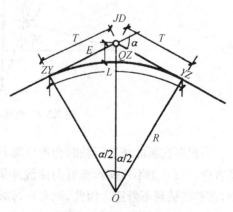

图 2.3.1 圆曲线几何要素

式中：T——切线长(m)；
　　　L——曲线长(m)；
　　　R——圆曲线半径(m)；
　　　α——转角(°)；
　　　E——外距(m)；
　　　D——校正值(m)。

2.3.3 圆曲线的半径

影响交通事故发生率的平面曲线的属性中最重要的因素是圆曲线半径。美国国家高速公路和交通运输协会(AASHTO)对双车道道路圆曲线半径的研究显示：随着圆曲线半径的变小，车祸事故发生率会逐渐增加，当圆曲线的半径小于 400 m 时，事故发生率剧增。其原因是：汽车行驶在曲线上时就会产生离心力，离心力的大小与曲线半径有着直接的关系。半径过小，离心力会过大，将有发生车辆翻毁的危险。

1) 汽车行驶横向稳定性

横向稳定是指保证汽车高速转弯时，横向不至于倾覆和滑移。横向稳定分析结果是平面设计中确定圆曲线设计技术标准的理论依据。

(1) 汽车在圆曲线上行驶受到的横向作用力　汽车在弯道上行驶时，作用在汽车横截面上的力，有垂直向下的汽车重力 G、水平方向的离心力 F，以及轮胎与路面间的横向摩阻力，如图 2.3.2 所示。

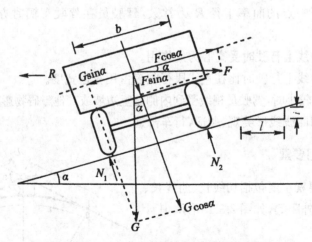

图 2.3.2　汽车在曲线上行驶的受力分析

当汽车在圆曲线上行驶时会产生离心力，其作用点在汽车的重心，方向为背离圆心的水平方向。离心力不仅使汽车有向曲线外侧滑移或倾覆的可能，还增大了燃料消耗和轮胎磨损，使乘客感到不舒适。因此，汽车转弯时的受力特点、行车的安全和舒适、燃料和轮胎的耗损，以及驾驶员的视觉和心理均与在直线上行驶有明显不同。

由图 2.3.2 可见，作用在汽车上的离心力为：

$$F = m\frac{v^2}{R} = \frac{Gv^2}{gR} \tag{2.6}$$

式中：m ——汽车的质量(kg)；

G ——汽车的重力(N)；

g ——重力加速度(m/s²)；

v ——行车速度(m/s)；

R ——圆曲线半径(m)。

由式(2.6)可知，车速越大，离心力也越大；曲线半径越小，离心力越大。因此，在小半径圆曲线上高速行车时，对行车安全有着严重的威胁。

汽车在圆曲线上行驶时，受到的平行于路面方向的横向力总和 X 为：

$$X = F\cos\alpha \pm G\sin\alpha \tag{2.7}$$

式(2.7)中，"＋"表示重力和离心力在平行于路面方向上的分力是同向的，即汽车在双坡路面外侧车道上行驶；"－"与上述"＋"相反，表示汽车在双坡路面内侧车道上行驶。

因 α 很小，故 $\cos\alpha \approx 1$，$\sin\alpha \approx i$（路面的超高横坡度）。于是有：

$$X = F \pm Gi = \frac{Gv^2}{gR} \pm Gi = G\left(\frac{v^2}{gR} \pm i\right) \tag{2.8}$$

在汽车行驶的过程中，横向力 X 是一个不稳定的因素，为了表示汽车所受横向力的程度，一般采用单位车重所受的横向力这个概念，即用横向力系数 μ 来衡量汽车所受横向力的程度，即：

$$\mu = \frac{X}{G} = \frac{v^2}{gR} \pm i \tag{2.9}$$

将车速 v 的单位"m/s"转化为单位为"km/h"的 v'，则得：

$$\mu = \frac{(v')^2}{127R} \pm i \tag{2.10}$$

横向力系数 μ 表示了汽车单位重量所受到的横向力，它可以衡量汽车在曲线上行驶时横向的稳定程度。μ 越大，表示横向越不稳定，汽车就越可能产生侧向滑移。

(2) 汽车在圆曲线上行驶的稳定性　横向力 X 使汽车向曲线外侧滑动，而轮胎与路面间的摩阻力 $Y \cdot \varphi$ 则阻止汽车滑移。因此，保证汽车不产生横向滑移的必要条件是：

$$X \leqslant Y \cdot \varphi \tag{2.11}$$

由于 $X = \mu G$，$Y = G \cdot \cos\alpha \approx G$，因此式(2.11)可改写为：

$$\mu \leqslant \varphi \tag{2.12}$$

式(2.11)和式(2.12)中，φ 为路面附着系数。

由式(2.10)可得到圆曲线半径的计算公式，即：

$$R = \frac{(v')^2}{127(\mu \pm i)} \tag{2.13}$$

式中：R ——圆曲线半径(m)；

v' ——车辆速度(km/h)；

μ ——横向力系数，极限值为路面与轮胎之间的附着系数；

i ——路面的超高横坡。

注意，式(2.13)中"+"和"−"的意义与前述式(2.7)相反，即对双向横坡的路面，汽车在弯道外侧行驶时用"−"号，在弯道内侧行驶时用"+"号。

2) 圆曲线的半径

（1）最小半径 圆曲线最小半径是以汽车在曲线部分能安全而又顺适地行驶所需要的条件而确定的。圆曲线最小半径的实质是汽车行驶在公路曲线部分时，所产生的离心力等横向力不超过轮胎与路面的摩阻力所允许的界限。按式(2.13)计算最小圆曲线半径时，式中的 v' 采用各级道路相应的设计速度。因此，确定圆曲线最小半径的关键参数是横向力系数和超高横坡。

车辆在圆曲线上稳定行驶的必要条件是横向力系数不能超过路面与轮胎之间的附着系数。为了确定横向力系数的设计值，既要通过实测路面与轮胎之间的附着系数范围，又要考虑驾乘人员在行驶中所能忍受的横向力的大小和舒适感，综合平衡二者后才能确定。

附着系数详见1.3.3节的相关内容。

根据已有的研究成果，μ 的大小直接影响乘车人的舒适感，乘客随 μ 的变化其心理反应如下：

当 $\mu < 0.10$ 时，转弯感觉不到有曲线的存在，很平稳；

当 $\mu = 0.15$ 时，转弯感到曲线的存在，但尚平稳；

当 $\mu = 0.20$ 时，已感到有曲线的存在，并感到不平稳；

当 $\mu = 0.35$ 时，感到有曲线的存在，并感到不稳定；

当 $\mu > 0.40$ 时，转弯非常不稳定，有倾覆的危险。

根据以上分析，在计算最小圆曲线半径时可采用表2.3.1所列横向力系数及超高横坡值。

表2.3.1 不同设计速度圆曲线最小半径的横向力系数及超高横坡值

参数	120 km/h	100 km/h	80 km/h	60 km/h	40 km/h	30 km/h	20 km/h
横向力系数	0.10	0.12	0.13	0.15	0.15	0.16	0.17
超高横坡值/%	6	6	6	6	6	6	6
	8	8	8	8	8	8	8
	10	10	10	10	10	10	10

一般道路超高横坡值变化范围在4%～10%之间。计算圆曲线最小半径时，分别将4%、6%、8%和10%的超高横坡值代入计算，将计算结果取整，即得出圆曲线最小半径"极限值"，如表2.3.2所示。表中，"一般值"为正常情况下的采用值，"极限值"为条件受限制时可采用的值，"I_{max}"为采用的最大超高横坡值，"—"为不考虑采用最大超高的情况。道路线形设计时，应根据沿线地形等情况，合理选用不小于"一般值"圆曲线半径。在不得已情况下，方可使用"极限值"。

表 2.3.2 不同设计速度圆曲线最小半径

参数		120 km/h	100 km/h	80 km/h	60 km/h	40 km/h	30 km/h	20 km/h
一般值/m		1 000	700	400	200	100	65	30
极限值/m	$I_{max}=10\%$	570	360	220	115	—	—	—
	$I_{max}=8\%$	650	400	250	125	60	30	15
	$I_{max}=6\%$	710	440	270	135	60	35	15
	$I_{max}=4\%$	810	500	300	150	65	40	20

圆曲线半径大于一定数值时,可以不设置超高,而允许设置等于直线路段路拱的横向坡度。从行驶的舒适性考虑,必须把横向力系数控制到最小值。根据相关研究结论,横向力系数取 0.035~0.040 时较合适。不设超高的圆曲线最小半径见表 2.3.3。

表 2.3.3 不同设计速度不设超高的圆曲线最小半径   单位:m

参数	120 km/h	100 km/h	80 km/h	60 km/h	40 km/h	30 km/h	20 km/h
路拱≤2.0%	5 500	4 000	2 500	1 500	600	350	150
路拱>2.0%	7 500	5 250	3 350	1 900	800	450	200

(2)最大半径 驾驶者在大半径圆曲线上行驶时,方向盘几乎与直线上一样无须调整。当圆曲线半径大于 9 000 m 时,视线集中在 300~600 m 范围内的视觉效果同直线没有区别,因此《路线规范》规定:圆曲线半径不宜超过 10 000 m。

(3)实际设计中圆曲线半径的选用原则 道路设计在选用圆曲线半径时,应与设计速度相适应,根据沿线地形等情况,尽量选用较大半径,在不得已情况下,方可使用"最小值"。

选用圆曲线半径时,既要适应沿线地形、地物条件变化,同时应注意前后线形协调,不应突然采用小半径曲线。长直线或大半径圆曲线路段,不能突然采用最小圆曲线半径。从地形条件好的区段进入地形条件较差区段时,线形技术指标应逐渐过渡,防止突变。如在山岭区道路选用比极限最小半径稍大的半径的路段,尽管也做到了线形指标的逐渐过渡,但很难引起驾驶员的足够注意,行车速度一般不会有大的改变,不仅表现出行车不舒适,而且往往因超高与速度不匹配导致驾驶操作不当引发事故。

2.4 缓和曲线

缓和曲线是道路平面线形的要素之一。为使道路平面曲线中直线与圆曲线之间实现顺适的衔接过渡,高速公路、一级公路、二级公路、三级公路的直线与小于表 2.3.3 中"不设超高最小半径"的圆曲线相衔接处,应设置缓和曲线进行连接。

缓和曲线是由半径为无穷大的直线,到半径为定值的圆曲线之间的曲率逐渐变化的过渡曲线。它可以消除直线与圆曲线衔接时的曲率突变,改善视觉心理效果,使得平面布线灵活,但其计算及测设较复杂。

2.4.1 缓和曲线的作用

（1）曲率连续变化，便于驾驶操作　汽车在转弯行驶的过程中，存在一条曲率连续变化的轨迹线，无论车速高低这条轨迹线都是客观存在的，它的形式和长度随行驶速度、曲率半径和司机转动方向盘的快慢而定。在低速行驶时，司机尚可利用路面的富余宽度在一定程度上把汽车保持在车道范围之内，缓和曲线似乎没有必要。但在高速行驶或曲率急变时，汽车则有可能超越自己的车道驶出一条很长的过渡性的轨迹线。从安全的角度出发，有必要设置一条驾驶者易于遵循的路线，使车辆在进入或离开圆曲线时不致侵入邻近的车道。

（2）离心加速度逐渐变化，消除离心力突变　汽车行驶在曲线上产生离心力，离心力的大小与曲线的曲率成正比。汽车由直线驶入圆曲线或由圆曲线驶入直线，由于曲率的突变会使乘客有不舒适的感觉，所以应在曲率不同的两曲线之间设置一条过渡性的曲线，以缓和离心加速度的变化。

（3）与圆曲线配合得当，美化线形　根据道路透视图的视觉分析和实际调查，圆曲线与直线相连接，在连接处曲率突变，在视觉上有不平顺的感觉。设置缓和曲线以后，线形连续圆滑，增加线形的美观，同时从外观上看也感觉安全。如图 2.4.1(a)为不设缓和曲线的线形组合，视觉效果差，有折点和扭曲现象。如果像图 2.4.1(b)那样在直线与圆曲线间加入缓和曲线，则线形圆滑美观，有良好的视觉效果和心理作用。

(a) 不设缓和曲线感觉路线扭曲　　　　(b) 设置缓和曲线后变得平顺美观

图 2.4.1　直线与曲线连接效果图

（4）为超高提供过渡段　行车道从直线上的双坡断面过渡到圆曲线上的单坡断面，一般情况下是在缓和曲线长度内完成的。为避免车辆在这一过渡行驶中急剧地左右摇摆，并保证路容的美观，应有一个过渡的路段，设计一定长度的缓和曲线是必要的，如图 2.4.2 所示。

（5）为加宽提供过渡段　当车辆转小弯时，其外轮廓所占宽度比直行段占的宽些，因此相应道路宽度比直路段要宽，这种情况需要对道路进行加宽。从加宽考虑也应有个过渡段，设置缓和曲线就是为了加宽

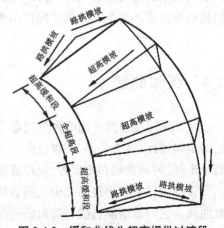

图 2.4.2　缓和曲线为超高提供过渡段

时的过渡,如图 2.4.3 所示。

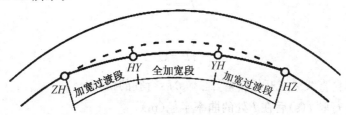

图 2.4.3　缓和曲线为加宽提供过渡段

2.4.2　汽车在缓和曲线上的行驶特性

考察汽车由直线进入圆曲线的行驶轨迹,如图 2.4.4 所示。并假定:①汽车做等速行驶,速度为 v(m/s);②方向盘转动是匀速的,转动角速度为 ω(rad/s)。当方向盘转动角度为 φ 时,前轮相应转动角度为 ϕ,它们之间的关系为:

$$\phi = k\varphi \tag{2.14}$$

式中:k ——小于 1 的系数;

$$\varphi = \omega t \tag{2.15}$$

式中:ω ——方向盘转动的角速度(rad/s);
　　t ——行驶时间(s)。

此时汽车前轮的转向角为:

$$\phi = k\omega t \tag{2.16}$$

设汽车前后轮轴距为 d,前轮转动 ϕ 后,汽车的行驶轨迹曲线半径 r 为:

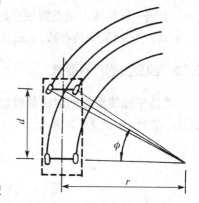

图 2.4.4　汽车的转弯行驶

$$r = \frac{d}{\tan \phi} \approx \frac{d}{\phi} = \frac{d}{k\omega t} \tag{2.17}$$

汽车以 v(m/s)等速行驶,经时间 t(s)以后,其行驶距离(弧长)l 为:

$$l = vt \tag{2.18}$$

由式(2.17)得 $t = \dfrac{d}{k\omega r}$,代入式(2.18)得:

$$l = v\frac{d}{k\omega r} \tag{2.19}$$

式中:v、d、k、ω 均为常数。令:

$$\frac{vd}{k\omega} = C \tag{2.20}$$

则:

$$l = \frac{C}{r} \tag{2.21}$$

或：

$$rl = C \tag{2.22}$$

式中：l——汽车自直线终点开始转弯，经 $t(s)$ 后行驶的距离(m)；
r——汽车行驶 $t(s)$ 后在 l 处的曲率半径(m)；
C——常数。

以上推导表明，汽车匀速从直线进入圆曲线(或相反)其行驶轨迹的弧长与曲线的曲率半径之乘积为一常数，这一性质与数学上的回旋线正好相符。

由于回旋线的特性接近公路行驶车辆在弯道上的行驶轨迹，因此我国道路设计中的缓和曲线采用回旋线。回旋线的基本公式为：

$$r \times l = A^2 \tag{2.23}$$

式中：r——回旋线上某点的曲率半径(m)；
l——回旋线上某点到原点的曲线长(m)；
A——回旋线的参数，表征回旋线曲率变化的缓急程度。

2.4.3 回旋线的几何要素

道路平面线形按回旋线敷设缓和曲线的基本组合为：直线—缓和曲线—圆曲线—缓和曲线—直线，如图 2.4.5 所示。

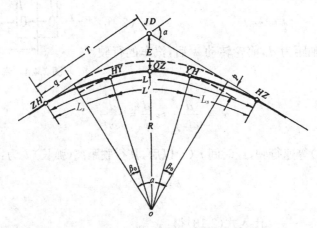

图 2.4.5 回旋线的几何要素

几何要素的计算公式见式(2.24)~式(2.30)，其中 L_s 为缓和曲线长(m)，α 为转角(°)，R 为圆曲线半径(m)。

q 为缓和曲线起点到圆曲线原起点的距离，也称切线增长值(m)：

$$q = \frac{L_s}{2} - \frac{L_s^3}{240R^2} \tag{2.24}$$

p 为设缓和曲线后圆曲线内移值(m)：

$$p = \frac{L_s^2}{24R} - \frac{L_s^4}{2\,384R^3} \tag{2.25}$$

β_0 为缓和曲线终点旋转角，也称缓和曲线角(°)：

$$\beta_0 = \frac{L_s}{2R} \cdot \frac{180}{\pi} \tag{2.26}$$

T 为切线长(m)：

$$T = (R+p)\tan\frac{\alpha}{2} + q \tag{2.27}$$

L 为设置缓和曲线的平曲线长(m)：

$$L = (\alpha - 2\beta_0)\frac{\pi}{180}R + 2L_s \tag{2.28}$$

E 为外距(m)：

$$E = (R+p)\sec\frac{\alpha}{2} - R \tag{2.29}$$

D 为切曲差(m)：

$$D = 2T - L \tag{2.30}$$

2.4.4 缓和曲线的合理长度

缓和曲线参数及其长度应根据线形设计以及对安全、视觉、景观等的要求，选用较大的数值，其长度应随圆曲线半径的增大而增长。当圆曲线按规定需设置超高时，缓和曲线长度还应大于超高过渡段长度。因此，缓和曲线的合理长度应满足以下 5 个方面的要求。

(1) 满足最小长度要求 从行车安全考虑，缓和曲线首先要满足最小长度的要求。最小长度的确定应同时满足控制驾驶员操作及反应的最短时间、控制离心加速度变化率不宜太大和控制曲线超高附加纵坡不宜太陡三个要求，即缓和曲线的最小长度 L_s 要从最短行程时间要求 L_{s1}、离心加速度变化率要求 L_{s2}、超高与加宽过渡要求 L_{s3} 三个长度中取最大值。

$$L_s = \max\{L_{s1}, L_{s2}, L_{s3}\} \tag{2.31}$$

① 控制驾驶员操作及反应的最短时间：缓和曲线不管其参数如何，都不可使车辆在缓和曲线上的行驶时间过短而使驾驶员驾驶操纵过于匆忙。

$$L_{s1} = v \cdot t \tag{2.32}$$

式中：v——汽车行驶速度(m/s)；

t——汽车在缓和曲线上的行驶时间(s)。

一般认为汽车在缓和曲线上的行驶时间至少应有 3 s，并将速度由 v (m/s)换算成

v'(km/h),则得:

$$L_{s1}=v \cdot t=\frac{v'}{1.2} \tag{2.33}$$

式中:v'——汽车行驶速度(km/h)。

② 控制离心加速度变化率:汽车行驶在缓和曲线上,其离心加速度将随着缓和曲线曲率的变化而变化,若变化过快,将会使旅客有不舒适的感觉。为了保证乘客的舒适和安全,离心加速度的变化率应该限制在一定的范围内。离心加速度随时间的变化率为:

$$\alpha_s=\frac{a}{t}=\frac{v^2}{Rt} \tag{2.34}$$

由于在等速行驶的情况下 $t=\frac{L_{s2}}{v}$,则:

$$\alpha_s=\frac{v^3}{RL_{s2}} \tag{2.35}$$

变换得:

$$L_{s2}=\frac{v^3}{\alpha_s R} \tag{2.36}$$

将速度由 v(m/s)换算成 v'(km/h),则得:

$$L_{s2}=0.021\ 4\ \frac{v'^3}{\alpha_s R} \tag{2.37}$$

研究表明,将 α_s 控制在 $0.4 \sim 0.6\ \text{m/s}^3$,认为是合适的,但为考虑线形平顺一般控制在 $0.6\ \text{m/s}^3$,则:

$$L_{s2}=0.036\ \frac{v'^3}{R} \tag{2.38}$$

③ 控制曲线超高附加纵坡不宜太陡:由于缓和曲线上设有超高过渡段,如果缓和段太短,则会因路面急剧地由双坡变为单坡而形成一种扭曲的面,对行车和路容均不利。

在超高过渡段上,路面外侧逐渐抬高,从而在外侧形成一个附加坡度,当圆曲线上的超高值一定时,这个附加坡度就取决于缓和段的长度,这个附加坡度称作超高渐变率。《路线规范》规定了适中的超高渐变率,由此可导出计算缓和段最小长度的公式:

$$L_{s3}=\frac{B \cdot \Delta i}{p} \tag{2.39}$$

式中:B——超高旋转轴至行车道(设路缘带时为路缘带)外侧边缘之间的距离(m);
  Δi——路拱横坡与超高横坡的代数差(%);
  p——超高渐变率,即旋转轴线与行车道外侧边缘线之间的相对坡度,其值参照表 4.5.3 选择。

同时满足以上条件所得的长度,就是缓和曲线的最小长度。根据上述理论和要求,我国《路线规范》规定的缓和曲线最小长度见表2.4.1。

表2.4.1 缓和曲线最小长度

设计速度/(km/h)	120	100	80	60	40	30	20
缓和曲线最小长度/m	100	85	70	50	35	25	20

(2) 照顾景观协调 按离心加速度变化率或超高渐变率计算的缓和曲线长度,随曲线半径的增大而逐渐减小,但从视觉上却希望随着曲线半径的增大,缓和曲线应相应增长。尤其是等级高的公路应特别注意这一点,尽可能利用缓和曲线线形以适应地形与景观,使视觉舒顺。

(3) 考虑视觉反应 回旋线参数表达式:$r \times l = A^2$。在设计中 A 值的具体确定是根据线形顺适和美观的要求,按圆曲线半径 R 值的大小来确定的。从视觉要求出发,当缓和曲线很短使缓和曲线角小于3°时,则缓和曲线极不明显,在视觉上容易被忽略。但是,如果缓和曲线过长使缓和曲线角大于29°时,圆曲线与缓和曲线不能很好协调。理论上适宜的缓和曲线角 β_0 值应在3°~29°之间,据此可推导出适宜的 A 值:

$$\frac{R}{3} \leqslant A = \sqrt{RL_s} \leqslant R \tag{2.40}$$

(4) 尽量合理布设 从线形理想方面考虑,对常用的基本型曲线宜使缓和曲线、圆曲线和缓和曲线设成1:1:1或1:2:1为好。如不能达到理想状况可将中间的圆曲线设计得长些,且其长度不宜短于3 s的行程。

(5) 能够容纳得下 能够容纳得下是指从曲线布置限制考虑应有的缓和曲线的合理转角要大于缓和曲线角 β_0 的两倍,即 $\alpha \geqslant 2\beta_0$;这个条件也可以通过设置缓和曲线之前的圆曲线长度 L 大于或等于缓和曲线长度 L_s 来控制,即 $L \geqslant L_s$。

同时满足上述要求的长度,作为缓和曲线的合理长度,如不能满足时,至少要满足(1)和(5)的要求。

2.4.5 不设缓和曲线的条件

在直线和圆曲线间设置缓和曲线后,圆曲线产生了内移,其位移值为 p,如式(2.25)所示。在 L_s 一定的情况下,p 与圆曲线半径 R 成反比,当 R 大到一定程度时,p 值将会很小。这时,缓和曲线的设置与否,线形上已经没有太大的差异。

一般认为当 $p \leqslant 0.1$ 时,即可忽略缓和曲线。如按3 s行程计算缓和曲线长度时,若取 $p = 0.1$,则不设缓和曲线的临界半径为:

$$R_h = \frac{L_s^2}{24p} = \frac{1}{24} \cdot \frac{1}{0.1} \left(\frac{v'}{1.2}\right)^2 = 0.289 v'^2 \tag{2.41}$$

我国《路线规范》规定,半径不同的同向圆曲线径相连接处,应设置缓和曲线,但符合下述条件时可不设回旋线:

(1) 小圆曲线半径大于表2.3.3规定时。

(2) 小圆曲线半径大于表 2.4.2 规定,且符合下列条件之一者:

① 小圆曲线按最小回旋线长度设置回旋线时,大圆与小圆的内移值之差不超过 0.1 m 时;

② 设计速度大于或等于 80 km/h,大圆半径(R_1)与小圆半径(R_2)之比小于 1.5 时;

③ 设计速度小于 80 km/h,大圆半径(R_1)与小圆半径(R_2)之比小于 2 时。

表 2.4.2 复曲线中小圆临界圆曲线半径

设计速度/(km/h)	120	100	80	60	40	30
临界圆曲线半径/m	2 100	1 500	900	500	250	130

【思考题】

1. 何谓道路的平面?道路平面线形有哪些要素?
2. 为什么说过长的直线不是好的线形?
3. 实际设计中圆曲线半径的选用原则有哪些?
4. 缓和曲线在道路平面线形中有何作用?缓和曲线为什么要采用回旋线?

3 道路纵断面

> **本章提要**
>
> 本章主要介绍纵断面设计的主要内容、任务及纵断面图;各种纵坡、坡长的概念及其在道路工程设计中的作用;竖曲线的形式及其几何要素的计算、竖曲线的设计,并计算纵坡设计线上每一个中桩位处的设计高程。

3.1 概述

3.1.1 道路实体与纵断面

路线平面设计是在道路尚未修建之前的高低不平的原地面上进行的,它只能表明路线的详细走向和位置,而不能说明道路顶面的具体位置,为解决这一问题,道路设计中引入纵断面设计的概念。

如果假想沿着道路中心线作一个竖向剖切面,如图3.1.1所示。这个剖切面与原地面的交线反映了道路原地面起伏状态。在实际工作中,这个剖切面通过测定每一个桩的地面高程来确定。显然,原始的地面线往往不适合汽车的通行,需要对此加以改造,以满足安全行车的要求。因此,设计的道路纵断面是一条有起伏的空间线。

纵断面设计的主要任务就是根据汽车的动力特性、道路等级、当地的自然地理条件,在此基础上考虑技术标准、安全顺适、工程经济、平纵组合、环境保护和景观协调等因素,设计纵断面线形的几何构成的大小及长度,以便达到行车安全迅速、运输经济合理及乘客感觉舒适的目的。

3.1.2 纵断面图

道路纵断面图是沿着道路中线竖向剖面的展开图,它反映了路线在纵断面上的形状、位置及尺寸,可以用它来研究路线线位高度及坡度变化情况。纵断面图由上、下两部分内容组成。上部主要用来绘制地面线和设计线,下部是伴随绘图的各个栏目,如图3.1.2所示。

1) 地面线和设计线

纵断面图上半部分有两条贯穿全图的线,分别为地面线和设计线,其中较细的是地面线,较粗的是设计线。

地面线是根据中线上各桩点的高程而点绘的一条不规则的折线,反映了沿着中线原地

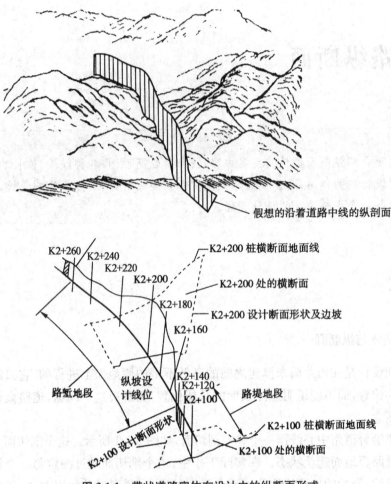

图3.1.1 带状道路实体在设计中的纵断面形式

面的起伏变化情况。它是以里程为横坐标、高程为纵坐标,并根据中桩地面高程绘制。

设计线是路线上各点路基设计高程的连续,它是经过技术上、经济上以及美学上等多方面比较后定出的一条具有规则形状的几何线,反映了道路路线的起伏变化情况。设计高程(标高)是指路基设计高程(标高)。设计线由坡度线和竖曲线构成。为保证行车安全和舒适,在不同坡度的坡段转折处,需要设置一段曲线进行缓和,把这一段曲线称为竖曲线。

地面线和设计线分别反映了沿道路中线原地面的高低起伏情况和设计道路顶面的高低起伏情况,并可以看出纵向土石方工程的挖填情况。把道路的平面图、纵断面图和横断面图结合起来,就能够完整地表达出道路的空间形状、大小和位置。

2)相关资料

道路纵断面图除了地面线和设计线,还有平面直线与曲线、里程桩号、地面高程、设计高程、坡度、坡长标示及其土壤地质说明,同公路、铁路交叉点的位置及有关说明等。此外,图上还标注有水准点的位置和高程,桥涵的类型、孔径、跨数、长度和设计水位。

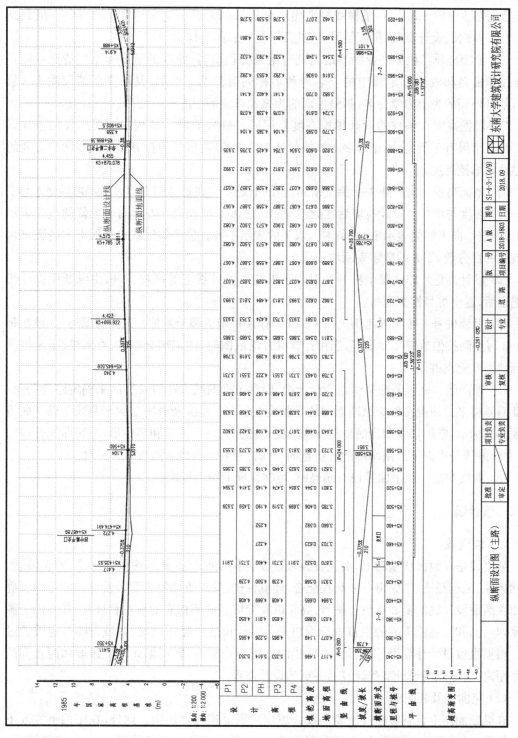

图 3.1.2 道路纵断面图

由纵断面图框左边向右量取 5 cm 作一竖线表示坐标纵轴,并根据本张图的地面纵向起伏范围确定出纵坐标值并注记,当起伏较大时可分段设置纵轴的起点注记。在图的下方从下至上每隔 8～10 mm 画一条横线构造出八个栏目分别表示土壤地质、填挖高度、地面高程、坡度与坡长、设计高程、里程桩号、直线及平曲线和超高加宽。

(1) 土壤地质　根据外业勘测组的调查结果分段填写,此栏的地质和土质情况一般是用土力学命名和概预算定额中的土名两种名称同时注明。例如,某粉质低液限黏土(软土),括号外面的为土力学命名,括号里面的为概预算定额中的土名命名。

(2) 填挖高度　各桩的设计填挖高度是用同一桩号的设计高程与地面高程之差计算的。计算结果有正负之分:正号表示该桩号处为填方高度,负号为挖方深度。在图中专列的一栏注明填挖高度。

(3) 地面高程　由外业中平测量得到,当纸上定线时在地形图上用等高线内插法求得。

(4) 坡度与坡长　设计拉坡后在此栏写出。坡度与坡长栏从左至右向上斜的直线表示上坡(正坡),向下斜的表示下坡(负坡),水平的表示平坡。位于斜线或水平线上方的数字表示坡度的百分数,下方的数字表示坡长。

(5) 设计高程　路线每个桩号处对应于纵断面设计线上的高程,其值由纵断面设计线位确定后,逐个桩号推算而得。

(6) 里程桩号　按里程比例尺(1∶2 000)标注百米桩和千米桩。人工画图时,一般在每 100 m 写上阿拉伯数字 1、2、3 等,当用计算机自动成图时,注记部分整桩、百米桩、千米桩及纵面地形变化点桩。

(7) 平曲线　在纵断面平纵组合设计中,要参考平曲线大小以及转向来确定组合关系。为此需要将平曲线画在对应纵断面图的平曲线栏目中。在纵断面图上的平曲线是以平曲线曲率图为标示,常用基本型和简单型曲线的曲率图分别是半梯形和半矩形,左转曲线开口向上,右转曲线开中向下。曲率图的转折点的平面桩号要与曲线主点桩号一一对应。

(8) 曲线超高　当平曲线设有超高时,可在纵断面图上标出。

3.1.3　设计线

(1) 坡度线

坡度线是在地面线基础上,由设计拉坡确定。拉坡时至少要考虑技术标准、安全顺适、自然条件、工程经济、平纵组合和高程配合、环境保护、景观协调等因素。设计拉坡是为了确定出纵断面设计线的变坡点里程桩号、高程以及变坡点两侧相应的坡度和坡长,并在图上画出来,与此同时,在图下方的栏目中标示出来。设计拉坡要经过试坡、调坡、核对、定坡的过程。根据纵坡设计计算设计高程。当路线的坡度线确定后,即可据此设计纵坡和两点间的水平距离,由一点的设计高程计算另一点的设计高程。

(2) 竖曲线及其图标

在纵断面图上设置竖曲线后要与设计坡度线顺滑连接并加粗。此外,在图的上方或下方以如图 3.1.3 所示的竖曲线标示架(竖曲线图标)标示出来。竖曲线标示架(竖曲线图标)是上端和下端带有竖线的半开口矩形,标示架的竖线要对齐变坡点里程桩号,并在线的左侧写上变坡点高程,右侧写变坡点里程桩号。半开口矩形一端与竖曲线起点桩号对齐,另一端与终点桩号对齐,半开口矩形内写竖曲线半径、切线长和外矢距。半开口矩形的开口方向对凹、凸竖曲线是不同的,凹曲线开口向上,凸曲线开口向下。

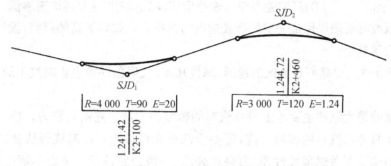

图 3.1.3　竖曲线与竖曲线图标

3.1.4　设计高程

纵断面上的设计高程,即路基设计高程规定如下。

（1）新建公路的路基设计高程　高速公路和一级公路宜采用中央分隔带的外侧边缘高程;二级公路、三级公路、四级公路宜采用路基边缘高程;在设置超高、加宽路段则是指在设置超高、加宽之前该处边缘高程,主要是考虑易于控制超高段路基的最低高度。

（2）改建公路的路基设计高程　宜按新建公路的规定执行,也可视具体情况而采用中央分隔带中线或行车道中线高程。

3.2　纵坡与坡长

道路纵断面设计的根本任务是确定纵断面设计线的位置。这条设计线必须满足控制要素以及技术标准的要求,而技术标准是满足行车安全和舒适的最低限制值。纵断面设计线由坡度线和竖曲线构成,此节探讨纵坡设计坡度线的技术标准问题,下节讨论竖曲线的设计。

纵断面坡度线设计的技术标准有八项,可分为纵坡设计和坡长设计,其中纵坡设计包括最大纵坡、最小纵坡、平均纵坡、合成坡度、高原纵坡折减;坡长设计包括最小坡长、最大坡长以及缓和坡段。

3.2.1　纵坡

1）最大纵坡

最大纵坡是指在纵坡设计时,各级道路允许使用的最大坡度值。它是道路纵断面设计的重要控制指标,在地形起伏较大地区直接影响路线的长短、使用质量、运输成本及造价。

各级道路允许的最大纵坡是根据汽车的动力特性、道路等级、自然条件以及工程、运营经济等因素,通过综合分析,全面考虑,合理确定的。需要考虑的影响因素主要包括以下几点。

(1) 车辆类型与动力特性　不同类型的车辆有着不同的动力性能和制动性能,其上坡时的爬坡能力与下坡时的制动效能也各不相同,因此对道路的最大纵坡要求均不相同。

(2) 设计速度　汽车的爬坡能力与行驶速度成反比,坡度越大其车速越低。因此,在确定路线最大纵坡时必须以保证一定的行驶速度为前提。比如等级高的道路,设计速度快,就要求坡度阻力尽量小。

(3) 自然条件　道路所经地区的地形、海拔高度、气候条件等也影响汽车的行驶条件和爬坡能力。

各级道路的最大纵坡主要考虑载重汽车的爬坡性能和公路通行能力。应当指出,确定最大纵坡不能只考虑汽车的爬坡性能,还要看汽车在纵坡上行驶时能否快速、安全及经济等。一般道路偏重于考虑爬坡性能,而高速公路、一级公路偏重于考虑车辆的快速安全行驶。随着纵坡的增大,速度每提高 1 km/h 的油耗和货物每增加 1 t 的油耗将急剧增加,特别是纵坡坡度大于 7% 时尤其突出。考虑到我国交通组成中在较长的时间内仍将以"解放"和"东风"这类载重汽车为主体,所以当汽车交通量较大时,各级道路尽量采用较小的纵坡,对最大纵坡应慎用。最大纵坡应符合表 3.2.1 的规定。

表 3.2.1　最大纵坡

设计速度/(km/h)	120	100	80	60	40	30	20
最大纵坡/%	3	4	5	6	7	8	9

设计速度为 120 km/h、100 km/h、80 km/h 的高速公路受地形条件或其他特殊情况限制时,经技术经济论证,最大纵坡值可增加 1%。

道路改扩建中,设计速度为 40 km/h、30 km/h、20 km/h 的利用原有道路的路段,经技术经济论证,最大纵坡值可增加 1%。

2) 最小纵坡

最小纵坡是指各级道路在特殊情况下容许使用的最小坡度值。

(1) 最小纵坡制定的原因　为使道路上行车快速、安全和通畅,道路纵坡宜小一些。但是,在长路堑、桥梁、隧道、设超高的平曲线、路肩设截水墙以及其他横向排水不通畅地段,为保证排水要求,防止积水渗入路基而影响其稳定性,均应对最小纵坡进行限制。当然,干旱少雨地区最小纵坡可不受上述限制。

(2) 最小纵坡的技术标准　道路的纵坡不宜小于 0.3%,一般情况下以小于 0.5% 为宜。横向排水不畅的路段或长路堑路段,采用平坡(0%)或小于 0.3% 的纵坡时,其边沟应做纵向排水设计。在弯道超高横坡渐变段上,为使行车道外侧边缘不出现反坡,设计最小纵坡不宜小于超高允许渐变率。

3) 平均纵坡

平均纵坡是指一定长度的路段纵向所克服的高差与路线长度之比。根据对山区道路行车的实际调查发现,道路纵断面设计,即使完全符合最大纵坡、坡长限制及缓和坡段的规定,也还不能保证行车顺利安全。如对地形、地势困难,高差较大地段,设计者可以交替使用极限长度的最大纵坡及一定缓和坡长,形成"台阶式"纵断面线形,这是一种合法但不合理的做法。在这种坡道上汽车会较长时间频繁地使用低挡行驶,对机件和安全都不利。不少路段由于平均纵坡较大,上坡持续使用低速挡,也易导致车辆水箱"开锅"。下坡则因刹车过热、失效而导致交通事故的发生。因此,有必要控制平均纵坡。

高速公路、一级公路应论证采用合理的平均纵坡。对存在连续长、陡纵坡的路段应进行安全性评价。

二级公路、三级公路、四级公路越岭路线连续上坡(或下坡)路段,相对高差为200~500 m时平均纵坡不应大于5.5%;相对高差大于500 m时平均纵坡不应大于5.0%,且任意连续3 km路段的平均纵坡不应大于5.5%。

4) 合成坡度

在有平曲线的坡道上,最大坡度既不是纵坡方向,也不是横坡方向,而是两者组合成的流水线方向。合成坡度是指由路线纵坡与弯道超高横坡或路拱横坡组合而成的坡度,其方向即流水线方向。合成坡度的计算公式为:

$$I = \sqrt{i_h^2 + i^2} \tag{3.1}$$

式中:I ——合成坡度(%);

i_h ——超高横坡度或路拱横坡度(%);

i ——路线设计纵坡坡度(%)。

将合成坡度限制在某一范围之内的目的是尽可能地避免陡坡与急弯的组合对行车产生的不利影响,防止因合成坡度过大而引起横向滑移和行车危险,保证车辆在弯道上安全而顺适地运行。公路最大合成坡度值规定见表3.2.2。

表3.2.2 公路最大合成坡度

公路技术等级	高速公路、一级公路				二级公路、三级公路、四级公路				
设计速度/(km/h)	120	100	80	60	80	60	40	30	20
合成坡度值/%	10.0	10.0	10.5	10.5	9.0	9.5	10.0	10.0	10.0

合成纵坡的方向一般是斜向路基边缘,某些情况下,会给行车带来危险。冬季路面有积雪、结冰的地区,车辆横移性增大;自然横坡陡峻的傍山路段,斜滑后果严重;非汽车交通比率高的路段,斜移将对非机动车造成较大危害。因此,当陡坡与小半径圆曲线相重叠时,对由斜移形成斜滑易造成严重后果的路段,宜采用较小的合成坡度。特别是下述情况,其合成坡度必须小于8%:

(1) 冬季路面有积雪、结冰的地区;

(2) 自然横坡较陡峻的傍山路段;

(3) 非汽车交通量较大的路段。

合成坡度还关系到路面排水。合成纵坡过小则排水不畅,路面积水易使汽车滑移,前方车辆溅水造成的水幕影响通视,使行车中易发生事故。为此,应保证路面有 0.3%~0.5% 的合成坡度。当合成坡度小于 0.5% 时,应采取综合排水措施,保证路面排水畅通。

5) 高原纵坡折减

随着海拔高度的增加,大气压力、空气温度和密度都逐渐减小。空气密度的减小,使汽车发动机的正常操作状态受到影响,从而使汽车的动力性能受到影响。研究表明,解放牌汽车发动机平均功率在海拔 1 000 m 处,下降 11.3%;2 000 m 处下降 21.5%;3 000 m 处下降 33.3%;4 000 m 处下降 46.7%;4 500 m 处下降 52.0%。另外,空气密度变小,散热能力也降低,发动机易过热。经常持久使用低挡,特别容易使发动机过热,并使汽车水箱中的水易沸腾而破坏冷却系统。位于海拔 3 000 m 及以上高原地区且设计速度小于或等于 80 km/h 的道路,最大纵坡应按表 3.2.3 的规定予以折减。最大纵坡折减后若小于 4%,则仍采用 4%。

表 3.2.3 高原纵坡折减值

海拔高度/m	3 000~4 000	4 000~5 000	5 000 以上
纵坡折减/%	1	2	3

3.2.2 坡长

坡长是指变坡点间的水平直线距离。

1) 最小坡长

最小坡长的限制主要是从汽车行驶平顺性的要求考虑的。如果坡长过短,使变坡点增多,汽车行驶在连续起伏地段产生的增重与减重的频繁变化,易导致乘客感觉不舒适,车速越快感觉越明显。从路容美观、相邻两竖曲线的设置和纵向视距等方面也要求坡长应有一定的最短长度。道路纵坡的最小坡长规定见表 3.2.4。

表 3.2.4 最小坡长

设计速度/(km/h)	120	100	80	60	40	30	20
最小坡长/m	300	250	200	150	120	100	60

2) 最大坡长

道路纵坡的大小及其坡长对汽车正常行驶影响很大,纵坡越陡,坡长越长,对行车影响也越大。主要表现在以下几点。

(1) 行车速度显著下降,特别对于爬坡能力较低的货运主导型车型,导致汽车爬坡无力,甚至要换较低挡克服坡度阻力,易使水箱"开锅",甚至熄火。

(2) 货车在上坡路段速度出现明显的折减降低之后,会增大大、小车型之间的运行速度之差,必然直接影响高速公路和一级公路连续上坡路段的通行能力和服务水平,进而引起路段拥堵等问题,同时易引发追尾、横向剐蹭等事故,对行车不利。

(3) 下坡行驶制动次数频繁,易使制动器发热而失效,甚至造成车祸。

所谓最大坡长限制是指控制汽车在坡道上行驶,当车速下降到最低容许速度时所行驶的距离。各级道路不同纵坡的最大坡长应符合表 3.2.5 的规定。

表 3.2.5 不同纵坡的最大坡长(m)

纵坡坡度/%	设计速度/(km/h)						
	120	100	80	60	40	30	20
3	900	1 000	1 100	1 200	—	—	—
4	700	800	900	1 000	1 100	1 100	1 200
5	—	600	700	800	900	900	1 000
6	—	—	500	600	700	700	800
7					500	500	600
8					300	300	400
9						200	300
10							200

3) 缓和坡段

载重汽车在较大的上坡路段上爬坡时,速度会逐渐降低,坡度越大、坡长越长,速度折减会越严重。在纵断面设计中,当陡坡的长度达到限制坡长时,应安排一段缓坡,为载重汽车提供一个能够加速的纵坡条件,恢复在陡坡上降低的速度,并能够继续以不低于容许最低速度的实际速度通行。

同时,当载重汽车在高速公路和一级公路连续下坡时,驾驶员为了有效控制车辆下坡速度,不得不连续使用行车制动器(即踩刹车)。在频繁使用行车制动器后,制动毂温度会逐渐升高。当温度达到 200 ℃ 以上或者更高时,制动毂就会部分或者全部丧失制动效能,存在可能导致车辆失控的风险。因此,从下坡安全考虑,缓坡也是需要的。

设计速度小于或等于 80 km/h 时,缓和坡段的纵坡应不大于 3%;设计速度大于 80 km/h 时,缓和坡段的纵坡应不大于 2.5%。缓和坡段的长度应符合表 3.2.4 最小坡长的规定。

3.3 竖曲线

3.3.1 竖曲线的定义

当汽车行驶在纵坡变坡点时,为了缓和因车辆动能变化而产生的冲击和保证视距,在道路纵坡变更处必须设置竖曲线。

竖曲线是在纵断面上两个坡段的转折处,为了便于行车所设置的一段曲线。竖曲线分为凸形和凹形两种。

变坡点是相邻两条坡度线的交点,即纵坡设计线上、下坡的转折点。其平面位置是用里程桩号表示,纵面位置是用该点的高程表示。

变坡角是相邻两条坡度线的坡角差,通常用坡度值之差代替,用 ω 表示,由于竖曲线的变坡角很小,故可认为 $\omega = \alpha_2 - \alpha_1 \approx \tan\alpha_2 - \tan\alpha_1 = i_2 - i_1$。当 $\omega > 0$ 时,竖曲线为凹形;当 $\omega < 0$ 时,竖曲线为凸形。

3.3.2 竖曲线的作用

在纵断面变坡点处设置的竖曲线有三个方面的作用:(1)缓冲作用:以平缓曲线取代折线可消除汽车在变坡点处行车动量变化而产生的冲击作用;(2)将竖曲线与平曲线恰当地组合,有利于路面排水和改善行车的视线诱导和舒适感;(3)保证道路纵向的行车视距。

3.3.3 竖曲线的线形

竖曲线一般采用圆曲线和二次抛物线两种。由于竖曲线的前后坡差很小,抛物线呈非常平缓的线形,因曲率变化较小,所以实际上与圆曲线几乎相同。

抛物线纵轴保持直立,且与两相邻纵坡线相切。一般情况下,竖曲线在变坡点两侧是不对称的,但两切线长保持相等。由于在纵断面上只计水平距离和竖直高度,斜线不计角度而计坡度,因此,竖曲线的切线长与曲线长是其在水平面上的投影,切线支距是竖直的高程差,相邻两坡度线的交角用坡度差表示。

3.3.4 竖曲线的几何要素

竖曲线几何要素主要有:竖曲线切线长 T、曲线长 L 和外距 E,如图 3.3.1 所示。

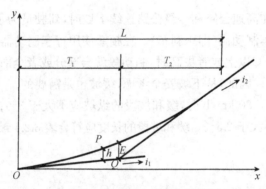

图 3.3.1 竖曲线几何要素计算图

$$L = R\omega \tag{3.2}$$

$$T = T_1 = T_2 = \frac{R\omega}{2} \tag{3.3}$$

$$E = \frac{T^2}{2R} = \frac{R\omega^2}{8} = \frac{T\omega}{4} \tag{3.4}$$

竖曲线上任一点竖距 h 的计算如下:

$$h = \frac{x^2}{2R} \tag{3.5}$$

式中:h ——点竖距(m);

x ——点桩号与竖曲线起点的桩点差(m);

R ——竖曲线半径(m)。

3.3.5 竖曲线最小半径和最小长度

在纵断面设计中,竖曲线的设计要受众多因素的限制,其中有三个限制因素决定着竖曲线的最小半径或最小长度。

1) 汽车行驶时间不过短

汽车从直坡道行驶到竖曲线上,尽管竖曲线半径较大,当坡角很小时,竖曲线长度也很短。如果其长度过短,汽车倏忽而过,驾驶员会产生变坡很急的错觉,旅客也会感觉不舒适。因此,应限制汽车在竖曲线上的行驶时间不能太短,最短应满足 3 s 行程要求,即:

$$L_{\min}=\frac{v'}{3.6}t=\frac{v'}{1.2} \tag{3.6}$$

2) 缓和冲击

汽车行驶在竖曲线上时,会产生径向离心力。这个力在凹形竖曲线上是增重,在凸形竖曲线上是减重。这种增重与减重达到某种程度时,旅客就会有不舒适的感觉,同时对汽车的悬挂系统也有不利影响,所以确定竖曲线半径时,对离心加速度应加以控制。汽车在竖曲线上行驶时其离心加速度(m/s²):

$$a=\frac{v^2}{R} \tag{3.7}$$

将 v'(km/h)表示并整理,得竖曲线半径

$$R=\frac{v'^2}{13a} \tag{3.8}$$

研究认为离心加速度 a 限制在 0.2~0.7 m/s² 比较合适。考虑到因冲击而造成的不舒适感,以及视觉平顺等要求,我国《标准》采用 $a=0.278$ m/s²,代入式(3.8)即得最小半径 $R_{\min}$ 和最小长度 $L_{\min}$:

$$R_{\min}=\frac{v'^2}{3.6} \tag{3.9}$$

$$L_{\min}=\frac{v'^2\omega}{3.6} \tag{3.10}$$

3) 满足视距的要求

汽车行驶在竖曲线上,若为凸形竖曲线,如果半径太小,会阻挡驾驶员的视线;若为凹形竖曲线,也同样存在视距问题:对地形起伏较大地区的道路,在夜间行车时,若竖曲线半径过小,前灯照射距离会影响行车速度和安全;高速公路及城市道路跨线桥、门式交通标志及广告宣传牌等,如果它们正好处在凹形竖曲线上方,也会影响驾驶员的视线。因此,为了保证行车安全,对竖曲线的最小半径和最小长度应加以限制。

(1) 凸形竖曲线最小半径和最小长度

凸形竖曲线按竖曲线长度 L 和视距 S_T 的关系分为两种情况。

① 当车、物在竖曲线以内时，即 $L \geqslant S_T$（图 3.3.2）：该情况即为驾驶员视线正好通过竖曲线最高点时，能够在停车视距的长度范围内看到障碍物，并采取制动措施停下来的图形约束条件，据此可确定竖曲线半径和视距、物高以及视高的关系，此半径就是凸形竖曲线最小半径，此时的竖曲线长度就是最小长度。

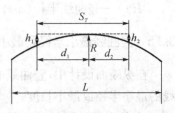

图 3.3.2 凸形竖曲线几何要素计算图示（$L \geqslant S_T$）

$$h_1 = \frac{d_1^2}{2R}, \quad 则 \ d_1 = \sqrt{2Rh_1}$$

$$h_2 = \frac{d_2^2}{2R}, \quad 则 \ d_2 = \sqrt{2Rh_2}$$

$$S_T = d_1 + d_2 = \sqrt{2R}(\sqrt{h_1} + \sqrt{h_2}) = \sqrt{\frac{2L}{\omega}}(\sqrt{h_1} + \sqrt{h_2})$$

$$L_{\min} = \frac{S_T^2 \omega}{2(\sqrt{h_1} + \sqrt{h_2})^2} \tag{3.11}$$

$$R_{\min} = \frac{L_{\min}}{\omega} \tag{3.12}$$

当采用停车视距时，$h_1 = 1.2 \text{ m}$，$h_2 = 0.1 \text{ m}$，$(\sqrt{h_1} + \sqrt{h_2})^2 \approx 2$，即

$$L_{\min} = \frac{S_T^2 \omega}{4} \tag{3.13}$$

$$R_{\min} = \frac{S_T^2}{4} \tag{3.14}$$

式中：R——竖曲线半径（m）；

h_1——驾驶员视线高（m）；

h_2——障碍物高（m）。

② 当车、物在竖曲线以外时，即 $L < S_T$（图 3.3.3）：同样也是驾驶员视线正好通过竖曲线最高点时，能够在停车视距的长度范围内看到障碍物，并采取制动措施停下来的图形约束条件，据此确定竖曲线的最小半径和最小长度限值，即当停车视距 $S_T > L$ 时，达到如图 3.3.3 图形约束条件的前提下，找到竖曲线半径和视距、物高以及视高的关系，此关系就是凸形竖曲线最小半径，此时的竖曲线长度就是最小长度。

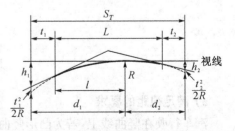

图 3.3.3 凸形竖曲线几何要素计算图示（$L < S_T$）

$$h_1 = \frac{d_1^2}{2R} - \frac{t_1^2}{2R}, \quad 则 \ d_1 = \sqrt{2Rh_1 + t_1^2}$$

$$h_2 = \frac{d_2^2}{2R} - \frac{t_2^2}{2R}, \quad \text{则} \quad d_2 = \sqrt{2Rh_2 + t_2^2}$$

从图中可知 $t_1 = d_1 - l = \sqrt{2Rh_1 + t_1^2} - l$，则

$$t_1 = \frac{Rh_1}{l} - \frac{l}{2}$$

同样从图中可知 $t_2 = d_2 - (L-l) = \sqrt{2Rh_2 + t_2^2} - (L-l)$，则

$$t_2 = \frac{Rh_2}{L-l} - \frac{L-l}{2}$$

视距长度 $\qquad S_T = t_1 + L + t_2$

代入得 $\qquad S_T = \frac{Rh_1}{l} + \frac{L}{2} + \frac{Rh_2}{L-l}$

取 $\dfrac{\mathrm{d}S_T}{\mathrm{d}l} = 0$，即 $\qquad \dfrac{\mathrm{d}S_T}{\mathrm{d}l} = -\dfrac{Rh_1}{l^2} + \dfrac{Rh_2}{(L-l)^2} = 0$

解得 $\qquad l = \dfrac{\sqrt{h_1}}{\sqrt{h_1} + \sqrt{h_2}} L$

代入上式并整理得 $S_T = \dfrac{R}{L}(\sqrt{h_1} + \sqrt{h_2})^2 + \dfrac{L}{2} = \dfrac{1}{\omega}(\sqrt{h_1} + \sqrt{h_2})^2 + \dfrac{L}{2}$，则

$$L_{\min} = 2S_T - \frac{2}{\omega}(\sqrt{h_1} + \sqrt{h_2})^2 \tag{3.15}$$

$$R_{\min} = \frac{L_{\min}}{\omega} \tag{3.16}$$

当采用停车视距时，$h_1 = 1.2 \text{ m}$，$h_2 = 0.1 \text{ m}$，$(\sqrt{h_1} + \sqrt{h_2})^2 \approx 2$，即

$$L_{\min} = 2S_T - \frac{4}{\omega} \tag{3.17}$$

$$R_{\min} = \frac{1}{\omega}\left(2S_T - \frac{4}{\omega}\right) \tag{3.18}$$

比较以上两种情况，显然式(3.14)计算结果大于式(3.18)，因此应将式(3.14)作为有效控制。

(2) 凹形竖曲线最小半径和最小长度

凹形竖曲线的最小半径、长度，除满足缓和离心力要求外，还应满足两种视距要求：一是保证夜间行车安全，前灯照明应有足够的距离；二是保证跨线桥下行车有足够的视距。由计算比较可知，凹形竖曲线最不利的情况是径向离心力的冲击，因此确定凹形竖曲线半径时，应以式(3.9)和式(3.10)作为有效控制。

4) 竖曲线最小半径和最小长度

根据行驶时间、缓和冲击和视距要求三个限制因素，可计算出各设计速度时的凸形和凹

形竖曲线最小半径和最小长度,如表 3.3.1 所示。表中所列"一般值"为正常情况下的采用值;"极限值"为条件受限制时,经技术经济论证后的采用值。

表 3.3.1 竖曲线最小半径和最小长度

设计速度/(km/h)		120	100	80	60	40	30	20
凸形竖曲线半径/m	一般值	17 000	10 000	4 500	2 000	700	400	200
	极限值	11 000	6 500	3 000	1 400	450	250	100
凹形竖曲线半径/m	一般值	6 000	4 500	3 000	1 500	700	400	200
	极限值	4 000	3 000	2 000	1 000	450	250	100
竖曲线长度/m	一般值	250	210	170	120	90	60	50
	极限值	100	85	70	50	35	25	20

3.3.6 竖曲线高程的计算

竖曲线设计时,应先根据控制因素选定竖曲线半径,然后计算竖曲线几何要素,最后推算出竖曲线的起、终点里程和竖曲线上任意一个桩号的设计高程。

令设计坡度为 i,起算点的高程为 H_0,推算点的高程为 H_p,推算点至起算点的水平距离为 D,则设计坡度线上任意一点的高程为:

$$H_p = H_0 + iD \tag{3.19}$$

式中:上坡时 i 为正,下坡时 i 为负。

为了计算竖曲线高程,根据式(3.5),竖曲线中间任一点的竖距可按下式计算:

$$y = \frac{x^2}{2R} \tag{3.20}$$

式中:x ——计算点桩号与竖曲线起点之间的距离(m),当 $x = T$ 时,$y = E$。

对于凸形竖曲线:设计高程=未设竖曲线时设计纵坡线上在计算桩号处的设计高程 $- y$;

对于凹形竖曲线:设计高程=未设竖曲线时设计纵坡线上在计算桩号处的设计高程 $+ y$。

【例】 如图 3.3.4 所示,设竖曲线半径 $R = 3\ 000$ m,相邻坡段的坡度 $i_1 = +3.1\%$,$i_2 = +1.1\%$,变坡点的里程桩号为 K16+770,其高程为 396.67 m。如果曲线上每隔 10 m 设置一桩,试计算竖曲线上各桩点的高程。

【解】 (1)计算竖曲线几何要素

转坡角 $\omega = i_2 - i_1 = +1.1\% - (+3.1\%)$
$= -2.0\%$

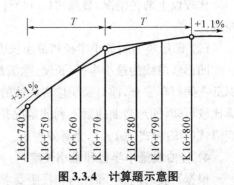

图 3.3.4 计算题示意图

$$L = R \cdot \omega = 3\,000 \times 0.02 = 60(\text{m})$$
$$T = \frac{R\omega}{2} = \frac{60}{2} = 30(\text{m})$$
$$E = \frac{T^2}{2R} = \frac{30^2}{2 \times 3\,000} = 0.15(\text{m})$$

(2) 计算竖曲线起、终点桩号及坡道高程

起点桩号　　K16+(770−30)=K16+740
起点高程　　396.67−30×3.1%=395.74(m)
终点桩号　　K16+(770+30)=K16+800
终点高程　　396.67+30×1.1%=397.00(m)

(3) 计算各桩位的设计高程

由于 $\omega < 0$，故为凸形竖曲线。计算结果见表3.3.2。

表3.3.2　各桩位竖曲线高程计算

桩号	至竖曲线起点或终点的平距 x/m	高程改正值 y/m	坡道高程 /m	竖曲线高程 /m	备注
K16+740	0	0.00	395.74	395.74	竖曲线起点
K16+750	10	0.02	396.05	396.03	
K16+760	20	0.07	396.36	396.29	
K16+770	30	0.15	396.67	396.52	变坡点
K16+780	20	0.07	396.78	396.71	
K16+790	10	0.02	396.89	396.87	
K16+800	0	0.00	397.00	397.00	竖曲线终点

【思考题】

1. 为什么《标准》要对路线最大纵坡加以限制？规定最大纵坡主要考虑哪些因素？

2. 在纵断面变坡处为什么要设置竖曲线？主要考虑哪些因素？

3. 在高原地区，汽车行驶时会遇到什么特殊困难？为什么要降低最大容许纵坡值？

4. 设在桩号 K4+800 处为一纵坡转折点，其设计标高 $H = 100$ m，在桩号前的纵坡为 3% 升坡，在转折点以后为 2% 的降坡；现欲插入一个半径为 4 000 m 的凸形竖曲线，试求该竖曲线的长度、切线长度、外距、竖曲线起始点桩号及每隔 20 m 整桩处竖曲线各点的标高。

4 道路横断面

> **本章提要**
>
> 本章介绍了道路横断面的概念及其组成;公路路幅的形式和构成;城市道路路幅的形式及构成,各路幅形式的特点;公路和城市道路行车道宽度影响因素及其设计;中间带、路肩、路缘带、紧急停车带、路拱、边坡和边沟的设计;超高、超高过渡段、加宽、加宽过渡段的概念与设计等。

4.1 概述

4.1.1 道路实体与横断面

平面设计最终体现为沿着道路中心线布置的一系列桩点,这些桩点的连线就是道路中心线;在平面设计的基础上做出的纵断面设计,实际上是在具有高低起伏的地面上设计出道路顶面将来的位置。有了平面和纵断面还不能完整地表达出道路实体空间形状,因为平、纵设计完成再将其结合后,从几何意义上来讲,实际上是设计出一条道路中心的空间曲线,这还不能交付施工,更不能让施工单位按照设计意图施工出道路实体。为解决这一问题,还得结合横断面设计来构成完整的道路几何实体,从而形成完整的平、纵、横设计文件。图4.1.1是在道路平面设计图和纵断面设计图的基础上,做出的横断面示意图,这个图相当于以纵断面道路顶面为基准,做出每个桩号处将来路基横向轮廓和尺寸的一个设计,这实际上就是横断面设计。

横断面地面线由野外实测确定,它反映了道路中线每个桩位左右一定范围内地面高低起伏的状况。然后再以中心设计线高度按道路横向各处设计断面形状(即设计标准断面),向两侧拓宽(称"戴帽子")形成路基。横断面图是道路主要的技术设计文件之一,横断面设计结果反映了路基的形状和尺寸。

4.1.2 公路横断面

横断面设计中要逐桩确定横断面设计图,在每个桩位处垂直于道路中线方向作一竖剖面,这个剖面与地面交线及这个桩位处设计断面形状构成的轮廓线叫作这个桩的横断面,这个横断面用图形表示,称为横断面图。

横断面图有两种:一种是逐桩横断面设计图,简称横断面设计图,通常每个桩号都给出;

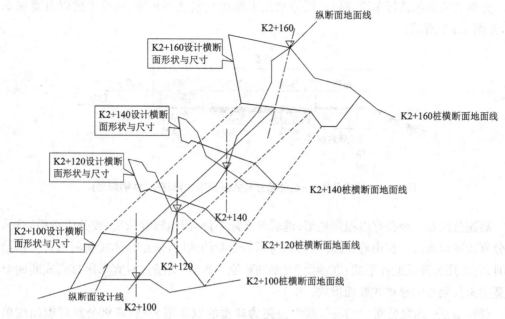

图 4.1.1 道路横断面和纵断面的关系

另一种为标准横断面图,按照段落给出。

由于一般公路项目设计和服务的交通量均为双向、等值的,因此,除局部单一方向设置的辅助车道、加(减)速车道、紧急停车带、避险车道、爬坡车道等外,一般公路路基横断面中各部分宽度上、下行方向应对称设置。

公路横断面的组成和各部分的尺寸要根据公路的功能、技术等级、交通量、服务水平、设计速度、地形条件等因素确定。在保证必要的通行能力和交通安全与畅通的前提下,尽量做到用地省、投资少,使道路发挥其最大的经济效益与社会效益。

1) 横断面组成

(1) 高速公路、一级公路 等级高、交通量大的公路(如高速公路、一级公路),通常是将上、下行车辆分开。分隔的方式有两种:一种是用分隔带分隔,另一种是将上、下行车道放在不同的平面上加以分隔。前者称作整体式断面,后者称作分离式断面。

整体式断面包括行车道、中间带(中央分隔带及路缘带)、路肩(硬路肩及土路肩)、紧急停车带、爬坡车道以及变速车道等。图 4.1.2 为高速公路和一级公路整体式断面形式示意图。图中,左侧为六车道断面形式,右侧为四车道断面形式。

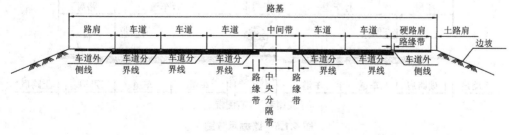

图 4.1.2 高速公路、一级公路整体式断面形式示意图

分离式断面包括行车道、路肩(硬路肩及土路肩)、紧急停车带、爬坡车道以及变速车道等,如图 4.1.3 所示。

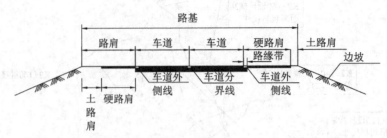

图 4.1.3　高速公路、一级公路分离式断面形式示意图(右幅断面)

高速公路和一级公路应根据地形、地貌等实际条件,因地制宜选用(或分段选用)整体式和分离式断面形式。在山岭、丘陵地段或地形等受制约地段,采用整体式断面形式工程量过大时,宜采用分离式断面形式;在沙漠、戈壁和草原等地区,有条件时宜采用分离式断面形式或宽中央分隔带的整体式断面形式。

(2)二、三、四级公路　二、三、四级公路为典型的双车道公路(四级公路可能出现单车道的情况),采用无分隔的双向混合交通组织方式,一般应采用整体式断面形式。二级公路路基的标准横断面应由车道、路肩(硬路肩及土路肩)等部分组成;三、四级公路路基的标准横断面应由车道、路肩等部分组成。图 4.1.4 为典型的双车道公路横断面形式。

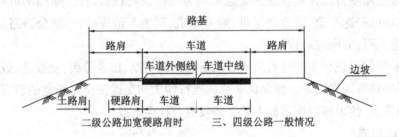

图 4.1.4　二、三、四级公路典型断面形式示意图

2) 路幅的布置类型

路幅是指公路路基顶面两路肩外侧边缘之间的部分,如图 4.1.5 所示。路幅可设置为单幅双车道、双幅多车道和单车道等形式。

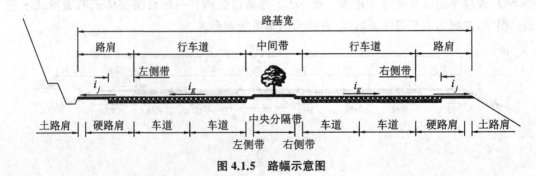

图 4.1.5　路幅示意图

(1) 单幅双车道　单幅双车道公路指的是整体式的供双向行车的双车道公路。二级公路、三级公路和一部分四级公路均属这一类。这类公路适应的交通量范围大,最高达 15 000 辆/d。设计速度可从 20 km/h 至 80 km/h。

(2) 双幅多车道　四车道、六车道和更多车道的公路,中间一般都设置分隔带或做成分离式路基而构成"双幅"路。有些分离式路基为了利用地形或处于风景区等原因甚至做成两条独立的单向行车的道路。

(3) 单车道　对交通量小、地形复杂、工程艰巨的山区公路或地方性道路,可采用单车道,我国《标准》中规定的四级公路路基宽度为 4.5 m,车道宽度为 3.5 m 者就是属于此类。此类公路虽然交通量很小,但仍然会出现错车和超车。当四级公路采用单车道时,应设置错车道。设置错车道路段的路基宽度不小于 6.5 m,错车道的间距应根据错车时间、视距、交通量等情况决定。错车的位置至少可以看到相邻两个错车道的情况。

3) 设计技术标准

路基横断面设计技术标准主要研究确定路基宽度中各组成部分的设计限值问题。路基宽度是指路基顶面左侧外边缘到右侧外边缘的总水平距离,它是根据路基路幅内各组成部分的宽度确定的,包括路面宽度、路肩宽度、中央分隔带宽度等。在理论上确定路面宽度是用每个车道的宽度乘车道数计算的,而在设计当中,则是根据道路所处的地形条件等因素从技术标准中选定的。标准规定的路基宽度,是根据不同车速条件下路面、路基各组成部分的功能和节约用地等要求确定的。

我国道路横断面设计的技术标准主要是道路宽度设计的技术标准,即路基各部分宽度标准,包括各级公路的行车道宽度、中央分隔带宽度、路缘带宽度、土路肩和硬路肩宽度、错车道和超车道宽度等技术标准。

4.1.3 城市道路横断面

城市道路的交通性质和组成比公路复杂,尤其表现在行人和各种非机动车较多,各种交通工具和行人的交通问题都需要在横断面设计中综合考虑予以解决。

城市道路在行车道断面上,供汽车、无轨电车、摩托车等机动车行驶的部分称为机动车道;供自行车、三轮车、板车等非机动车行驶的部分称为非机动车道。此外,还有供行人步行使用的人行道和分隔各种车道(或人行道)的分隔带及绿化带。

城市道路各组成部分相互联系和影响,其位置的安排和宽度的确定必须首先保证车辆和行人的安全畅通,同时要与道路两侧的各种建筑物及自然景观相协调,并能满足地面、地下排水和各种管线埋设的要求。横断面设计应注意近期与远期相结合,使近期工程成为远期工程的组成部分,并预留管线位置。路面宽度及高度均应有发展余地。

城市道路常见的几种断面形式包括单幅路、双幅路、三幅路和四幅路,见图 4.1.6。

w_c——机动车车道宽度或机动车与非机动车混合行驶的车道宽度(m);

w_b——非机动车车道宽度(m);

w_{pc}——机动车道路面宽度或机动车与非机动车混合行驶的路面宽度(m);

w_{pb}——非机动车道路面宽度(m);

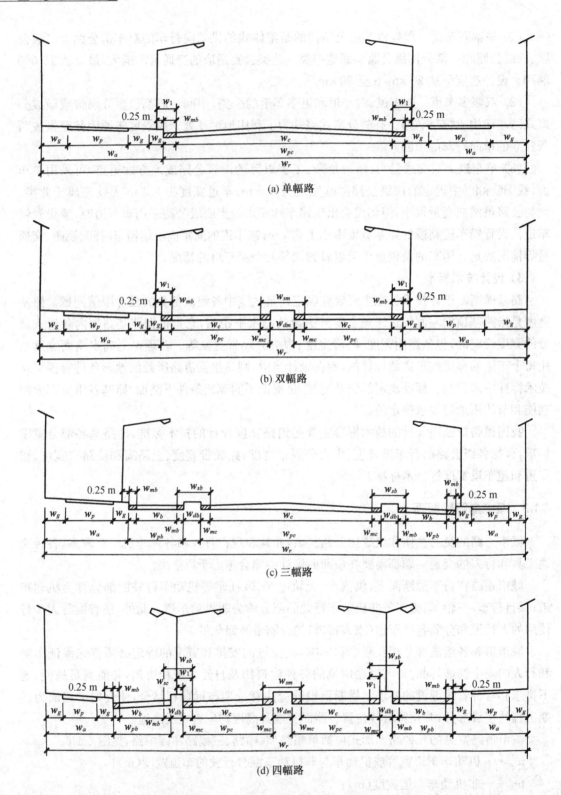

图 4.1.6 城市道路横断面路幅布置形式

w_{mc}——机动车道路缘带宽度(m);

w_{mb}——非机动车道路缘带宽度(m);

w_1——侧向净宽(m);

w_{dm}——中央分隔带宽度(m);

w_{sm}——中间带宽度(m);

w_{db}——两侧分隔带宽度(m);

w_{sb}——两侧分车带宽度(m);

w_a——路侧带宽度(m);

w_p——人行道宽度(m);

w_g——绿化带宽度(m);

w_r——设施带宽度(m)。

(1) 单幅路 俗称"一块板"断面。所有车辆在车道上混合行驶,用交通标线组织交通,机动车在路中央行驶,非机动车在路两边行驶,不设分隔带。单幅路占地少、投资省、车道利用率高,但是各种车辆混合行驶,对交通安全不利。一般适用于机动车和非机动车交通量不大的次干道、支路以及用地不足、拆迁困难的旧城改建的城市道路[见图4.1.6(a)]。

单幅路在交通组织上可以有以下两种形式:①划出快、慢车行驶分车线,快车和机动车辆在中间行驶,慢车和非机动车靠两侧行驶。②不划出分车线,车道的使用可以在不影响安全的条件下予以调整。如只允许机动车辆沿同一方向行驶的"单行道";限制载重汽车和非机动车行驶,只允许小客车和公共汽车通行的街道;限制各种机动车辆,只允许行人通行的"步行道"等。上述措施可以是相对不变的,也可以是按规定的周期变换的。

(2) 双幅路 俗称"两块板"断面。在车道中心用分隔带将车行道分为两半,上、下行车辆分向行驶。在两条对向行驶的车道上,用交通标线划分机动车道和非机动车道。双幅路将对向行驶的机动车分开,减少了行车干扰,提高了车速和行车安全,分隔带上还可以用作绿化、布置照明和敷设管线等。但其一侧机动车和非机动车仍旧混合通行,相互影响。双幅路适用于单向需要两条以上机动车道,非机动车较少的道路;或有平行道路可供非机动车行驶的快速路或郊区道路[见图4.1.6(b)]。

(3) 三幅路 俗称"三块板"断面。用两条分车带将机动车和非机动车分开,中间为双向行驶的机动车道,两侧为靠右行驶的单向非机动车道。三幅路将机动车和非机动车分开,大大提高了交通安全性;在分隔带上布置绿化带,有利于夏天遮阴防晒、减少噪声和布置照明等。但是其占地较多,投资较大。一般适用于机动车、非机动车交通量较大的城市道路,一般红线宽度大于或等于40 m[见图4.1.6(c)]。

(4) 四幅路 俗称"四块板"断面,它用中央分隔带和两个侧分隔带分隔机动车和非机动车。四幅路不但将机动车和非机动车分开,还将对向行驶的机动车分开,对车速和交通安全更为有利。但其用地量和投资也较三幅路大。一般适用于机动车车速较快和交通量大,各向两条机动车道以上,非机动车多的快速路和主干路。一般红线宽度在40 m以上[见图4.1.6(d)]。

一条道路宜采用相同形式的横断面。当道路横断面形式或横断面各组成部分的宽度变化时,应设过渡段。过渡段的起、止点宜选择在交叉口或结构物处。

4.2 行车道

行车道是道路上供各种车辆行驶部分的总称,包括快车道和慢车道,在城市道路上还有非机动车道,它是道路横断面最基本的元素。

4.2.1 行车道数量

各级公路车道数应符合表4.2.1的规定。高速公路和一级公路各路段车道数应根据设计交通量、设计通行能力、服务水平确定,一般最少为4个,当需要增加时,应按双数增加。二、三级公路应采用双向双车道;四级公路应主要采用双向双车道,交通量小或困难路段可采用单车道。

表 4.2.1　各级公路车道数

公路技术等级	高速公路和一级公路	二级公路	三级公路	四级公路
车道数	≥4	2	2	2(1)

4.2.2 行车道宽度

行车道宽度是安全行车所必需的宽度,是指在保证道路的通行能力下使车辆有秩序地按要求车速前进的路面宽度。一个车道的宽度取决于三个方面:一是设计车型的横向尺寸;二是车辆的行驶速度;三是车辆间或车辆与路肩之间的安全距离。

车道宽度应该满足设计车辆正常安全行驶的需要。对于双车道道路,车道宽度应满足错车、超车行驶所必需的余宽;对于四车道及以上道路,车道宽度应满足车辆并列行驶所需的宽度。

车道宽度与道路设计速度相关,速度越高所需要的宽度越大(主要是需要的侧向余宽越大)。车道宽度应符合表4.2.2的规定。

表 4.2.2　车道宽度

设计速度/(km/h)	120	100	80	60	40	30	20
车道宽度/m	3.75	3.75	3.75	3.5	3.5	3.25	3.0

此外,还有一些规定需要遵循。

① 八车道及以上道路在内侧车道(内侧第1、2车道)仅限小客车通行时,其车道宽度可采用3.5 m;

② 以通行中、小型客运车辆为主且设计速度为80 km/h及以上的道路,经论证车道宽度可采用3.5 m;

③ 四级公路采用单车道时,车道宽度应采用 3.5 m;
④ 设置慢车道的二级公路,慢车道宽度应采用 3.5 m;
⑤ 需要设置非机动车道和人行道的道路,非机动车道和人行道等的宽度,宜视实际情况确定。

4.2.3 加速车道、减速车道

加速车道是为保证驶入干道的车辆,在进入干道车流之前,能安全加速以保证汇流所需的距离而设的变速车道。减速车道是为保证车辆驶出干道时能安全减速而设的变速车道。

高速公路、一级公路的互通式立体交叉、服务区、停车区、公共汽车停靠站、管理与养护设施、观景台等与主线相衔接处,应设置加速车道和减速车道。加(减)速车道宽度应为 3.5 m。

二级公路在服务区、停车区、客运汽车停靠站、管理与养护设施、加油站、观景台等的各类出入口处,应设置过渡段。

4.2.4 爬坡车道

爬坡车道是陡坡路段主线行车道外侧增设的供载重车辆行驶的专用车道。

车辆在公路上行驶的自由度不仅受交通量大小的制约,还要受载重车辆在纵坡较大的路段上减速慢行而产生的阻车限制,这种现象在交通量较大、大型车辆混入率较高的四车道高速公路、四车道一级公路以及双车道上表现尤为突出。小客车在上坡道上的速度变化不大,而载重汽车的动力性能相对较低,会因爬坡能力不足而减速行驶,大型货车在 2% 以上的纵坡上就会出现明显的速度折减,而中、小型客车在 3% 及以上的纵坡上才会出现明显的速度折减。因此,在坡道上两种车辆的速度差增大,超车需求增多,"强超硬会"的可能性增大,危及行车安全。

多车道公路由于设置了超车车道,只有在交通量和重型车比例达到一定程度后,载重汽车才会对车流运行产生严重影响。21 世纪以来,我国高速公路货运车型组成发生显著的变化,货运的主导性车型从之前的两轴载重汽车逐步演变为五、六轴半挂式铰接列车。该类车型在高速公路货车车型中占比达到 40% 以上,高速公路货运周转总量的 80% 由该类车型承担。由于高速公路货运车型组成的变化,且该类车型整体动力性能低下,质量功率比普遍在 5.1 kW/t 左右,导致其整体爬坡性能大幅下降,具体表现在:相同驶入速度和纵坡条件下,车辆保持不低于容许最低速度的爬坡长度明显减短;相同纵坡条件下,车辆全负荷行驶时能保持的稳定行驶速度(或称为平衡速度)明显降低。当载重汽车的混合率大时,会影响上坡路段的通行能力。基于上述客观现状条件,对于四车道高速公路和一级公路的连续长陡纵坡路段(上坡方向),论证设置爬坡车道的必要性较之前明显增强。设置爬坡车道后,将易受坡度影响的低速车分流于爬坡车道上行驶,这样既发挥经济效益,又避免了强行超车,以策安全。欧洲的一些国家将增设爬坡车道作为改进道路交通安全的一项措施。

山岭区的二级公路、三级公路双车道宽度为 7.0 m 时,上坡路段载重车(特别是单挂车)减速与压车情况较为严重。当设置爬坡车道后,行车与安全情况大为改善。

1) 设计爬坡车道的条件

四车道高速公路、四车道一级公路和二级公路的连续上坡路段,当通行能力、运行安全受到影响时,应设置爬坡车道。爬坡车道宽度不应小于 3.5 m,且不大于 4.0 m。六车道及以上的高速公路、一级公路可不设爬坡车道。设置爬坡车道的条件包括:

(1) 沿连续上坡方向载重汽车的行驶速度降低到表 4.2.3 中容许最低速度以下时。

表 4.2.3 上坡方向容许最低速度

设计速度/(km/h)	120	100	80	60	40
容许最低速度/(km/h)	60	55	50	40	25

(2) 上坡路段的设计通行能力小于设计小时交通量时。

(3) 经设置爬坡车道与改善主线纵坡不设爬坡车道技术经济比较论证,设置爬坡车道的效益费用比、行车安全性较优时。

2) 爬坡车道的设置

(1) 横断面组成　爬坡车道设于上坡方向主线行车道右侧,如图 4.2.1 所示。爬坡车道的宽度一般为 3.5 m,包括设于其左侧路缘带的宽度 0.5 m。

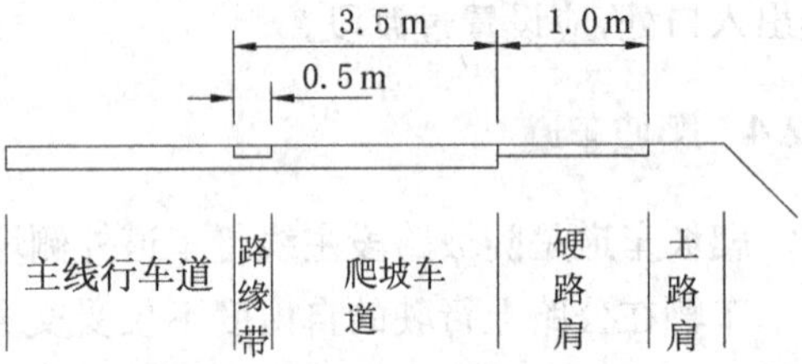

图 4.2.1 爬坡车道横断面组成

高速公路、一级公路的爬坡车道应紧靠车道的外侧设置,路肩和主线一样仍然由硬路肩和土路肩组成。但由于爬坡车道上行驶速度较低,其硬路肩宽度可以不按主线的安全标准要求设计,一般为 1.0 m。而土路肩宽度以按主线要求设计为宜。

窄路肩不能提供停车使用,高速公路、一级公路爬坡车道长度大于 500 m 时,其右侧应按规定设置紧急停车带。

二级公路的爬坡车道应紧靠车道的外侧设置,可利用硬路肩宽度。当需保留原来供非汽车交通行驶的硬路肩时,该部分应移至爬坡车道的外侧。

六车道及以上的道路一般采用分车道行驶,外侧车道行驶的载重汽车对道路整体的通行能力、服务水平影响较小,可不设置爬坡车道。

(2) 平面和纵向布置　爬坡车道的平面和纵向布置如图 4.2.2 和图 4.2.3 所示,其总长度由起点处渐变段长度 L_1、爬坡车道的长度 L 和终点处附加长度 L_2 组成。

起点处渐变段长度 L_1 用来供主线车辆驶离主线而进入爬坡车道,其长度一般取 45 m。爬坡车道的长度 L,一般应根据所设计的纵断面线形,通过加、减速行程图绘制出载重车行驶速度曲线,找出小于容许最低速度的路段,从而得到需设爬坡车道的路段。爬坡车道终点处附加长度 L_2 用来供车辆驶入主线前加速至容许最低车速所需长度。其值与附加段的纵坡度有关,见表 4.2.4 规定,该附加长度包括终点渐变段长度 60 m 在内。

爬坡车道起终点的具体位置除按上述方法确定外,还应考虑与线形的关系。通常应设在通视条件良好,容易辨认并与主线连接顺适的地点。

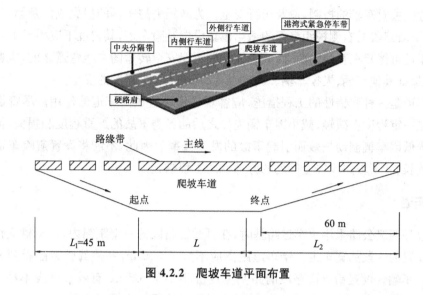

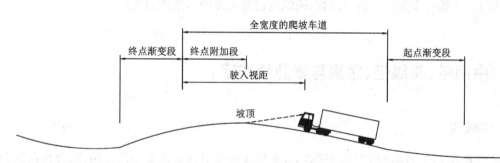

图 4.2.2 爬坡车道平面布置

图 4.2.3 爬坡车道纵向布置

表 4.2.4 爬坡车道终点处附加长度

附加段的纵坡度/%	下坡	平坡	上坡			
			0.5	1.0	1.5	2.0
附加长度/m	150	200	250	300	350	400

4.2.5 避险车道

避险车道是修建在连续长、陡下坡路段,供制动失效车辆尽快驶离行车道、减速停车、自救的专用车道(见图4.2.4)。当长、陡下坡路段的平均纵坡度大于或等于4%、纵坡连续长度大于或等于3 km时,载重车由于频繁刹车,容易导致机器过热或机械发生故障致使制动失灵,或者因调挡失误

图 4.2.4 避险车道

而使驾驶者失去对车辆的控制,危及运行安全。为减轻失控车辆的损失或危及第三方安全,应在长、陡下坡路段的右侧视距良好的适当位置设置避险车道,其宽度不应小于4.5 m。

避险车道可修建在直线路段上,或失控车辆不能安全转弯的主线弯道之前,应避开人口稠密区,以保证其他车辆、失控车辆、驾驶人员以及坡道下方居民的安全。

避险车道是一种容错性的工程措施,应客观认识设置避险车道的作用。尽管设置避险车道能够在一定程度上减轻、减小因车辆失控之后的各类事故的严重程度和损失,但从本质上并不能降低因车辆制动失效而引起事故的发生概率。因此,不能将设置避险车道作为一种解决连续长、陡下坡路段安全问题的弥补性的工程措施。

4.2.6 错车道

错车道是四级公路采用单车道路基时,在可通视路段的一定距离内,供车辆交错避让对向车辆而设置的一段加宽车道。错车道距离应不大于300 m,并使驾驶者能看到相邻两错车道之间的车辆。设置错车道路段的路基宽度应不小于6.5 m,有效长度应不小于20 m。错车道应和主线行车道一样进行铺装,两端应设置过渡段与主线相连。

4.3 中间带、路缘带、路肩与紧急停车带

4.3.1 中间带

多车道道路的中间带和中央分隔带,在构造上起到分隔对向交通的作用,对提高高速公路行车安全性和发挥道路的功能具有关键性作用。高速公路、一级公路整体式路基必须设置中间带,它的主要功能是分离两个方向的车流,清晰显示内侧边缘、引导驾驶者视线、杜绝任意拐弯、防止对向行驶的车辆在高速行驶情况下互撞。

1) 中间带组成

中间带由中央分隔带和两条左侧路缘带组成,中央分隔带的两侧设置左侧路缘带,如图4.3.1所示。中央分隔带由防护设施和两侧对应的余宽 C 组成。左侧路缘带和余宽 C 提供了安全行车所必需的侧向余宽,并能引导驾驶员的视线。侧向余宽是通行车辆在高速行车时,行车道两侧需要预留的一定的富余宽度,即车道边线到障碍物之间的距离。

2) 中间带作用

(1) 分隔往返车流。既可避免因快车驶入对向行车道造成严重的交通事故,又能减少道路中心线的交通阻力,从而提高通行能力。

(2) 可作为设置公路标志牌及其他交通管理设施的场地,也可作为行人的安全岛。

(3) 设置一定宽度的中间带并种植花草灌木或设置防眩网,可防止对向车辆灯光炫目,还可起到美化路容和环境的作用。

(4) 设于中央分隔带两侧的路缘带,由于有一定宽度且颜色醒目,既可以引导驾驶员视线,又增加了行车所必需的侧向余宽,从而提高行车的安全性和舒适性。

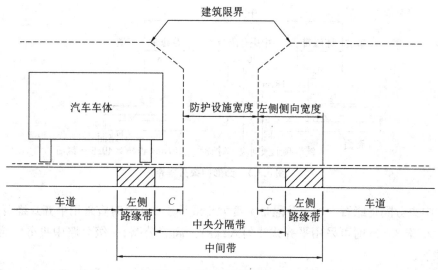

图 4.3.1 中间带示意图

宽中间带的作用明显,但投资和占地多,不易采用,我国原则上均采用窄分隔带,构造上高出车道表面,分隔带一般用路缘石围砌,高出路面 10~20 cm。

3) 中间带宽度

中间带的宽度是根据行车带以外的侧向余宽、防止驶入对向行车带的护栏、绿化带、防眩网、交叉道路的桥墩等所需的设置带宽度而定。中间带越宽作用越明显,但对用地紧缺的地区采用宽中间带是困难的,我国采用窄中间带。

高速公路和作为干线一级公路整体式断面的中央分隔带宽度应从对向分隔、安全防护、防眩的主要功能出发,综合考虑中央分隔带护栏防护形式和防护能力确定。对于承担集散功能的一级公路,中央分隔带宽度应根据中间物理隔离措施的宽度确定。城市道路的相关规定与公路基本相同。

4) 中央分隔带

(1) 中央分隔带形式　中央分隔带的表面形式有凹形和凸形两种(见图 4.3.2 和图 4.3.3)。中央分隔带宽度大于或等于 3.0 m 时宜用凹形;中央分隔带宽度小于 3.0 m 时可采用凸形。

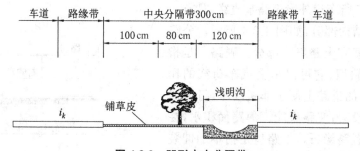

图 4.3.2 凹形中央分隔带

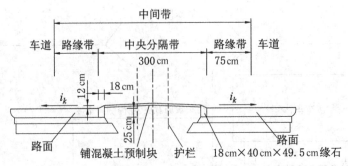

图 4.3.3 凸形中央分隔带

（2）中央分隔带缘石　中央分隔带宽度大于或等于 3.0 m 时宜采用平齐式缘石；中央分隔带宽度小于 3.0 m 时可采用平齐式或斜式缘石。高速公路、一级公路中央分隔带不得采用栏式缘石。

（3）中央分隔带表面处理　中央分隔带宽度大于或等于 3.0 m 时宜植草皮；中央分隔带宽度小于 3.0 m 时可栽灌木或铺面封闭。

（4）中央分隔带开口　中央分隔带开口的设置是为了使车辆在必要时可通过开口到反方向车道行驶，以供维修、养护、应急抢险时使用。中央分隔带开口间距应视需要而定，最小间距应不小于 2 km，太密将会造成交通的紊乱。城市道路可根据横向交通（车辆和行人）的需要设置。开口处应设置活动护栏，严禁车辆 U 形转弯（掉头）。

中央分隔带的开口应设置在通视良好的路段，若在曲线上开口，其曲线半径宜大于 700 m。在互通式立体交叉、隧道、特大桥、服务区等设施的前后必须设置开口。

4.3.2　路缘带

路缘带是路肩或中间带的一部分并与行车道紧接，其作用为诱导视线、支撑路面并作为侧向余宽的一部分，以保证充分发挥行车道功能，以利于行车安全。路缘带的宽度应尽量避免变化而保持一定宽度，一般设置距离中央分隔带边缘 0.5 m 范围的路面部分为路缘带。

4.3.3　路肩

1）路肩组成

路肩是位于行车道外缘至路基边缘，具有一定宽度的带状结构部分，如图 4.3.4 所示。公路路肩分为硬路肩和土路肩两部分。硬路肩是指进行了铺装的路肩，它可以承受汽车荷载的作用，在混合交通的道路上便于非机动车、行人通行。在填方路段，为使路肩能汇集路面积水，在路肩边缘应设置路缘石。土路肩是指不加铺装的土质路肩，它起保护路面和路基的作用，并提供侧向余宽。

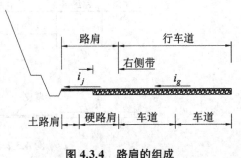

图 4.3.4　路肩的组成

2) 路肩作用

各级道路都要设置路肩,其作用有以下几点。

(1) 供发生故障的车辆临时停车;

(2) 由于路肩紧靠在路面的两侧设置,可以保护和支撑行车道等主要结构稳定;

(3) 提供行车道侧向余宽和侧向通视条件,能增进驾驶的安全和舒适感;

(4) 作为道路养护操作的工作场地;

(5) 土路肩还具有为各类护栏、标志牌提供设置空间的作用。

3) 路肩宽度

考虑我国土地的利用情况和路肩的功能,在满足路肩功能最低需要的条件下,原则上尽量采用较窄的路肩,充分挖掘路肩的作用。目前确定各级道路路肩宽度的主要依据如下。

(1) 高速公路的硬路肩宽度,在平原、微丘区大于或等于 2.5 m,这主要考虑可临时停靠一辆载重汽车;在山岭、重丘区的二至四级公路,为节省工程造价,受地形限制或其他特殊情况的路段可分别减小为 1.5 m、0.75 m。

(2) 一级公路的硬路肩宽度,在平原、微丘区大于或等于 2.5 m,这主要考虑可以临时停靠一辆载重汽车;山岭、重丘区主要考虑工程量大,在受地形限制及其他特殊情况的路段可分别减小为 1.5 m、0.75 m。

(3) 高速公路和一级公路,除设硬路肩外,还应设不小于 0.5 m 的保护性路肩。保护性路肩位于公路的最外侧,是为了保护路面和路基而设置的,属于路肩的一部分,但不在公路限界以内。

(4) 路缘带标明行车道外侧的一定宽度,诱导驾驶人员视线,提供了一部分必要的侧向净宽,当汽车越出行车道时,能保证安全行驶。因此,高速公路和一级公路应在路肩宽度内设右侧路缘带,其宽度一般为 0.5 m。

(5) 二级公路的路肩宽度,在平原、微丘区一般为 1.5 m。考虑西北等地区,如青海、新疆、西藏有些地方占地问题不大,工程量增加不多,这些地区的干线公路上虽然混合交通少,但是车队集体运行的情况较多,若路肩上可以停一辆载重汽车,就能保障车辆正常运行,因此这些路段的路肩宽度为 2.5 m。但在一般地区没有特殊需要,不宜采用 2.5 m 宽的路肩。

(6) 三级公路的路肩宽度规定为 0.75 m。这主要考虑三级公路数量较多,在山岭、重丘区工程量大,不能太宽;平原、微丘区又因占地等原因不能采用宽路肩。

(7) 二、三、四级公路在村镇附近以及混合交通量大的地段,路肩应予加固,以充分利用,并用画线办法将快、慢车道分开,效果更好。

(8) 为了保持侧向净宽,《标准》规定在路肩上设置路上设施时,应增加所需的宽度,例如设置护栏工程的宽度等。

① 右侧路肩:各级道路右侧路肩宽度应符合表 4.3.1 的规定。鲜明的行车道外侧边缘线所起到的诱导作用,已被公认,并能提供一部分必要的侧向余宽,当汽车越出行车道时,能增进安全。因此,高速公路和一级公路应在右侧硬路肩宽度内设右侧路缘带,其宽度为 0.5 m。

表 4.3.1 各级公路右侧路肩宽度

公路技术等级		高速公路			一级公路（干线功能）		一级公路（集散功能）和二级公路		三、四级公路		
设计速度/(km/h)		120	100	80	100	80	80	60	40	30	20
右侧硬路肩宽度/m	一般值	3.0 (2.5)	3.0 (2.5)	3.0 (2.5)	3.0 (2.5)	3.0 (2.5)	1.5	0.75	—	—	—
	最小值	1.5	1.5	1.5	1.5	1.5	0.75	0.25			
右侧土路肩宽度/m	一般值	0.75	0.75	0.75	0.75	0.75	0.75	0.75	0.75	0.5	0.25（双车道） 0.5（单车道）
	最小值	0.75	0.75	0.75	0.75	0.75	0.5	0.5			

注：正常情况下，应采用"一般值"；在设爬坡车道、变速车道及超车道路段，受地形、地物等条件限制路段及多车道公路特大桥，可论证采用"最小值"。高速公路和作为干线的一级公路以通行小客车为主时，右侧硬路肩宽度可采用括号内数值。

② 左侧路肩：高速公路和一级公路采用分离式路基断面时，应设置左侧路肩，以保证车辆在行驶过程中所需的侧向余宽，其宽度不应小于表 4.3.2 的规定值。左侧硬路肩宽度包含左侧路缘带宽度。

表 4.3.2 分离式断面高速公路和一级公路左侧路肩宽度

设计速度/(km/h)	120	100	80	60
左侧硬路肩宽度/m	1.25	1.0	0.75	0.75
左侧土路肩宽度/m	0.75	0.75	0.75	0.5

八车道及以上高速公路宜设置左侧硬路肩，其宽度应不小于 2.5 m。左侧硬路肩宽度包含左侧路缘带宽度。

4.3.4 紧急停车带

紧急停车带是为故障车辆提供停车的主要设施之一，在关键时刻具有重要的作用。

高速公路、一级公路的右侧硬路肩宽度小于 2.5 m 时，为使发生故障的车辆因避让其他车辆能尽快离开车道，应设紧急停车带。紧急停车带的间距设置，必须考虑故障车辆可能行驶的距离和人力可能推动的距离。实际上，行车时出现故障较多的一类是车辆轮胎出问题，另一类故障是发动机问题，车辆滑行距离与行车速度的平方成正比，车速越高滑行距离越长，一般考虑 200~300 m 的滑行距离。故障车辆用人力推动时，小客车在水平路段上，1 人可以连续推动大约 200 m，尽力推动能达到 500 m 左右。大型车辆至少 3~4 人方可推动，其可能推行的距离也没有小型车长。

因此，高速公路、一级公路的特长桥梁、隧道，根据需要可设置紧急停车带，其间距不宜大于 500 m，宽度一般不小于 3.5 m，有效长度一般为 50 m，并设置 100 m 和 150 m 左右的过渡段。紧急停车带宽度的确定主要考虑临时停放的车辆不得侵占行车道宽度，且不影响行车道上的车辆正常行驶。

二级公路根据需要可设置紧急停车带,其间距按实际情况确定。

4.4 路拱、边坡与边沟

4.4.1 路拱

为了利于路面横向排水,将路面做成由中央向两侧倾斜的拱形,称为路拱。路拱倾斜的大小以百分率表示,称为路拱横坡度。

1) 路拱形式

路拱有抛物线形、直线形、折线形和双曲线形四种形式。对于有中央分隔带的道路,通常设置单向横坡,其最高点一般位于中央分隔带的边缘。由于排水的需要,双幅行车道必须往两个方向设置横坡,此时路拱线应置于两个车道的结合部。

(1) 抛物线形路拱　抛物线形路拱比较圆顺,造型美观,没有路中尖峰,路面中间部分坡度较小,两旁坡度较大,有利于雨水的排出。但抛物线形路拱车行道中间部分横坡过于平缓,行车易集中,使中央部分路面易损坏,并且车行道上各部分横坡度不同,施工较难。为改进这些缺点,就有其他各种形式的抛物线形路拱。抛物线形路拱的计算图式如图 4.4.1 所示。

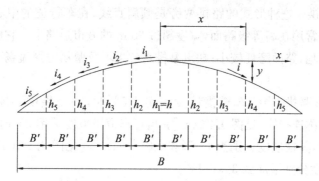

图 4.4.1　抛物线形路拱的计算图式

常见的抛物线形路拱有下述四种。

① 二次抛物线形路拱:计算式为

$$y = \frac{4h}{B^2} x^2 \tag{4.1}$$

式中:x——距道路中心线的横向距离(m);

　　　y——相应于 x 各点的竖向距离(m);

　　　B——路面总宽度(m);

　　　h——路拱高度(m)。

此路拱形式适用于路面宽度小于 12 m,而横坡较大的中、低级路面的道路。缺点是道路中心线附近横坡过于平缓,而路两旁横坡又过大,不利于行车。

② 改进的二次抛物线形路拱:计算式为

$$y = \frac{2h}{B}x^2 + \frac{h}{b}x \tag{4.2}$$

此路拱形式适用于机动车、非机动车混合行驶的城市道路单幅路断面。特点是横坡变化较均匀,路中与路边横坡也较为适中,有利于排水和整个宽度上的行车。

③ 半立方抛物线形路拱:计算式为

$$y = h\left(\frac{x}{B/2}\right)^{\frac{3}{2}} \tag{4.3}$$

这种路拱形式与改进的二次抛物线形路拱形式相似,但路中横坡稍缓,适用于路面宽度小于 20 m 的沥青混凝土、水泥混凝土或沥青碎石路面的道路。

④ 修正的三次抛物线形路拱:计算式为

$$y = \frac{4h}{B^3}x^3 + \frac{h}{B}x \tag{4.4}$$

这种形式的路拱符合排水要求,并可改善路中部分横坡过于平缓的缺点,适用于路面横坡小于 3% 的各种类型路面。

(2) 直线形路拱　这种形式的路拱两旁是倾斜直线,在车行道的中心线附近加设竖曲线或缓和曲线。通常用在高等级路面,宽度超过 20 m 的城市道路上。它的优点是汽车轮胎和路面接触较为平均,路面磨耗较小;缺点是排水效果不及抛物线形流畅。它主要有以下两种形式。

① 倾斜直线形路拱:当行车道横坡度采用 1.5% 时,在路拱中心插入一对横坡度为 0.8%~1.0% 的对称连接线[见图 4.4.2(a)];当行车道横坡度采用 2% 时,在路拱中心插入两对对称的连接线,其横坡度分别为 1.5% 和 0.8%~1.0%[见图 4.4.2(b)]。在侧石线 1.0 m 的距离内,横坡度分别增加到 3%~4%。

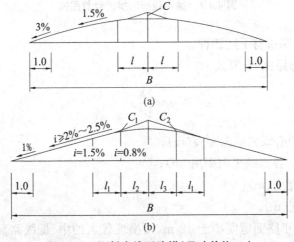

图 4.4.2　倾斜直线形路拱(尺寸单位:m)

② 圆顶直线形路拱：中间的圆顶部分用圆曲线或抛物线连接（见图 4.4.3），所用圆曲线长度一般不小于车行道总宽度的 1/10，半径不小于 50 m，为使排水通畅，在靠两旁侧石线的横坡度可增加到 3%～4%。

对于中间插入抛物线的路拱，可用在路面宽度 B 为 20～50 m 的城市道路上，其横坡度可用 1.0%～1.5%。

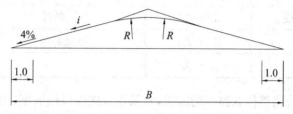

图 4.4.3　圆顶直线形路拱（尺寸单位：m）

(3) 折线形路拱　折线形路拱（见图 4.4.4）适用于多种车道的城市道路上。优点是用折线形的直线段比用屋顶形的直线段短，施工时容易摊压得平顺，也可在车行道最多的着力点处选择为转折点，如行车后路面稍有沉陷，雨水亦可排出，较符合设计、施工和养护的要求。缺点是在转折处有尖峰凸出，但可在施工时用压路机碾压平顺。其一般适用于道路较宽的沥青路面上。

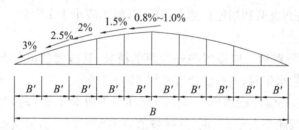

图 4.4.4　折线形路拱

(4) 双曲线形路拱　双曲线形路拱常用于高速公路及高等级道路，一般形式为 $y = Ax^2 + By^2 + C$，通常采用的计算式为：

$$y = \frac{h}{16}\left[-7 + \sqrt{49 + 480\left(\frac{x}{B/2}\right)^2}\right] \tag{4.5}$$

此种形式路幅 1/4 宽处为 $3h/8$，1/2 宽处为 h，但中心部分较缓。

路拱的形式很多，各有特点。在设计道路横断面时，应根据车行道宽度、横坡度、路面结构类型、排水和交通等要求来选择。

城市道路的非机动车道以及地形适宜、宽度不大于 9 m 的车行道上，可采用单向横坡的形式。当次要道路或地形适宜、路面两侧高程不等时，也可采用不对称路拱，但测设、施工较麻烦。

2) 路拱横坡度

路拱对排水有利但对行车不利。路拱横坡度所产生的水平分力增加了行车的不平稳，同时也给乘客带来不舒适的感觉，而且当车辆在有水或潮湿的路面上制动时还会增加侧向滑移的危险。为此,对路拱大小的采用及形状的设计应兼顾两方面的考虑。对于不同类型的路面,由于其表面的平整度和透水性不同,再考虑当地的自然条件选用不同的路拱横坡度,并应符合表 4.4.1 的规定。

表 4.4.1 路拱横坡度

路面类型	路拱横坡度/%	路面类型	路拱横坡度/%
沥青混凝土、水泥混凝土	1.0~2.0	碎、砾石	2.5~3.5
其他沥青路面	1.5~2.5	低级路面	3.0~4.0
半整齐块石	2.0~3.0		

高速公路、一级公路整体式路基的路拱,宜采用双向路拱横坡度,由路中央向两侧倾斜。位于中等强度降雨地区,路拱横坡度宜为 2%;位于降雨强度较大地区,路拱横坡度可适当增大。

高速公路、一级公路分离式路基的路拱,宜采用单向横坡,并向路基外侧倾斜,也可采用双向路拱横坡度。积雪、冰冻地区,宜采用双向路拱横坡度。

六车道、八车道高速公路,六车道一级公路,当超高过渡段的路拱横坡度过于平缓时,可设置两个路拱。

二级公路、三级公路、四级公路的路拱应采用双向路拱横坡度,由路中央向两侧倾斜。路拱横坡度应根据路面类型和当地自然条件确定,但不应小于 1.5%。

3) 路肩横坡

(1) 直线路段的硬路肩　应设置向外倾斜的横坡,其坡度值应与车道横坡值相同。路线纵坡平缓,且设置拦水带时,其横坡值宜采用 3%~4%。

(2) 曲线路段内、外侧的硬路肩　当曲线超高小于或等于 5% 时,其横坡值和方向应与相邻车道相同;当曲线超高大于 5% 时,其横坡值应不大于 5%,且方向相同。

(3) 大中桥梁、隧道区段的硬路肩　横坡值应与车道相同。

(4) 土路肩的横坡　位于直线路段或曲线路段内侧,且车道或硬路肩的横坡值大于或等于 3% 时,土路肩的横坡应与车道或硬路肩横坡值相同;小于 3% 时,土路肩的横坡应比车道或硬路肩的横坡值大 1% 或 2%。位于曲线路段外侧的土路肩横坡,应采用 3% 或 4% 的反向横坡值。

4.4.2 边坡

路基横断面设计,主要是设计出路基每个桩号对应的路基轮廓形状和尺寸。路基轮廓包括路基顶面线位置和宽度、路基地面线位置和形状、路基边坡坡度等。路基边坡坡度是指边坡上任意两点的竖向高差和水平距离的比值,并将比值结果换算为分子为 1 的比例形式,如 1:1.5、1:0.5 等。路基边坡的坡度选择是根据路基的地质、水文和土质等条件确定,在选择坡度时以保证边坡稳定、不塌方且断面经济为宗旨。

路基边坡确定有三种方法:经验法、工程地质法和稳定性验算法。经验法指遵照一些经验、表格来选取边坡坡度,适用于一般路基。稳定性验算法是指在经验选择的基础上经过路堤稳定性验算确定边坡坡度。对于特殊路基,如高路堤、陡坡上的路堤和深挖路堑,需经过外业土石质调查,确定物理特性参数后,再经过路堤稳定性验算,才能确定正确的边坡坡度。对于设计的边坡坡度因故无法放缓时,可设置挡土墙工程。关于陡坡路堤、深挖路堑和挡土墙的设计计算,在这里不做详述。

填方路基边坡形状,一般采用直线形。当边坡较高或浸水时,常采用上陡、下缓的折线形或台阶形。

填方路基边坡坡度,应根据填料的物理力学性质、气候条件、边坡高度及基底的工程地质和水文地质等条件进行合理选定。

4.4.3 边沟

边沟的主要作用是排出路面及边坡处汇集的地表水,以确保路基与边坡的稳定。一般在道路路堑及高度小于边沟深度的低填方地段设置边沟(见图 4.4.5)。

边沟的断面形状有梯形、矩形、流线形、三角形和蝶形,分别适用于一般土质路基、石质路基、沙漠地区路基、机械开挖的路基和山区傍山路基。排水量大的路段多采用梯形断面。

图 4.4.5　边沟

设计边沟时应注意以下问题。

(1) 底宽与深度不小于 0.4 m;

(2) 边沟纵坡一般不应小于 0.5%,特殊困难路段亦不得小于 0.2%;当陡坡路段沟底纵坡较大时,为防止边沟冲刷,应采取加固措施;

(3) 梯形边沟内侧边坡一般为 1∶1~1∶1.5,外侧边坡中路堤段边坡与内侧边坡相同,路堑段边坡与挖方边坡一致;三角形边沟内侧边坡一般为 1∶2~1∶4,外侧边坡一般为 1∶1~1∶2;

(4) 边沟长度不宜过长,一般不宜超过 500 m,超过 500 m 即应选择适当地点设置出水口,多雨地区的边沟不宜超过 300 m。三角形边沟长度一般不宜超过 200 m。

4.5　超高与加宽

4.5.1　圆曲线超高

当公路圆曲线半径小于表 2.3.3 中"不设超高最小半径"时,应设置圆曲线超高。设置超高的原因是因为汽车行驶在平面曲线上时,由于做圆周运动,产生离心力,离心力的大小与圆曲线半径和车速有关,车速越高、半径越小,其离心力越大。当离心力过大时会诱发翻车和侧滑事故,为抵消车辆在曲线路段上行驶时所产生的离心力,可以将路面做成外侧高于内侧的单向横坡的形式,这就是曲线上的超高。此时,汽车自重分力将抵消一部分离心力,另一部分由路面与轮胎之间的摩擦力抵消,从而提高行车的安全性和舒适性。简单来讲,超高就是将弯道段外侧抬高、内侧降低。

合理地设置超高,可以形成向心力全部或部分抵消高速行驶车辆的离心力,提高汽车行驶在曲线上的稳定性与舒适性。然而,道路上行驶车辆的速度并不一致,特别是在混合交通的道路上,不仅要照顾快车,也要考虑慢车的安全。对于慢车或因故暂停在弯道上的车辆,其离心力接近于0或等于0。如超高率过大,超出轮胎与路面间的横向摩阻系数,车辆有沿着路面最大合成坡度下滑的危险,因此必须满足:

$$I_{max} \leqslant f_w \tag{4.6}$$

式中:f_w —— 一年中气候恶劣季节路面的横向摩阻系数。

超高与行车速度和路面横向摩阻力密切相关,横向摩阻力的存在对于行驶车辆的稳定、行车的舒适等均有不利影响。超高设计及超高率计算应考虑把横向摩阻力减至最低程度。因此,对应于确定的行车速度,最大超高值的确定主要取决于曲线半径、路面粗糙率以及当地气候条件。美国认为无冰雪地区道路通常使用的最大超高值为10%,以不超过12%为限;在潮湿多雨以及季节性冰冻地区,过大的超高易引起车辆向内侧滑移,采用最大超高值8%。澳大利亚认为在超高较大的路段上,当货车的运行速度小于设计速度时,将受到向心加速度的作用,若超高值达10%时,向心加速度的作用足以使货物发生位移并导致翻车。

在工程设计中,公路项目拟采用的最大超高值主要根据交通量、交通组成和行车环境等条件确定。大型货运车辆占比比较高的道路,宜采用较小的最大超高值。我国《路线规范》规定各级公路圆曲线部分最大超高值见表4.5.1,《城规》对城市道路圆曲线最大超高值的规定见表4.5.2。

表4.5.1 各级公路圆曲线最大超高值

公路技术等级	高速公路、一级公路	二级公路、三级公路、四级公路
一般地区/%	8 或 10	8
积雪、严寒地区/%	6	
城镇地区/%	4	

表4.5.2 城市道路圆曲线最大超高值

设计速度/(km/h)	100	80	60	50	40	30	20
最大超高横坡度/%	6		4			2	

4.5.2 超高过渡段

由直线段的双向路拱横断面逐渐过渡到圆曲线段的全超高单向横断面,其间必须设置超高过渡段。为实现超高过渡而设置的过渡段称为超高过渡段。弯道超高以及各断面的横坡变化,如图4.5.1所示。

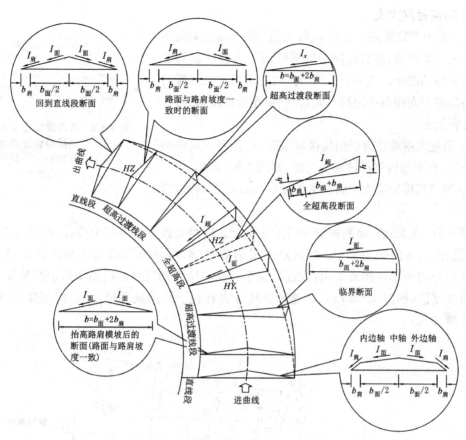

图 4.5.1 弯道超高以及各断面的横坡变化

1) 超高渐变率

超高的过渡应在回旋线全长范围内进行。回旋线过长,超高渐变率过小,将导致曲线段路面排水不畅。因此应按排水要求的最小坡率 0.3% 计,规定超高渐变率不得小于 0.3%,即 1/330。超高渐变率的要求如表 4.5.3 所示。

表 4.5.3 超高渐变率

设计速度/(km/h)	超高旋转轴位置	
	中线	边线
120	1/250	1/200
100	1/225	1/175
80	1/200	1/150
60	1/175	1/125
40	1/150	1/100
30	1/125	1/75
20	1/100	1/50

2) 超高过渡方式

(1) 无中间带道路 无中间带的道路行车道,无论是双车道还是单车道,在直线路段的横断面均为以中线为脊向两侧倾斜的路拱。路面要由双向倾斜的路拱形式过渡到具有超高的单向倾斜的超高形式,外侧须逐渐抬高,此时有以下几种情况。

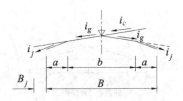

图 4.5.2 超高横坡度等于路拱横坡度的旋转

(i_g—路拱横坡度;i_j—路肩坡度;i_c—超高横坡度)

① 当超高横坡度等于路拱横坡度时:将外侧车道绕路中线旋转,直至与内侧横坡相等为止,如图 4.5.2 所示。

② 当超高横坡度大于路拱横坡度时,有以下三种过渡方式。

第一种,绕未加宽前的内侧车道边缘旋转。这种过渡方式有三个步骤:a. 将路肩的横坡逐渐抬高变为路拱横坡;b. 以道路中线为旋转轴,将外侧车道路面与路肩逐渐抬高;c. 待达到与内侧车道构成单向横坡后,整个断面再绕未加宽前的内侧车道边缘旋转,直至超高横坡度值,如图 4.5.3 所示。这种旋转方式有利于路基纵向排水,一般新建道路工程多用此种方式。

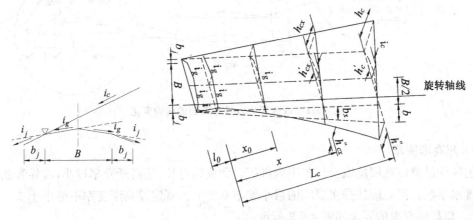

图 4.5.3 绕内边轴旋转

第二种,绕道路中线旋转。这种过渡方式有三个步骤:a. 将路肩的横坡逐渐抬高变为路拱横坡;b. 将外侧车道绕道路中线旋转;c. 待达到与内侧车道构成单向横坡后,整个断面绕中线旋转,直至超高横坡度值,如图 4.5.4 所示。这种方式多用于旧路改建工程。

第三种,绕车道外边缘旋转。这种过渡方式有三个步骤:a. 先将外侧车道绕外边缘旋转;b. 与此同时,内侧车道随中线的降低而相应降低;c. 待达到单向横坡后,整个断面仍绕外侧车道边缘旋转,直至超高横坡度值,如图 4.5.5 所示。这是一种比较特殊的设计,路基外缘标高受限制或路容美观有特殊要求时可采用此种方式。

(2) 有中间带道路 有中间带道路的超高过渡方式包括绕中间带的中心线旋转、绕中央分隔带边缘旋转和绕各自行车道中线旋转三种类型。

① 绕中间带的中心线旋转:先将外侧行车道绕中间带的中心线旋转,待达到与内侧行

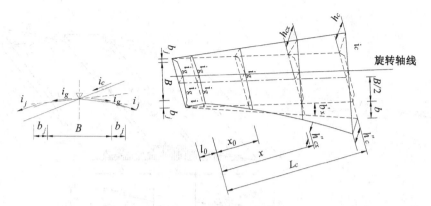

图 4.5.4 绕道路中线旋转

车道构成单向横坡后,整个断面一同绕中心线旋转,直至超高横坡度值。此时,中央分隔带呈倾斜状,如图 4.5.6 所示。该方式对于中间带宽度小于或等于 4.5 m 的公路可采用。

② 绕中央分隔带边缘旋转:将两侧行车道分别绕中央分隔带边缘旋转,使之各自成为独立的单向超高断

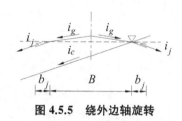

图 4.5.5 绕外边轴旋转

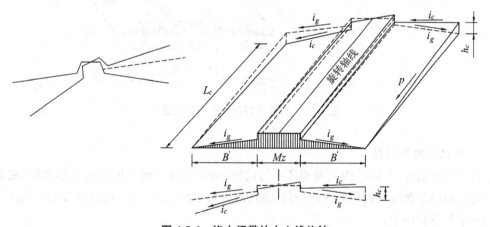

图 4.5.6 绕中间带的中心线旋转

面。此时,中央分隔带维持原水平状态,如图 4.5.7 所示。该方法对于各种中间带宽度的都可以采用。

③ 绕各自行车车道中心线旋转:将两侧行车道分别绕各自的中心线旋转,使之各自成为独立的单向超高断面。此时中央分隔带两边缘分别升高与降低而成为倾斜断面,如图 4.5.8 所示。该方法对于车道数大于 4 个的公路可采用。

(3) 分离式路基公路 分离式路基公路的超高过渡方式,宜按无中间带公路分别予以过渡。

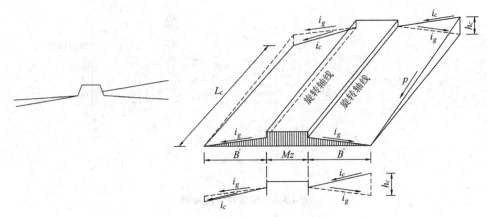

图 4.5.7　绕中央分隔带边缘旋转

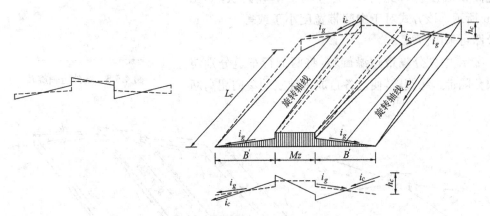

图 4.5.8　绕各自行车车道中心线旋转

3) 超高过渡段长度

为了行车的舒适、路容的美观和排水的通畅,必须设置一定长度的超高过渡段,超高的过渡是在超高过渡段全长范围内进行的,采用线性过渡渐变的方式,过渡段长度与超高渐变率的关系如下式所示:

$$L_c = \frac{\Delta i \cdot B}{p} \tag{4.7}$$

式中:L_c——超高过渡段长度(m);

　　　Δi——超高横坡度与路拱横坡度的代数差(%);

　　　B——超高旋转轴至行车道(设路缘带时为路缘带)外侧边缘宽度(m);

　　　p——超高渐变率,即旋转轴线与行车道(设路缘带时为路缘带)外侧边缘线之间的相对坡度,其值可按表 4.5.3 确定。

多车道公路的超高过渡段长度,视车道数按式(4.7)计算之值乘表 4.5.4 中的系数;

表 4.5.4 多车道超高过渡段系数

从旋转轴至行车道边缘的车道数	系数
2 车道	1.5
3 车道	2.0

计算得到的超高过渡段长度应凑成 5 m 的整倍数,并且不小于 10 m。确定超高过渡段长度时还应考虑以下几点。

(1) 一般情况下,在确定缓和曲线长度时,已经考虑了超高过渡段所需要的最短长度,故一般取超高过渡段长 L_c 与缓和曲线长 L_s 相等,即 $L_c = L_s$。

(2) 若计算出 $L_c > L_s$,此时应修改平面线形,使 $L_c \leqslant L_s$。当平面线形无法修改时,可将超高过渡起点前移,超高过渡在直线段开始,使横断面在 ZH 渐变为向内倾斜的单向路拱横坡。

(3) 若计算出 $L_c < L_s$,只要超高渐变率 $p \geqslant 1/300$,仍取 $L_c = L_s$。

(4) 四级公路可不设缓和曲线,但圆曲线上如有超高,则应设置超高过渡段,在直线和圆曲线上各分配一半。

4.5.3 圆曲线加宽

车辆在小半径的圆曲线转弯时,前后轮会划过不同的曲线轮迹,其中以后内轮轨迹半径最小,且偏向曲线内侧。由于车体外廓是矩形刚体,导致部分车身横向移出车道;同时车身也存在一定的横向摆动,因此汽车在圆曲线行驶所占的宽度要比直行时略宽,且主要增加在弯道内侧。

为适应行车需要,在半径较小的弯道内侧相应增加路面、路基宽度,称为圆曲线加宽。我国规范中规定,二级公路、三级公路、四级公路的圆曲线半径小于或等于 250 m 时,应设置加宽。

道路加宽后,在若干个桩号处加宽值全部相等的路线段落,叫作全加宽段,也是该曲线加宽值最大的路线段落。全加宽段依曲线半径不同而异。全加宽段内的加宽值,由几何需要的加宽值(简称"几何加宽值")和汽车转弯时摆动的加宽值(简称"摆动加宽值")两部分组成。汽车加宽值计算原理示意图如图 4.5.9 所示。

(1) 几何加宽值 如图 4.5.9 所示,设 $b_汽$ 为一个车道加宽值,R 为道路弯道中心的圆曲线半径,A 为设计车长。由图 4.5.9 所示的几何关系有:

$$R_1 + B = \sqrt{R^2 - A^2}$$
$$b_汽 = R - (R_1 + B)$$

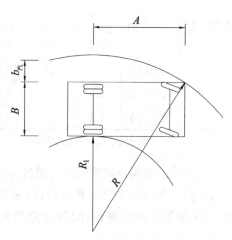

图 4.5.9 汽车加宽值计算原理示意图

经简单变换,得

$$b_{汽} = R - \sqrt{R^2 - A^2} = R - \left(R - \frac{A^2}{2R} + \frac{A^4}{8R^3} - \cdots\right)$$

上式第二项以后的数值极小,可省略不计,故一个车道的加宽为

$$b_{汽} = \frac{A^2}{2R} \tag{4.8}$$

式中:A ——设计车长(m),对普通载重汽车指后轴至前保险杠的距离,对半挂车为当量车长;

R ——圆曲线半径(m)。

(2) 摆动加宽值 据实测,汽车转弯摆动加宽与车速有关,一个车道摆动加宽值计算经验公式为

$$b_{摆} = \frac{0.05v'}{\sqrt{R}} \tag{4.9}$$

式中:v' ——汽车转弯时的速度(km/h)。

(3) 全加宽值 全加宽值由几何加宽值和摆动加宽值两项相加确定(均按一个车道计算,多车道公路加宽值计算方法与之相似),则一个车道的加宽值为

$$b_{加} = b_{汽} + b_{摆} = \frac{A^2}{2R} + \frac{0.05v'}{\sqrt{R}} \tag{4.10}$$

(4) 平曲线的加宽 《路线规范》规定,平曲线半径等于或小于 250 m 时,应在平曲线内侧加宽。双车道公路路面加宽值规定如表 4.5.5 所示。

表 4.5.5 双车道公路路面加宽值

加宽类别	设计车辆	平曲线半径/m								
		200~250	150~200	100~150	70~100	50~70	30~50	25~30	20~25	15~20
1	小客车	0.4	0.5	0.6	0.7	0.9	1.3	1.5	1.8	2.2
2	载重汽车	0.6	0.7	0.9	1.2	1.5	2.0	—	—	—
3	铰接列车	0.8	1.0	1.5	2.0	2.7	—	—	—	—

注:单车道公路路面加宽值应为表列数值的一半。

圆曲线加宽类别应根据该公路的交通组成确定。二级公路以及设计速度为 40 km/h 的三级公路有集装箱半挂车通行时,应采用第三类加宽值;对不经常通行集装箱半挂车的公路,可采用第二类加宽值;四级公路和设计速度为 30 km/h 的三级公路可采用第一类加宽值。

圆曲线上的路面加宽应设置在圆曲线的内侧,各级公路的路面加宽后,路基也应相应加宽。但对于分向行驶的公路,当圆曲线半径较小时,若将加宽仅设于曲线内侧,则内侧行车

道宽度远超出车辆行驶转弯轨迹的需求,而外侧因不能侵占内侧车道则行车道宽度不能提供车辆转弯所需的宽度,因此,应按内、外两侧分别加宽。设计中如果圆曲线加宽值本身较小,可采取内、外侧平均加宽的办法;若加宽值较大,应通过计算确定加宽值。

单车道道路路面加宽值可取表 4.5.5 所列数值的一半,由三个以上车道组成的行车道,其路面的加宽值应另行计算。对于分道行驶的公路,若圆曲线半径较小,其内侧车道的加宽值应大于外侧车道的加宽值,设计时应通过计算确定其差值。

4.5.4 加宽过渡段

1) 加宽过渡段及其长度

平曲线半径等于或小于 250 m 时,为了给车辆转弯提供合理的空间,应在平曲线内侧加宽。一般在弯道内侧圆曲线范围内设置全加宽。为了使路面和路基均匀变化,加宽时有一个过渡过程,设置一段从加宽值为零逐渐加宽到全加宽的过渡段,称为加宽过渡段。图 4.5.10 为简单型单曲线和基本型单曲线的加宽示意图。在图 4.5.10 中,对于简单型单曲线,由于没有缓和曲线段,全加宽段是将全曲线同步加宽,即 ZY 至 YZ 段,此时,为了让路面由直线上的正常宽度过渡到圆曲线上全加宽的宽度,一般在曲线以外另取一段长度不小于 10 m 的直线段作为加宽过渡段,渐变率为 1∶15。对于基本型单曲线,全加宽段是将净圆曲线段同步加宽,即 HY 至 YH 段。由于设有回旋线或超高过渡段,加宽过渡段长度应采用与回旋线或超高过渡段长度相同的数值,即 ZH 至 HY 段以及 YH 至 HZ 段,使路面具有逐渐变化的宽度。

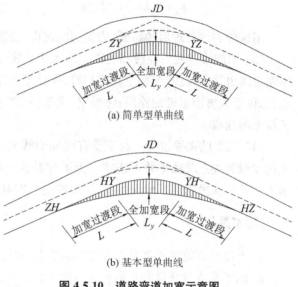

图 4.5.10 道路弯道加宽示意图

2) 加宽过渡方式

为保证安全行车,加宽过渡段的渐变尽量保证变化自然、平滑,避免突变。加宽过渡的渐变方式可根据道路性质和等级,采用线性、高次抛物线、回旋线和二次抛物线方式。

(1) 线性过渡 二、三、四级公路,在加宽过渡段全长范围内按其长度成比例逐渐加宽,如图 4.5.11 所示。

加宽过渡段内任意点的加宽值为

$$b_x = kb$$
$$k = \frac{L_x}{L}$$

(4.11)

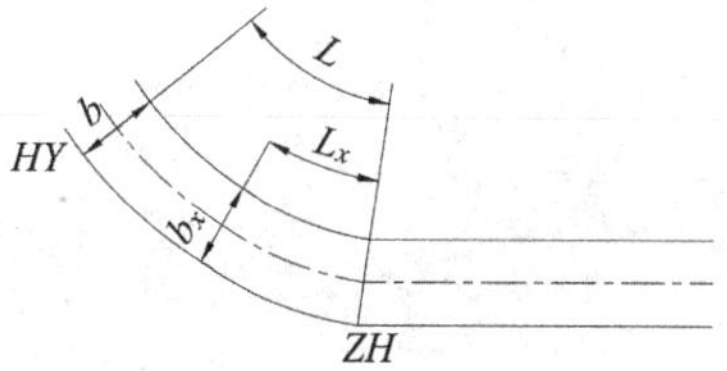

图 4.5.11 按线性方式加宽过渡

式中：L_x——任意点距缓和曲线起点的距离(m)；

　　　L——加宽过渡段长度(m)；

　　　b——圆曲线上的全加宽值(m)；

　　　b_x——加宽过渡段上任一点的加宽值(m)。

线性过渡简单易操作，但经加宽以后的路面内侧与行车轨迹不符，缓和段的起终点出现波折，于路容也不美观。

(2) 高次抛物线过渡　高速公路、一级公路以及对路容有要求的二级公路，设置加宽过渡段时，为使路面加宽后的边缘线圆滑、顺适，一般情况下应采用高次抛物线的方式过渡(图 4.5.12)，即采用式(4.12)计算加宽过渡段上任一点的加宽值：

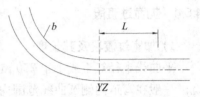

图 4.5.12　按高次抛物线方式加宽过渡

$$b_x = (4k^3 - 3k^4)b \tag{4.12}$$

用这种方法处理后的路面，内侧边缘圆滑、美观，适用于各级公路。

(3) 回旋线过渡　在缓和曲线上插入回旋线，这样不但中线上有回旋线，而且加宽后的路面边线也是回旋线，与行车轨迹相符，保证了行车的顺适与线性的美观。它可用于下列路段：①位于大城市近郊的路段；②桥梁、高架桥、挡土墙、隧道等构造物处；③设置各种安全防护设施的地段。

(4) 二次抛物线过渡　对于设有缓和曲线的公路弯道，按线性过渡方式处理以后的加宽过渡段起终点其曲率并不连续。为了弥补这一缺陷，可以在 ZH(HZ) 和 HY(YH) 处各插入一条二次抛物线。插入以后，缓和段的长度有所增加，路容有所改进。

【思考题】

1. 公路路幅的布置类型有哪些？各有什么特点？
2. 城市道路横断面有几类？它们的特点及适用情况分别是什么？
3. 爬坡车道和避险车道的主要作用是什么？
4. 路拱的作用是什么？有哪些基本形式？
5. 道路的超高设置有哪些方式？
6. 道路设置加宽的作用是什么？怎样设置？

5 道路线形设计

> **本章提要**
>
> 本章主要介绍了平面、纵断面、横断面道路线形设计的设计原则、技术指标、线形组合、基本步骤、设计成果等,具体包括:平面线形三要素的应用方法、平面线形要素组合设计、平面线形里程桩号计算、视距的概念与应用、道路平面设计方法与成果;纵断面坡长与纵坡设计、纵断面设计方法与步骤;平、纵线形组合设计的原则与要求,平、纵线形立体组合种类与特点;横断面设计内容、步骤与成果;路基土石方数量计算与调配等。

5.1 平面线形设计

道路平面线形三要素分别是直线、圆曲线和缓和曲线,它们是道路平面设计的三种基本单元,任何复杂的道路线形均是由这三种基本线形构成。这三种基本线形在设计中都有适用的场合和条件,不能随意使用。另外,当组合使用这三种基本线形时,也有很多要求必须满足,才能使设计出的道路平面线形圆滑美观,有良好的视觉效果和心理作用。同时,平面线形必须与地形、景观、环境等相协调,同时注意线形的连续与均衡性,并同纵断面、横断面相互配合。

5.1.1 直线的应用

1) 宜采用直线线形的路段

当在道路工程设计中遇到以下情况时,宜采用直线线形。

(1) 农田、河渠规整的平坦地区,城镇近郊等以直线条为主体的地区。

(2) 特长、长隧道或结构特殊的桥梁等构造物所处的路段,以及路线交叉点前后的路段。

(3) 双车道公路为超车所提供的路段。

(4) 戈壁沙滩、辽阔草原等周围景色较为单调的区域。

2) 长直线的运用

直线的运用应注意同地形、环境的协调与配合。采用直线线形时,其长度不宜过长。在长直线上,驾驶者一般都会加速行驶。如果纵坡坡度大于-3%,则更容易出现超速运行。众所周知,长直线下坡尽头是交通事故发生率高的地段,这就是超速运行所致。为确保安全,在运用长直线时应注意以下几点。

(1) 在直线上纵坡不宜过大,因长直线再加下陡坡更易导致高速度。

(2) 长直线尽头的平曲线半径应尽量大一些,避免使用小半径的曲线,当直线长度 $L > 500$ m 时,宜有 $R \geqslant 500$ m。除了保证曲线超高、视距等符合相应的规定外,还必须采取设置标志、增加路面抗滑能力等必要的安全措施。

(3) 以长直线与大半径凹竖曲线组合为宜,使生硬呆板的直线得到一些缓和。

(4) 道路两侧过于空旷时,宜采取种植不同树种或设置一定建筑物、雕塑、广告牌等措施,以改善单调的景观。

3) 直线与曲线的组合

直线与曲线在平面线形设计中往往是交替运用的,为保证线形设计质量,需要直线与曲线的组合与过渡保持协调、匀顺。直线和曲线组合得当,将提高道路线形设计质量和汽车行驶质量。平曲线的半径及其设计使用长度应与邻近的直线长度相适应。

较短的直线与小半径的平曲线连在一起,频繁转弯,造成驾驶员操作紧张,此时的曲线不宜太小,当 $L \leqslant 500$ m 时,宜有 $R \geqslant L$。

5.1.2 圆曲线的应用

圆曲线半径的选用与设计速度、地形、相邻曲线的协调均衡、曲线长度、曲线间的直线长度、纵面线形的配合、道路横断面等诸多因素有关。单纯从某一方面来决定和评价其值的大小是片面的。在道路线形设计时,对于圆曲线的应用应遵循如下原则。

(1) 设置圆曲线时应与地形相适应,以采用超高为 2‰～4‰ 的圆曲线半径为宜。

(2) 应根据沿线地形等情况,合理选用不小于"一般值"的圆曲线半径;地形条件特殊困难而不得已时,方可采用圆曲线半径的"极限值"。

(3) 选用过大的圆曲线半径,常常会造成平曲线过长。曲线过长且地形平坦、景观单调时,同样会使驾驶者感到疲劳、反应迟钝。调查表明,驾驶者并不希望在过长过缓的曲线上行驶。所以,选用大半径的圆曲线时,也应持谨慎的态度。

(4) 设置圆曲线时,应同相衔接路段的平、纵线形要素相协调,使之构成连续、均衡的曲线线形,并避免小半径圆曲线与陡坡相重合的线形。

5.1.3 缓和曲线的应用

(1) 设计速度大于或等于 60 km/h 时,回旋线应作为线形要素之一加以运用。回旋线 (A_1)—圆曲线(R)—回旋线(A_2)的长度以大致接近为宜(括号中的 A 表示缓和曲线参数)。两个回旋线的参数值亦可以根据地形条件设计成非对称的曲线,但 $A_1 : A_2$ 不应大于 2.0。

(2) 回旋线参数宜依据地形条件及线形要求确定,并与圆曲线半径相协调。在确定回旋线参数时,宜在下述范围内选定:$R/3 \leqslant A \leqslant R$,但:

① 当 R 小于 100 m 时,A 宜大于或等于 R;

② 当 R 接近于 100 m 时,A 宜等于 R;

③ 当 R 较大或接近于 3 000 m 时,A 宜等于 $R/3$;

④ 当 R 大于 3 000 m 时,A 宜小于 $R/3$。

5.1.4 平面线形要素组合设计

1) 单曲线

(1) 简单型单曲线 简单型单曲线是直线直接与圆曲线的组合形式,即按直线—圆曲线—直线的顺序组合而成,见图 5.1.1。也就是说,在路线转折处直接用圆曲线连接两端的直线。简单型单曲线习惯上称为单圆曲线,这种曲线在当实地地形和地物等条件所选择的圆曲线半径大于现行《标准》所规定的不设超高的圆曲线半径时采用。应该指出,圆弧和直线相接处必须做到既相接又相切。

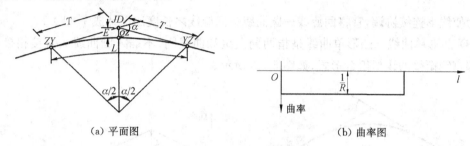

图 5.1.1 简单型单曲线

简单型单曲线在 ZY 和 YZ 处有曲率突变点,对行车不利,当半径较小时该处线形也不顺适,一般限于四级公路采用。其他等级道路当平曲线半径大于不设超高最小半径时,缓和曲线也可以省略,即采用简单型单曲线。

(2) 基本型单曲线 基本型单曲线是按直线—回旋线(A_1)—圆曲线(R)—回旋线(A_2)—直线的顺序组合而成的,如图 5.1.2 所示。基本型单曲线在实地所选半径小于现行《路线规范》规定的不设超高最小半径时采用。

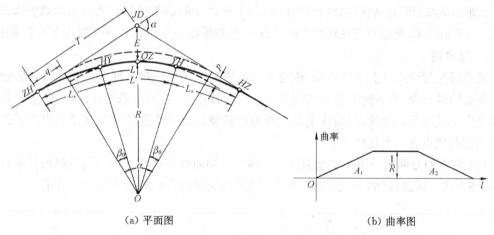

图 5.1.2 基本型单曲线

基本型中的回旋线参数、圆曲线最小长度都应符合有关规定。当两回旋线参数相等时(即 $A_1=A_2$),称为对称基本型;也可以根据地形条件设计成两回旋线参数不相等(即 $A_1 \neq A_2$),称为非对称基本型。

如果回旋线—圆曲线—回旋线之长度比按 1∶1∶1 设计,缓和曲线长度 L_s 和圆曲线半径 R 有下面关系:

$$L_s = \frac{\alpha}{2} \cdot R \cdot \frac{\pi}{180} \tag{5.1}$$

当曲线半径较大,平曲线较长时,也可以将回旋线—圆曲线—回旋线之长度比设计成 1∶2∶1 等组合形式,此时缓和曲线长度 L_s 和圆曲线半径 R 有下面关系:

$$L_s = \frac{\alpha}{3} \cdot R \cdot \frac{\pi}{180} \tag{5.2}$$

为使线形连续协调,宜将回旋线—圆曲线—回旋线之长度比设计成 1∶1∶1。

(3)凸形单曲线 凸形单曲线是指两同向缓和曲线间,不插入圆曲线而直接相接后再与相邻直线衔接的线形组合形式,如图 5.1.3 所示。

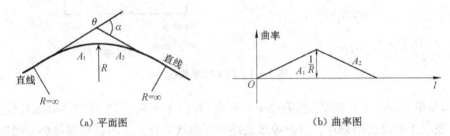

图 5.1.3 凸形单曲线

在设计凸形单曲线的回旋线时,其参数及其连接点的曲率半径,应分别符合最小回旋线参数和圆曲线最小半径的要求。对接点附近的 $0.3v'$(以 m 计;其中 v' 为设计速度,按 km/h 计)长度范围内,应保持以对接点的曲率半径确定的路拱横坡度。

凸形单曲线尽管在各衔接处的曲率是连续的,但因中间圆曲线的长度为 0,对驾驶操作会造成一些不利因素,所以只有在路线严格受地形、地物限制处方可采用,一般情况下不宜采用。

2) 复曲线

复曲线是指两条以上半径不同、转向相同的圆曲线径相连接或插入缓和曲线的组合曲线。复曲线设计中,将不同半径的曲线其中之一叫作主曲线,另一条叫作副曲线,主曲线定义为选定半径的那条曲线,副曲线定义为根据对接条件反算半径的那条曲线。根据其是否插入缓和曲线可有以下几种形式。

(1)简单型复曲线 简单型复曲线是不同半径圆曲线直接相连后再与直线段连接的组合,即按直线—圆曲线(R_1)—圆曲线(R_2)—直线的顺序组合构成,如图 5.1.4 所示。

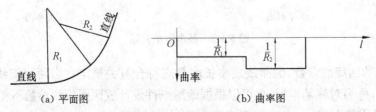

图 5.1.4 简单型复曲线

简单型复曲线的设置条件是在两相邻同向转角点,根据实地地形、地物等条件,当设置成两条单曲线时,中间直线段太短,且两圆曲线半径均大于或等于不设超高最小半径,而两圆曲线半径之比小于1.5时采用。

(2) 基本型复曲线　基本型复曲线是指两圆曲线直接连接后分别再带上缓和曲线,而后与相邻直线连接的曲线组合,即按直线—缓和曲线(A_1)—圆曲线(R_1)—圆曲线(R_2)—缓和曲线(A_2)—直线的顺序组合构成,如图5.1.5所示。

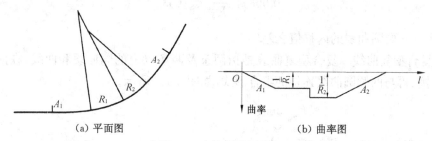

(a) 平面图　　　　　　(b) 曲率图

图5.1.5　基本型复曲线

基本型复曲线的设置条件是两相邻同向转角点间,根据实地地形、地物等条件,当设置成两条单曲线时,中间直线段太短,而两同向圆曲线半径均小于不设超高最小半径,且两圆曲线半径之比小于1.5时采用。

(3) 卵形复曲线　卵形复曲线是指两个或多个半径悬殊(两圆半径之比超过1.5)的圆曲线间,通过一段回旋线(缓和曲线)连接两相邻圆曲线的曲线形式,如图5.1.6所示。两同向圆曲线径相衔接或插入的直线长度不足时,可用回旋线将两同向圆曲线连接组合为卵形复曲线。

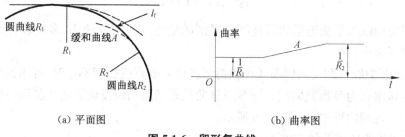

(a) 平面图　　　　　　(b) 曲率图

图5.1.6　卵形复曲线

卵形复曲线的设置条件是,由实地地形、地物等条件结合现行《标准》要求,而选定的主曲线半径与反算的副曲线半径的比值大于1.5时采用。理想的卵形复曲线应满足以下三个要求。

① 卵形复曲线的回旋线参数 A 应满足该级道路回旋线最小参数的规定,同时宜满足式(5.3)的要求;

$$R_2/2 \leqslant A \leqslant R_2 \tag{5.3}$$

式中:A——回旋线参数;

R_2——小圆半径(m)。

② 两圆曲线半径之比宜满足式(5.4)的要求：

$$0.2 \leqslant \frac{R_2}{R_1} \leqslant 0.8 \tag{5.4}$$

式中：R_1——大圆半径(m)。

③ 两圆曲线的间距，即内移值之差，宜满足式(5.5)的要求：

$$0.003 \leqslant \frac{\Delta P}{R_2} \leqslant 0.03 \tag{5.5}$$

式中：ΔP——两圆曲线的内移值之差(m)。

(4) 复合型复曲线　复合型复曲线是指两条及两条以上的同向缓和曲线，在曲率相等处直接连接、再与两侧圆曲线连接的组合形式，如图 5.1.7 所示。

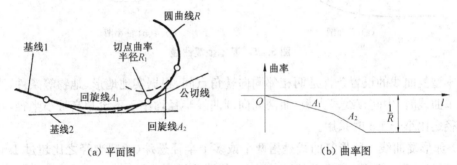

(a) 平面图　　　　　　　　(b) 曲率图

图 5.1.7　复合型复曲线

复合型复曲线的两个回旋线参数之比宜为：

$$A_2 : A_1 = 1 : 1.5 \tag{5.6}$$

复合型复曲线除了受地形和其他特殊限制的地方一般很少使用，多出现在互通式立体交叉的匝道线形设计中。

(5) S 形复曲线　两反向圆曲线径相衔接或插入的直线长度不足时，可用回旋线将两反向圆曲线连接组合为 S 形复曲线。即 S 形复曲线是指两相邻反向圆曲线各用一段缓和曲线对接后再相互连接的形式，如图 5.1.8 所示。

S 形复曲线的使用条件有以下几点。

① 相邻两缓和曲线参数 A_1 与 A_2 宜相等。当采用不同的回旋线参数时，A_1 与 A_2 之比应小于 2.0，有条件时以小于 1.5 为宜。当 $A_2 \leqslant 200$ 时，A_1 与 A_2 之比应小于 1.5。

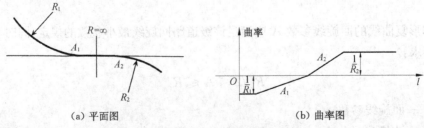

(a) 平面图　　　　　　　　(b) 曲率图

图 5.1.8　S 形复曲线

② 两圆曲线半径之比不宜过大，以 $R_1/R_2 \leqslant 2$ 为宜，其中 R_1 为大圆半径，R_2 为小圆半径。

③ 两反向缓和曲线之间不宜设直线，不得已插入直线时，必须尽量短，其短直线的长度或重合段的长度应符合下式：

$$l \leqslant \frac{A_1 + A_2}{40} \tag{5.7}$$

式中：l——反向缓和曲线间短直线或重合段的长度；

A_1、A_2——缓和曲线参数。

如果中间直线长度 l 超过要求很多，就不能认为是 S 形复曲线，而应视为两个独立的基本型的曲线。

(6) C 形复曲线　C 形复曲线为同向的两缓和曲线在曲率为 0 处直接相接的曲线形式，如图 5.1.9 所示。C 形复曲线的缓和曲线相连接处曲率均为 0，即相接处的曲率半径 $R = \infty$，相当于两同向曲线中间直线长度为 0，对行车和线形都有一些不利影响。因此，C 形复曲线仅限于地形条件特殊困难，路线严格受限制时方可采用，如在环形交叉的中心岛设计中。

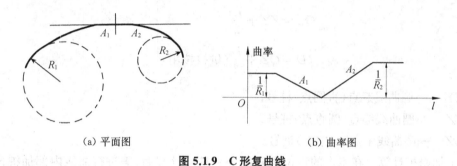

图 5.1.9　C 形复曲线

5.1.5　平面线形里程桩号计算

平面线位布置设计中一项重要的工作内容是桩点定位计算，在对各不同线形组成单元几何要素计算的基础上，计算里程桩号，从而确定道路中线的平面位置，填写直线、曲线及转角表，为后续绘制平面设计图奠定基础。

平面线形包括多种单曲线和复曲线，本书只给出简单型和基本型单曲线里程桩号的计算原理，其他类型请参考相关书籍。

1) 简单型单曲线计算

当考虑实际地形、地物条件时，结合技术标准要求，选定的曲线半径大于现行《标准》所规定的不设超高的圆曲线半径时，在"顺路导线"的转折处用一段圆曲线和相邻导线连接，从而形成简单型单曲线，亦称单圆曲线(图 5.1.1)。

简单型单曲线布置设计主要是确定其主点位置和加密桩位置。主点位置确定实质上是曲线定位设计，加密桩位置确定实质上是曲线定形设计。曲线主点是指曲线的起、中、终点和不同形状或不同半径曲线之间的衔接点。由图 5.1.1 可知，简单型单曲线的曲线主点有 ZY、QZ、YZ 三个，确定曲线主点位置包括其点位和桩号的确定。

由于测设是按"先有导线,后有中线"的步骤进行,故在确定曲线主点时是在前导线点(JD)位置、桩号、相邻两侧导线位置和分角线位置均已知的情况下,确定出曲线位置。所以,从图 5.1.1 不难看出,确定曲线主点位置只要计算出起、中、终点分别沿前导线方向、分角方向、后导线方向相对于交点的距离即可,我们把这几项要素分别称为"切线长 T""外距 E"和"曲线长 L"。另外,还要确定出曲线终点桩号,它是用"曲线长 L"来控制。由于 T、E、L 可确定 ZY、QZ、YZ 三个主点桩的桩位和桩号,因此,将 T、E、L 称为单圆曲线的几何要素,确定主点位置关键是曲线几何要素的计算。

(1)曲线几何要素计算 曲线几何要素是控制曲线主点桩号和桩位的几何要素,简单型单曲线几何要素计算已在前面章节介绍,详见式(2.2)~式(2.5)。

(2)主点桩号计算 简单型单曲线控制桩指曲线的起、中、终点,分别为直圆(ZY)、曲中(QZ)和圆直(YZ)。计算时,根据交点桩号及交点两侧的导线位置确定。其中交点(JD)桩里程由实际丈量或用全站仪测定交点间距后通过计算而得,其他桩按式(5.8)计算:

$$\left. \begin{array}{l} ZY = JD - T \\ YZ = ZY + L \\ QZ = ZY + \dfrac{L}{2} \\ JD = QZ + \dfrac{D}{2}(供校核用) \end{array} \right\} \tag{5.8}$$

式中:ZY——圆曲线起点(直圆点)桩号;

YZ——圆曲线终点(圆直点)桩号;

QZ——圆曲线中点(曲中点)桩号。

(3)加密桩计算 在主点的定位要素确定和桩号计算后,需进行曲线内部加桩位置计算。计算时先排列桩号,注意从曲线起点开始凑整桩号,之后每 20 m 或 50 m 一个整桩。

计算公式依测设方法不同而异。对"顺路导线"测设法用下面的支距公式(5.9)和偏角公式(5.10)进行计算;计算时应从 QZ 点分开前半段和后半段分别进行计算。

ZY 点至 QZ(即前半段曲线)曲线段的坐标及偏角和弦长计算公式为式(5.9)和式(5.10):

$$\left. \begin{array}{l} x_p = R \cdot \sin \dfrac{180 L_p}{\pi R} \\ y_p = R \left(1 - \cos \dfrac{180 L_p}{\pi R} \right) \end{array} \right\} \tag{5.9}$$

$$\left. \begin{array}{l} \Delta_p = \dfrac{90 L_p}{\pi R} \\ S_p = 2R \cdot \sin \dfrac{90 L_p}{\pi R} \end{array} \right\} \tag{5.10}$$

式中:R——圆曲线半径;

L_p——圆曲线上某点桩号与直圆或圆直桩号差,即曲线长;

x_p——圆曲线上某点相对于直圆或圆直点作为坐标原点,且以原点的切线为 x 轴所对应的横距(x 值);

y_p——圆曲线上某点相对于直圆或圆直点作为坐标原点,且以垂直于 x 轴的轴作为 y 轴所对应的纵距(y 值);

Δ_p——圆曲线上某点的偏角;

S_p——圆曲线上某点相对于直圆或圆直的弦长。

同理,可得后半段曲线计算公式,与式(5.9)和式(5.10)相同,但 L_p 需要从曲线终点起算。

(4)计算示例

【例】 路线勘测时某交点处设置成简单型单曲线。曲线半径为 4 000 m,该交点桩为 K2+800.96,路线右转角为 $\alpha=5°6'24''$,试计算当设置圆曲线时各桩的切线支距 x、y 值。

【解】 (1)计算曲线主点桩号

简单型单曲线主点主要指曲线起、中、终三点,故计算主点桩号是计算起点 ZY、中点 QZ 及终点 YZ 桩号。

① 曲线几何要素计算

$$T = R \tan \frac{\alpha}{2} = 4\,000 \times \tan \frac{5°6'24''}{2} \approx 178.37(\text{m})$$

$$L = \frac{\pi \alpha R}{180} = \frac{4\,000 \times (5°6'24'') \times 3.141\,6}{180} \approx 356.51(\text{m})$$

$$E = R \left(\sec \frac{\alpha}{2} - 1 \right) = 4\,000 \times \left(\sec \frac{5°6'24''}{2} - 1 \right) \approx 3.98(\text{m})$$

$$D = 2T - L = 2 \times 178.37 - 356.51 = 0.23(\text{m})$$

② 主点桩号计算

ZY 桩号 = JD 桩号 $-T$ = K2+800.96－178.37 = K2+622.59
QZ 桩号 = ZY 桩号 $+(L/2)$ = K2+622.59+356.51/2 ≈ K2+800.85
YZ 桩号 = ZY 桩号 $+L$ = K2+622.59+356.51 = K2+979.10

(2)切线支距计算

① 整桩号法排桩

ZY K2+622.59;+640;+660;+680;K2+700;+720;+740;+760;+780;
QZ K2+800.85;+820;+840;+860;+880;K2+900;+920;+940;+960;
YZ K2+979.10;K3+000

② 切线支距 x、y 值计算

以 K2+700 的 x、y 为例(前半段曲线上任一桩点):

$$x = R \cdot \sin \frac{180 L_p}{\pi R} = 4\,000 \times \sin \left(\frac{700-622.59}{4\,000} \times \frac{180}{\pi} \right) \approx 77.41(\text{m})$$

$$y = R \left(1 - \cos \frac{180 L_p}{\pi R} \right) = 4\,000 \times \left[1 - \cos \left(\frac{700-622.59}{4\,000} \times \frac{180}{\pi} \right) \right] \approx 0.75(\text{m})$$

以 K2+820 的 x、y 为例(后半段曲线上任一桩点):

$$x = R \cdot \sin \frac{180 L_p}{\pi R} = 4\,000 \times \sin\left(\frac{979.10 - 820}{4\,000} \times \frac{180}{\pi}\right) \approx 159.06 \text{(m)}$$

$$y = R\left(1 - \cos \frac{180 L_p}{\pi R}\right) = 4\,000 \times \left[1 - \cos\left(\frac{979.10 - 820}{4\,000} \times \frac{180}{\pi}\right)\right] \approx 3.16 \text{(m)}$$

上述 L_p 的取值,前半段曲线始终与起点桩相减,后半段曲线始终与终点桩相减。

2) 基本型单曲线计算

当考虑地形条件,结合技术标准所选择的圆曲线半径小于现行《标准》中规定的不设超高的半径时,平曲线应设置缓和曲线,即交点处的圆曲线两端各用一段等长的缓和曲线与相邻导线连接,构成的所谓设置缓和曲线的单曲线,亦称基本型单曲线(图 5.1.2)。

设置基本型单曲线的前提条件是:路线转角 α 已知(外业勘测通过测定右角而推算的;纸上定线是以正切法反算的)、交点的位置(选线组选定再经测角组标定)及桩号(由中线组丈量而得)和交点两侧的导线的位置已知。在此基础上,将带有缓和曲线的圆曲线准确地布置到实地上。布置方法是先设主点,而后加密。主点包括直缓点(ZH)、缓圆点(HY)、曲中点(QZ)、圆缓点(YH)和缓直点(HZ)。设置时,先计算曲线几何要素,然后进行曲线主点位置的计算,最后进行加密桩点位置的计算。

(1) 曲线几何要素计算　基本型单曲线的曲线几何要素在"缓和曲线"一节中已介绍,详见式(2.24)~式(2.30)。

(2) 主点桩号计算　因曲线几何要素是控制曲线主点桩位与桩号的要素,此种曲线主点有 ZH、HY、QZ、YH、HZ 五个主点。ZH 点位可从 JD 沿后导线量一段距离得到,将这段距离叫切线长 T,因此 ZH 桩是由 JD 桩号减去 T 得到。同时 HZ 桩位可从 JD 沿前导线方向量 T 得到,故 T 是曲线几何要素之一。QZ 点可从 JD 沿分解线量一段距离 E 得到,曲线终点桩号可用 ZH 桩号加上曲线全长 L 得到,故基本型单曲线主要曲线几何要素应为 T、E 和 L。各主点桩号计算见式(5.11):

$$\left.\begin{array}{l} ZH \text{ 桩号} = JD \text{ 桩号} - T \\ HY \text{ 桩号} = ZH \text{ 桩号} + L_s \\ QZ \text{ 桩号} = HY \text{ 桩号} + L'/2 \\ YH \text{ 桩号} = HY \text{ 桩号} + L' \\ HZ \text{ 桩号} = ZH \text{ 桩号} + L \end{array}\right\} \quad (5.11)$$

(3) 加密桩计算　对"顺路导线"测设法用支距公式(5.12)和偏角公式(5.13)进行加密桩的计算。

$$\left.\begin{array}{l} x = R \sin \dfrac{180 L_p}{\pi R} \\ y = R\left(1 - \cos \dfrac{180 L_p}{\pi R}\right) \end{array}\right\} \quad (5.12)$$

$$\left.\begin{aligned}\Delta_p &= \frac{90L_p}{\pi R}\\ S &= 2R\sin\frac{90L_p}{\pi R}\end{aligned}\right\} \quad (5.13)$$

下面只列坐标计算公式,其推导过程从略。如图 5.1.10 所示,M、N 分别为 ZH 点至 HY 点及 HY 点至 QZ 点段的两个桩点,则由图可知:

① 缓和曲线段内坐标计算见式(5.14):

$$\left.\begin{aligned}x_M &= L_M - \frac{L_M^5}{40R^2L_s^2}\\ y_M &= \frac{L_M^3}{6RL_s}\end{aligned}\right\} \quad (5.14)$$

② 进入净圆曲线段内坐标计算见式(5.15):

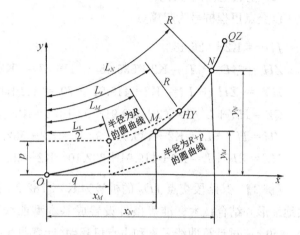

图 5.1.10　基本型单曲线内部加密桩计算图

$$\left.\begin{aligned}x_N &= q + R\sin\frac{180(L_N - L_s/2)}{\pi R}\\ y_N &= p + R\left[1 - \cos\frac{180(L_N - L_s/2)}{\pi R}\right]\end{aligned}\right\} \quad (5.15)$$

式中:L_N——曲线上任一点桩号与曲线起点(前半个曲线)桩号或终点(后半个曲线)桩号之差。

其余符号含义同前。

(4) 计算示例

【例 1】　已知平原区某二级公路有一弯道,$JD = K2 + 536.48$,路线右转角 $\alpha = 15°28'30''$,半径 $R = 600$ m,缓和曲线长度 $L_s = 70$ m。要求计算曲线主点里程桩号。

【解】　(1) 曲线几何要素计算

$$p = \frac{L_s^2}{24R} = \frac{70^2}{24 \times 600} \approx 0.34(\text{m})$$

$$q = \frac{L_s}{2} - \frac{L_s^3}{240R^2} = \frac{70}{2} - \frac{70^3}{240 \times 600^2} \approx 35.00(\text{m})$$

$$\beta_0 = \frac{L_s}{2R} \cdot \frac{180}{\pi} = \frac{90L_s}{\pi R} = \frac{90 \times 70}{3.1416 \times 600} \approx 3.34°$$

$$L' = (\alpha - 2\beta_0)\frac{\pi R}{180} = (15°28'30'' - 2 \times 3.34°)\frac{\pi}{180} \times 600 \approx 92.10(\text{m})$$

$$L = (\alpha - 2\beta_0)\frac{\pi R}{180} + 2L_s = (15°28'30'' - 2 \times 3.34°)\frac{\pi}{180} \times 600 + 2 \times 70 \approx 232.10(\text{m})$$

$$T = (R+p)\tan\frac{\alpha}{2} + q = (600+0.34)\tan\frac{15°28'30''}{2} + 35.00 \approx 116.57 \text{(m)}$$

$$J = 2T - L = 2 \times 116.57 - 232.10 = 1.04$$

(2) 主点里程桩号计算

以交点里程桩号为起算点：

$JD = K2+536.48$

$ZH = JD - T = K2+536.48 - 116.57 = K2+419.91$

$HY = ZH + L_s = K2+419.91 + 70 = K2+489.91$

$QZ = HY + L'/2 = K2+489.91 + 92.10/2 = K2+535.96$

$YH = HY + L' = K2+489.91 + 92.10 = K2+582.01$

$HZ = ZH + L = K2+419.91 + 232.10 = K2+652.01$

【例2】 某路段交点 JD_3 的桩号为 K3+782.98，路线转角 $\alpha = 12°36'6''$。该交点处根据实地地形并结合技术标准等条件设置成基本型曲线，曲线半径 $R = 500$ m，缓和曲线长度 $L_s = 50$ m，试计算曲线元素和主点里程，并计算曲线内加密桩点的切线支距坐标。

【解】 (1) 曲线几何要素和主点里程计算

$$p = \frac{L_s^2}{24R} = \frac{50^2}{24 \times 500} \approx 0.21 \text{(m)}$$

$$q = \frac{L_s}{2} - \frac{L_s^3}{240R^2} = \frac{50}{2} - \frac{50^3}{240 \times 500^2} \approx 25.00 \text{(m)}$$

$$\beta_0 = \frac{L_s}{2R} \cdot \frac{180}{\pi} = \frac{90 L_s}{\pi R} = \frac{90 \times 50}{3.1416 \times 500} \approx 2.86°$$

$$T = (R+p)\tan\frac{\alpha}{2} + q = (500+0.21) \times \tan\frac{12°36'6''}{2} + 25.00 \approx 80.23 \text{(m)}$$

$$E = (R+p)\sec\frac{\alpha}{2} - R = (500+0.21) \times \sec\frac{12°36'6''}{2} - 500 \approx 3.25 \text{(m)}$$

$$L' = (\alpha - 2\beta_0)\frac{\pi R}{180} = (12°36'6'' - 2 \times 2.86°) \times \frac{3.1416 \times 500}{180} = 60.05 \text{(m)}$$

$$L = (\alpha - 2\beta_0)\frac{\pi R}{180} + 2L_s = (12°36'6'' - 2 \times 2.86°) \times \frac{3.1416 \times 500}{180} + 2 \times 50$$
$$\approx 160.05 \text{(m)}$$

(2) 主点桩号计算

ZH 桩号 $= JD$ 桩号 $- T = K3+782.98 - 80.23 = K3+702.75$

HY 桩号 $= ZH$ 桩号 $+ L_s = K3+702.75 + 50 = K3+752.75$

QZ 桩号 $= HY$ 桩号 $+ L'/2 = K3+752.75 + 60.05/2 \approx K3+782.78$

YH 桩号 $= HY$ 桩号 $+ L' = K3+752.75 + 60.05 = K3+812.80$

HZ 桩号 $= ZH$ 桩号 $+ L = K3+702.75 + 160.05 = K3+862.80$

(3) 加密桩切线支距坐标计算

① 按整桩号法排列桩号

曲线起点桩号为 ZH K3+702.75;曲线上第一个整桩的桩号为+720;其余各桩的桩号依次为+740,HY K3+752.75,+760,+780,QZ K3+782.78,K3+800,YH K3+812.80,+820,+840,HZ K3+862.80,K3+880。

② 计算缓和曲线段内各桩点的 x、y 值

ZH—HY 段：

以 K3+740 处的 x、y 为例，

$$x = L_M - \frac{L_M^5}{40R^2L_s^2} = (740-702.75) - \frac{(740-702.75)^5}{40 \times 500^2 \times 50^2} \approx 37.25(\mathrm{m})$$

$$y = \frac{L_M^3}{6RL_s} = \frac{(740-702.75)^3}{6 \times 500 \times 50} \approx 0.34(\mathrm{m})$$

YH—HZ 段：

以 K3+840 处的 x、y 为例，

$$x = L_M - \frac{L_M^5}{40R^2L_s^2} = (862.80-840) - \frac{(862.80-840)^5}{40 \times 500^2 \times 50^2} \approx 22.80(\mathrm{m})$$

$$y = \frac{L_M^3}{6RL_s} = \frac{(862.80-840)^3}{6 \times 500 \times 50} \approx 0.08(\mathrm{m})$$

③ 进入主圆曲线上任意桩点的坐标计算

计算 K3+780 处的 x、y：

$$x = q + R\sin\left[(L_N - L_s/2) \cdot \frac{180}{\pi R}\right]$$

$$= 25.00 + 500 \times \sin[(780-702.75-50/2) \times 180/(3.1416 \times 500)] \approx 77.15(\mathrm{m})$$

$$y = p + R\left\{1 - \cos\left[(L_N - L_s/2) \cdot \frac{180}{\pi R}\right]\right\}$$

$$= 0.21 + 500 \times \{1 - \cos[(780-702.75-50/2) \times 180/(3.1416 \times 500)]\}$$

$$\approx 2.94(\mathrm{m})$$

计算 K3+840 处的 x、y：

$$x = q + R\sin\left[(L_N - L_s/2) \cdot \frac{180}{\pi R}\right]$$

$$= 25.00 + 500 \times \sin[(862.80-840-50/2) \times 180/(3.1416 \times 500)] \approx 22.80(\mathrm{m})$$

$$y = p + R\left\{1 - \cos\left[(L_N - L_s/2) \cdot \frac{180}{\pi R}\right]\right\}$$

$$= 0.21 + 500 \times \{1 - \cos[(862.80-840-50/2) \times 180/(3.1416 \times 500)]\}$$

$$\approx 0.21(\mathrm{m})$$

5.1.6 平曲线长度

汽车在平曲线上行驶时,如果曲线太短,会使驾驶操作频繁而紧张,这在高速行驶的情况下是非常危险的,同时也给乘客带来不良反应。另外,当公路转角过小时,曲线可能就会很短,也容易形成不好的平面线形。因此,设置一定长度的平曲线是很有必要的。

1) 平曲线最小长度

平曲线长度除应满足设置回旋线或超高、加宽过渡的需要外,还应保留一段圆曲线,以保证汽车行驶状态的平稳过渡。各级道路平曲线最小长度是按回旋线最小长度的 2 倍控制,实际上是一种极限状态,此时曲线为凸形回旋线,驾驶者会感到操作突变且视觉亦不舒顺。因此平曲线最小长度理论上应至少不小于 3 倍回旋线最小长度,即保证设置最小长度的回旋线后,仍保留一段相同长度的圆曲线。各级公路设计平曲线长度不宜过短,从线形设计要求方面考虑,平曲线最小长度规定见表 5.1.1。

表 5.1.1 平曲线最小长度

设计速度/(km/h)		120	100	80	60	40	30	20
平曲线最小长度/m	一般值	600	500	400	300	200	150	100
	最小值	200	170	140	100	70	50	40

注:"一般值"为正常情况下的采用值;"最小值"为条件受限制时可采用的值。

从实际线形设计层面而言,各级道路设计平曲线长度不宜过短,曲线长度按最小值的 5~8 倍即 1 000~1 500 m 较适宜。

2) 公路转角小于 7°时的平曲线长度

路线转角的大小反映了路线的舒顺程度,转角越小,舒顺程度越高。但转角过小,即使设置了较大的半径也容易把曲线长看成比实际的要短,造成急转弯错觉。这种倾向转角越小越显著,以致造成驾驶者枉作减速转弯的操作。

平面设计中采用小转角、大半径圆曲线一般均属条件限制不得已而为之。小转角设置大半径圆曲线系曲线长度规定所致,否则路容将出现扭折,还会引起曲率看上去比实际大得多的错觉。鉴于小转角不利的一面,把 7°~10°转角亦归于小转角之列,要求少用。以 7°作为引起驾驶者错觉的临界角度也只是一种经验值,因为通过选择合适的圆曲线半径,或设置足够长度的曲线可以改善视觉效果,这才提出小转角的最小曲线长度的限制问题。当路线转角等于或小于 7°时,应设置较长的平曲线,其长度应大于表 5.1.2 中规定的"一般值"。当地形条件及其他特殊情况限制时,可采用表中的"最小值"。

表 5.1.2 公路转角等于或小于 7°时的平曲线长度

设计速度/(km/h)	120	100	80	60	40	30	20
一般值/m	1 400/Δ	1 200/Δ	1 000/Δ	700/Δ	500/Δ	350/Δ	280/Δ
最小值/m	200	170	140	100	70	50	40

注:表中 Δ 为路线转角值(°),当 Δ<2°时,按 Δ=2°计算。

5.1.7 视距

为了行车安全,驾驶员应能随时看到汽车前方一定距离的道路情况,一旦发现前方路面上有障碍或迎面来车,能及时采取措施制动或绕过,避免相撞。行车视距是指在车辆正常行驶中,驾驶员从正常驾驶位置能连续看到道路前方行车道范围内路面上一定高度的障碍物,或者看到前方交通设施、路面标线的最远距离。这里的距离是指沿车道中心线量得的长度。

行车视距是否充分,直接关系到行车的安全与速度,它是道路使用质量的重要指标之一。汽车在一段时间里沿道路行驶,无论在道路的平面上或纵断面上都应保证必要的行车视距。在道路平面的暗弯(处于挖方路段的弯道和内侧有障碍的弯道)、纵断面上的凸形竖曲线以及下穿式立体交叉的凹形竖曲线上都有可能存在视距不足的问题,见图5.1.11。

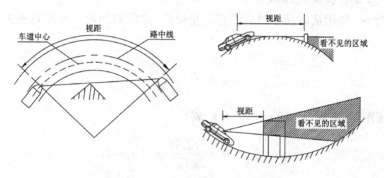

图5.1.11 平面视距和纵面视距示意图

1) 视距种类

视距主要包括:停车视距、会车视距、超车视距及识别视距等。

(1) 停车视距 停车视距是指车辆以一定速度行驶中,驾驶员自看到前方障碍物时起,至到达障碍物前安全停车所需要的最短行驶距离。在停车视距检验时,小客车停车视距采用的驾驶员视点高度为1.2 m,载重货车停车视距采用的驾驶员视点高度为2.0 m,视点前方路面上障碍物顶点高度为0.1 m。

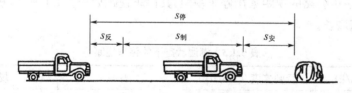

图5.1.12 停车视距示意图

停车视距由三部分组成:①驾驶者在反应时间内行驶的距离,即反应距离;②开始制动到刹车停止所行驶的距离,即制动距离;③车辆与前方障碍物的安全距离5~10 m。如图5.1.12所示。

因此,停车视距 $s_{停}$ 通常按下式计算:

$$s_{停} = s_{反} + s_{制} + s_{安} \tag{5.16}$$

式中：$s_{反}$——反应距离，即驾驶员反应时间内行驶的距离；

$s_{制}$——制动距离，即驾驶员开始制动到完全停止时行驶的距离；

$s_{安}$——安全距离，以保证汽车有一定的安全距离，在障碍物前停车而不致冲到障碍物上，一般可取 5～10 m。

① 反应距离：是指当驾驶人员发现前方的障碍物，经过判断决定采取制动措施的那一瞬间到制动器真正开始起作用的那一瞬间汽车所行驶的距离。这一时间与驾驶员的机敏程度和障碍物的着色、大小等有关，在这个时间内汽车行驶的距离为

$$s_{反}=\frac{v'}{3.6}t \tag{5.17}$$

式中：v'——车辆行驶速度(km/h)。

② 制动距离：是指从制动生效到汽车完全停住，这段时间内汽车所行驶的距离，计算公式为

$$s_{制}=\frac{(v'/3.6)^2}{2gf_1} \tag{5.18}$$

故停车视距为(考虑 5～10 m 的安全距离)

$$s_{停}=\frac{v'}{3.6}t+\frac{(v'/3.6)^2}{2gf_1}+(5\sim 10) \tag{5.19}$$

式中：v'——车辆行驶速度(km/h)；

t——驾驶者反应时间，取 2.5 s(判断时间 1.5 s，运行时间 1.0 s)；

f_1——纵向摩阻系数，依车速及路面状况而定。

计算停车视距所采用的 f_1 应是能充分保证行车安全的数值，一般按路面在潮湿状态下的 f_1 值计算。对于行驶速度 v'，当设计速度为 80～120 km/h 时采用设计速度的 85%，40～60 km/h 时采用设计速度的 90%，20～30 km/h 时采用原设计速度。依以上规定，路面处于潮湿状态的小客车停车视距如表 5.1.3 所示。

高速公路、一级公路的视距采用停车视距，其停车视距如表 5.1.4 所示，积雪冰冻地区的停车视距宜适当增长。

表 5.1.3 潮湿状态下的停车视距

设计速度/(km/h)	行驶速度/(km/h)	f_1	规定值/m
120	102	0.29	210
100	85	0.30	160
80	68	0.31	110
60	54	0.33	75
40	36	0.38	40
30	30	0.44	30
20	20	0.44	20

表 5.1.4　高速公路和一级公路的停车视距

设计速度/(km/h)	120	100	80	60
停车视距/m	210	160	110	75

货车存在空载时制动性能差、轴间荷载难以保证均匀分布、一条轴侧滑会引发其他车轴失稳、半挂车铰接刹车不灵等现象。尽管货车驾驶者因眼睛位置高，比小客车驾驶者看得更远，但仍需要比小客车更长的停车视距。因此，高速公路、一级公路以及大型车比例较高的二、三级公路的下坡路段，应采用货车停车视距对以下相关路段进行检验：

① 减速车道及出口端部；
② 主线下坡路段且纵面竖曲线半径小于一般值的路段；
③ 主线分、汇流处，车道数减少，且该处纵面竖曲线半径小于一般值的路段；
④ 要求保证视距的圆曲线内侧，当圆曲线半径小于 2 倍"一般值"或路堑边坡陡于 1∶1.5 的路段；
⑤ 公路与公路、公路与铁路平面交叉附近。

货车停车视距在下坡路段，应随坡度大小进行修正，其值如表 5.1.5 所示。

表 5.1.5　下坡路段货车停车视距

纵坡坡度/%		设计速度/(km/h)									
		120	110	100	90	80	70	60	50	40	30	20
下坡方向	0	245	210	180	150	125	100	85	65	50	35	20
	3	265	225	190	160	130	105	89	66	50	35	20
	4	273	230	195	161	132	106	91	67	50	35	20
	5	—	236	200	165	136	108	93	68	50	35	20
	6	—	—	—	169	139	110	95	69	50	35	20
	7	—	—	—	—	—	—	97	70	50	35	20
	8	—	—	—	—	—	—	—	—	—	35	20
	9	—	—	—	—	—	—	—	—	—	—	20

（2）会车视距　会车视距是指在同一车道上对向行驶车辆，为避免发生迎面相撞，自车辆在行驶过程中发现对向来车起，至驾驶员采取合理的减速操作后两车安全停止、不发生相撞所需的最短行驶距离。会车视距由三部分组成：①在双方驾驶员反应时间和制动生效时间内，汽车所行驶的距离；②双方汽车的制动距离；③安全距离。会车视距一般为停车视距的两倍。

二、三、四级公路的视距应满足会车视距要求，如表 5.1.6 所示。

表 5.1.6　二、三、四级公路的会车视距

设计速度/(km/h)	80	60	40	30	20
会车视距/m	220	150	80	60	40

(3) 超车视距　在相向行驶的双车道道路上，一个车道上的后车要超越前面的慢车，后车需要加快速度驶离原车道，占用对向车道一段时间，超越前面的慢车后再驶回原车道，这个过程称为超车。

超车视距是指在需要临时占用对向车道完成超车的道路上，后车超越前车过程中，自开始驶离原车道起，至可见对向来车并能超车后安全驶回原车道所需的最短行驶距离。超车视距仅适用于双车道道路，它是汽车行驶时为超越前车所必需的视距，如图 5.1.13 所示。

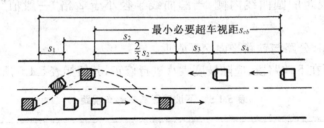

图 5.1.13　超车视距示意图

对交通量大和车速较高的双车道道路，可按下述方法进行计算。

① 加速行驶距离 s_1：如图 5.1.13 所示，当尾随在慢车后面的超车汽车经判断认为有超车的可能，于是加速行驶移向对向车道，在进入该车道之前的行驶距离

$$s_1 = \frac{v_0}{3.6}t_1 + \frac{1}{2}at_1^2 \tag{5.20}$$

式中：v_0—— 被超汽车的速度(km/h)；
　　　t_1—— 加速时间(s)；
　　　a—— 平均加速度(m/s²)。

② 超车汽车在对向车道上行驶的距离

$$s_2 = \frac{v_1}{3.6}t_2 \tag{5.21}$$

式中：v_1—— 超车汽车的速度(km/h)；
　　　t_2—— 在对向车道上行驶的时间(s)。

③ 超车完成时，超车汽车与对向汽车之间的安全距离

$$s_3 = 20 \sim 60 \text{ m}$$

④ 超车汽车从开始加速到超车完成的时间内,对向汽车的行驶距离

$$s_4 = \frac{v_2}{3.6}(t_1 + t_2) \tag{5.22}$$

式中：v_2 —— 对向汽车的速度(km/h)。

以上 4 个距离的总和称为全超车视距,它们之间的关系如下：

$$s_c = s_1 + s_2 + s_3 + s_4 \tag{5.23}$$

以上 s_c 为理论上的全超车视距,但实际工程中发现,汽车超车时所用行驶距离小于理论的全超车视距。驾驶员在准备超车时一般已经加速,因此加速行驶距离 s_1 可以忽略。汽车从对向车道赶上前车的时间取 $\frac{1}{3}t_2$,那么从这时开始到超车完成所用的时间为 $\frac{2}{3}t_2$,于是最小必要超车视距

$$s_{cb} = \frac{2}{3}s_2 + s_3 + s_4 \tag{5.24}$$

在超车视距检验时,小客车采用的驾驶员视点高度为 1.2 m,载重货车采用的驾驶员视点高度为 2.0 m,视点前方路面上障碍物顶点高度为 0.6 m,即对向车辆(小客车)的前灯高度。二、三、四级公路的超车视距见表 5.1.7。

表 5.1.7　二、三、四级公路的超车视距

设计速度/(km/h)	80	60	40	30	20
超车视距/m	550	350	200	150	40

对于二、三、四级公路,由于一般采用双向行驶的交通组织方式,其行车特征是超车时经常要占用对向车道。为保证行车安全,具干线功能的二级公路宜在 3 min 的行驶时间内,提供一次满足超车视距要求的超车路段。其他双车道公路可根据情况间隔设置具有超车视距的路段。

（4）识别视距　识别视距是指车辆以一定速度行驶中,驾驶员自看清前方分流、合流、交叉、渠化以及交织等各种行车条件变化时的导流设施、标志、标线,做出制动减速、变换车道等操作,至变化点前使车辆达到必要的行驶状态所需要的最短行驶距离。

互通式立交、服务区、停车区、客运汽车停靠站等各类出、入口应满足识别视距要求。不同设计速度对应的识别视距如表 5.1.8 所示。

表 5.1.8　不同设计速度对应的识别视距

设计速度/(km/h)	120	100	80	60
识别视距/m	350(460)	290(380)	230(300)	170(240)

注：括号中为行车环境复杂、路侧出入口提示信息较多时应采取的视距值。

2) 各级道路对视距的要求

在一条道路的车流中,经常会出现停车、错车、会车和超车,尤其是我国以混合交通为主

的双车道道路上。在各种视距中,以超车视距为最长,如果所有暗弯和凸形变坡处都能保证超车视距的要求,对于安全当然最好,但事实上是很难做到的,也是不经济的,故对于不同的道路按其实际需要做了不同的规定。

(1) 高速公路和一级公路　应满足停车视距的要求。高速公路和一级公路的车道数均在 4 个车道以上,并有中央分隔带,快、慢车用划线分隔行驶,各行其道,不存在错车和会车问题。

(2) 二、三、四级公路　视距应满足会车视距要求,其长度应不小于停车视距的 2 倍。工程特殊困难或受其他条件限制采取分道行驶措施的地段,可采用停车视距。

(3) 对向行驶的双车道公路　应根据需要并结合地形设置一定比例的路段保证超车视距。

5.1.8 道路平面设计方法与成果

1) 路线平面设计主要任务

(1) 确定平面位置与线形、交点位置(里程桩号、间距、偏角或坐标)等。
(2) 确定圆曲线半径及缓和曲线长度(参数 A)。
(3) 平面线形设计,确定线形要素的组合。
(4) 路线里程桩号计算及逐桩坐标计算。
(5) 平面视距的确定与保证。

2) 平面线形设计一般原则

(1) 平面线形应直捷、连续、均衡,并与地形相适应,与周围环境相协调。
(2) 受条件限制采用长直线时,应结合具体情况采用相应的技术措施,包括视线诱导、限速、疲劳驾驶警示等。
(3) 连续的圆曲线间应采用适当的曲线半径比。
(4) 各级公路不论转角大小均应敷设曲线,并宜选用较大的圆曲线半径。转角过小时,应调整平面线形。当不得已而设置小于 7°的转角时,则必须按规定设置足够长的曲线。
(5) 两同向圆曲线间应设有足够长度的直线,否则应调整线形设置为单曲线或复曲线;两反向圆曲线间不应设置短直线段,否则应调整线形设置为 S 形曲线。
(6) 六车道及其以上的高速公路,同向或反向圆曲线间插入的直线长度,还应符合路基外侧边缘超高过渡渐变率规定的要求。
(7) 设计速度等于或小于 40 km/h 的双车道公路,两相邻反向圆曲线无超高时可径相衔接,无超高有加宽时应设置长度不小于 10 m 的加宽过渡段;两相邻反向圆曲线设有超高时,地形条件特殊困难路段的直线长度不得小于 15 m。
(8) 设计速度等于或小于 40 km/h 的双车道公路,应避免连续急弯的线形。地形条件特殊困难不得已而设置时,应在曲线间插入规定的直线长度或回旋线。

3) 平面线形设计基本步骤

(1) 查取采用的技术标准　根据道路的技术等级,从现行《标准》中查出设计车速、圆曲线最小半径(极限最小半径、一般最小半径和不设超高的最小半径)、缓和曲线的最小长度、直线段的最短长度等主要技术标准的规定值。

(2) 确定设计的控制因素　根据地形条件、地物控制、技术标准、导线布设以及视察报告等确定控制因素。

(3) 初步选定曲线半径　以控制因素并考虑相邻路段的总体协调情况初定平曲线形状和半径(包括缓和曲线长度等);将试算的半径取成百米整数,如试算结果为 102.28,则取百米整数为 100,取定时注意既要符合标准又要满足控制因素。

(4) 计算曲线几何要素　以上一步中最终确定的曲线半径计算所求交点处的平曲线几何要素,计算公式依曲线不同而异。

(5) 决定曲线形式　根据计算结果,结合地形条件和技术标准看路线布置是否符合要求;如不符合再调整曲线;当确定出最终采用的曲线半径后,再与技术标准对比决定曲线形式。对于单曲线,要将初步取定的圆曲线半径与技术标准规定的不设超高的圆曲线半径对比,看是否是小于或等于不设超高的圆曲线半径,如果是则应设计成基本型单曲线;否则,设计成简单型单曲线。另外,任何情况下采用的圆曲线半径不得小于极限最小半径。换言之,只要实际采用的圆曲线半径大于极限最小半径,就叫作符合技术标准。对于复曲线,主曲线半径选择一般先参照单曲线的选择方法,且主曲线半径和回旋线长度,既要满足控制条件又要符合技术标准,且应为百米或十米整数。复曲线中的副曲线需要反算,且反算出来的半径不得取整,否则,主、副曲线不能够对接,一般取两位小数。如果复曲线的主、副曲线半径之比不超过 1.5,且两曲线半径均大于不设超高的平曲线半径时,设置成简单型复曲线;否则,设置成基本型复曲线。

4) 道路平面设计成果

完成路线平面设计以后应即时清绘各种图纸和表格,其中主要的图纸有:路线平面设计图、路线交叉设计图、道路平面布置图、纸上移线图等。主要的表格有:直线、曲线及转角表,逐桩坐标表,路线固定表,总里程及断链桩表等。各种图纸和表格的样式在交通运输部所颁布的《公路工程基本建设项目设计文件图表示例》中有介绍,这里仅就主要的表格"直线、曲线及转角表""逐桩坐标表"和主要的图纸"路线平面设计图"予以说明。

(1) 直线、曲线及转角表　平面设计中需要确定道路中线和顺路导线的设计位置和形状。通常将道路中线的顺路导线以及道路中线设计形状、位置的设计结果用两种方法来表达,一种是表格,另一种是设计图。"直线、曲线及转角表"(表 5.1.9)是道路设计的主要成果之一,它是通过测角、中线丈量和平曲线设计之后获得的。该表较为全面地反映了路线的平面位置和路线平面线形的各项技术指标,它含有绘制路线平面设计图的基础数据和基本资料。只有在完成该表以后,才能据此计算"逐桩坐标表"和绘制"路线平面设计图",同时在做路线的纵断面设计、横断面设计和其他构造物设计时都要使用表 5.1.9 中的数据。

(2) 逐桩坐标表　高等级公路的线形指标高,表现在平面上是圆曲线半径较大,缓和曲线较长,在测设和放样时采用坐标法,才能保证其测量精度,所以计算一份"逐桩坐标表"是十分必要的,如表 5.1.10 所示。

表 5.1.9 直线、曲线及转角表

交点编号	交点坐标		交点桩号	转角值	曲线要素值					
	X/m	Y/m			半径	缓和曲线长度/m	切线长度/m	曲线长度/m	外距/m	校正值/m
1	2	3	4	5	6	7	8	9	10	11
起点	41 808.204	9 003.595	K0+000.00							
2	41 317.589	90 646.099	K0+652.716	右 35°35′25″	800.000	0.000	256.777	496.934	40.199	16.620
3	40 796.308	90 515.912	K1+159.946	左 57°32′52″	250.00	50.000	162.511	301.100	35.692	23.922
4	40 441.519	91 219.007	K1+923.562	左 34°32′6″	150.00	40.000	66.753	130.412	7.545	3.094
5	40 520.204	91 796.474	K2+503.273	右 78°53′21″	200.00	45.000	187.380	320.375	59.533	54.383
6	……	……	……	……	……	……	……	……	……	……

交点编号	曲线位置					直线长度及方向			测量断链		备注
	第一缓和曲线起点(ZH)	第一缓和曲线终点或圆曲线起点[HY(或ZY)]	圆曲线中点(QZ)	第二缓和曲线起点或圆曲线终点[YH(或YZ)]	第二缓和曲线终点(HZ)	直线长度	交点间距	计算方位角	桩号	增减长度/m	
1	12	13	14	15	16	17	18	19	20	21	22
起点								138°44′			
2		K0+395.939	K0+644.406	K0+892.873		395.939	652.716	174°19′25″			
3	K0+997.435	K1+047.435	K1+147.985	K1+248.535	K1+298.535	140.562	523.850	116°46′33″			
4	K1+856.809	K1+896.809	K1+922.015	K1+947.221	K1+987.221	558.274	787.538	82°14′27″			
5	K2+315.893	K2+360.893	K2+476.081	K2+591.268	K2+636.268	328.672	582.805	161°7′48″			
6	……	……	……	……	……	……	……	……			

表 5.1.10　逐桩坐标表

里程桩号	高斯横坐标/m	高斯纵坐标/m	观测方向角
K1+900	40 454.177	91 198.885	107°55′3.1″
K1+920	40 448.963	91 220.253	99°30′30.3″
K1+940	40 477.061	91 238.126	92°38′19.1″
K1+947	40 446.902	91 245.344	89°52′50.9″
K1+960	40 447.413	91 258.112	85°46′43.6″

① 坐标系统的采用：根据测区内原坐标系统，一般可做下列几种选择。

a. 采用统一的高斯正投影 3°带平面直角坐标系统；

b. 采用高斯正投影 3°带或任意带平面直角坐标系统，投影面可采用 1985 年国家高程基准、测区抵偿高程面或测区平均高程面；

c. 三级和三级以下公路、独立桥梁、隧道及其他构造物等小测区，可不经投影，采用平面直角坐标系统在平面上直接进行计算；

d. 在已有平面控制网的地区，应尽量沿用原有的坐标系统，如精度不合要求，也应充分利用其点位，选用其中一点的坐标及含此点的方位角，作为平面控制的起算依据。

② 中桩坐标的计算："逐桩坐标"即各个中桩的坐标，其计算和测量的方法是按"从整体到局部"的原则进行的，其步骤如下。

a. 计算导线点坐标。采用两阶段勘测设计的道路或一阶段设计但遇地形困难的路段，一般都要先做平面控制测量，而路线的平面控制测量多采用导线测量的方法，在有条件时可优先采用全球定位系统（简称 GPS）测量的方法。导线测量的方法，又有经纬仪导线法、光电测距仪法和全站型电子速测仪法。其中全站仪可以直接读取导线点的坐标，其他方法可以在测得各边边长及其夹角后，用坐标增量法逐点推算其坐标。用全球定位系统定位技术观测，则可在测站之间不通视的情况下，高精度、高效率地获得测点的三维坐标，这是今后道路勘测中控制测量的发展方向。

b. 计算交点坐标。当导线点的精度满足要求并经平差后，即可展绘在图纸上测绘地形图（纸上定线），或以导线点为依据在现场直接测得路线各交点的坐标（直接定线）。纸上定线的交点坐标可以在图纸上量取，而直接定线的交点坐标若是用全站仪测量则也可以很方便地获得（见《测量学》）。

c. 计算逐桩坐标。可先计算直线和曲线主要点坐标，然后计算缓和曲线、圆曲线上每一个中桩的坐标，计算结果见表 5.1.10。

(3) 路线平面设计图　道路这种带状构筑物是在具有高低起伏的原地面上，通过填挖和修筑而形成的。勘测是在原地面上布置道路中线，这就需要将道路中线连同其周围的地形、地貌一并反映到图上。因为工程上描述自然地形、地物是用地形图来描述的（地形用等高线表示，地物用地物符号表示），所以用地形图就可表达道路周围的地形地貌。由于道路中线是由直线和曲线构成的光滑连续线条表示的，因此将这样的线条叠画在具有一定宽度的带状地形图上，即在地形图上将道路中线位置表示出来，就是路线平面设计图。

路线平面设计图是道路设计文件的重要组成部分,是其他设计项目的主要依据之一,它是实地布置的路线表现在图上的一种方式。该图全面、清晰地反映了道路的平面位置、路线高度和沿线地形地物、人工构造物和工程设施的布置情况,以及道路与周围环境、地形、地物的关系等,是设计人员设计意图的重要体现。平面设计图在有关部门审批、专家评议、日后指导施工、恢复定线等方面都有重要作用。

① 作用:有了平面设计图以后,设计部门或项目主管部门就可以了解路线概况,同时施工单位就能对路线位置及所经地带地貌地形与路线的关系一目了然,从而进行施工放线。

② 比例尺:若为供工程可行性研究、初步设计阶段的方案研究与比选,可采用1∶50 000～1∶10 000的比例尺测绘(或向国家测绘部门和其他工程单位搜集),但作为施工图设计的设计文件组成部分应采用更大的比例尺。一般常用的是1∶2 000,在平原、微丘区可用1∶5 000。在地形特别复杂地段的路线施工图设计可用1∶500或1∶1 000。若为纸上移线,则比例尺将更大。

③ 测绘范围:路线带状地形图的测绘宽度,一般为中线两侧各100～200 m。对1∶5 000的地形图,测绘宽度每侧应不小于250 m。若有比较线,应将比较线包括进去。

④ 基本要素:路线平面设计图是将路线中线的平面投影叠画在沿着路线走向左右各一定范围的带状地形图上。图上不但有道路中线,而且应有表示曲线位置的曲线表、水准点位置、桥隧位置、指北方位等的一些数据和图符。路线平面设计图的基本要素见表5.1.11。

表5.1.11 路线平面设计图的基本要素

项目	说明或描述
图幅	路线平面图先分幅画出来,然后一幅一幅拼接起来,每一幅采用A3图纸,左侧装订线空开25 mm。周围空开10 mm制作图框,最底下画出图标,图标上要设计出路线名称、路段名称、图的名称、设计单位、设计人员、复核人员、审核人员、本图图号、本图比例、本图页码栏目等
顺路导线	使用在现场勘测布置的道路中线测设计算结果,制作出"直线、曲线及转角表",用正切法展出顺路导线。导线点用空心小圈点表示,线条宽度采用3 mm
曲线表格	当某幅图上有曲线时,则在这幅平面设计图上必须要有表示曲线位置的曲线表
周围地形	按照测设点位连接成网,再按照"切头去尾,中间平分,同高连线"的方法画出等高线并修饰,计算机CAD软件绘图时用"SPLINE"命令绘制等高线
地物符号	对于图上的地物依据国家测绘总局最新出版的《地形图图式》规定的符号标注
接图线条	每幅图的首尾必须画出垂直于路线中线的接图线,在线的右侧写明路线桩号
指北方位	每幅图上要有指北针,用2 cm直径规格的美术箭头画出,各页箭头须一致
结构标注	图上用引导尺寸线标注桥涵的中心桩号、结构形式以及孔径和长度等
水准点标示	平面图上必须标注水准点。水准点用引出线标在图位上。用Ä表示并写明水准点号,同时标明该点位于路线桩号和距离中桩的方位和距离
里程桩注记	沿路线中线处,每隔100 m标出阿拉伯数字1、2……每千米写出千米注记
道路中线	图上的等高线、道路中线和链接图线粗度分别为0.6 mm、0.9 mm和0.3 mm宽

5.2 纵断面线形设计

纵断面设计的主要内容是根据道路等级、沿线自然条件和构造物控制标高等,确定路线合适的标高、各坡段的纵坡度和坡长,并设计竖曲线。基本要求是纵坡均匀平顺、起伏和缓,坡长和竖曲线长短适当,平面与纵面组合设计协调以及填挖经济、平衡。这些要求虽然在选、定线阶段有所考虑,但要在纵断面设计中具体加以实现。

5.2.1 一般规定

对行驶者而言,与平面线形相比,纵断面线形是否平顺,在视觉上往往是影响线形质量好坏的主要因素。使人感到纵断面线形不太好的主要原因是插入了小半径的竖曲线,形成了线形的折曲;或插入了过多的竖曲线,形成了线形的跳跃。纵断面线形的驼峰、暗凹、跳跃、断背和折曲等会造成驾驶者视觉的中断,应予以避免。

在进行道路纵坡设计时,应遵循如下原则。

(1) 纵断面线形应平顺、圆滑、视觉连续,并与地形相适应,与周围环境相协调。

(2) 纵坡设计应考虑填挖平衡,并利用挖方就近作为填方,以减轻对自然地面横坡与环境的影响。

(3) 相邻纵坡之代数差小时,应采用大的竖曲线半径。

(4) 连续上坡路段的纵坡设计,除上坡方向应符合平均纵坡、最大坡长规定的技术指标外,还应考虑下坡方向的行驶安全。凡个别技术指标接近或达到最大值的路段,应结合前后路段各技术指标设置情况,采用运行速度对连续上坡方向的通行能力与下坡方向的行车安全进行检验。

(5) 路线交叉处前后的纵坡应平缓。

(6) 位于积雪或冰冻地区的公路,应避免采用陡坡。

5.2.2 纵断面设计要点

1) 坡长设计

坡长是指纵断面两变坡点之间的水平距离。坡长不宜过短,以不小于计算行车速度9 s的行程为宜。对连续起伏的路段,坡度应尽量小,一般可取竖曲线最小长度的3~5倍。

2) 纵坡设计

(1) 纵坡值的运用 纵坡坡度一般以平、缓为宜。各级公路应避免采用最大纵坡值和不同纵坡最大坡长值,只有在为争取高度利用有利地形,或避开工程艰巨地段等不得已时,才可采用。因为大于3%的纵坡路段的事故发生率是缓坡路段的2~3倍,而且能耗急剧增加,大气污染也随之变得严重,对于载重汽车而言,车速也会明显降低。其通行能力、服务水平也都明显下降。当不得已而设置陡坡时,应用运行速度进行检验,以确保高速公路的通行能力和服务水平符合要求。

因为道路排水的需要,最小纵坡不宜小于0.3%。采用平坡(0%)或小于0.3%的纵坡路段,应做专门的排水设计。

(2) 纵坡设计的要求

① 平原地形的纵坡应均匀、平缓,注意保证最小填土高度和最小纵坡的要求。

② 丘陵地形的纵坡应避免过分迁就地形而起伏过大,注意纵坡应顺适不产生突变,尽量采用平缓纵坡,坡长不应超过限制长度,纵坡不宜大于6%,注意路基控制标高的要求。

③ 越岭线的纵坡应力求均匀,不应采用最大值或接近最大值的坡度,更不宜连续采用最大坡长值的陡坡夹短距离缓坡的纵坡线形。

④ 山脊线和山腰线,除结合地形不得已时采用较大的纵坡外,在可能条件下应采用平缓的纵坡。

⑤ 设置回头曲线地段,拉坡时应按回头曲线技术标准先定出该地段的纵坡,然后从两端接坡,应注意在回头曲线地段不宜设竖曲线。

⑥ 大、中桥上不宜设置竖曲线,桥头两端竖曲线的起终点应设在桥头 10 m 以外[图 5.2.1(a)]。

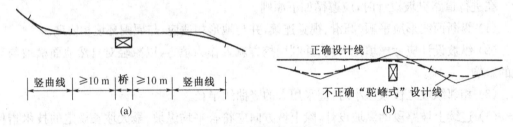

图 5.2.1 桥涵上纵坡

⑦ 小桥涵允许设在斜坡地段或竖曲线上,为保证行车平顺,应尽量避免在小桥涵处出现"驼峰式"纵坡[图 5.2.1(b)]。

⑧ 注意平面交叉口纵坡及两端接线要求。道路与道路交叉时,一般宜设在水平坡段,其长度应不小于最短坡长规定。两端接线纵坡应不大于 3%,山区工程艰巨地段不大于 5%。

⑨ 拉坡时如受"控制点"或"经济点"制约,导致纵坡起伏过大,或土石方工程量太大,经调整仍难以解决时,可用纸上移线的方法修改原定纵坡线。具体方法是先按理想要求定出新的纵坡设计线,然后找出对应新设计线的填挖高度,用"模板"在横断面上以新填挖高度左右移动,定出适宜的中线位置,该点距原路中线的横距就是按新纵坡设计要求希望平面线形调整移动的距离,据此可作出纸上平面移线,若为实地定线时还应到现场改线。这种移线修正纵面线形的方法,在山区和丘陵区道路的纵坡设计中经常用到。

⑩ 对连接段纵坡,如大、中桥引道及隧道两端接线等,纵坡应和缓、避免产生突变。交叉处前后的纵坡应平缓一些。

3) 竖曲线设计

纵断面线形的优劣很大程度上取决于竖曲线半径的大小。设计速度大于或等于 60 km/h 的公路,竖曲线设计宜采用长的竖曲线和长直线坡段的组合。竖曲线应选用较大的半径,满足表 3.3.1 的要求。当条件受限制时,宜采用大于或接近于竖曲线最小半径的"一般值";地形条件特殊困难而不得已时,方可采用竖曲线最小半径的"极限值"。有条件时宜采用大于或等于表5.2.1所列视觉所需要的最小竖曲线半径值。

表 5.2.1　视觉所需要的最小竖曲线半径值

设计速度/(km/h)	竖曲线半径/m	
	凸形	凹形
120	20 000	12 000
100	16 000	10 000
80	12 000	8 000
60	9 000	6 000

同向竖曲线间,特别是同向凹形竖曲线之间,直线坡段接近或达到最小坡长时,宜合并设置为单曲线或复曲线。

双车道公路在有超车需求的路段,应考虑超车视距要求,采用较大的凸形竖曲线半径或设置必要的标志、标线等设施。

4) 相邻竖曲线的衔接

两相邻竖曲线,当它们的转向相同(变坡角符号相同)时称为同向竖曲线,反之称反向竖曲线。

对于凹形竖曲线,如果半径较小,两个同向凹形竖曲线间存在直线坡段时,在视觉上会产生断背的感觉,宜合并设置为单曲线或复曲线,如图5.2.2(a)所示。

对于反向竖曲线,竖曲线半径较小时,汽车从凹(凸)形竖曲线驶向凸(凹)形竖曲线,当离心力加速度的变化值大于 0.5 m/s^2 时,应在反向竖曲线间设置直坡段,直坡线的长度一般不小于计算行车速度的 3 s 行程。当半径比较大时,亦可直接连接,如图5.2.2(b)所示。

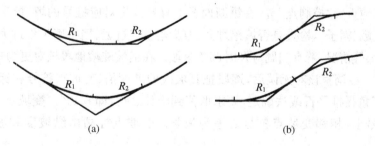

图 5.2.2　相邻竖曲线的衔接

5.2.3　纵断面设计

1) 纵断面设计方法与步骤

(1) 准备工作　研究《标准》规定的有关技术指标和设计任务书的有关规定,同时应收集和熟悉有关资料,并领会设计意图和要求,做到心中有数。纵坡设计(俗称拉坡)之前在厘米绘图纸上,按比例标注里程桩号和标高,点绘地面线,填写有关内容。

(2) 标注控制点　控制点是指影响纵坡设计的标高控制点。如路线起、终点，越岭垭口，重要桥涵，地质不良地段的最小填土高度，最大挖深，沿溪线的洪水位，隧道进出口，平面交叉和立体交叉点，铁路道口，城镇规划控制标高以及受其他因素限制路线必须通过的标高控制点等。山区道路还有根据路基填挖平衡关系控制路中心填挖值的标高点，称为"经济点"，它是用"路基断面透明模板"在横断面图上得到的。如图 5.2.3 所示，该"模板"可用透明描图纸或透明胶片制成，其上按横断面测图比例绘出路基宽度（挖方段应包括边沟）和各种不同边坡坡度线。使用

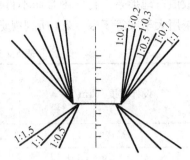

图 5.2.3　路基断面透明模板

时将"模板"扣在断面图上使中线重合，上下移动，使填、挖面积大致相等，此时"模板"上路基顶面到中桩地面线的高差为经济填、挖值，将此值按比例点绘到纵断面相应桩号上即为"经济点"。平原区道路一般无"经济点"问题。

(3) 试坡　在已标出"控制点""经济点"的纵断面图上，根据技术指标、选线意图，结合地面起伏变化，本着以"经济点"为依据，照顾多数"经济点"的原则，在这些点位间进行穿插与取直，试定出若干直坡线。对各种可能坡度线方案反复进行比较，最后定出既符合技术标准，又满足控制点要求，且较省土石方的设计线作为初定坡度线，将前后坡度线延长交会出变坡点的初步位置。

(4) 调整　将所定坡度与选线时坡度进行比较，二者应基本相符，若有较大差异时应全面分析，权衡利弊，决定取舍。然后对照技术标准检查设计的最大纵坡、最小纵坡、坡长限制等是否满足规定，平、纵组合是否得当，以及路线交叉、桥隧和接线等处的纵坡是否合理，若有问题应进行调整。调整方法是对初定坡度线平抬、平降、延伸、缩短或改变坡度值。

(5) 核对　选择有控制意义的重点横断面，如高填深挖、地面横坡较陡路基、挡土墙、重要桥涵以及其他重要"控制点"等，在纵断面图上直接读出对应桩号的填、挖高度，用"模板"在横断面图上戴"帽子"，检查是否填挖过大、坡脚落空或过远、挡土墙工程过大、桥梁过高或过低、涵洞过长等情况，若有问题应及时调整纵坡。在横坡陡峻地段核对更为重要。

(6) 定坡　经调整核对无误后，逐段把直坡线的坡度值、变坡点桩号和标高确定下来。坡度值可用三角板推平行线法确定，要求取值到千分之一，即 0.1%。变坡点一般要调整到 10 m 的整桩号上，相邻变坡点桩号之差为坡长。变坡点标高由纵坡度和坡长依次推算而得。

(7) 设置竖曲线　拉坡时已考虑了平、纵组合问题，此步骤根据技术标准和平、纵组合均衡等确定竖曲线半径，计算竖曲线几何要素。

2) 纵断面图的绘制

纵断面设计图是道路设计重要文件之一，也是纵断面设计的最后成果。纵断面采用直角坐标，以横坐标表示里程桩号，纵坐标表示高程。为了明显地反映沿中线地面起伏形状，通常横坐标比例尺采用 1∶2 000（城市道路采用 1∶500～1∶1 000），纵坐标采用 1∶200（城市道路为 1∶50～1∶100）。

纵断面图是由上、下两部分内容组成的。上部主要用来绘制地面线和纵坡设计线,另外,也用来标注竖曲线及其要素;坡度与坡长(有时标在下部);沿线桥涵及人工构造物的位置、结构类型、孔数与孔径;与道路、铁路交叉的桩号及路名;沿线跨越的河流名称、桩号、常水位和最高洪水位;水准点位置、编号和标高;断链桩位置、桩号及长短链关系等。下部主要用来填写有关内容,自下而上分别填写:直线及平曲线;里程桩号;地面标高;设计标高;填、挖高度;土壤地质说明;设计排水沟沟底线及其坡度、距离、标高、流水方向(视需要而标注)。

5.3 平、纵线形组合设计

平面线形与纵断面线形的组合设计涉及线形调和的问题。道路线形设计的习惯做法是先进行平面线形设计,后进行纵断面线形设计。因此,在做平面线形设计时,一定要考虑到纵断面线形问题;同样在做纵断面线形设计时,也一定要与平面线形协调配合。

线形设计除应符合行驶力学要求外,还应考虑用路者的视觉、心理与生理方面的要求,以提高汽车行驶的安全性、舒适性与经济性。道路立体线形的优劣,对驾驶者而言,就是能提供其安全性、快速性及舒适性的程度。而安全与舒适的感觉主要是通过视觉、运动感觉和时间变化的感觉而得到的。视觉是连接道路与汽车的媒介,道路的线形、周围的景观、标志的表示以及其他有关道路的情况,大多数是以驾驶员的眼为媒介从视觉感受到的。道路线形设计应自然地引导驾驶员的视线,使之在高速行驶的情况下,能保持视觉和行车速度的连续性,并有足够的舒适感和安全感,使视觉与心理反应达到均衡。道路线形不应使驾驶员感到茫然、迷惑或判断失误。为此,要避免在视线所及的路段内,出现转折、错位或突变等不好的线形。视觉的扭曲和生理蹒跚感会影响行车的安全性和速度的连续性。

对较高等级的道路在进行平、纵面组合设计时,应特别注意平、纵、横三面协调配合的立体线形设计,尽量做到线形顺滑连续、指标均衡、视觉诱导良好、自然景观协调优美、安全舒适经济。

5.3.1 线形组合的设计要点

1) 设计原则

(1) 线形组合设计中,各技术指标除应分别符合平面、纵断面规定值外,还应考虑横断面对线形组合与行驶安全的影响。应避免平面、纵断面、横断面的最不利值的相互组合的设计。

(2) 遵循以设计路段确定道路技术等级、设计速度的原则,且线形技术指标应保持相对均衡。一条道路可分段选用不同的技术等级、设计速度。对于一条道路,在地形复杂地段也选用较高的设计速度,将导致投资增加或对环境造成过大的破坏。同时,同一设计速度的设计路段长度又不宜过短,过短的设计路段使得运行速度变化太快。没有一个较为稳定的、能保持一定时段的运行速度,驾驶操作便较为紧张,不利于安全行驶。

(3) 在确定平面、纵断面的各相对独立技术指标时,除各自技术指标值应相对均衡、连续外,还应考虑与之相邻路段的各技术指标值的均衡、连续。不同设计路段相互衔接处前后,其路线线形主要技术指标应结合地形的变化随之逐渐过渡,设计速度高的一侧应采用较低的平、纵技术指标,反之则应采用较高的平、纵技术指标,使平、纵线形技术指标较为均衡,避免出现突变。

(4) 条件受限制时选用平面、纵断面的各接近或最大(最小)值及其组合,应考虑前后地形、技术指标运用等对实际行驶速度的影响,其运行速度与设计速度之差不应大于20 km/h。

(5) 线形组合设计除应保持各要素间内部的相对均衡与变化节奏的协调外,还应注意同道路外部沿线自然景观的适应和地质条件等的配合。好的配合可以减轻驾驶员的疲劳和紧张程度。适宜的景观设计还能起到诱导视线的作用。

2) 基本要求

(1) 平、纵线形组合设计宜相互对应,且平曲线稍长于竖曲线,即所谓的"平包竖"。国内外研究资料表明,当平曲线半径小于 2 000 m、竖曲线半径小于 15 000 m 时,平、竖曲线的相互对应对线形组合显得十分重要,其相互对应程度应较严格;随着平、竖曲线半径的增大,其影响逐渐减小,对应程度可适当放宽;当平曲线半径大于 6 000 m、竖曲线半径为 25 000 m 时,对线形的影响就显得不敏感了,可不严格相互对应。因此,线形设计的"相互对应,且平包竖"的设计原则需视平、竖曲线的半径而掌握其对应、符合的程度。

(2) 长直线不宜与坡陡或半径小且长度短的竖曲线组合。

(3) 长的平曲线内不宜包含多个短的竖曲线;短的平曲线不宜与短的竖曲线组合。

(4) 半径小的圆曲线起、讫点,不宜接近或设在凸形竖曲线的顶部或凹形竖曲线的底部。

(5) 长的竖曲线内不宜设置半径小的平曲线。

(6) 凸形竖曲线的顶部或凹形竖曲线的底部,不宜同反向平曲线的拐点重合。

(7) 复曲线、S 形曲线中的左转圆曲线不设超高时,应采用运行速度对其安全性予以验算。

(8) 应避免在长下坡路段、长直线路段或大半径圆曲线路段的末端接小半径圆曲线的组合。

5.3.2　平、纵线形的组合

道路的立体线形是由平、纵面线形组合在一起构成的。按平面线形为直线、曲线,纵断面线形为直线、凸形竖曲线、凹形竖曲线,交叉组合共有六种基本的立体线形要素,如图 5.3.1 所示。

① 平面上为直线,纵断面也是直线——构成具有恒等坡度的直线。
② 平面上为直线,纵断面是凹形竖曲线——构成凹下的直线。
③ 平面上为直线,纵断面是凸形竖曲线——构成凸起的直线。
④ 平面上为曲线,纵断面是直线——构成具有恒等坡度的平曲线。
⑤ 平面上为曲线,纵断面是凹形竖曲线——构成凹下的平曲线。
⑥ 平面上为曲线,纵断面是凸形竖曲线——构成凸起的平曲线。

上述①～③是在垂直平面内的线形类，④～⑥是立体曲线。从视觉、心理分析来看，它们各有优势和不足。

1) 直线与纵断面的组合

(1) 平面直线与纵断面直线组合　图 5.3.1 中编号为①的线形组合，这种空间线形有利于超车和城市道路管线的敷设。当两者长度均较大时，从视觉、心理分析来看，由于这种线形单调、枯燥，在行车过程中视景无变化，容易使驾驶员产生疲劳和超车频繁，一旦过多超速行驶，会导致车祸，因而在组合时一般应避免两种直线均长的情况。但在交通比较错综复杂的路段（如交叉口），采用这种线形要素是有利的。

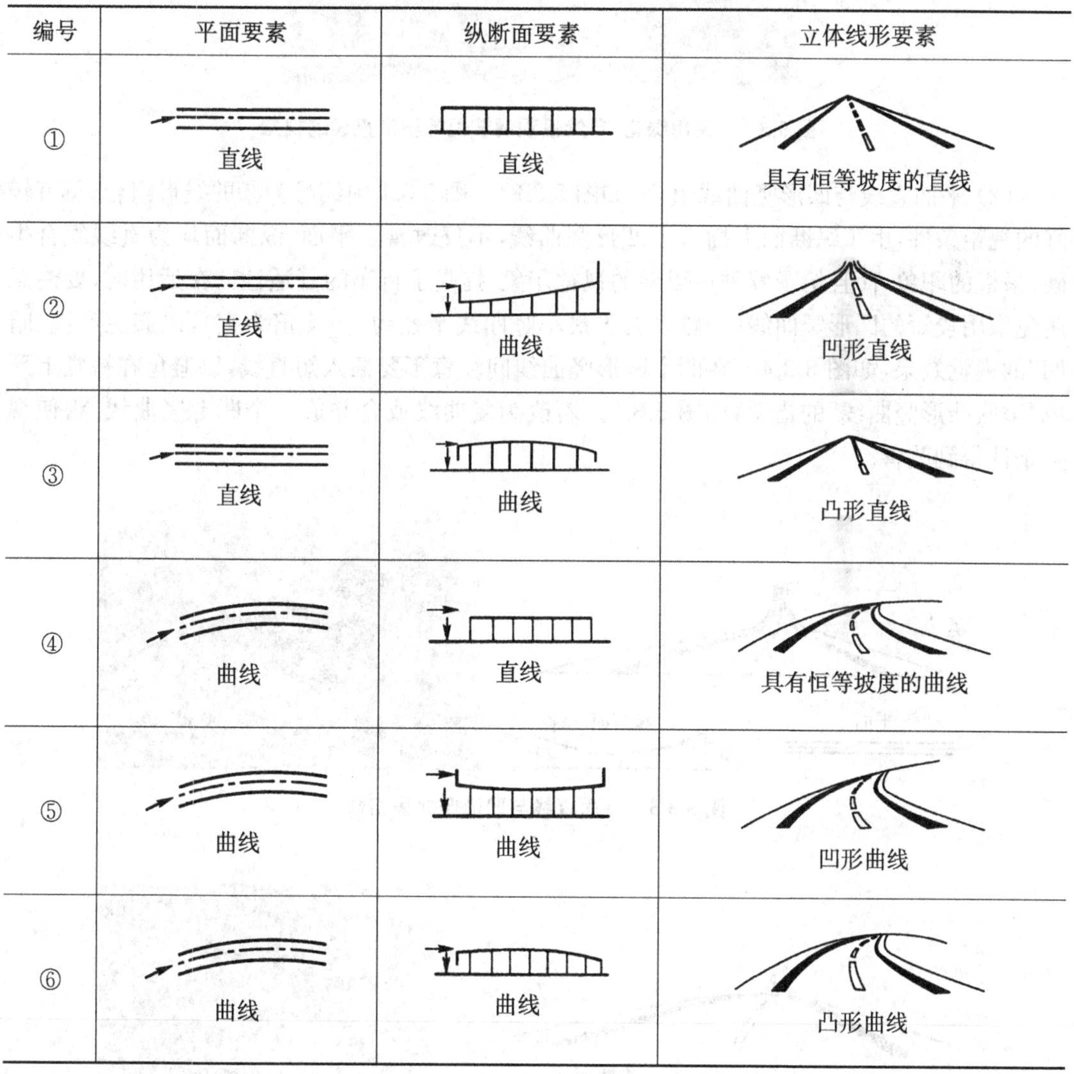

编号	平面要素	纵断面要素	立体线形要素
①	直线	直线	具有恒等坡度的直线
②	直线	曲线	凹形直线
③	直线	曲线	凸形直线
④	曲线	直线	具有恒等坡度的曲线
⑤	曲线	曲线	凹形曲线
⑥	曲线	曲线	凸形曲线

图 5.3.1　平、纵线形立体组合图形

为调节单调的视觉，增进视线诱导，设计时可用设置道路两旁的绿化、自然景观，注意与路旁建筑设施配合等方法来弥补，如图 5.3.2。

图 5.3.2　采用绿化、自然景观调节恒等坡度直线的视觉

(2) 平面直线与凹形竖曲线组合(如图 5.3.3)　图 5.3.1 中编号为②的线形组合,具有较好的视距条件,由于纵断面上插入了凹形竖曲线,不仅改善了平面、纵断面均为直线组合生硬、呆板的印象,而且给予驾驶员以动的视觉印象,提高了行车的舒适性。在运用时,要注意避免采用较短的凹形竖曲线(一般以大于最小竖曲线半径约 3~4 倍为宜),以避免产生"暗凹"的视觉效果,如图 5.3.4。在两个凹形竖曲线间注意不要插入短直线,以避免在视觉上形成"虚假凸形竖曲线"的错觉,如图 5.3.5。若改为复曲线或合并成一个凹形竖曲线,将使视觉条件得到改善。

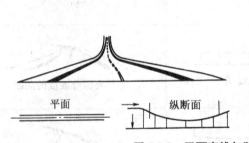 

图 5.3.3　平面直线与凹形竖曲线组合

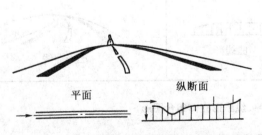 

图 5.3.4　平面直线与短凹形竖曲线组合——"暗凹"

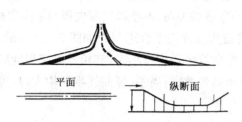 

图 5.3.5　平面直线与两凹形竖曲线间为短直线的组合

(3) 平面直线与凸形竖曲线组合　图 5.3.1 中编号为③的线形组合,视距条件差,线形单调,连续可见长度随凸形竖曲线半径的减小而变短。连续可见长度过短时,将因视距不良或不足导致交通事故。事故发生率随平、竖曲线半径的减小而增大,因此应尽量避免。组合时应注意采用较大的竖曲线半径,以保证有较好的视距。

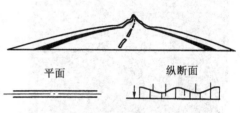

图 5.3.6　不良线形组合——"驼峰"

平面直线中短距离内两次以上变坡会形成反复凸凹的"驼峰"(如图 5.3.6)、"波浪形"(如图 5.3.7)。看上去线形既不美观也不连贯,使驾驶员的视线中断。因此,只要路线有起有伏,就不要采用长直线,最好使平面路线随纵坡的变化略加转折,并把平、竖曲线合理地组合,避免驾驶员一眼能看到路线方向转折两次以上或纵坡起伏三次以上。

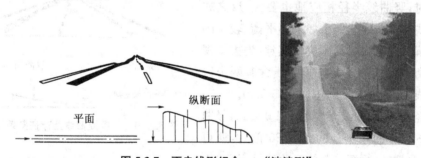

图 5.3.7　不良线形组合——"波浪形"

2) 平曲线与纵断面的组合

(1) 平曲线与纵断面直线组合

图 5.3.1 中编号为④的线形组合,这种平曲线与直坡段的组合线形,一般只要平曲线半径选择适当、平面的直线与圆曲线组合恰当,视觉效果应是良好的(图 5.3.8)。组合时要注意平曲线半径与纵坡度协调,要避免急弯。

(2) 平曲线与竖曲线的组合

图 5.3.1 中⑤和⑥的情形是平曲线和竖曲线的组合。为了在视觉上自然地引导驾驶人员视线,在设计时应当尽量遵循以下原则。

① 平曲线与竖曲线应相互重合,且平曲线应稍长于竖曲线。这种组合是使平曲线和竖曲线对应,竖曲线宜包含在平曲线之内且平曲线应稍长于竖曲线,最好使竖曲线的起终点分

别放在平曲线的两个缓和曲线内,即所谓的"平包竖"。其优点是:当车辆驶入凸形竖曲线的顶点之前,就能清楚地看到平曲线的始端,辨明弯道的去向,不致因判断失误而发生事故。

当平曲线与竖曲线重合时,平曲线与竖曲线的组合关系合理与否如图5.3.9所示。平、纵线形组合设计原则以相互对应为宜。当平、竖曲线半径均较小时,其相互对应程度应较严格;随平、竖曲线半径的同时增大,其对应程度可适当放宽;当平、竖曲线半径均大时,可不严格相互对应。

图5.3.8 平曲线与纵断面直线组合

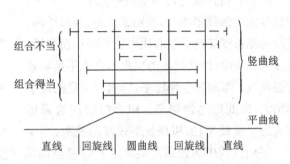

图5.3.9 平曲线与竖曲线的组合

② 平曲线与竖曲线大小应保持均衡。平曲线半径大时,竖曲线半径相应地也要大,反之亦然。平曲线与竖曲线的大小如果不平衡,较小的曲线特别醒目并给人以不愉快的感觉,失去了视觉上的均衡性。如一条大的竖曲线含有两个以上的平曲线,看上去非常别扭,如图5.3.10。

根据经验,若平曲线半径小于1 000 m,竖曲线半径大约为平曲线半径的10~20倍时,便可达到均衡的目的。行车的具体经验值见表5.3.1。

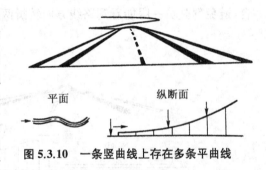

图5.3.10 一条竖曲线上存在多条平曲线

表5.3.1 平曲线半径与竖曲线半径的合理组合

平曲线半径/m	竖曲线半径/m	平曲线半径/m	竖曲线半径/m
500	10 000	1 100	30 000
700	12 000	1 200	40 000
800	16 000	1 500	60 000
900	20 000	2 000	100 000
1 000	25 000		

③ 明弯应配凹,暗弯要配凸。暗弯是指处于挖方路段的弯道和内侧有障碍物的弯道;明弯是转弯时视线未受阻,转弯路线清晰可见的弯道。明弯与凹形竖曲线及暗弯与凸形竖

曲线的组合是合理、悦目的。否则，暗与凹、明与凸的组合，当坡差较大时，会给人留下舍坦坡、近路不走，而故意爬坡、绕弯的感觉。

④ 选择适宜的合成坡度。合成坡度过大对行车不利，合成坡度过小对排水不利，且影响行车。一般情况下，最大合成坡度不宜大于 8%，最小合成坡度不宜小于 0.5%，特别注意避免急弯与陡坡相重合的线形。

⑤ 平、竖曲线应避免的组合。平、竖曲线重合是一种理想的组合，但由于地形等条件限制，这种组合有时难以做到。如果错位过大或大小不均衡就会出现视觉效果很差的线形，为此在设计时应注意避免如下组合。

a. 凸顶凹底拐反弯。即凸形竖曲线的顶部或凹形竖曲线的底部与反向平曲线的拐点重合。二者都存在不同程度的扭曲外观；前者不能引导视线，会使驾驶员操作失误，引起交通事故（如图 5.3.11）；后者虽无视线诱导问题，但路面排水困难，易产生积水。

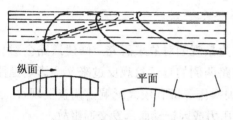

图 5.3.11 凸形竖曲线顶部与反向平曲线拐点重合

图 5.3.12 凸形竖曲线的顶部和凹形竖曲线的底部设小半径圆曲线

b. 凸顶凹底设小弯。即半径小的圆曲线起、讫点，不宜接近或设在凸形竖曲线的顶部或凹形竖曲线的底部。如果在凸形竖曲线的顶部有小半径的平曲线，失去引导视线的作用，驾驶员须接近坡顶才发现平曲线，必须要急转方向盘，行车是危险的，容易导致不必要的减速或交通事故。凹形竖曲线的底部如果有小半径的平曲线，就会出现汽车加速时的急转弯，行车也是危险的。所以在凸形竖曲线的顶部或凹形竖曲线的底部，应避免插入小半径平曲线（如图 5.3.12）。

c. 长平曲线多起伏。在长的平曲线内，要尽量设计成直坡线，避免设置短的、半径小的竖曲线（图 5.3.13）。避免在一个长平曲线上连续出现多个凹、凸竖曲线（如图 5.3.14），其缺点是将整个线形切断，只能看到眼前与远处，而不见中间凹下的部分，出现"暗凹""跳跃"等不良现象，致使驾驶员产生踌躇和不安全感。

d. 上下坡中拐小弯。尽量避免在上陡坡或下陡坡过程中设置小半径的平曲线，否则，因驾驶员频繁操作方向盘，会带来不安全感。

e. 长陡坡下拐小弯。在长陡坡尽头不宜设置小半径的平曲线（见图 5.3.15），否则会使驾驶员在坡

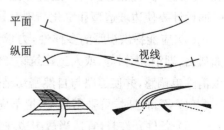

图 5.3.13 长平曲线内部插入小半径竖曲线

的尽头匆忙操作方向盘,不但线形不好,而且有时会对行车不利甚至诱发事故,因此应避免。

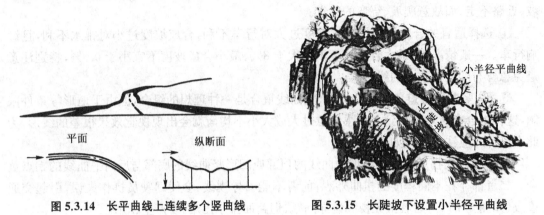

图5.3.14　长平曲线上连续多个竖曲线　　　图5.3.15　长陡坡下设置小半径平曲线

5.3.3　平、纵线形与景观环境的协调配合

道路作为一种人工构造物,应将其视为景观的对象来研究。修建道路会对自然景观产生影响,有时产生一定的破坏作用。而道路两侧的自然景观反过来又会影响道路上汽车的行驶,特别是对驾驶员的视觉、心理及驾驶操作等都有较大影响。调查发现,由于线形与环境景观的不良配合,会给驾驶者造成精神压力或因错觉而诱发交通事故。

平、纵线形组合设计必须在充分与道路所经地区景观相配合的基础上进行。否则,即使线形组合满足有关规定也不一定是好的设计。对于驾驶员而言,只有看上去具有滑顺优美的线形和景观,才能称为舒适和安全的道路。对于设计速度高的公路,线形设计和周围环境配合的要求应更高。

道路景观工程包括内部协调和外部协调两方面。其中内部协调主要指平、纵线形视觉的连续性和立体协调性;而外部协调是指道路与其两侧坡面、路肩、中间带、沿线设施等的协调以及道路的宏观位置。实践证明,线形与景观的配合应遵循以下原则。

(1) 应在道路的规划、选线、设计、施工全过程中重视景观要求。尤其在规划和选线阶段,对于风景旅游区、自然保护区、名胜古迹区、文物保护区等景点和其他特殊地区,一般以绕避为主。

(2) 应充分利用地形、自然风景,尽量少改变周围的地貌、地形、天然森林、建筑物等景观,使公路与自然融为一体,避免深挖高填,最大限度地保护环境。纵断面尽量减少填挖;横断面设计要使边坡造型和绿化与现有景观相适应,弥补必要填挖对自然景观的破坏。

(3) 应能提供视野的多样性,力求与周围的风景自然地融为一体。充分利用自然风景如孤山、湖泊、大树等,或人工建筑物如水坝、桥梁、高烟囱、农舍等,或在路旁设置一些设施,以消除单调感,并使道路与自然密切结合。

(4) 不得已时,可采用修整、植草皮、种树等措施加以补救。

(5) 条件允许时,宜适当放缓边坡或将其变坡点修整圆滑,以使边坡接近于自然地面形状,增进路容美观。

(6) 应进行综合绿化处理,避免形式和内容上的单一化,将绿化视作引导视线、点缀风景以及改造环境的一种技术措施进行专门设计。

5.4 横断面设计

道路横断面设计既受平、纵线形设计的制约,也对其起控制性作用。路基断面布设应结合沿线地面横坡、自然条件、工程地质条件等进行设计。路基边坡不宜过高、过陡,应最大限度地降低路堤高度,做好防护、排水、取土、弃土等的设计,减小对沿线生态的影响,防止水土流失,保护环境,使道路融入自然。

5.4.1 一般规定

道路路基横断面形式应符合下列规定:

(1) 高速公路和一级公路　应根据沿线地形、地质等条件,选用整体式路基断面形式或分离式路基断面形式;对因条件受限制不得已而出现的高填、深挖地段,应同高架桥、隧道以及分离式路基等多方案进行比选论证;在戈壁、沙漠和草原等地区,宜选用宽中央分隔带、低路基、缓边坡、宽浅边沟等形式。

(2) 二级公路、三级公路和四级公路　应选择整体式路基断面形式。

(3) 公路不同断面形式及宽度变化　应设置必要的过渡段,其位置宜选择在城镇、交叉等节点。

(4) 山区高速公路　调研资料表明,山区高速公路由于采用整体式路基断面而造成的深挖、高填所诱发的工程地质病害的教训不少。横断面的布置对于平坦地形而言,大多采用整体式路基断面形式。但是,对横坡较陡、地形起伏较大、工程地质复杂的地段,应充分考虑地形、地质、景观等因素的特点,选择最能适合该地形的横断面形式。高速公路可考虑采用傍山上下行分开且高度不同的分离式路基断面,从而可减小工程对自然环境的影响,避免工程引发的工程地质病害。

(5) 路侧安全区　道路横断面设计应注重路侧安全和运用宽容设计理念,做好中间带、加(减)速车道、路肩以及渠化、左(右)转弯车道、交通岛等各组成部分的细节设计,清除有碍行车安全的障碍物,提供足够宽的无阻碍的路侧安全区。高速公路、一级公路的横断面设计,应提供足够宽的路侧安全区,让驶出路外的车辆能自行恢复正常行驶,不得已时应设置护栏。二级公路、三级公路可结合工程具体情况,清除路肩边缘以外一定范围内的障碍物,以提供足够宽的无阻碍的路侧安全区。

(6) 特殊环境、地质条件　冬季积雪路段、工程地质病害严重路段等可适当加宽路基,以改善行车条件,保障行车安全。

5.4.2 横断面设计

1) 横断面设计内容

(1) 确定路幅横断面尺寸(宽度及横坡度)。

(2) 确定路基高度,完成纵断面设计。

(3) 路基横断面形状设计,选择直线式边坡、折线式边坡或台阶形边坡。

(4) 边坡坡度确定,针对路堤及路堑边坡、土质与岩石边坡分别进行设计。

(5) 绘制横断面图。

(6) 横断面面积计算及土石方数量计算与调配。

2) 横断面设计成果

路基横断面设计的主要成果是"两图两表",即路基逐桩横断面设计图、路基标准横断面图、路基设计表与路基土石方计算表。

(1) 路基逐桩横断面设计图 路基逐桩横断面设计图(见图 5.4.1)是路基每一个中桩的法向剖面图,它反映每个桩位处横断面的尺寸及结构,是路基施工及横断面面积计算的依据,图中应给出地面线与设计线,并标注桩号、施工高度与横断面面积。相同的边坡坡度可只在一个断面上标注,挡墙等土工构造物可只绘出形状不标注尺寸,边沟也只需绘出形状。横断面设计图应按从下到上,从左到右的方式进行布置,一般采用 1∶200 的比例。

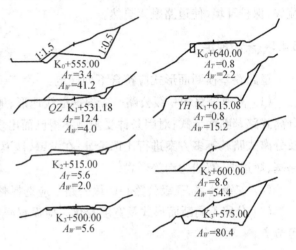

图 5.4.1 路基逐桩横断面设计图

(2) 路基标准横断面图 路基标准横断面图是路基横断面设计图中所出现的所有路基形式的汇总。它标出了所有设计线(包括边坡、边沟、挡墙、护肩等)的形状、比例及尺寸,用以指导施工。这样路基横断面设计图就不必对每一个断面都进行详细的标注(其中很多断面的比例、尺寸都是相同的),避免了工作的重复与烦琐,也使横断面设计图比较简洁。如图 5.4.2 所示为某城市道路路基标准横断面图。

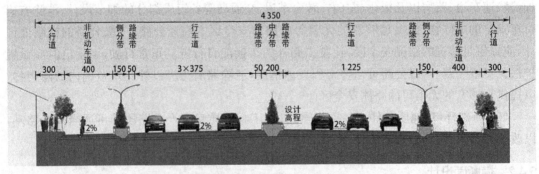

图 5.4.2 某城市道路路基标准横断面图(单位:cm)

(3) 路基设计表 路基设计表严格地说不能只作为横断面设计的成果,它是路线设计成果的一个汇总,其前半部分是平面与纵断面设计的成果。横断面设计完成后,再将"边坡""边沟"等栏填上。

(4) 路基土石方计算表　路基土石方是道路工程的一项主要工程量,所以在道路设计和路线方案比较中,路基土石方数量的多少是评价道路测设质量的主要技术经济指标之一,也是编制道路施工组织计划和工程概预算的主要依据。

(5) 其他成果　对于特殊情况下的路基(如高填深挖路基、侵河路基、不良地质地段路基等)应单独设计,并绘制特殊路基设计图。图中应标出地质、各种防护工程设施及构造物布置大样图。

3) 横断面图绘制步骤

(1) 点绘横断面地面线。地面线是现场测绘的,若是纸上定线,则可从大比例尺的地形图上内插获得。在计算机辅助设计中,可向计算机输入横断面各变化点相对于中桩的坐标,由计算机自动绘制。

(2) 根据路线和路基资料,填写路基设计表,根据路基设计表的成果,将横断面的填挖值及有关资料(如路基宽度、曲线要素等)抄于相应桩号的断面上。

(3) 根据现场调查的土壤地质资料,标出土石界线,确定边坡坡度以及边沟的形状与尺寸。

(4) 绘制横断面的设计线,俗称"戴帽子"。设计线应包括路基、边沟、截水沟、加固及防护工程、护坡道、碎落台、视距台等。在弯道上的断面还应标出超高、加宽。一般直线段的断面可不标出路拱横坡度。

(5) 计算横断面的填挖面积,完成全图。

5.4.3　路基土石方数量计算与调配

路基土石方是道路工程的一项主要工程量,在道路设计和路线比较中,路基土石方数量的多少是评价道路测设质量的主要技术经济指标之一。在编制道路施工组织计划和道路概预算时,还需要确定分段和全线的路基土石方数量。

1) 横断面面积的计算

路基填挖的横断面面积,是指断面图中原地面线与路基设计线所包围的面积,高于地面线者为填,低于地面线者为挖,两者应分别计算。下面介绍几种常用的面积计算方法。

(1) 积距法　如图 5.4.3,将断面按单位横宽划分为若干个梯形与三角形条块,每个小条块的近似面积为 $F_i = b h_i$,则横断面面积

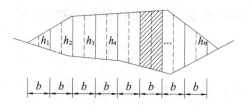

图 5.4.3　积距法计算横断面面积

$$A = bh_1 + bh_2 + \cdots + bh_n = b\sum_{i=1}^{n} h_i \tag{5.25}$$

当 $b = 1$ m 时,则 A 在数值上就等于各小条块平均高度之和 $\sum_{i=1}^{n} h_i$。

$\sum_{i=1}^{n} h_i$ 值可以用卡规逐一量取各条块高度后累计得到。当面积较大卡规不够用时,也可用厘米方格纸折成窄条代替卡规量取积距。用积距法计算面积简单、迅速。若地面线较顺直,可增大 b 值。若要提高精度,可减小 b 值,b 值视地面线规则程度而定。

(2) 坐标法 如图 5.4.4,已知断面图上各折点坐标为 (x_i,y_i),则横断面面积

$$A = \frac{1}{2}\sum_{i=1}^{n}(x_i y_{i+1} - x_{i+1} y_i) \qquad (5.26)$$

坐标法的精度较高,适宜于计算机计算。

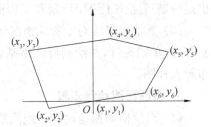

图 5.4.4 坐标法计算横断面面积

(3) 块分法 块分法是通过路基横断面地面线及设计线上的所有转折点用竖线把路基横断面划分成宽度不等的多个准确的梯形或三角形,然后分别计算每一个梯形或三角形的面积再累加起来即为路基横断面面积(图 5.4.5)。填挖方交界处也应划分出来,分别计算填挖面积。本方法一般是通过解析法进行计算,用计算机来完成,特点是计算精度高。

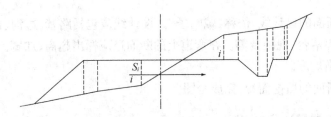

图 5.4.5 块分法计算横断面面积

2) 土石方数量计算

(1) 平均断面法 若相邻两断面均为填方或挖方且面积大小相近,则可假定两断面之间为一棱柱体(见图 5.4.6),其体积的计算公式为:

$$V = \frac{1}{2}(A_1 + A_2)L \qquad (5.27)$$

式中:V——体积,即土石方数量(m^3);

A_1, A_2——相邻两断面的面积(m^2);

L——相邻两断面之间的距离(m)。

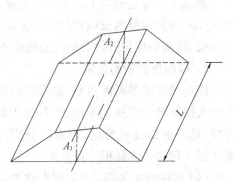

图 5.4.6 平均断面法计算体积

(2) 棱台体积法 若相邻两断面的填挖面积(即 A_1 和 A_2)相差较大,则与棱台更为接近。其计算公式为:

$$V = \frac{1}{3}(A_1 + A_2 + \sqrt{A_1 A_2})L \qquad (5.28)$$

此法的精度较高,应尽量采用,特别适用于计算机计算。

(3) 土石方数量计算应注意的问题　①填挖方数量分别计算,填挖方面积分别计算;②土石方应分别计算,土石面积分别计算;③路基填、挖方数量中应考虑路面所占的体积,填方扣除、挖方增加;④大、中桥位处所占的路基土石方应扣除。

3) 路基土石方调配

土石方调配是指路基挖方合理用于填筑路堤,以及适当地布置取土坑及弃土坑的土石方调运量计算工作。

土石方调配的目的是为了确定填方用土的来源,挖方弃土的去向,以及计价土石方的数量和运量等。通过调配合理地解决各路段土石方平衡与利用问题,使从路堑挖出的土石方,在经济合理的调运条件下移挖作填,达到填方有所"取",挖方有所"用",避免不必要的路外借土和弃土,以减少占用耕地和降低道路造价。

(1) 土石方调配原则

① 就近利用,以减少运量。在半填半挖的断面中,应首先考虑在本路段内移挖作填进行横向平衡,然后再做纵向调配,以减少总的运量。

② 不跨越调运。土石方调配应考虑桥涵位置对施工运输的影响,一般大沟不做跨越调运,同时尚应注意施工的方便与可能,尽可能减少和避免上坡运土。

③ 高向低调运。位于山坡上的回头曲线路段,要优先考虑上下线的土方竖向调运。

④ 经济合理。必须根据地形情况和施工条件,选用适当的运输方式,确定合理的经济运距,进行远运利用与附近借土的经济比较(移挖作填与借土费用的比较)。远运利用的费用包括运输费、装卸费等。借土费用包括开挖费、占地及青苗补偿费、弃土占地及运费。综合考虑弃土和借方占地,赔偿青苗损失及对农业生产的影响等。有时移挖作填虽然运距费用超出一些,但如能少占地,少影响农业生产,这样对整体来说也未必是不经济的。

⑤ 不同的土方和石方应根据工程需要分别进行调配,以保证路基的稳定和人工构造物的材料供应。

⑥ 土方调配对于借土和弃土应事先同地方商量,妥善处理。借土应结合地形、农田规划等选借土地点,并综合考虑借土还田、整地造田等措施。弃土应不占或少占耕地,在可能条件下亦将弃土平整为可耕地,防止乱弃乱堆,或者堵塞河流,损坏农田。

(2) 土石方调配方法　土石方调配方法有多种,如累积曲线法、调配图法及土石方计算表调配法等。目前生产上多采用土石方计算表调配,直接可在土石方表上进行调配,其优点是方法简捷、调配清晰、精度符合要求。具体调配步骤如下:

① 土石方调配是在土石方数量计算与复核完毕的基础上进行的,调配前应将可能影响运输调配的桥涵位置、陡坡、大沟等标注在表旁,供调配时参考。

② 弄清各桩号间路基填挖方情况并做横向平衡,明确利用填缺与挖余数量。

③ 在做纵向调配前,应根据施工方法及可能采取的运输方式定出合理的经济运距,供土石方调配时参考。

④ 根据填缺与挖余分布情况,结合路线纵坡和自然条件,本着技术经济和支农的原则,具体拟定调配方案。方法是逐桩逐段地将毗邻路段的挖余调运到填缺内加以利用,并把具体调运方向和数量用箭头标示在纵向利用调配栏中。

⑤ 经过纵向调配后,应按下式进行复核检查:

横向调运＋纵向调运＋借方＝填方

横向调运＋纵向调运＋弃方＝挖方

挖方＋借方＝填方＋弃方

(3) 关于调配计算的几个问题

① 免费运距、平均运距和经济运距

a. 免费运距:土方作业包括挖、装、运卸等工序,在某一特定距离内,只按挖方数计价,这一特定距离称为免费运距。显然施工方法不同,其免费运距也不同。如人工作业时,人工运输的免费运距为 20 m,轻轨运输的免费运距为 50 m;机械作业时,推土机的免费运距为 20 m,铲运机的免费运距为 100 m 等。

b. 平均运距:土石方调配时,从挖方体积重心到填方体积重心的距离称为平均运距。为简化设计计算,通常平均运距为按挖方路段中心至填方路段中心的距离。

当平均运距小于或等于免费运距时,可不另计运费;当平均运距大于免费运距时,超出的运距称超运运距。超运运距按运输方式不同有不同的计算单位,如人工运输以每超运 10 m 为单位,铲运机以每超运 50 m 为单位,汽车运输以每超运 km 为单位等,各种运输方式的超运运距单位,可从《预算定额》和《概算定额》中查得。

c. 经济运距:移挖作填与附近借土的费用相等时的运距。移挖作填与附近借土经济比较,调运填方的最大距离。

填方用土的来源,一是从路堑挖方纵向调运,二是就近路外借土。一般情况下,利用挖方纵向调运来填筑较近的路堤是比较经济的,但如果调运的距离较长,以至运费(上述超运运距的另加运费)超过了在路堤附近借土所需的费用时,这种移挖作填就不如在附近借土经济。

经济运距计算公式:

$$L_{经} = \frac{B}{T} + L_{免} \tag{5.29}$$

式中:B——借方单价(元/m³);

T——运费单价[元/(m³·m)];

$L_{免}$——免费运距(m)。

② 运量

土石方运量即平均运距与所运土石方数量的乘积。土石方调配时,超运运距的运土才另加计运费,故运量应按平均超运运距计,运量的单位为 m³·km 或 m³·m。

③ 计价土石方数量

在土石方数量中,所有的挖方均应予以计价,但填方则按土方的来源决定是否计价,若是路外就近借土就应计价,若是移挖作填的纵向调配则不应计价,否则就形成了双重计价(路堑挖方已计,填方再计)。因此,计价土石方数量＝挖方数量＋借方数量。

【思考题】

1. 平面线形要素组合有哪些?各有什么特点?

2. 道路视距的概念及分类是什么？
3. 道路平面设计的主要成果有哪些？
4. 为什么小偏角要设置大半径曲线？
5. 道路纵坡设计有哪些要求？
6. 简述纵断面设计的一般步骤和方法。
7. 平、纵线形组合有哪些立体线形？各有什么特点？
8. 简述道路土石方计算的基本原理和方法。

6 道路总体设计、选线与定线

> **本章提要**
>
> 本章主要介绍道路总体设计、选线与定线,具体包括总体设计中道路功能与技术标准、建设规模与建设方案、环境保护与资源节约、设计检验与安全评价等方面的内容;道路选线的原则、方法和步骤;路线方案的拟定、比选的方法步骤及评价指标;平原区、丘陵区、山岭区选线要点,其中山岭区选线具体细分为沿溪(河)线、山脊线和越岭线;纸上定线的方法等。

6.1 道路总体设计

6.1.1 概述

总体设计是指在道路设计之前对道路的走向、布局、路线方案、等级、指标、工程方案、景观、环保等方面进行的总体安排和设计工作。总体设计是道路具体设计的依据和基础,是道路设计文件的重要组成部分之一。

总体设计应论证确定道路及其各分项的技术标准、建设规模、主要技术指标和建设方案,统一协调路线、路基、桥涵、隧道、路线交叉、交通工程与沿线设施等各专业内、外部关系,明确相关设计界面和接口,使之成为完整的系统工程,符合安全、环保、可持续发展的总体目标,保障用路者的安全,提高道路交通的服务质量。

各级道路应根据道路功能、道路技术等级及其在路网中的作用进行总体设计,正确处理道路与相关路网、交通节点的关系,合理设置各类出入口、交叉和构造物。各类构造物的造型与布置应合理、实用、经济。高速公路、一级公路应综合考虑各种因素做好总体设计;二级公路宜按相关因素进行总体设计;三级公路、四级公路视其重要程度可参照执行。

1) 总体设计的主要内容

总体设计的主要内容应根据道路建设项目特点、条件和技术等级的差异,在项目设计不同阶段有所侧重。

(1) 可行性研究阶段总体设计的主要内容

① 根据总体设计应考虑的主要因素,结合项目建设条件和特点,提出总体设计指导思想,有针对性地制定项目总体设计原则。

② 根据预测交通量和建设条件综合确定项目的技术标准、道路等级及建设规模。

③ 根据项目区域的地形、地质、水文、气象等自然条件,确定路线走向和走廊带方案,拟定重大工程方案。

④ 根据道路在区域路网中的作用,确定路线起终点、主要控制点及与其他相交道路的连接关系。

⑤ 提出设计阶段应进一步深化研究的总体设计问题。

(2) 设计阶段总体设计的主要内容

① 在充分研究可行性研究报告批复意见的基础上,根据总体设计的主要影响因素,结合项目建设条件和特点,有针对性地制定总体设计原则;分析项目的重点、难点,提出相应的可行性对策。

② 路线起、终点应符合路网规划要求。确定起终点位置时,应为后续项目预留一定长度的接线方案,或拟定具体实施设计方案。

③ 根据道路功能、设计交通量、沿线地形与自然条件等,论证并确定道路技术等级、设计速度和设计路段。恰当选择不同设计路段的衔接地点,处理好衔接处的过渡及其前后一定长度范围内的线形设计。

④ 总体设计应对路线方案进行综合比选。不同地形条件下路线方案比选要点如下:

a. 平原、微丘区路线方案比选,应考虑项目与区域路网的关系,路线控制点应以交通源及交通枢纽为基础,路线宜尽可能便捷,同时应考虑占地、拆迁、噪声及景观等因素。

b. 山岭、重丘区路线方案比选,应考虑路线与地形、地质、水文、生态水资源等自然条件的关系,路线控制点的选择应以安全和环境保护为原则,对整体式与分离式路基、高路堤与高架桥、深路堑与隧道等典型工程方案,根据其特点、适用性和内在联系,及其对路线方案和平纵面布置、路基土石方数量、环境保护、道路景观、工程可靠度、工程造价等的影响,从定性、定量两个方面综合进行比选。

⑤ 道路路线平面、纵断面和横断面设计的合理性应采用运行速度进行检验;道路安全设施应根据运行速度的检验结果有针对性地设置;工程设计方案应根据建设条件合理确定,采取必要的工程措施确保工程设计的可靠度。

⑥ 一般路段和特殊路段的横断面,应根据交通量和交通组成合理确定,其要点如下:

a. 高速公路、一级公路应根据设计交通量论证并确定车道数;具集散功能的一级公路、二级公路应根据混合交通量及其交通组成论证设置慢车道的条件,并确定其设置方式、横断面形式与宽度。

b. 高速公路、一级公路一般情况下宜采用整体式路基;位于丘陵、山岭区时,应结合地形、地质条件以及桥梁、隧道的布设等论证采用分离式路基的可行性。

c. 对于设置爬坡车道、避险车道等特殊路段,应从路线平纵布设、交通量及交通组成、通行能力及工程设置合理性等方面综合论证其设置位置、横断面宽度及组成参数。

⑦ 确定同作为控制点的城市、工矿企业、特大桥、特长隧道等的连接位置和连接方式。大型桥梁、隧道、交叉、管理养护等设施的位置、间距及其设计方案应根据其功能合理确定,其要点如下:

a. 大型设施的间距应满足相关要求,各个设施之间的过渡应顺畅,必要时应采取切实可行的措施,确保交通安全。

b. 大型设施的设计方案应考虑与其他设施之间的相互联系,做到全面协调、总体可行。

c. 大型桥梁、隧道工程应做好两端接线设计;平面交叉、互通式立体交叉设施应做好连接线设计;管理养护及服务设施的设置位置及规模应与区域路网中的服务设施相匹配。

d. 交叉工程应根据沿线居民的生产、生活方式现状及其发展趋势,论证确定实施和预留方案,并正确处理沿线交叉工程与其他运输方式的关系。

e. 路线布设及平面交叉、互通式立体交叉的设置应有利于与其他运输方式形成综合运输网络;与铁路运输、水路运输和管道运输等运输方式的交叉工程应满足相关设施正常运营和发展规划的要求。

⑧ 由面到带(走廊带)、由带到线(沿路线)查明工程地质、水文情况,重大自然灾害、地质病害的分布、范围、状态及其对道路工程的影响程度,论证并确定绕越、避让或整治病害的方案与对策。

⑨ 收费道路应在论证收费制式的基础上,合理确定收费方式、主线收费站位置及其同被交道路的交叉形式等。

⑩ 拟分期修建的工程,必须按远期规划的技术标准做出总体设计,制定分期修建方案,并做出相应的设计。

2) 总体设计应考虑的因素

总体设计时应考虑如下主要因素:

(1) 根据路线在路网中的位置、功能,综合考虑路线走廊带范围的远期社会、经济发展,城市、工矿企业的现状与规划,铁路、水路、航空、管道的布局,自然资源状况等,确定项目起终点、主要控制点以及与之相互平行、交叉等项目的衔接关系。

(2) 科学确定技术标准,合理运用技术指标,注意地区特性与差异,精心做好路线设计,必要时宜进行安全性评价,以保障行车安全。因条件受限制而采用上限(或下限)技术指标值或对线形组合设计有难度的路段,应采用运行速度进行检验,并采取相应的技术对策。

(3) 在查明路线走廊带的自然环境、地形、地质等条件的基础上,认真研究路线方案或工程建设同生态环境、资源利用的关系,采取工程防护与生态防护相结合等技术措施,尽可能减少对生态的影响,加强恢复力度,最大限度地保护环境。

(4) 做好同综合运输体系、农田与水利建设、城市规划等的协调与配合,充分利用线位资源,合理确定建设规模,切实保护好耕地,使路线走廊带的自然资源得以充分利用,道路建设得以可持续发展。

(5) 总体协调道路工程各专业间、相邻行业间和社会公众间的关系,其设计界面、接口等应符合相关法规、标准、规范的要求或规定,并注意听取社会公众意见。

(6) 路线方案比选应对设计、施工、养护、运营、管理的各阶段,从安全、环保、可持续发展的理念出发,运用全寿命周期成本分析方法进行论证,采用综合效益最佳、服务质量最好的设计方案。

6.1.2 道路功能与技术标准

在总体设计环节,应根据国家和地区路网结构与规划、地区特点、交通特性和建设目标等综合分析道路在路网中的地位和作用,论证确定道路功能。

根据道路功能,结合交通量及建设条件综合论证确定道路的技术等级。同一道路项目可根据功能和交通量变化,论证分段采用不同的技术等级。

根据道路功能、交通组成、车型比例,确定设计车辆。《标准》中给出了5种不同的设计车型外廓尺寸。原则上,不同功能和等级的道路项目,设计车型选用应有所差异和侧重,不是所有的设计车型均适用于各技术等级的道路项目。干线公路应满足5种设计车型的通行需求,同时与干线公路直接衔接的集散公路则应适当兼顾干线公路设计车型的通行需要。支线公路应以侧重满足小客车和载重汽车的通行要求为主。高速公路和一级公路应根据公路功能、设计交通量,确定道路基本路段的车道数,车道数增加时应按双数增加。

各级道路可根据项目沿线地形、地质与自然条件变化,分段选用设计速度,并应符合下列规定:

(1) 同一设计速度的路段长度不宜过短,同一道路中不同设计速度的变化不宜频繁;

(2) 不同技术等级、不同设计速度路段相互衔接的位置或地点,应选择在大型构造物、互通式立体交叉、平面交叉、沿线主要村镇节点的前后,或路侧环境条件明显变化处。

根据路段设计速度及沿线地形、地质、环境和交通需求等因素,合理确定路线平纵面、视距、超高、加宽等主要控制指标。

根据道路技术等级、设计交通量、沿线环境和横断面各组成部分的功能,综合确定道路路基横断面组成及宽度。

改扩建道路应采用改扩建后的道路技术标准和指标,对于利用原有道路的路段,因提高设计速度可能诱发工程地质病害、增加工程造价或对环境保护、文物有不利影响时,经论证该局部路段可维持原设计速度和指标,其长度高速公路不宜大于15 km,一级公路和二级公路不宜大于10 km,但不应降低技术等级。

6.1.3 建设规模与建设方案

1) 建设规模

在总体设计中,应根据路网规划和道路功能,综合考虑路线走廊带范围的道路运输、水路运输、航空运输和管道运输等综合交通运输体系的布局与规划,城市、工矿企业的现状与发展规划,自然资源开发利用状况等,研究确定路线起终点、主要控制点、路线长度、交叉数量及管理与服务设施配置等,确定建设规模。

2) 建设方式

应根据项目的总体建设规模、控制性工程施工条件、交通量发展需求和项目资金筹措情况等相关因素,论证确定项目的建设方式。采用分期修建方式时,应符合下列要求:

(1) 必须在综合分析论证的基础上做出总体设计和分期实施计划,分期修建的项目应使前期工程在后期仍能充分利用,并为后期工程的修建留有余地和创造有利条件。

(2) 在论证采用分期建设方式时,除考虑交通量发展需求和项目资金条件外,还应充分考虑整个施工期内,项目建设对周边环境、沿线群众交通出行、交通组织、安全等的影响。

(3) 高速公路根据路网规划、交通量等因素,可采用纵向分段或按工程项目分期修建的方式。高速公路整体式路基路段，不得采用分期分幅的建设方式；高速公路和一级公路分离式路基路段经论证可采用分期分幅的建设方式，先期建成的一幅按双向交通通行时，应按二级公路通车条件进行管理，且限制速度不应超过 80 km/h。

3) 路线方案

路线方案应由面到带、由带到线考虑各类影响因素，通过综合论证确定，并应符合下列要求：

（1）应查明沿线地质、水文情况，重大自然灾害、地质病害的分布、范围、状态及其对工程的影响程度。对路线方案选择有重大影响的地质灾害，应进行综合评估，并对绕避、穿越及处治方案进行比选论证。

（2）应研究特大桥、特长隧道等布置方案对线路走廊带及线位布局的影响，并进行方案比选论证。一般桥梁和隧道，其布设宜服从路线总体走向和几何线形设计等要求。

（3）对于路基高填深挖的路段，应进行高填路基与桥梁、深挖路堑与隧道方案的综合比选论证。

4) 交通设施

交通工程及沿线设施应与主体工程同步设计，并应根据道路功能及等级、交通组织方式、安全与运营管理等需要，合理确定收费站场、服务区、停车区等管理与服务设施的位置、形式、间距和配置规模。必要时，可根据交通量等发展需求，论证采用一次规划、分期建设的方案。

5) 改扩建道路

改扩建道路应遵循利用与改造相结合的原则，应在原有道路交通安全性评价，以及原有路基、桥梁、隧道检测与评价的基础上，综合论证对既有路线和构造物等的利用原则和利用方案，合理、充分地利用原有工程，并应符合下列要求：

（1）对于改扩建期间维持交通的项目，应基于相关路线条件，分析提出项目建设期间交通流组织与疏导方案，最大限度地减少项目施工对已有交通出行的影响，保证交通安全。高速公路改扩建项目维持通车路段，服务水平可降低一级，设计速度不宜低于 60 km/h。

（2）沙漠、戈壁、草原等小交通量地区的高速公路分离式断面路段利用现有二级公路改建为一幅时，其设计洪水频率可维持原标准不变，并应根据需要设置区域交通出行的辅道。

（3）道路改扩建项目应充分利用道路废旧材料，节约工程建设资源。

6.1.4 环境保护与资源节约

（1）坚持保护优先、以防为主、以治为辅、综合治理的原则，严格执行工程建设项目环境影响评价、水土保持方案编制和环境保护"三同时"制度，在总体设计中落实环境保护措施和意见，结合项目实际协调好道路建设与环境的关系，减少对环境的不利影响。

（2）加强路线走廊带、路线方案的综合比选，将土地压占、矿产压覆等资源占用和高边坡开挖、压占河道等环境影响作为方案选择的重要指标，优先选择资源占用少、环境影响小的方案。

（3）合理设置取土场，路侧取土不宜距离路基过近，取土场避免直接开挖路侧山坡坡体。当路基、隧道弃方或弃渣量大时,应结合项目施工组织设计,最大限度地利用弃方和弃渣;难以利用时,应合理设置弃土、弃渣场地,做好专项设计,保证其稳定,防止水土流失。

(4) 加强对路域施工范围及取弃土场地的表土收集与利用,做好对取弃土场、施工便道等临时用地的植被保护与恢复。

(5) 加强服务区、停车区等道路附属设施生产、生活污水处理能力,采用先进工艺,保证污水达标回用或集中,达到水资源循环利用;在道路运营、管理与服务设施设计中,应合理利用风能、太阳能、地热能等可再生能源。

(6) 加强对钢材、复合材料等的循环利用;推进粉煤灰、建筑废料等在道路路基填筑及混凝土浇筑中的综合利用;倡导对沥青、水泥混凝土路面及结构物拆除构件等的再生利用。

6.1.5 设计检验与安全评价

相邻路段间运行速度的协调性和运行速度与设计速度的一致性是影响交通运行安全的主要因素,道路设计时应运用运行速度方法,对道路线形设计、几何指标和道路线形组合设计进行分析检验,检验运行速度的协调性和一致性。

高速公路、一级公路和二级干线公路应在设计时进行交通安全性评价,其他道路在有条件时也可以进行交通安全性评价。应根据交通安全性评价结论,对道路线形设计、几何指标取用等进行调整优化,对交通安全设施及管理措施进行检查完善,并应符合下列要求:

(1) 对连续长陡坡纵坡路段的上坡方向,应重点根据交通量、车型组成和运行速度变化,分析评价其上坡路段的通行能力和服务水平,提出交通组织与管理措施方案,必要时论证增设爬坡车道。

(2) 对连续长陡坡纵坡路段的下坡方向,应重点根据交通量、车型组成和主要货车车型的综合性能条件,分析评价车辆连续下坡的交通安全性,对应完善和加强路段交通工程和路侧安全设施,提出路段交通组织管理、速度控制措施方案,必要时论证增设避险车道。

(3) 对路侧临水、临崖、高填方等路段,应结合项目功能、设计速度和交通量等因素,根据安全设施设置方案分析路侧安全风险,完善路侧安全防护设计,必要时应提出交通安全管理措施或提高路侧安全防护等级。

6.2 道路选线

6.2.1 概述

道路选线,就是根据道路的使用任务、性质、等级和技术标准,在规划的起终点之间结合地形、地质、水文及其他沿线条件,综合考虑平面、纵断面和横断面三方面因素,在实地或纸上选定道路路线,然后进行有关测量和设计工作。它包括确定路线基本走向、路线走廊带、路线方案至选定线位的全过程。

选线是道路线形设计的重要环节,选出的路线是否合理将直接影响到道路的质量、工程造价以及道路使用条件、安全性和使用年限。由于在路线起终点间,地形、地质、水文、气候等自然条件以及社会、经济条件复杂多变,可能的路线方案较多,路线平面、纵断面和横断面三方面又相互影响和制约,以及路线位置对道路的构造物和其他沿线设施影响很大,使选线工作变得十分复杂。因此,选线是一项涉及面广、影响因素多、政策性和技术性都很强的工作。为了保证选线和勘测设计的质量,提高车辆行驶的舒适性、安全性,降低工程造价,必须各方面综合考虑,由粗到细,由轮廓到具体,逐步深入,分阶段分步骤地加以分析和比较。不同的设计阶段,选线工作内容应各有侧重,后一阶段应复查并优化前一阶段的路线方案,使路线线位更加完善。通过多方案比选后,才能确定出最合理的路线。

1) 选线的任务

道路选线的任务主要是确定道路中线的平面位置,包括以下三点:

(1) 决定道路走向和总体布局(选大带)。

(2) 选择路线的起终点和据点(选大点)。

(3) 选定道路导线的交点和转点(选小点),初选曲线形式并初算曲线几何要素,大致确定控制道路线形的主点。

2) 选线的原则

路线是道路的骨架,它的优劣关系到道路功能的发挥和在路网中能否起到应有的作用。道路线形设计除受地形、地质、水文、气候等自然条件影响外,还受社会、经济等因素的制约。因此,选线要综合考虑多方面因素,妥善处理好各方面的关系。道路选线的原则包括以下几个方面:

(1) 比选论证 针对路线所经地域的生态环境、地形、地质的特性与差异,按拟定的各控制点由面到带、由带到线,由浅入深、由轮廓到具体,在对地形地貌、地质水文、气候气象、自然保护区等调查与勘察的基础上,进行比较、优化与论证。同一起终点的路段内有多个可行路线方案时,应对各设计方案进行同等深度的综合比选。

(2) 交通布局 确定路线走廊带应考虑走廊带内各种运输体系及不同层次路网间的分工与配合,据以统筹规划、近远期结合、合理布局,充分发挥和提高道路总体综合效益。

(3) 路线走向 路线方案是由路线控制点决定的。路线控制点可以是路线起终点,必须连接的城镇、工矿企业,以及特大桥、特长隧道、互通式立体交叉和铁路交叉等的位置。其中路线起终点,必须连接的城镇、重要园区、工矿企业、综合交通枢纽,以及特定的特大桥、特长隧道等的位置,是项目建议书中指定的路线必经之地,称为路线主要控制点。由这些控制点所决定的大的路线方案即称为路线基本走向。在路线基本走向控制点间,还有若干对路线方案起一定控制作用的点或位置,如互通式立体交叉、铁路交叉等的位置,河流的哪一岸、城镇的某一侧、同一山岭的哪一垭口、垭口的哪一侧展线等,这些控制点都将决定路线的局部方案,称为路线走向控制点。由这些控制点所决定的路线方案即称路线走向,原则上应服从路线基本走向。至于中、小桥涵,中、短隧道,以及一般构造物的位置,对路线方案而言,一般不起控制作用。故在确定其位置时,应服从路线走向。

(4) 技术标准 选线应在保证行车安全、舒适、快速的前提下,做到工程量小、造价低、运营费用省、效益好,并有利于施工和养护。在工程量增加不大时,应尽量采用较高的技术指标,不要轻易采用最小指标或极限指标,但也不应片面追求高指标。

(5) 水文地质　选线时应对路线所经区域、走廊带及其沿线的工程地质和水文地质进行深入调查和勘察,查清其对道路工程的影响。对于滑坡、崩坍、岩堆、泥石流、岩溶、软土、泥沼等严重不良地质地段和沙漠、多年冻土等特殊地区,应慎重对待,视其对道路的影响程度,分别对绕、避、穿等方案进行论证比选。当必须穿过时,应选择合适位置,缩小穿越范围,并采取必要的工程措施。

(6) 农业配合　选线应注意同农田基本建设相配合,充分利用建设用地,严格保护农用耕地,做到少占田地,并尽量不占高产田、经济作物田或穿过经济林园(如橡胶林、茶林、果园)等。

(7) 文物保护　国家文物是不可再生的文化资源,路线应尽可能避让不可移动文物。鉴于古文化遗址、古墓葬等未发掘前很难判断其准确位置,应根据文物保护单位对文物鉴定的等级,认真调查,尽可能地予以避让。通过名胜、风景、古迹地区的道路,应与周围环境、景观相协调,并适当兼顾美观,注意保护原有自然状态和重要历史文物遗址。

(8) 环境保护　选线应重视环境保护,注意道路修建及车辆通行所产生的影响和污染等问题,具体应注意以下几个方面:①路线对自然景观与资源可能产生的影响;②占地、拆迁房屋所带来的影响;③路线对城镇布局、行政区划、农业耕作区、水利排灌体系等现有设施造成分割而产生的影响;④噪声对居民的影响;⑤汽车尾气对大气、水源、农田所造成的污染及影响;⑥各类污染的防治措施及其实施的可能性。

上述选线原则,适用于各级道路。但在应用这些原则时,不同等级的道路,会有不同的侧重。如高速公路主要是为起终点及中间重要控制点间快速直达交通服务的,该功能决定了它的路线走向不应偏离总方向太远,需要与沿线城镇连接时,宜用支线连接。对于等级低的地方道路主要是为地方交通服务,在合理的范围内,多联系一些城镇也是必要的。

3) 选线的方法

选线可采用纸上选线或现场选线。

(1) 纸上选线　纸上选线是在已经测得的比例尺为1:2 000的地形图上,进行路线布局、方案比选,从而在纸上确定路线,再将此路线放到实地的选线方法。高速公路、一级公路应采用纸上选线并现场核定的方法。纸上选线一般分四个步骤:①实地敷设导线;②实测地形图(可用人工或航测法);③纸上选定路线;④实地放线。

纸上选线的特点是野外工作量较小,选线不受自然因素干扰;能在室内纵观全局,结合地形、地物、地质条件,综合平衡平面、纵断面和横断面三方面因素,所选定的路线更为合理。纸上选线必须要有人工实测或航测大比例尺的地形图。

(2) 现场选线　现场选线是由选线人员根据设计任务书的要求,在现场实地进行勘察测量,经过反复比较,直接选定路线的方法。二级公路、三级公路、四级公路可采用现场选线,有条件或地形条件受限制时,可采用纸上选线或纸上移线并现场核定的方法。

现场选线的特点是简便、切合实际;实地容易掌握地质、地形、地物情况,做出的方案比较可靠;选线时一般不需要大比例尺地形图。现场选线一般适用于等级较低、方案比较明确的道路。

4) 选线的步骤

在规划道路的起终点和中间控制点之间,可能有多种路线方案。选线的任务就是在这多个方案中选出一个符合设计要求、既经济又合理的最优方案。因为影响选线的因素很多,这些因素有的互相矛盾,有的又相互制约,各因素在不同场合的重要程度也不相同,不可能一次就找出理想方案。最有效的做法是通过分阶段,由粗到细,反复比选来得到最佳方案。一般按以下三个步骤进行:

(1) 全面布局　全面布局就是确定起终点间路线的基本走向。即在路线总方向(路线的起终点和任务书规定必须经过的中间主要控制点)间,寻找出最合理的"通过点"作为主要控制点,主要控制点连线即路线基本走向。此项工作通常是先在小比例尺(1∶100 000~1∶10 000)地形图上从较大面积范围内找出各种可能的路线方案,收集各方案的有关资料,进行初步评选,确定几条有进一步比较价值的方案。然后进行现场勘察,通过多方案的比选得出一个最佳方案。当没有地形图时,可采用调查或踏勘方法现场收集资料,进行方案比选。当地形复杂或地区范围很大时,可以通过航空视察,或使用遥感与航摄资料进行选线。

(2) 逐段安排　逐段安排就是在路线基本走向选定的基础上,以相邻主要控制点间划分段落,根据道路标准,按地形、地质、水文、气候等自然条件选定出一些细部控制点,连接这些控制点,即构成路线带,这样就构成了路线的雏形。这些细部控制点的取舍,仍是通过比选的办法来确定的。加密控制点一般应该在1∶5 000~1∶1 000比例尺的地形图上进行,只有在地形简单、方案明确的路段,才可以现场直接选定。这一步工作如果做得仔细,研究得周到,就可以减少以后不必要的改线与返工。

(3) 具体选线　具体选线就是在逐段安排后确定的路线走向控制点间,结合技术标准、自然条件及其他有关条件,在有利的路线带内进行平面、纵断面和横断面三个方面综合设计,具体选出道路中线的确切位置。

6.2.2 路线方案的比选

路线方案是根据指定的路线总方向和道路的使用任务、性质及其在道路网中的作用,综合考虑了社会、经济、生活等各方面因素和复杂的自然条件等拟定的路线走向。路线方案的选择是路线设计中最根本的问题。方案是否合理,不但直接关系到道路本身的工程投资和运输效率,更重要的是影响到路线在道路网中是否起到应有的作用,即是否满足国家政治、经济、国防上的要求和长远利益。路线方案的比选就是在路线的起终点及中间必须经过的城镇或地点间的各种可能的路线方案中,在深入调查的基础上,综合考虑各方面因素,通过比选最终选出最合理的路线方案。

1) 影响路线方案选择的主要因素

由上述路线方案拟定的过程可以看出,影响路线方案选择的因素很多,应综合考虑以下主要因素:

(1) 路线在政治、经济、国防上的意义,国家或地方建设对路线使用任务、性质的要求,改革开放、综合利用、战备等重要方针的体现程度。

(2) 路线在铁路运输、公路运输、水路运输和航空运输等综合交通运输系统中的作用,与沿线工矿、城镇等规划的关系，以及与沿线农田水利等建设的配合及用地情况。

（3）沿线地形、地质、水文、气象等自然条件的影响。对于严重不良地质地区、缺水地区、高烈度地震区以及高大山岭、困难峡谷等自然障碍，选线时宜考虑绕避。

（4）道路要求的路线技术等级与实际可能达到的技术标准及其对路线使用任务、性质的影响。

（5）路线长度、筑路材料来源、施工条件以及工程量、三材（钢筋、木材、水泥）用量、造价、工期、劳动力等情况及其对运营、施工、养护等方面的影响。

（6）其他如与沿线旅游景点、历史文物、风景名胜的联系等。

影响路线方案选择的因素是多方面的，各种因素又是互相联系和互相影响的。路线应在满足使用任务和性质要求的前提下，综合考虑自然条件、技术标准、工程投资、施工期限和施工设备等因素，通过多方案的比较，精心选择，提出合理的推荐方案。

2) 路线方案比选的方法与步骤

最优路线方案是通过多方案的比选确定的。指定的两个控制点之间的自然情况越复杂、距离越长，可能的比较方案就越多，需要淘汰的方案也就越多。受目前设计手段以及自然条件的限制，不可能对每条路线都进行实地勘察，因而要尽可能收集已有资料，先在室内进行研究筛选，然后就较好的且优劣难辨的有限方案进行调查或踏勘。路线方案比选的方法与步骤如下：

（1）收集资料　为了做好道路选线工作，必须尽可能收集现有资料，以减少勘测调查的工作。要收集的资料主要有：

① 各种比例尺的地形图、地质图、卫星图片、航摄相片和以往的勘测设计、规划、计划等有关资料。

② 交通量和交通组成等交通调查资料。

③ 相邻道路的主要技术标准、平面与纵断面图、交通量以及设计、施工和运营资料。

④ 路线所经地区的地质、水文、气候等自然条件方面的有关资料。

⑤ 路线所经地区的城镇、工矿、铁路、航空、水利建设和规划资料。

⑥ 与路线方案有关的统计资料。

（2）初拟路线方案　根据确定的路线总方向和道路等级，先在小比例尺（1∶50 000 或 1∶100 000）的地形图上，结合收集的资料，初步研究各种可能的路线走向。研究重点应放在地形、地质、地物复杂，外界干扰多和牵涉面广的路段。比如可能沿哪些溪沟、越哪些垭口，路线经城镇或工矿区时，是穿过、靠近还是避开而以支线连接等。

（3）确定可比方案　对初拟的各种可能方案，在室内进行详细研究对比，并征求用路单位及与路线有干扰的部门意见，将劣势明显的方案予以淘汰，并提出进行视察或踏勘的路线方案。对某些重要的或地形极为复杂、牵涉面较广的路线，有条件时还可利用航测照片进行室内研究和初步比选，最终确定可比方案。

（4）野外踏勘　按室内初步研究提出的可比方案进行实地踏勘，连同野外踏勘中发现的新方案，都必须坚持跑到、看到、调查到，不遗漏任何一个可能的方案。野外踏勘要求完成以下几个方面内容：

① 初步落实各控制点的具体位置,路网规划所指定的控制点如确因干扰或技术上有很大困难或发现不合理必须变动的,应及时反映,并经过分析论证提出变动的理由,报有关部门审定。

② 对路线、桥梁、隧道均应提出推荐方案。对于因限于调查条件不能取舍的比较方案,应提出进一步勘测比较的范围和方法。

③ 分段提出采用技术标准和主要技术指标的意见。

④ 在深入踏勘的基础上,通过比较,选定路线必经的走向控制点,如越岭的垭口、跨越较大河流的桥位、与铁路或其他道路交叉地点以及应绕避的城镇及大型的不良地质地段等。对于地形、地质、地物情况复杂的地区,应提出路线具体布局的意见。

⑤ 分段估算各种工程量。如路基土石方数量,路面工程量,桥梁、涵洞、隧道、挡土墙等的长度、类型、式样和工程数量等。

⑥ 筑路材料调查。调查当地生产材料(如砂石材料、石灰等)和外购材料(如钢筋、水泥、木材等)的规格、价格、运距、运输方式、供应数量等情况。

⑦ 其他如沿线民族习惯、居住、生活供应、水源、运输条件、气候特征、沿线林木覆盖、地形险阻等情况也应进行调查,为下一步勘测提供资料。

(5) 确定推荐方案 对室内比选及野外踏勘后确定的少数几个较优的、优劣难辨的方案,进行指标计算,最后经过指标对比及综合评价确定推荐方案。

3) 路线方案比选的评价指标

路线方案比选的评价指标较多,主要有技术、经济、政策及国防上的,交通网系中的作用及联系城镇的多少等指标,本章只介绍技术及经济两类评价指标。

(1) 技术评价指标

① 路线长度及其增长系数:路线的增长系数为:

$$\gamma = \frac{L}{P} \times 100\% \tag{6.1}$$

式中:γ——路线增长系数;

L——路线实际长度;

P——路线起终点间的直线距离。

初步比选时,有时可只计算路线方案各主要控制点间直线距离之和,而不计算路线实际长度,这时计算出的系数叫作路线技术延长系数,其值一般在 1.05~1.2 之间,视地形条件而异。

② 转角数:可分为全线的转角数和每千米路线的转角数,转向角是反映路线曲折变化的一项指标。

③ 转角总和与转角平均度数:转角总和是体现路线顺直程度的一项技术指标。转角平均度数为:

$$\bar{\alpha} = \sum_{i=1}^{n} \alpha_i / n \tag{6.2}$$

式中：$\bar{\alpha}$——转角平均度数(°)；

α_i——任一个转角的度数(°)；

n——转角个数。

④ 最小平曲线半径及个数。

⑤ 回头曲线个数。

⑥ 与原有道路及铁路的交叉数量(包括平面交叉和立体交叉)。

⑦ 限制设计速度的路段长度(指居住区、小半径转弯处、交叉点及陡坡路段)。

(2) 经济评价指标　经济评价指标包括土石方工程数量、桥涵工程数量(分为特大桥、大桥、中桥、小桥、涵洞的座数、类型及长度)、路面工程数量、特殊工程构造物数量(包括挡土墙、隧道、护坡、地质不良地段的加固工程等)、主要材料用量、工程总造价、投资回收期、效益费用比、净现值和内部收益率等。

以上两类评价指标在进行方案比选时，并不是每项都用到，而是根据工程项目的具体情况，抓住可以比较的控制方案的重点指标进行对比分析，选定一个切实可行的最优方案。

6.2.3 平原区选线

1) 平原区基本特征

(1) 自然特征　平原区主要是指一般平原、山间盆地、高原等地形平坦地区，其地形特征是地面起伏不大，自然坡度一般在3°以下。平原区通常耕地较多，在农耕区农田水系渠网纵横交错；居民点多，建筑设施多，交通网系较密；在天然河网、湖区，还密布有湖泊、水塘和河岔等。

从地质和水文条件来看，平原区一般不良地质现象较少，但有时会遇到软土和沼泽地段。另外，平原区地面平坦，排水困难，地面易积水，地下水位较高；河流较宽阔，河道平缓，泥沙淤积，河床低浅，洪水泛滥时河面较宽。

(2) 路线特征　平原地区地形对路线的约束限制不大，路线平面、纵断面和横断面三方面的几何线形很容易达到较高的技术指标。路线布设时，主要考虑如何绕避地物障碍。其路线特征是：平面线形顺直，以直线为主体线形，弯道转角较小，平曲线半径较大；在纵断面上，坡度平缓，以低路堤为主。

2) 平原区选线要点

(1) 以平面线形为主导安排路线　平原区在选线时，首先把握总的方向所经过的控制点，如城镇、工厂、农场以及文物风景地点作为主要控制点；然后在主要控制点之间进行实地勘察，了解农田和地物分布情况，注意路线需要绕越的位置和范围，如大片建筑物、水电设施、跨河桥位、高压电塔杆、寺庙、文物古迹、沼泽洼地、湖泊池塘的避让点作为走向控制点。除上述建筑物外，其他建筑物可不考虑绕避，尽量拆除，但要考虑经济和物权法的允许情况。

平面线形应采用较高的技术指标，使路线短捷顺直；可能条件下多采用转角小、半径大的长缓平曲线线形；避免采用长直线，但不应为避免长直线而随意转弯。纵断面线形应综合考虑桥涵、通道、交叉等结构物的要求，合理确定路基设计高度；注意避免纵坡起伏过于频繁，但也不应过于平缓而造成排水不良。

(2) 正确处理路线与农业的关系　修建道路时占地是难以避免的，解决好路线与农田规划、农业灌溉水利设施的关系,是平原区选线的重要课题,主要应注意以下几点:①既不片面要求路线顺直而占用大面积的良田,也不片面要求不占耕地而降低线形标准,甚至恶化行车条件。②应解决好路线与农田水利设施的关系。使路线的布置尽可能地与农业灌溉系统相配合,除较高等级的道路外,一般不要破坏灌溉系统,布线要注意尽量与干渠相平行,减少路线与渠道的相交次数,最好把路线布置在渠道的上方非灌溉区一侧或者是渠道的尾部。③注意筑路与造田、护田相结合。在可能条件下,布线要有利于造田、护田,以支援农业。路线通过河曲地带,当水文条件许可时,可考虑路线直穿、裁弯取直、改移河道、缩短路线和改善线形。

(3) 处理好路线和桥位的关系　大、中桥位往往是路线的控制点,应在服从路线总方向的原则下,路、桥综合考虑,选择有利桥位,布设路线。应从以下几个方面考虑:①既要防止只考虑路线顺直、不顾桥位条件,增加桥跨的难度,又要防止片面强调桥位,使路线绕行过长,标准过低。一般情况下,桥位中线应尽可能与洪水主流流向正交,桥梁和引道都在直线上。桥位应选在水文地质、跨河条件较好的河段。②小桥涵位置原则上应服从路线走向,但遇到斜交过大(夹角大于45°时)或河沟过于弯曲时,可考虑采取改沟或改移路线的办法,调整交角,布线时应比较确定。③路线采用渡口跨河时,应在路线基本走向确定后选定渡口位置,渡口位置要注意避开浅滩、暗礁等不良河段,两岸地形要适合于修建码头。

(4) 处理好路线与城镇的关系　平原区有较多的城镇、村庄、工业设施等,路线布设应结合道路性质正确处理穿越与绕避、拆迁与保留的关系:①国防道路与高等级的干道,应采取绕避的方式远离城镇,必要时还应考虑采用支线联系。②较高等级的道路应尽量避免直穿城镇、工矿区和居民密集区,以减少相互干扰。但考虑到道路对这些地区的服务性能,路线又不宜相离太远,往往从城镇的边缘经过。做到近村而不进村,利民而不扰民,既方便运输,又保证交通安全。这种路线布线时,要注意与城镇等的规划相结合。③道路等级较低时,应考虑与县、区、村的沟通,经地方同意可穿越城镇,但要注意有足够的视距和必要的道路宽度以及必要的交通设施,以保证行人和行车的安全。④路线应尽量避开重要的电力、电信及其他管线设施。

(5) 注意土壤、水文条件　平原区的土壤、水文条件较差,特别是河网湖区,地势低平、地下水位高,容易影响路基的稳定性。为了保证路基的稳定性和节约用土,在低洼地区,应尽可能沿接近分水岭的地势较高处布线,以使路基具有较好的水文条件;在排水不良的地带布线时,要注意保证路基最小填土高度;路线要尽量避开较大的湖塘、水库、泥沼等,不得已时应选择最窄、最浅和基底坡面较平缓的地方通过,并采取措施保证路基稳定。

(6) 充分利用旧路　注意利用旧路,并与铁路、航道及已有道路运输相配合。在平原区布线时,若有旧路与新布路线相距较近且走向一致时,在条件许可的情况下,应尽量将其改造后加以利用,以减少耕地的占用并提高路基的稳定性。

6.2.4　丘陵区选线

1) 丘陵区基本特征

(1) 自然特征　丘陵区是介于平原区和山岭区之间的地形,其地形特征是山丘连绵、岗坳交错、此起彼伏,山丘曲折迂回,岭低脊宽,山坡较缓,相对高差不大。丘陵区包括微丘和重丘两类地形。微丘区起伏较小,地面自然坡度在20°以下,山丘、沟谷分布稀疏,坡形缓和,相对高差在100 m以内,而且有较宽的平地可以利用;重丘区起伏频繁,相对高差较大,地面自然坡度在20°以上,山丘、沟谷分布较密,而且具有较深的沟谷和较高的分水岭,路线平、纵面部分受地形的限制。

(2) 路线特征　丘陵复杂多变的地面形态,决定了通过丘陵地区的路线基本特征是平面以平曲线为主体,纵断面线形起伏而构成与地形相适应的空间线形,其主要特征包括:①局部方案多:由于丘陵区的山岗、谷地较多,路线走向的灵活性大,可行的布线方案一般比较多,一条路线的最终确定往往需要经过多方案的比较。②需要路线平面、纵断面和横断面三方面相互协调、密切配合:由于丘陵区地形的迂回曲折和频繁起伏,平面、纵断面和横断面三方面相互之间的约束和影响较大,若三者组合合理,可以提高线形技术标准。③路基形式以半填半挖为主:由于丘陵区的地形特点决定了路线所经地面常有一定的横坡,但是横坡一般并不太陡,路线与农林用地和水利设施的矛盾较大。为节约耕地,应采用以半填半挖为主的路基形式。

2) 丘陵区选线要点

(1) 微丘区的选线　平面线形应充分利用地形,处理好平、纵线形的组合。不应迁就微丘地形,造成线形迂回曲折,也不宜采用长直线,造成纵面线形起伏。

(2) 重丘区的选线　重丘区选线活动余地较大,应综合考虑平面、纵断面和横断面三者的关系,恰当地掌握标准,提高线形质量。设计中应注意:

① 路线应随地形变化布设,在确定路线平、纵面线位的同时,应注意横向填挖的平衡。横坡较缓的地段,可采用半填半挖或填多于挖的路基;横坡较陡的地段,可采用全挖或挖多于填的路基。应注意挖方边坡的高度,不致因挖方边坡过高而失去稳定。同时还应注意纵向土、石方平衡,以减少废方与借方。

② 平面、纵断面和横断面三个面应综合设计,不应只顾纵坡平缓,而使路线弯曲、平面标准过低;或者只顾平面直捷,纵面平缓,而造成高填深挖,工程过大;或者只顾工程经济,过分迁就地形,而使平、纵面较多采用极限或接近极限的指标。

3) 丘陵区路线布设方式

丘陵区地形复杂,布线方法应随路线所经地带的具体地形而采用不同的布线方式。根据经验,可概括为三类地形地带和相应的三种布线方式。

(1) 平坦地带——走直线　两已定控制点间地势平坦,应按平原区以方向为主导的原则布设。如其间无地物、地质障碍,或应趋就的风景、文物及居民点时,路线应走直线;如有障碍,或应趋就的地点,则加设中间点,相邻控制点间仍以直线相连,路线转折处设长而缓的平曲线。

(2) 斜坡地带——走匀坡线　匀坡线是指两点之间沿自然地形,以均匀坡度确定的地面点的连线,如图6.2.1所示。匀坡线是通过多次试坡求得的。当两控制点之间无障碍等因素影响时,可直接按匀坡线布设;若有障碍,则在障碍处加设中间控制点,分段按匀坡线控制。

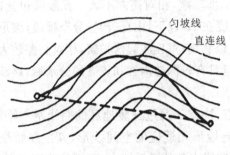
图 6.2.1　匀坡线示意图

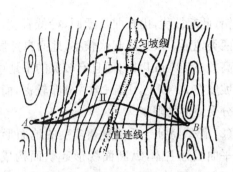
图 6.2.2　起伏地带路线示意图

(3) 起伏地带——走中间　起伏地带实际可视为斜坡地带(上坡和下坡地带)的组合，特点是地面横坡较缓，匀坡线迂回。所谓"走中间"就是路线在匀坡线和直线之间选择平面顺适、纵断面均衡的合理路线。路线两控制点间要通过起伏地带，意味着路线要穿过交替的丘陵和坳谷，其中间可能有一组或多组起伏地带。

① 两已定控制点间只含一组起伏：路线要交替跨越丘梁和坳谷。如图 6.2.2 所示，A、B 为两相邻梁顶，中间为一坳谷，构成一组起伏地带。在这种地形上布设路线，如沿直连线走，由 A 至 B 硬拉直线，虽然路线最短，但起伏很大，为了减缓起伏，将出现高填深挖，增大工程量；如沿匀坡线走，坡度最好，但路线绕长太多，工程一般也不会省。这种"硬拉直线"和"弯曲求匀"的做法，都是不合理的。

如果起伏地带路线走直连线和匀坡线之间，如图 6.2.2 所示的Ⅰ方案或Ⅱ方案，比直连线的起伏小，比匀坡线的距离短，而工程一般比较节省。从总体上来看，使用质量有所提高，工程造价有所降低，故起伏地带应在直连线与匀坡线之间寻找最合理的路线方案。至于路线在平面上的具体位置，应根据路线等级结合地形做具体分析，做到路线平面、纵断面和横断面三方面的恰当结合。

对于较小的起伏，首先要坡度和缓，在这个前提下，再考虑平面与横断面之间的关系。总体而言，低等级道路少做些工程，平面上可适当迂回，即路线可离直连线远些；高等级道路则宁可多做些工程，尽可能缩短距离，把路线定得离直连线近些。

② 两已定控制点间有多组起伏：在这种情况下选线，需要在每个梁顶(或每个谷底)都定出控制点，然后按控制点间只有一组起伏的方法处理各组起伏。如何选定这些控制点要考虑许多因素，上述"起伏地带路线走直连线和匀坡线之间"的原则，可以为寻找这些控制点提供一个思路。控制点间含有的起伏组数越多，直连线和匀坡线所包含的范围越大，路线的方案也越多。布线可分别从两个已定控制点向中间进行，逐步减少含有的起伏组数，因而也缩小了直连线和匀坡线所包含的范围，直到最后合拢。

两个已定控制点间，有时因地形、地质、地物上的障碍，路线会突破直连线与匀坡线的范围。这种为避让障碍所定的中间控制点，应视为又增加一个已定控制点，即这一控制点定下来后，实际上是把原来两控制点间的路线分割成两段，上述"起伏地带路线走直连线和匀坡线之间"的原则分别适用于分割后的两段内。

6.2.5 山岭区选线

1) 山岭区基本特征

(1) 自然特征　山岭区地形包括山岭、凸起的山脊、凹陷的山谷、陡峻的山坡、悬崖、峭壁等,地形复杂多变,一般地面自然坡度在20°以上,如图6.2.3所示。其主要特征是:

① 地形条件:山高谷深,地形复杂。由于山岭区高差大,加之陡峻的山坡和曲折幽深的河谷,形成了错综复杂的地形,这就使得道路路线的线形差,工程难度大。但另一方面,清晰的山脉水系也给山岭区道路走向提供了依据。因此,在选线中摸清山脉水系的走向和变化规律,对于正确确定路线的基本走向,选择控制点是十分重要的。

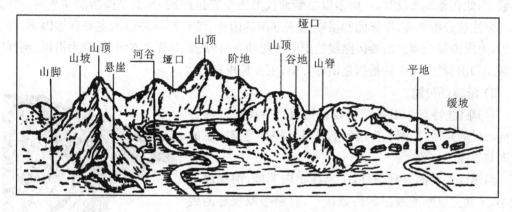

(a) 自然地形

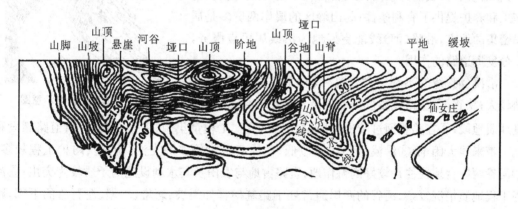

(b) 等高线地形

图 6.2.3　某山岭区地形

② 地质条件:岩石多、土层薄、地质复杂。由于山岭区的地质层理和地壳性质在短距离内变化很大,岩层的产状和地质构造复杂,不良地质现象(如岩堆、滑坡、崩塌、碎落、泥石流等)较多,这些直接影响到路线的位置和路基的稳定。因此,在山岭区选线工作中,认真做好地质调查,掌握区域地貌和地质情况,摸清不良地质现象的规律,处理好路线与地质的关系,并在选线设计中采取必要的防护措施,对于确保路线质量和路基稳定具有十分重要的意义。

另外,山岭区岩石多,给道路建设提供了丰富的石料料场。

③ 水文条件:山岭区河流曲折迂回,河岸陡峻、河底比降大;雨季暴雨集中、流速快、流量大,冲刷和破坏力很大。这样复杂的水文条件,要求在选线中正确处理好路线和河流的关系,选择好桥位并对路基和排水构造物采取必要的加固措施,确保路基稳定。

④ 气候条件:山岭区气候多变,气温一般较低、冬季多冰雪(海拔较高的山岭区),一年四季和昼夜温差很大,山高雾大,空气较稀薄,气压较低。这些气候条件对于汽车行驶的效率、安全和通行性能都有很大的影响,在选线时应充分考虑。

(2) 路线特征　由于自然条件复杂,地形变化很大,使得路线在平面、纵断面和横断面三方面受到很大限制,因而技术指标一般多采用低限。在所有自然因素中,高差急变是主导因素,因此在路线布设时,一般多以纵断面线形为主安排路线,其次是横断面和平面。在选线时要注意分析平面、纵断面和横断面三方面的因素,结合影响路线的主要自然因素,综合考虑,力求协调合理。山岭区路线的走向有两种:一种是顺山沿水方向,可分为沿溪(河)线、山腰线和山脊线;另一种是横越山岭方向,主要是指越岭线。

2) 沿溪(河)线

(1) 路线特点　沿溪(河)线是指道路沿溪谷或河谷方向布设的路线,如图 6.2.4 所示,其基本特征是路线总的走向与等高线一致。

沿溪(河)线的有利条件:① 路线走向明确,河床纵坡较小,平面受纵断面线形的约束较小,容易争取较好的线形;② 沿溪(河)线傍山临河,砂、石材料丰富,用水便利,为施工和养护提供了有利条件;③ 山岭区的溪岸两侧多是居民密集的地方,沿溪(河)线能更好地为沿线居民点服务,充分发挥道路的作用。

沿溪(河)线的不利条件:① 路线临水较近,受洪水威胁较大;峡谷河段,路线线位摆动的余地很小,难以避让不良地质地段;② 在路线通过陡岩河段时,工程艰巨、工程量集中、工作面狭窄,给道路测设和施工带来很大困难;③ 沿溪(河)线线位低,往往要跨过较多的支沟,桥涵及防护工程较多;④ 河谷两岸台地往往是较好的耕作地,筑路占地与农田及其水利设施的矛盾较为突出;⑤ 河谷工程地质情况复杂,河谷的两岸通常处于路基病害如滑坡、岩堆、坍塌、泥石流的下部,路线通过时,容易破坏山体平衡,给道路的设计、施工、养护和运营带来困难。

图 6.2.4　沿溪(河)线示意图

(2) 布线要点

① 河岸的选择:河岸选择主要是解决路线是否跨河(即一岸布线还是两岸布线)和选择走哪一岸两个问题。沿溪(河)线两岸情况不尽相同,往往优、缺点并存,选择时应深入调查、全面权衡、综合比较确定。主要应考虑以下几方面因素:

a. 地形、地质、水文条件。路线应优先选择地形较宽、支沟较少、地质水文条件较好的一岸。如遇不良地质时,应进行不良地质评估,对跨河绕避与综合整治方案进行比较,确定采用何种方案;在山岭区河谷中,如山体为单斜构造,路线宜选择山体稳固、逆层的一岸;两岸均有不良地质分布时应对设置高架桥、隧道及不良地质的治理等方案进行综合比较,确定路线布设位置。如图 6.2.5 所示,乙方案为避让河左岸的两处断续陡崖,跨河利用右岸的较好地形,但过夏村后,右岸出现更陡更长悬崖,路线又须跨回左岸,在 3 km 内,两次跨河,须建两座中桥。甲方案一直走左岸,虽要集中开挖一段石方,但比建两座中桥经济,因此布线不宜跨河换岸。

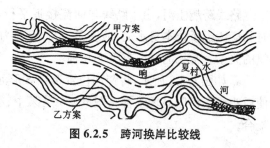

图 6.2.5 跨河换岸比较线

b. 气候条件。在积雪冰冻地区,阳坡和阴坡、迎风面和背风面的气候条件差异很大,在不影响路线总体布局的前提下,一般走阳坡面和迎风面比较有利,可以减少积雪和流冰对道路行车的影响。

c. 城镇、工矿和居民点的分布。除高等级道路和国防道路以外,一般路线应选在工矿企业较集中、村镇较多、人口较为密集的一岸,以促进山岭区的经济发展和方便居民出行。

具备上述有利条件的一岸即为选线时应走的河岸,但这些有利条件可能不在一岸,而是交替出现在两岸,此时就需要深入调查,进行技术论证和经济比较,最终确定一个合理的方案。

② 线位的高度:线位高度是路线纵断面线形布局的问题。路线沿岸的标高,首先应考虑洪水的威胁,不管是高线位还是低线位,均应在设计洪水位以上的一定安全高度。在选线中应认真做好洪水位调查工作,以确保路线所必需的最低线位高度。

a. 低线位:指路线高出设计洪水位不多,路基一侧临水很近的布线方案。

低线位的主要优点:一般情况有较宽的台地可以利用;地形较好,平面线形较顺适,纵断面不需要较大的填挖,容易达到较高的指标;路线低,填方边坡低,边坡较稳定,路线活动的余地较大,跨河时利用有利条件和避让不利条件较容易;道路养护和施工用水、材料运输均较方便。

低线位的主要缺点:线位低,受洪水威胁大,防护工程较多;低线位多在沟口附近跨越支沟,桥涵较多;路线占用农田较多,处理废方较为困难。

b. 高线位:指路线高出洪水位较多,完全不受洪水威胁的布线方案。

高线位的主要优点:不受洪水影响,防护工程较少;废方易于处理,当采用台口式路基时,路基比较稳定。

高线位的主要缺点:路基挖方往往较大、废方多;由于线位高,路线势必随着山形走势绕行,平面线形指标低;跨河时线位高,构造物大,工程费用高;支挡、加固工程较多;施工、养护用料、取水较困难。

③ 桥位的选择:沿溪(河)线跨越河流分为跨主河与跨支流两种情况,跨主河的桥位选择多属于路线布局问题;跨支流时的桥位选择,一般属于局部方案问题。而跨主河的桥位往往是确定路线走向的控制点,它与河岸选择相互依存,互相影响。当路线由于地形、地质原因需要换岸布线时,如果桥位选择不好,勉强跨河,不是造成桥头线形差,就是增大桥涵工程。因此在选择河岸的同时,要研究处理好桥位及桥头路线的布设问题。

路线跨越主河,由于路线与河流接近平行,桥头布线一般比较困难。因此,在选择桥位时除应考虑桥位本身水文、地质条件外,还要注意桥头路线的平顺和顺畅,处理好桥位与路线的关系。常见的情况有以下几种:

a. 如图 6.2.6 所示,将跨河位置选在 S 形河段的腰部,以争取桥轴线与河流成较大交角,使桥头线形得以显著改善。图 6.2.6 是某中、小桥示意图,采用斜桥方案,则更有利于路桥配合。

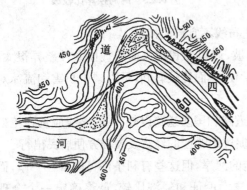 

图 6.2.6　在 S 形河段的腰部跨河　　　　图 6.2.7　在河弯附近用斜桥跨河

b. 如图 6.2.7 所示,在河弯附近选择有利位置跨越。但应注意防止河曲地段水流对桥台的冲刷,应采取必要的防护措施。

c. 改善桥头线形。路线跨越河流,若没有河曲或 S 形河段可利用时,由于沿溪(河)线与河谷走向平行,在跨主河时往往形成"之"字形路线,桥头平曲线半径较小,线形差。对于中、小桥可用适当斜交的方法改善桥头线形;对于大桥不宜斜交时,可对桥头路线适当处理,形成构形桥头线。

④ 河谷断面路线的布设

a. 开阔河谷。开阔河谷岸坡平缓,一般在坡、岸之间有较宽的台地,且分布有农田。路线可分三种走法:一是沿河线,该路线坡度均匀平缓,并对保村护田有利,但一般路线较长,路基受洪水威胁较大,防护工程大;二是傍山线,该路线占田少,路基远离河岸,故较稳定且无防护工程,但纵断面线形略有起伏,土石方工程稍大,是常采用的一种方案;三是中穿线,该路线线形好,路线短,标准较高,但占田较多,路基稳定性差,施工时需换土,一般不宜采用。

b. 狭窄河谷。这种河谷断面常称为 U 形河谷,河的两岸多不对称,凸岸陡,而凹岸相对较缓,时而有凸出的山嘴,间或出现迂回的深切河曲。路线可分两种走法:一是沿河岸自然地形,绕山嘴、沿河弯布线;二是按直线布线。为了布线的需要,有时可能需要填河弯,但此时应注意路基的防护与加固,同时不要过多地堵塞河道,而使水位抬高;有时需要挖山嘴,但要注意不要将大量废方置于河中。

c. 陡崖峭壁河谷。这种河谷有两种布线方式。一是绕避:当岩壁陡峻又很长,路线无法直穿时,只能采取绕避。绕避方案有绕走对岸、绕走岩顶和另找越岭垭口三种方案。二是直穿陡崖峭壁:路线的平面和纵断面均受到岸边山崖的形状和洪水水位的限制,活动余地不是很大,低线位布线时较多采用。根据河床宽窄、水文条件、岩壁陡缓情况,可用如下两种方式

穿过:

（a）与水争路、侵河筑堤。当河床较窄、水流不深(一般岩前水深不超过 2 m)，水流不急，洪枯水位变化幅度不大，河床主流方向偏向对岸时，可考虑压低路线，侵河筑堤。当河床较窄不宜压缩时，路基填石防护所占用的泄水面积应从对岸河槽开挖中补偿。

（b）硬开石壁等特殊措施通过。当岩陡壁高、河床较窄时，可根据地质、施工技术条件，以及技术经济比较，考虑在石壁上开挖出路基形成半山洞，或采用隧道、半山桥及悬出路台等措施。

d. 急流及跌水河段。河床纵坡陡峻时，河床纵断面在短距离内突然下落几米至几十米，形成急流、跌水，这时的河床纵坡远远陡于路线纵坡的允许值，为了尽快降低线位，避开陡峻的山腰线，布线时应利用平缓的山坡地形和支谷展线来降低线位。选线时，要注意放线，以纵坡为主安排路线。这类河段多出现在山岭区河流的上游，是沿溪(河)线至越岭线的过渡段。

3) 山脊线

(1) 路线特点　山脊线是指大致沿分水岭方向所布设的路线。山脊线的平面线形随分水岭的曲折而弯曲，纵断面线形随控制垭口间的高差变化而起伏。山脊线一般不单独使用，多与山坡线相结合，作为越岭线垭口两侧路线的过渡段。能否采用山脊线，还必须有适宜的山脊。一般服从路线走向，分水线平顺直缓，起伏不大，岭脊肥厚，垭口间山坡的地形、地质情况较好的山脊是较好的布线条件。

山脊线的有利条件是：①当山脊条件好时，山脊线一般里程短，土石方工程量小；②水文、地质条件好，路基病害少，稳定；③地面排水条件好，桥涵等人工构造物少。

山脊线的不利条件是：①线位高，远离居民点，服务性能差；②山势高、海拔高、空气稀薄，冬季云雾、积雪、结冰较大，对行车和养护都不利；③远离河谷，砂石材料及施工用水运输不便。

(2) 布线要点　由分水线做引导，山脊线基本走向明确。布线主要解决以下三个问题：

① 控制垭口的选择：在山脊上，连绵布置着很多垭口，每一组控制垭口代表着一个方案。因此，选择控制垭口是山脊线布线的关键。一般当分水岭顺直、起伏不大时，几乎每个垭口均可暂作控制点。如地形复杂、山脊起伏较大且较频繁、各垭口高低悬殊时，则低垭口即为路线控制点，而凸出的高垭口可以舍去。在有支脉的情况下，对于相距不远的并排垭口，则选择前后与路线联系较好、路线较短的垭口为控制点。选择垭口时，还应与两侧布线条件结合起来考虑。

② 侧坡的选择：当分水岭宽阔、起伏不大时，路线以设在分水岭顶部为宜。如需将路线设在两侧山坡时，应选择坡面整齐、横坡平缓，地质、水文情况良好，积雪、冰冻和支脉分布较少的一侧，以取得平面和纵断面线形好、工程量小及路基稳定的效果。除了两个侧坡优劣十分明显的情况外，两侧都要做比较以定取舍。同一侧坡也还可能有不同的路线方案，可通过试坡布线决定。多数初选的控制垭口，在侧坡选择过程中即可决定取舍，少数则需在试坡布线中落实。

③ 试坡布线：山脊线有时因两垭口控制点间的高差较大，需要展线；有时为避免路线过于迂回而采用起伏纵坡，以缩短路线里程。从总体看，山脊线难免有曲折、起伏，但不可使其过于急促、频繁，平、竖曲线和视距等指标也宜高些，以利行车。因此通常需要试坡布线，一

一般分为下面三种情况:

a. 垭口间平均纵坡不超过规定。一般情况如垭口中间无太大的障碍,应以均匀坡度沿侧坡布线。若垭口中间遇障碍,则可以加设中间控制点,调整坡度,向两端垭口按均匀坡度布线。

b. 控制垭口间有支脉横隔。路线穿过支脉,要在支脉上选择合适垭口作为中间控制点。该垭口不能使路线过于迂绕,合理深挖后两翼路线坡度都不超过规定,并使路线能在较好的地形、地质地带通过。有时在支脉上选择的控制垭口虽能满足纵坡要求,但线形过于迂绕,为了缩短路线距离,控制点就不一定恰好设在垭口上。

c. 垭口间平均纵坡超过规定。选线时,应根据地形、地质条件,采用填挖、桥梁、隧道等工程措施来提高低垭口、降低高垭口,也可利用侧坡、山脊有利地形作回头展线或螺旋展线,如图 6.2.8 所示。

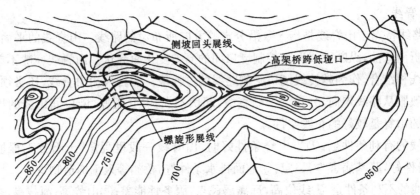

图 6.2.8　山脊展线示意图

4) 越岭线

越岭线是指道路走向与河谷及分水岭方向横交时所布设的路线。路线的两个控制点位于山脊的两侧,路线需要由一侧山麓升坡至山脊,在适当的地点穿过垭口,再从山脊的另一侧降坡而下的路线。

(1) 路线特点　越岭线需要克服很大的高差,路线的长度和平面位置主要取决于路线的安排。因此,越岭线选线中,是以路线纵断面为主导的。

越岭线主要有利条件:布线不受河谷限制,较为灵活;不受洪水威胁和影响,路基稳定,沿线的桥涵及防护工程较少。

越岭线主要不利条件:里程较长、线形差、指标低;线位高、远离河谷、施工和运营条件较差。

(2) 布线要点　越岭线布设应解决的主要问题是垭口的选择、过岭高程的确定和垭口两侧路线展线方案的拟定。这三者是相互联系、相互影响的,布设时应综合考虑。

① 垭口的选择:垭口是分水岭山脊上的凹形地带(又称作鞍部),由于高程低,常常是越岭线的重要控制点。垭口选择应在符合路线总方向的前提下,综合考虑各方面因素,根据垭口的位置、高程,两侧地形、地质条件等条件反复比较确定。

a. 垭口的位置。垭口位置的选择应在符合路线基本走向的前提下,与两侧路线展线方案一起考虑。首先选择高程较低，而且展线后能很快与山下控制点直接相连的垭口；其次再考虑稍微偏离路线方向，但是接线较顺、增加路线里程不多的垭口。

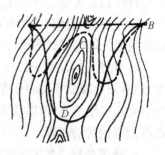

如图6.2.9，A、B控制点间有C、D两个垭口，从平面位置看，C垭口在AB直线上，D垭口稍微偏离AB直线方向，但从符合路线基本走向来看，穿D垭口比穿C垭口反而展线短些，而且平面线形较好。因此，D垭口比C垭口更有优势。

图6.2.9 垭口位置的选择

b. 垭口的高度。垭口与其山下控制点的高差，直接影响路线展线长度、工程数量大小和运营条件。在展线条件相同时，垭口降低的高度Δh和缩短的里程Δl有如下的关系：

$$\Delta l = 2 \cdot \Delta h \cdot \frac{1}{i_p} \tag{6.3}$$

式中：i_p——展线的平均坡度，一般可取5%～5.5%。

由式(6.3)可知，当展线的平均坡度一定时，垭口降低的高度越少，缩短的里程越短。在地形困难的山岭区，减少路线长度而节省的工程造价和运营费都是很可观的。

c. 垭口两侧地形和地质条件。山坡线是越岭线的重要组成部分，而山坡坡面的曲折与陡缓、地质的好坏等情况直接关系到路线的标准和工程量的大小。因此，垭口选择要与侧坡展线条件结合考虑。选择时，如有地质稳定、地形平缓有利于展线的侧坡，即使垭口位置略偏或垭口较高，也应比较，不要轻易放弃。

② 过岭高程的确定：过岭高程是越岭线布设的重要控制因素。不同的控制高程，不仅影响工程大小、路线长短和线形标准，而且直接关系到垭口两端的展线布局。如图6.2.10所示，由于垭口选用了不同的挖深，出现了三个展线方案：甲方案垭口挖深9 m，需设两个回头弯道；乙方案垭口挖深13 m，只需设一个回头弯道；丙方案垭口挖深20 m，不需设回头弯道，顺山势展线即可。丙方案线形好，路线最短，有利于行车。

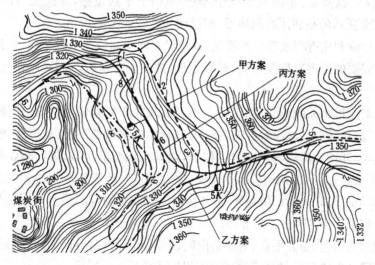

图6.2.10 垭口采用不同挖深的展线方案

过岭的方式有以下三种：

a. 浅挖低填垭口。当越岭地段的山坡平缓、容易展线、垭口地带的地形宽且厚时，宜采用浅挖或低填的形式通过，此时过岭高程与垭口高程基本一致。

b. 深挖垭口。当垭口比较瘦削时，常采用深挖的方式通过，虽然深挖处的土石方数量集中，但有效地减低了过岭高程，缩短了展线长度，而且改善了行车条件。深挖的程度应视地形、地质、气候等条件，以及展线对过岭高程的要求而定，一般不要超过 20 m。此时的过岭高程为深挖后的高程。

c. 隧道穿越。当垭口挖深在 30 m 以上，特别是垭口瘦薄时，可以考虑采用隧道过岭的方式。采用隧道穿越山岭具有路线短、线形好、有利于行车、战时隐蔽、受自然因素影响小、路基稳定等特点。在高寒地区，隧道穿山，海拔低，不受冰冻、积雪等的影响，大大改善了运营条件。但也有造价高、工期长、受地质条件影响较大等不利因素。

（3）垭口两侧路线展线布局　展线是在两控制点间采用某种方式延长路线长度，以减小纵坡度的过程。

① 展线方式：主要有自然展线、回头展线和螺旋展线三种，如图 6.2.11 所示。

a. 自然展线。图 6.2.11 中 I 方案，当山坡平缓、地质稳定时，以适当的纵坡，顺着自然地形，绕山嘴、沿侧沟来延展路线、克服高差的展线方式。这种方式的优点是：符合路线的基本走向，纵坡均匀，路线

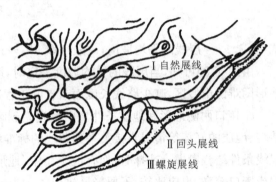

图 6.2.11　越岭展线方式

短、线形好、技术指标较高。缺点是：路线避让艰巨工程和地质不良地段的自由度不大。

b. 回头展线。图 6.2.11 中 II 方案，利用回头曲线延展路线克服高差的布线方式。其优点是：能在短距离内克服较大的高差，布线灵活，利用有利地形避让艰巨工程和地质不良地段的自由度较大。缺点是：平曲线半径小，同一坡面上下线重叠，对施工、行车和养护都不利。如图 6.2.12 所示的是利用有利地形，布设回头展线的实例。

越岭线应尽量利用有利地形自然展线，避免设置回头曲线。三级公路、四级公路在自然展线无法争取需要的距离以克服高差，或因地形、地质条件所限不能采取自然展线时，可用回头展线。

回头位置对于回头曲线的线形、工程大小以及展线布局有较大影响，选择时应多调查、多比较。回头地点在满足展线布局的前提下，宜选在地面横坡平缓、地形开阔、方便上下线路布置的地点；相邻回头曲线间距应尽量拉长，以减少回头的次数，设计时要与纵坡综合考虑，既不因回头位置过高利用不上，也不要使其位置过低，使纵坡损失过大而增长路线。当设计速度为 40 km/h、30 km/h 和 20 km/h 时，由一个回头曲线的终点至下一个回头曲线起点的距离应分别不小于 200 m、150 m 和 100 m。

一般较肥厚的山包、山脊平台、平缓的山坡、山沟、山坳及岔谷间的缓坡台地均是回头的有利地形。如图 6.2.13 所示的地形均适合布设回头曲线。

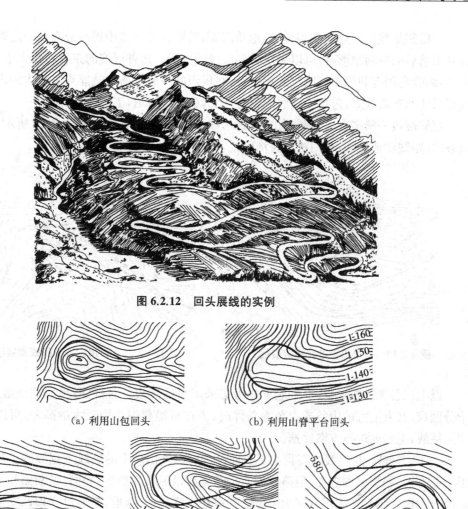

图 6.2.12 回头展线的实例

(a) 利用山包回头　　(b) 利用山脊平台回头

(c) 利用平缓的山坡回头　　(d) 利用山沟回头　　(e) 利用山坳回头

图 6.2.13 适合布置回头曲线的地形

回头曲线各部分的技术指标应符合表 6.2.1 的规定。设计速度为 40 km/h 的道路根据地形条件可选用 35 km/h 或 30 km/h 的回头曲线设计速度。回头曲线前后的线形应连续、均匀、通视良好,两端宜布设过渡性曲线,且应设置限速标志、交通安全设施等。

表 6.2.1 回头曲线技术指标

主线设计速度/(km/h)	40		30	20
回头曲线设计速度/(km/h)	35	30	25	20
圆曲线最小半径/m	40	30	20	15
回旋线最小长度/m	35	30	25	20
超高横坡度/%	6	6	6	6
双车道路面加宽值/m	2.5	2.5	2.5	3
最大纵坡度/%	3.5	3.5	4	4.5

c. 螺旋展线。当路线受到地形、地质限制，需要在某处集中提高或降低一定高度才能充分利用前后的有利地形时，可以采用螺旋展线的方式。这种展线的路线转角大于360°，其优点是：路线利用有利的山包或瓶颈形山谷，在很短的平面距离内就能克服较大的高差。它的线形虽比回头曲线好，避免了路线的重叠，但需建桥或隧道，工程造价高。

螺旋展线一般多在山脊利用山包盘旋，以桥梁或隧道跨线，如图6.2.14所示；也有的在峡谷内，路线就地迂回，利用桥梁跨沟跨线，如图6.2.15所示。

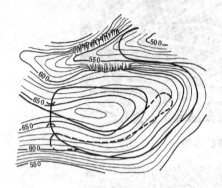
图6.2.14 利用山脊进行螺旋展线

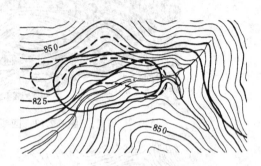
图6.2.15 利用山谷进行螺旋展线

以上三种展线方式中，一般应首先考虑采用自然展线；不得已时采用回头展线；当地形十分困难，又有适宜的山谷或山包等条件时，为在短距离内克服较大的高差，可以考虑使用螺旋展线，但需要进行方案比选。

② 展线布局：越岭线的高程主要是通过垭口两侧山坡上的展线来克服的。虽然山坡地形千差万别，线形多种多样，但路线的布局首先要以纵坡为指导，平面、纵断面和横断面三方面综合考虑。越岭线利用有利地形、地质，避让不良地形、地质，是通过合理调整坡度和设置必要的回头曲线来实现的，而回头曲线的布置，也要根据纵坡来选定。只有符合纵坡标准的路线方案，才能成立。因此，展线布局必须从纵坡的安排开始，其步骤如下：

a. 拟定路线的大致走向。在视察或踏勘阶段确定的控制点间，根据地形和地质情况，以纵坡度为主导，拟定出路线可能的展线方案和大致走法。

b. 试坡布线。进一步落实初拟方案的可行性和加密控制点，拟定路线的局部方案。试坡通常自垭口开始，由上而下，按照符合现行《标准》要求的某一设计坡度进行放坡。试坡布线中，在必须避让的地物处、不良地质地段、拟设回头曲线处，选择合适的点位，若该点与前后控制点连线构成的纵坡度与设计纵坡基本一致或略小，则选择的点位可以作为中间控制点；若该点与前后控制点连线构成的纵坡度大于设计纵坡，则应调整点位，重新布线。

c. 分析、落实控制点，决定路线布局。经试坡确定的控制点，有固定和活动之分：第一种是位置和高程都不能改变的（如工程特别艰巨地点、某些受限制很严的回头地点、必须利用的桥梁、必须通过的街道等）；第二种是位置固定，高程可以活动的（如垭口、重要桥位等）；第三种是位置和高程都有活动余地的（如侧沟跨越地点、宽阔平缓山坡的回头地点等）。

6.3 道路定线

6.3.1 概述

道路定线是按照已定的技术标准,在选线布局阶段选定的"路线带"(或叫定线走廊)的范围内,结合细部地形、地质条件,综合考虑平面、纵断面和横断面三方面的合理安排,确定并实地定出道路中线的确切位置的过程,其内容包括确定交点和曲线定线两项工作。

道路定线在具体做法上有实地定线和纸上定线两种。实地定线是指直接在实地钉桩确定路线线位的方法,一般只适用于路线等级低、路线短及地形、地物控制不严的道路。纸上定线则是在实测或航测的大比例地形图上确定路线位置后再放线到实地的方法。一般技术等级高,地形、地物复杂的路线必须采用纸上定线的方法。按照现行设计文件编制要求,除少数特殊情况(如山岭区四级公路,所在区域又没有地形图)外,定线均应采用纸上定线。本书主要讲述纸上定线的方法和步骤。

道路定线应注意以下问题:

(1) 道路定线应正确掌握和运用技术标准。定线工作应做好总体布局,在各类地形、地质、水文条件复杂、工程艰巨的路段,应拟定出可能的比较方案,通过反复推敲比较后确定最终方案。

(2) 道路定线不仅要解决工程、经济方面的问题,而且要充分考虑道路与周围环境配合,以及道路本身线形美观等问题。

(3) 道路定线除受地形、地质及地物等有形的制约外,还受技术标准、国家政策、社会影响、道路美学(构成优美线形的所有规则)以及其他因素的制约,这就要求设计人员必须具有广博的知识和熟练的定线技巧。好的设计师也不可能一次试线就能选出最好的线位,复杂条件下的定线可能需要好几个设计方案供定线组全体人员研究比选。因为每一个方案都将是众多相互制约因素的一种折中方案,理想的路线只能通过比较的方法找出。

(4) 道路定线应吸收桥梁、水文、地质等专业人员参加,也应听取有园林建筑知识的设计人员的意见,发挥各种专业人员的才能和智慧,使定线成为各专业组协作的共同目标。

6.3.2 纸上定线

纸上定线是在大比例尺(一般以1:1000为宜)地形图上,根据不同等级道路所规定的技术标准,结合地形情况,确定道路中线位置的过程。不同地形定线中有不同的侧重点:平原、微丘区地形起伏不大,路线一般不受高程限制,定线主要是正确绕避平面上的障碍,力争控制点间路线顺直短捷;山岭、重丘区地形复杂,横坡陡峻,定线时利用有利地形,避让艰巨工程、不良地质地段或地物等,都涉及调整纵坡问题,而山岭区纵坡的限制又较严,因此在山岭区和重丘区安排好纵坡就成为首要问题。

1) 平原、微丘区定线

(1) 认真分析路线走向范围内的地形、地质、建筑物和其他地物的分布情况,确定中间控制点及其可调整的范围。若沿线有需要跨越的河流,应估算桥梁的长度,如果是大桥或特大桥,跨河位置一般应作为控制点。

(2) 通过或靠近大部分控制点连直线,交汇出交点。分析前后直线的合理性,如该直线是否会引起大量建筑物拆迁、是否经过了大面积水田或不良地质地区、前后直线长度是否过短等。若不合理,则应根据控制点的可调整范围调整个别控制点位置后重新穿线或调整穿线方案。

(3) 用量角器和直尺量出偏角和交点间距或通过交点坐标计算出偏角和交点间距,根据交点位置处的实际情况,分析该平曲线半径的控制因素并选配平曲线半径和缓和曲线长度。推荐半径时应考虑现行《标准》的有关规定、地形地质特点和有关技术经济要求。平曲线半径一般受曲线内侧障碍物和切线长控制,设计中可以根据实际控制因素反算平曲线半径。

(4) 计算曲线要素和路线里程,按切线长在地形图上定出曲线的直缓点和缓直点并画出整个曲线。由设计起点或后方曲线的缓直点开始,量出各公里桩、百米桩和主点桩。

(5) 按路线里程及地面特征点(设加桩)的高程,以规定的比例尺绘出纵断面图的地面线,在纵断面图"直线及平曲线"栏内按路线里程绘出平面示意图,曲线内侧填注曲线几何要素。

(6) 根据地面起伏、地面横坡、地质条件和有关规定,进行纵断面设计,定出各个坡段长度(一般取 50 m 的整倍数)及坡度大小,计算变坡点处的设计高程,绘出设计坡度线。

(7) 通常在定出一段平面后,紧接着设计纵断面。在试定出 3~5 km 路线后,全面地进行检查、分析,看路线是否合理,直到修改满意为止。

重复以上步骤,设计下一段线路,直至设计终点。最后,按标准图式绘制平面图与纵断面图。

(8) 桥涵及其他单项工程的布置。路线设计的合理性,要结合单项工程的布置与设计综合考虑。应进行桥梁、涵洞的分布、流量与孔径的计算,确定交叉口的位置及形式,以及布置挡土墙等。这些工作应由有关的专业配合进行,综合反映到平面和纵断面设计中。

2) 山岭、重丘区定线

(1) 判断是否需要展线 若连续 3 km 以上的地面平均自然坡度大于设计道路的平均纵坡度(5%~5.5%),则应考虑展线,否则不需要展线或只有局部地段需要展线。

(2) 定导向线

① 确定路线方案:在大比例尺地形图上,仔细研究路线布局阶段选定的主要控制点间的地形、地质情况,选择有利地形如平缓、顺直的山坡,开阔的侧沟,利于回头的地点等,拟定路线各种可能的走法。如图 6.3.1 所示,图左侧地形较陡,图右侧地形较缓,A、D 为两控制点,B 为可利用的山脊平台,C 为应避让的陡崖,则 $A-B-C-D$ 为路线的一种可能走法,须由放坡试定。纸上定线的放坡是用两脚规进行的。

② 绘均坡线:根据等高线间距 h 及选用的平均坡度 $i_{均}$(5%~5.5%,视地形曲折程度而定),按 $a=h/i_{均}$ 计算出等高线间平距 a,使两角规的开度等于 a(比例尺与地形图同)。从某一固定点如图 6.3.1 的 A 开始,沿各拟定走法在等高线上依次截取 a,b,c 等点,如最后一个

点的位置和高程均接近另一固定点 D 时,说明这个方案能够成立;否则,修改走法或调整 $i_{均}$,重新试验直至方案成立为止。

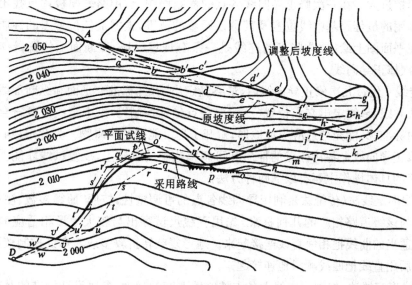

图 6.3.1 纸上定线平面图

③ 定导向线:分析均坡线对地形、地物及艰巨工程和不良地质的避让情况。如有不合理之处,应选择出需避让或利用的中间控制点,调整平均纵坡,重新试坡。经过调整后得出的折线,称为导向线。如图 6.3.1,$Aab\cdots D$ 折线从 C 处陡崖中间通过,B 处利于回头的地点也未利用。但若调整一下 B、C 前后路段的坡度,即可避开陡崖和利用有利的回头地点。因此可以把 B、C 定为中间控制点,然后再分段仿照放坡截取 a',b',$\cdots$ 诸点,连接 $Aa'b'\cdots D$ 的折线,即为"导向线"。导向线展示了路线将行经的部位。

(3) 平面试线 导向线仍然是条折线,还不能满足平面线形的要求。为此应根据平面线形标准,结合地面自然坡度变化情况,确定必须通过的点、适当照顾的点和可以不考虑的点,然后以点连线,以线定交点,并量出转角,敷设曲线,从而定出平面试线。在连线、定交点时,按照"照顾多数,保证重点"的原则综合考虑平面线形设计的要求,穿线交点,初定路线导线(初定出交点)。然后敷设曲线,按路中线计划通过部位选取并注明各弯道的圆曲线半径、缓和曲线长度等。平面试线中要考虑平面和纵断面的配合,满足《标准》的规定和要求,综合分析地形、地物等情况,穿出直线并选定曲线半径。

(4) 修正导向线

① 点绘纵断面草图:在平面试线的基础上量出地形变化特征点桩号及地面高程,点绘出粗略纵断面地面线(可用分规直接在图纸上量距,确定地面高程),进行初步纵坡设计,量出各桩的粗略设计高程。

② 定一次修正导向线(即纵断面修正导向线):其目的是用断面修正平面,避免纵向大填、大挖。根据初步纵断面设计的填挖情况,对纵断面地面高程进行修正(挖方过大,降低地面高程;填方过大,升高地面高程),然后对平面试线上的对应路段进行平面线位调整,称为

一次修正导向线。

③ 定二次修正导向线（即横断面修正导向线）：其目的是用横断面最佳位置修正平面，避免横向填挖过大。在一次修正导向线各点的横断面图上，用路基模板逐点找出最经济的或起控制作用的最佳路基中线位置及其可以调整的范围，根据最佳位置点的性质分别用不同符号点在平面图上绘出，这些点的连线是一条有理想纵坡、横断面上位置最佳的平面折线，称为二次修正导向线。

（5）定线　经过几次修正导向线后，最终确定出满足《标准》、平面和纵断面线形都比较合理的路线导线，最终定出交点位置（一般由交点坐标控制）。纸上定线应既符合该级道路规定的几何标准，又能充分适应当地地形，避开了尽可能多的障碍物。为此定线必须在分析研究二次修正导向线上各特征点的性质和可调整范围的基础上，反复试线才能得到满意的结果。定线的具体操作主要有以下两种方法：

① 直线形定线法（传统法）：利用导向线各点的可调整性，按照"照顾多数、注意重点"的原则，掌握与该级道路相应的几何标准，先用直线尺试穿出与较大地形相适应的一系列直线，然后用适当的曲线把相邻直线连接起来。地形复杂转折较多或转弯处控制较严时，也可先定曲线，后用直线把曲线顺滑地连接起来。

② 曲线形定线法：根据导向线上各点控制性严宽的程度，参照设计标准的要求，先用一系列圆弧去拟合控制较严的地段或部位，然后把这些圆弧用适当的缓和曲线连接起来。

（6）设计纵断面　量出路线穿过每一等高线处的桩号及高程，绘制路线地面线的纵断面。设计者根据地形图，把竖向需要控制的各特征点（如为保证桥涵净空的最小高度等）的高程分别用不同符号标注在图上作为填挖控制点，然后仿照平面试线的方法确定纵坡设计线。定纵坡设计线应参考试线时的理想纵坡，纵坡要符合该级道路技术标准要求，努力争取满足各种竖向控制以及纵坡线形与平面线形的配合。

纸上定线是一个反复试验的过程，在某限度内，试线越多，最后的成品就越好。直到无论采取什么措施都不能显著节省工程量或增进美感时，才可认为纸上定线工作已告完成。中线定出以后就可以进行纵断面、横断面以及相关内容设计。

【思考题】

1. 道路总体设计的主要内容有哪些？
2. 平原区、丘陵区和山岭区道路总体设计的基本原则有何不同？
3. 道路选线的基本步骤是什么？简述各步骤的一般要求和要点。
4. 什么叫沿溪（河）线？沿溪（河）线布线的关键问题是什么？有哪些要点？
5. 越岭展线有哪些基本形式？为什么说回头展线不是理想的展线形式？
6. 简述纸上定线的一般步骤及要点。

7 道路交叉设计

> **本章提要**
>
> 本章主要介绍了道路交叉口的特征及改善交叉口的基本途径;路线交叉的分类、主要设计内容和设计原则;常用平面交叉口的类型、交通组织设计与通行能力;平面交叉口的视距三角形和识别距离、交叉口拓宽设计;平面交叉口立面设计内容和立面类型、立面设计方法和步骤;环形交叉口组成、中心岛形状、半径与设计要求;道路立体交叉的组成、类型及适用特点;互通式立体交叉形式选择的因素、基本原则、方法和步骤等。

7.1 概述

道路与道路或铁路在同一平面上相交的地方称为交叉口。其中,道路与道路交叉是路线交叉设计中最主要的内容。

在道路网中,各种道路纵横交错,必然会形成很多交叉口,交叉口是道路系统的重要组成部分,是道路交通的咽喉。相交道路的各种车辆和行人都要在交叉口汇集、通过和转换方向,相互之间会产生干扰,影响了交叉口的通行能力,使交叉口处车速降低,易形成交通阻塞和发生交通事故。而交叉口交通拥堵严重时会波及路段和整个路网系统,从而引起严重的延误,导致更严重的噪声污染、废气污染、能源浪费等问题。因此,如何正确设计交叉口,合理组织交通,对于提高交叉口的通行能力,避免交通阻塞,减少交通事故,都具有重要意义。

按照相交道路的空间位置,道路交叉可分为平面交叉和立体交叉两种基本类型。两种交叉形式有各自的特点和优劣。按照相交道路的性质及功能,道路交叉又可分为公路交叉和城市道路交叉两类,两类交叉在设计侧重点上有所不同。

7.1.1 交叉口的特征

交叉口是不同方向的多条道路相交或连接的地点,有的道路要通过交叉形成相交点,而有的道路到交叉口就终止,形成连接点。每条道路各个方向来车到交叉口后有的要直行通过,有的则要改变方向(左转或右转),车辆相互之间干扰很大,导致行车速度减慢,通行能力降低。

1) 交通特征

(1) 交通流线在交叉口产生交错点 把汽车作为一个质点,行驶时所走的轨迹就叫交通流线(又叫行车路线)。在十字交叉口入口处,每一交通流线都将分成直行、左转、右转三个方向的交通流线,这一分一合形成了交通流线间十分复杂的关系。

交错点是指交通流线相互发生交错的连接点。由于行车路线在交错点发生交错,给行车安全带来影响。按交通流线交错的不同形式,又分为分流点(又叫分叉)、合流点(又叫汇合点)、冲突点(又叫交叉点)以及交织段四种情况,如图 7.1.1 所示。

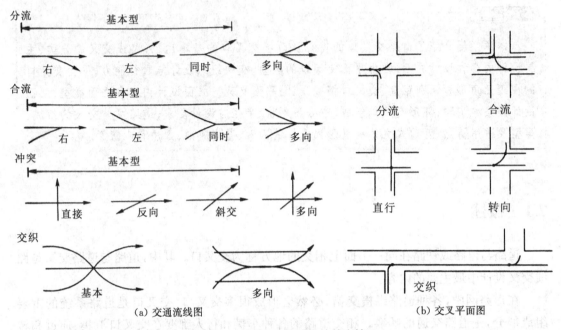

图 7.1.1　交叉口交通流线的基本情况

分流点是指一条交通流线分为两条交通流线的地点。在分流点处,由于有的车辆要驶出原交通流线,改变行车方向,因而要减速,使通行能力降低,有可能发生尾随撞车。分流点主要产生在交叉口入口处,直行、右转、左转交通流线之间。

合流点主要是指来自不同方向的交通流线以较小的角度向同一方向汇合行驶的地点。由于几列不同方向的车队合成一列车队,车辆之间可能发生同向挤撞或尾随撞车,通行能力也会降低。合流点主要产生在交叉口出口处,直行、右转和左转交通流线之间。

冲突点是指来自不同方向的交通流线以较大角度或接近 90°相互交叉的地点。冲突点处,由于交通流线角度很大,发生撞车的可能性最大,对交通安全影响较大。冲突点主要产生在交叉口相交的公共区内,左转、直行交通流线之间。三路、四路、五路交叉口三种危险点分布如图 7.1.2 和图 7.1.3 所示。

交织段是分流和合流的组合情况,当两方向的交通流线合流后,交换车道又分流则形成了交织段。交织段长度是交织的基本参数,当交织段长度为零时即形成了冲突。

交叉口的交错点数量与交叉口相交道路的条数、车道数以及有无信号控制有关,见表 7.1.1。

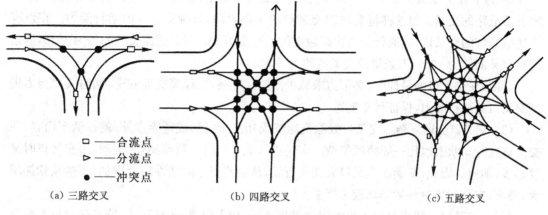

(a) 三路交叉 (b) 四路交叉 (c) 五路交叉

图 7.1.2　无信号控制的交错点分布图

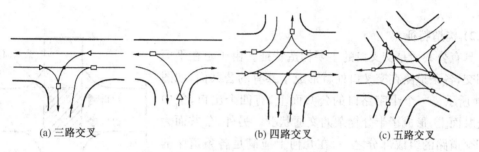

(a) 三路交叉 (b) 四路交叉 (c) 五路交叉

图 7.1.3　有信号控制的交错点分布图

表 7.1.1　交叉口的交错点数量

交错点类型	无交通信号控制			有交通信号控制		
	相交道路的条数			相交道路的条数		
	3 条	4 条	5 条	3 条	4 条	5 条
分流点	3	8	15	2 或 1	4	4
合流点	3	8	15	2 或 1	4	6
左转车流冲突点	3	12	45	1 或 0	2	4
直行车流冲突点	0	4	5	0	0	0
交错点总数	9	32	80	5 或 2	10	14

从以上图表可得到以下三点结论：

① 在无交通信号控制的交叉口上，都存在着分流点、合流点和冲突点，交错点数量随相交道路条数的增加而显著地增加。

② 产生冲突点最多的是左转弯车辆。在四路交叉口上如无左转弯车辆，则冲突点数就可从 16 个减至 4 个；五路交叉时，其冲突点数可从 50 个减至 5 个。因此，在交叉口设计中，如何正确处理和组织左转弯车辆，以保证交叉口的顺畅和安全，是设计交叉口的关键之一。

③ 为了控制和减少交叉口上的冲突点、保证行车安全,必须设置交通信号灯,按顺序开放各条道路的交通。但这样将会增加交叉口的延误时间,影响交叉口的通行能力。在设有交通信号灯的交叉口,其通行能力比路段上的通行能力弱。三条道路交叉的约为30%,四条道路交叉的约为50%,五条道路交叉的约为70%。

所以,在交叉口的设计中,必须力求减少或消除冲突点,保障交通安全,同时又要努力提高交叉口的通行能力,保证行车畅通。

(2) 交叉口交通复杂　交叉口处除交通流线相互干扰形成危险点外,就每辆车而言,在交叉口处行车状态也比一般路段复杂。车辆进入交叉口时一般要减速、制动,出交叉口时又要起步、加速。因此,车辆在交叉口为变速行驶,从而使行车的惯性阻力增加,车损及轮耗增大,噪声、空气污染对环境影响较为严重。

另外,交叉口一般多处于人口集中的繁华地区,行人交通、非机动车,特别是自行车交通在交叉口转换方向,使交通流线相互干扰,情况更为复杂,这给交通的组织也带来了很大的困难。

2) 构造特征

具有公共面是交叉口的主要构造特征。由于是在平面上相交,各条道路在交叉口处就形成了共有的公共面,如图7.1.4所示。一个十字路口的公共面上,有四个出口,集中到公共面上,形成了十分复杂的交通状况。另外,公共面为各相交道路的组成部分之一,在几何上应满足各条道路的平面、纵断面线形和排水的要求。因此,如何设计好交叉口的公共面,确保交叉口排水畅通和路容美观是平面交叉口设计的任务之一。

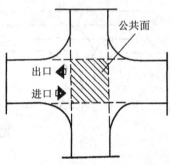

图 7.1.4　平面交叉口的公共面

7.1.2　改善交叉口的基本途径

(1) 使交通流线在时间上分离　运用交通组织和管理的办法,对交叉口的交通进行限制,在同一时间内,只允许某一方向的车流通过,这样在交叉口的危险点就大大减少。通常在交叉口设置自动交通信号灯,或由交警指挥,或设置让路交叉路口,或定时不准左转车通行等,都是属于在时间上分离的措施。

(2) 使交通流线在平面上分离　在交叉口采用各种交通设施或进行交通组织,使交通流线在平面上分离,这也是减少交叉口危险点的重要途径。通常采用的措施和方法有:

① 在交叉口进口处设置专用车道,将不同方向车辆在过交叉口前分离在各专用车道上,减少行车干扰。

② 合理组织交通路线,变左转车为右转车。如设置中央岛组织环形交通,规定交通路线,绕街道组织大环行交通,都属于这一类型。

③ 组织渠化交通。在交叉口用画线、绿带、交通岛和各种交通标志等方法,限制交通路线,使交通流线在平面上分离的交通组织方法。

(3) 使交通流线在空间上分离　设置立体交叉,从根本上分离交通流线,解决交叉口交通问题。

7.1.3 路线交叉的分类

根据相交路及相交构筑物的性质、等级,道路交叉可分为道路与铁路交叉、道路与道路交叉、道路与乡村道路交叉和道路与管线交叉等,如图 7.1.5 所示。

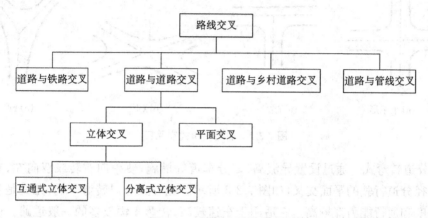

图 7.1.5 路线交叉的分类

7.1.4 交叉口设计主要内容

(1) 平面交叉设计
① 正确选择交叉口类型。
② 合理布设交叉口各种交通设施(包括交通信号、标志、标线、导流岛、方向岛等),进行交通组织设计(包括车辆交通和行人交通)。
③ 交叉口几何设计,确定交叉口各部分的几何尺寸。
④ 交叉口立面设计及排水设计。
(2) 立体交叉设计
① 立体交叉类型选择及立体交叉方案设计。
② 立体交叉线形设计,包括正线和匝道的线形设计。
③ 立体交叉桥跨构造物设计。
④ 立体交叉变速车道设计。
⑤ 立体交叉附属设施设计。

7.2 道路平面交叉设计

7.2.1 平面交叉口的类型

(1) 加铺转角式 交叉口用适当半径的圆曲线平顺连接相交道路的路基和路面,如图

7.2.1 所示。此类交叉口形式简单,占地少,造价低,设计方便,但行车速度低,通行能力小。它适用于交通量小,车速低,转弯车辆少的三、四级公路或地方道路,若斜交不大时,也可用于转弯交通量较小的主要道路与次要道路交叉。设计时主要解决合适的转角曲线半径和足够的视距问题。

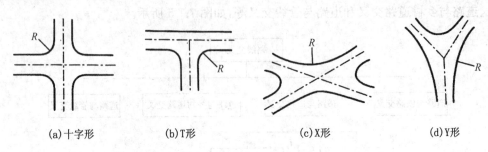

(a)十字形　　(b)T形　　(c)X形　　(d)Y形

图 7.2.1　加铺转角式交叉口

(2) 分道转弯式　通过设置导流岛、划分车道等措施,使单向右转或双向左、右转车流以较大半径分道行驶的平面交叉,如图 7.2.2 所示。此类交叉口转弯车辆,尤其是右转弯车辆行驶速度和通行能力都较高。它适用于车速较高,转弯车辆较多的一般道路。设计时主要考虑分道转弯半径、保证足够的视距和满足导流岛端部半径的要求。

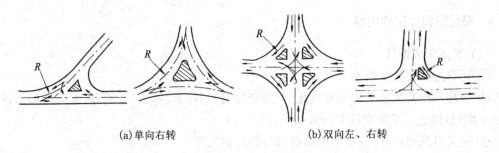

(a)单向右转　　(b)双向左、右转

图 7.2.2　分道转弯式交叉口

(3) 拓宽路口式　为使转弯车辆不影响其他车辆的正常行驶,在交叉口连接部增设变速车道和转弯车道的平面交叉。这种交叉口可以单增右转或左转车道,也可以同时增设左、右转弯车道,如图 7.2.3 所示。此类交叉口可减少转弯交通对直行交通的干扰,车速较高,事故发生率低,通行能力大,但占地多,投资较大。它适用于交通量较大、转弯车辆较多的二级公路和城市主干路。设计时主要考虑拓宽的车道数,同时也要满足视距和转角曲线半径的要求。

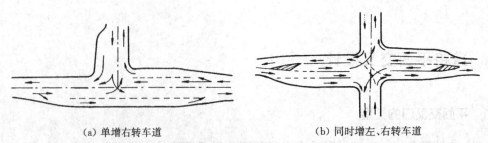

(a)单增右转车道　　(b)同时增左、右转车道

图 7.2.3　拓宽路口式交叉口

(4) 环形交叉　在交叉口中央设置中心岛,用环道组织渠化交通,使进入环道的所有车辆一律按逆时针方向绕岛单向行驶,直至所要去的路口离岛驶出的平面交叉,俗称转盘,如图7.2.4所示。

当多条道路相交,通过交叉口的交通量总数为500~3 000辆/h,左右转弯车辆较多,且地形较平坦时可考虑采用环形交叉口。在快速道路和交通量大的干线道路上、有大量非机动车和行人交通的道路、位于斜坡较大地形以及桥头引道上均不宜采用环形交叉口。按规划需修建立体交叉处,近期可采用环形平面交叉作为过渡形式,并预留远期改建为立交的可能性。

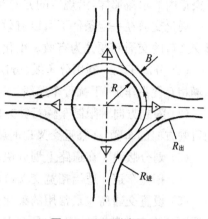

图7.2.4　环形交叉口

7.2.2　平面交叉口的交通组织设计

车辆交通组织的目的就是保证交叉口上车辆行驶安全、通畅,提高交叉口的通行能力。常用的车辆交通组织方法有:设置专用车道,左转弯交通组织,组织渠化交通,调整交通组织等。

1) 设置专用车道

组织不同行驶方向的车辆在各自的车道上行驶,互不干扰。根据行车宽度和左、直、右行车辆的交通量大小可做出多种组合的车道划分。

2) 左转弯车辆的交通组织

左转弯车辆是引起交叉口车流冲突的主要原因,合理地组织左转弯车辆的交通,是保证交通安全,提高交叉口通行能力的有效方法。左转弯车辆的交通组织方法可采用以下几种形式:

(1) 实行信号灯管制,设置专用左转车道　在行车道宽度内紧靠中线划出一条车道供左转车辆专用,以免阻碍直行交通;若原有行车道宽度不够时,可向中线左侧适当扩宽设置专用左转车道。在交叉口设置信号灯,使左转弯车辆从直行车流中分出来,在左转专用道中排队等候,待信号灯转变为绿灯时,再左转通过,以减少左转对直行、右转车辆行驶的干扰阻滞。

(2) 变左转为右转

① 环形交通:在交叉口中央设置圆形或椭圆形的交通岛,使车辆进出交叉口一律绕岛作逆时针单向行驶,它的特点是不设置信号灯,变左转为右转,使冲突车流变为分流与合流。

② 街道绕行:使左转车辆环绕邻近街道道路右转行驶实现左转。这种方法行程增加很多,通常仅用于左转车辆所占比例不大,旧城道路扩宽困难,或在桥头引道坡度大的十字形交叉口,为防止车辆高速下坡时直角转弯发生事故而采用。

3) 组织渠化交通

在行车道上画线,或用绿带和交通岛来分隔车流,使各种不同类型和不同速度的车辆能像渠道内的水流那样,沿规定的方向互不干扰地行驶,这种交通形式称为渠化交通。

渠化交通在一定条件下可以有效地提高道路的通行能力,减少交通事故。它对解决畸形交叉口的交通问题尤为有效。渠化交通组织措施主要有以下几种:

（1）分离车辆　利用分车线、分隔带或交通岛,分离不同行驶方向和速度的车辆,避免车辆相互侵占车道,干扰行车路线。

（2）限制方向　限制车辆行驶方向,使斜交对冲的车流变为直角交叉或锐角交织,使不同行驶方向的车辆,在临近交叉口时就划分车道分别行驶。

（3）划分版块　在道路上划分快、慢车道,保证车辆正常行驶。

（4）拓宽车道　适当拓宽交叉口,增设车道数。

（5）设置交通岛　最常用的渠化交通的方式是设置交通岛,这些交通岛按功能和布置位置可分为方向岛、中心岛、分隔岛和安全岛等。

相交道路等级较高或交通量较大的平面交叉,应采用由分隔岛、导流岛来指定各向车流行径的渠化交叉:

（1）主要道路为二级公路的T形交叉,当直行交通量不大,而与次要道路间的转弯交通量占相当比例时,可采用如图7.2.5(a)所示的只在次要道路上设分隔岛的渠化T形交叉。当主要道路的直行交通量较大时,则采用如图7.2.5(b)所示的在主要道路和次要道路上均设分隔岛的渠化T形交叉。

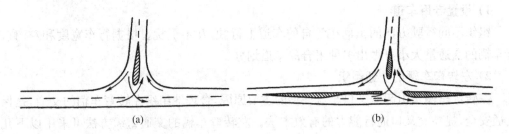

图7.2.5　只设分隔岛的渠化T形交叉

（2）主要道路为四车道公路,或设计速度≥60 km/h且有相当比例转弯交通量的二级公路,或是与互通式立交直接连接的双车道道路的T形交叉应采用如图7.2.6(c)所示的设置导流岛的渠化T形交叉。

当主要道路为双车道时,应根据左、右转弯交通量的平衡与否而选用如图7.2.6(a)(b)(c)所示的某种渠化布置方式。主要道路上的分隔岛宜为隐形岛。

当主要道路为四车道时,应采用如图7.2.6(d)所示的渠化布置方式。次要道路上的导流岛可根据左、右转弯交通量情况做如图7.2.6(a)(b)所示的变通处理。主要道路上的分隔岛应为实体岛。

（3）主要道路为四车道道路以及设计速度为80 km/h的双车道道路,或虽然设计速度为60 km/h,但属于区域干线的双车道道路,这三种道路的十字交叉应采用如图7.2.7所示的渠化交叉。

（4）当主要道路为四车道道路,或虽为双车道,但交叉所在的局部路段为四车道,次要

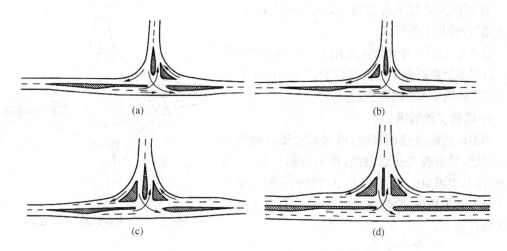

图 7.2.6　设导流岛的渠化 T 形交叉

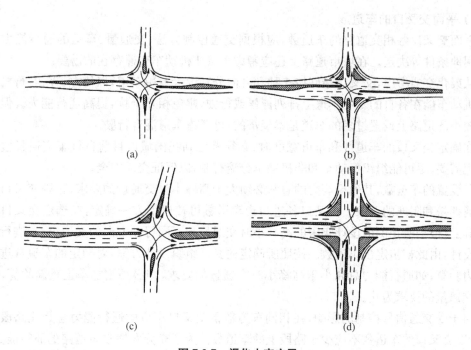

图 7.2.7　渠化十字交叉

道路为双车道道路且转弯交通量不平衡时,主要道路与次要道路之间的十字交叉可采用如图 7.2.7(c)的形式;若转弯交通量较大且各向转弯较平衡时,则应按图 7.2.7(b)那样布置完善的渠化岛。

(5) 两四车道公路或四车道以上公路相交,或其中之一为四车道以上的公路时,应按图 7.2.7(d)设置完善的渠化岛、转弯车道和信号系统。

(6) 环形交叉。环形交叉适用于交通量适中,经过验算后出、入口间的距离能满足交织长度的要求,或按"入口让路"规则(非交织原理)设计能满足交通量需要的 3～5 岔的交叉。

① 环形交叉宜采用如图 7.2.8 所示的适应"入口让路"行驶规则的形式。

② "入口让路"环形交叉适用于一条四车道道路和一条双车道道路相交的交叉以及两条高峰小时交通量不大的四车道道路相交的交叉。

4) 调整交通组织

当旧城道路改建困难时,可对城市道路网进行综合考虑,采取改变交通路线,限制车辆行驶,控制行驶方向,组织单向交通,以及适当封闭一些主要干道上的支路等措施,简化交叉口交通,提高整个道路网的通行能力。

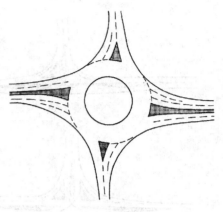

图 7.2.8 "入口让路"环形交叉

7.2.3 平面交叉口的车道数与通行能力

1) 平面交叉口的车道数

平面交叉口各相交道路的车道数,应根据交通控制方法、交通量、车道的通行能力及交叉处用地条件等决定。在城市道路上还应考虑大量非机动车交通存在的需要。

从渠化交通考虑,交叉口最好按车种和方向分别设置专用车道,以使左、直、右行机动车和非机动车能在各自的专用车道上排列停候或行驶,避免相互干扰,提高通行能力。但在交通量较小的道路上设置过多的车道是不经济的,可考虑车道混合行驶。

在确定交叉口的车道数和车道宽度时,必须考虑到我国城市目前自行车交通日益发展的客观需要,尽可能组织机动车和非机动车分流行驶,以保证交通安全。

所设置的车道数,其通行能力的总和必须大于高峰小时交通量的要求,否则交叉口会产生交通拥挤和阻塞的现象。交叉口各进口道车道数可按以下方法确定:在选定交叉口形式的基础上,根据所预测的设计年限的高峰小时交通量和不同行驶方向的交通组成,进行交通组织设计,由此初步定出车道数。按照所确定的交通组织设计方案,对初定的车道数进行通行能力验算,如通行能力总和小于高峰小时交通量的要求,则必须增加车道重新验算,直到满足交通量的要求为止。

由于受交通信号控制的影响,在相同车道数下交叉口车道的通行能力总是比路段上要小,所以交叉口的车道数不应少于路段上的车道数。为了充分发挥整条道路的通行能力,交叉口的设计通行能力应与路段通行能力相适应。一般情况下,交叉口的车道数宜比路段上多设一条。

2) 平面交叉口的通行能力

(1) 有交通信号灯控制交叉口的通行能力 有交通信号灯控制交叉口的通行能力常用"停车线断面法"计算。

① 一条直行车道的通行能力

$$N_{直} = \frac{3\,600}{T} \cdot \frac{T_g - \dfrac{v_s}{2a}}{t_s} \quad (辆/h) \tag{7.1}$$

式中：T——信号周期(s)，一般 $T = 60 \sim 90$ s；

T_g——一个周期内的绿灯时间(s)；

v_s——直行车通过交叉口的车速(m/s)；

a——平均加速度（m/s²）。据观测，小型车为 $0.6 \sim 0.7$ m/s²，中型车为 $0.5 \sim 0.6$ m/s²，大型车为 $0.4 \sim 0.5$ m/s²；

t_s——直行车平均车头时距(s)。据观测，车多时为 $2.2 \sim 2.3$ s，车少时为 $2.7 \sim 2.8$ s，平均 2.5 s，大型车为 3.5 s。

② 一条右转车道的通行能力

$$N_{右} = \frac{3\,600}{t_r} \tag{7.2}$$

式中：t_r——右转车平均车头时距(s)。

根据观测，平均 $t_r = 3.0 \sim 3.5$ s，随过街人流量的增加，右转车道的通行能力降低。

③ 一条左转车道的通行能力

a. 有左转专用信号灯显示时：

$$N_{左} = \frac{3\,600}{T} \cdot \frac{T_l - \dfrac{v_l}{2a}}{t_l} \quad (辆/h) \tag{7.3}$$

式中：T_l——一个周期内的左转显示时间(s)；

v_l——左转车通过交叉口的车速(m/s)；

t_l——左转车平均车头时距(s)，取 $t_l = 2.5$ s。

b. 无左转专用信号灯显示时：

利用绿灯时间：当有左转专用车道而无左转信号灯显示时，驶入左转车道的车辆，只能利用绿灯时间内对向直行车流中可穿越空挡实现左转。据实测，可穿越时距约为 8 s，直行车头时距约为 $3.5 \sim 4$ s，故穿越时距约为直行车头时距的 2 倍。假设平均两个直行车位的空挡可供一辆左转车穿越，则每个周期可穿越的左转车辆数 n_1 最多等于一条直行车道一个周期的通行能力 $N'_{直}$ 减去每个周期实际到达的直行车辆数 $N''_{直}$ 的差除以 2，即

$$n_1 \leqslant \frac{N'_{直} - N''_{直}}{2} \quad (辆/周期) \tag{7.4}$$

式中：$N'_{直} = \dfrac{T_g - \dfrac{v_s}{2a}}{t_s}$ （辆/周期），其余符号意义同前。

利用黄灯时间：黄灯亮时每个周期可穿越的左转车辆数

$$n_2 = \frac{T_y - \dfrac{v_l}{2a}}{t_l} \quad (辆/周期) \tag{7.5}$$

式中：T_y——每个周期黄灯时间(s)，其余符号意义同前。

因此,一条左转车道的通行能力

$$N_{左} = \frac{3600}{T}(n_1 + n_2) \quad (辆/h) \tag{7.6}$$

④ 一条直左混行车道的通行能力

一条车道上有直、左混行时,因去向不同而相互干扰,甚至会停车,因此 $N_{直左}$ 应为 $N_{直}$ 乘折减系数 K。另据观测,左转车通过时间约为直行车通过时间的1.5倍,则:

$$N_{直左} = N_{直}\left(1 - \frac{1}{2}\beta_1\right)K \quad (辆/h) \tag{7.7}$$

式中:β_1——直左车道中左转车所占比例;

K——折减系数,取 $K = 0.7 \sim 0.9$。

⑤ 一条直右混行车道的通行能力等于一条直行车道的通行能力

⑥ 一条直左右混行车道的通行能力等于一条直左混行车道的通行能力

(2) 无交通信号灯控制交叉口的通行能力 无交通信号灯控制交叉口一般是指主要道路与次要道路相交时,因次要道路交通量不大,可不设交通信号灯控制,根据主要道路优先通行的交通规则,次要道路上的车辆必须等待主要道路上的车辆之间出现足够长的间隔时间再通过交叉口。

次要道路单向可通过的最大车辆数

$$Q_{次} = \frac{Q_{主}(e^{-q\alpha})}{1 - e^{-q\beta}} \quad (辆/h) \tag{7.8}$$

式中:$Q_{主}$——主要道路双向交通量(辆/h);

q——主要道路流通流率,$q = Q_{主}/3600$(辆/s);

α——主要道路临界间隔时间(s),对停车标志控制的交叉口为 $6 \sim 8$ s,对让路标志控制的交叉口为 $5 \sim 7$ s;

β——次要道路最小车头时距(s),对停车标志控制的交叉口为 5 s,对让路标志控制的交叉口为 3 s。

主要道路双向可通过的最大车辆数 $Q_{主}$ 与次要道路单向可通过的最大车辆数 $Q_{次}$ 之和即为无交通信号灯控制交叉口的可能通行能力。

7.2.4 平面交叉口平面布设

1) 平面交叉口的平面线形布设要点

(1) 平面交叉范围内两相交道路应正交或接近正交,且平面线形宜为直线或大半径曲线,尽量避免采用需设超高的曲线半径。

(2) 新建道路与等级较低的既有道路斜交时,应对次要道路在交叉前后一定范围内做局部改线,使交叉的交角不小于70°。

(3) T形交叉中次要道路扭正改线(图7.2.9)时,引道曲线与交叉中转弯曲线间应留长度不小于25 m的直线。当次要道路为二级公路时,引道曲线的半径应不小于80 m;次要道路为三级及三级以下的公路时,引道曲线半径应不小于 40 m。

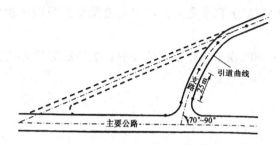

图 7.2.9　T 形交叉中斜交的扭正

（4）当按道路性质和交通量需做渠化处理时,一般可保持钝角右弯车道的基本线形,并通过合理布置交通岛来保证其他转弯车道所需的线形,如图 7.2.10 所示。当斜交过甚时,钝角右转弯应改为 S 形曲线,以避免过大的导流岛。

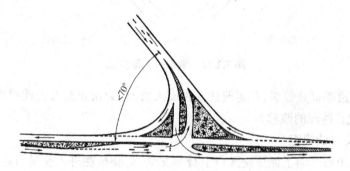

图 7.2.10　以渠化处理满足转弯所需的线形(T 形)

（5）斜交十字交叉中次要道路扭正应符合图 7.2.11 的要求。交点不变时[图 7.2.11(a)],次要道路的每一岔中需增设两条曲线,其中离交叉较远的曲线,其半径应小于该道路的一般最小半径,并按要求设置缓和曲线;靠近交叉的曲线,其半径应不小于 45 m,并在远离交叉一端设置缓和曲线。交点改移时[图 7.2.11(b)],只在次要道路的一岔上出现 S 形曲线,半径的要求与交点不变时相同。

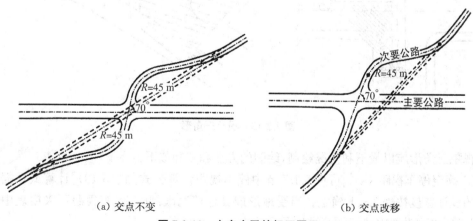

(a) 交点不变　　　　　　　　　(b) 交点改移

图 7.2.11　十字交叉的扭正图示

(6) 受条件限制而不能按上述扭正十字交叉时,可将次要道路的两岔单独改线而组成如图 7.2.12 所示的两个错位的 T 形交叉。其中逆错位交叉只限于次要道路的过境交通量比例很小的情况。

错位交叉中,交角为 90°,次要道路引道的线形要求与斜交 T 形交叉扭正时相同。

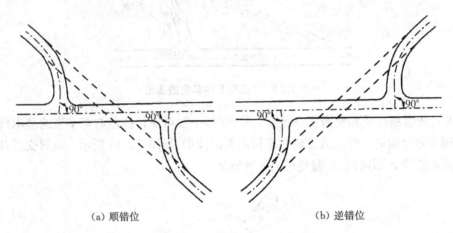

(a) 顺错位　　　　　　　　(b) 逆错位

图 7.2.12　错位的 T 形交叉

(7) 当既有道路提高等级、扩容改建或路面大修时,为扭正交叉的改线中应采用较高的线形指标和做较长路段的改移。

2) 平面交叉口的视距

(1) 视距三角形　为了保证交叉口上行车安全,驾驶员在进入交叉口前的一段距离内,应能看到相交道路上的行车情况,以便能及时采取措施顺利驶过或安全停车。这段必要的距离应该大于或等于停车视距 $s_{停}$。由相交道路上的停车视距所构成的三角形称为视距三角形,如图 7.2.13 所示。在其范围内不能有任何阻挡驾驶员视线的障碍物。

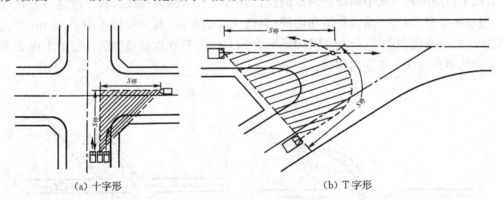

(a) 十字形　　　　　　　　(b) T 字形

图 7.2.13　视距三角形

视距三角形应以最不利情况绘制,绘制的方法和步骤如下:

① 确定停车视距 $s_{停}$。可用 5.1.7 节中停车视距计算公式[式(5.19)]计算或根据相交道路的设计速度按表 7.2.1 确定。当受地形或其他情况限制时,停车视距可采用表中低限值,但必须采取设置限速标志等措施。

表 7.2.1　停车视距与识别距离

设计速度(km/h)		100	80	60	40	30	20
停车视距(m)	一般值	160	110	75	40	30	20
	低限值	120	75	55	30	25	15
有交通信号控制的识别距离(m)		—	350	240	140	100	60
停车标志控制的识别距离(m)		—	—	105	55	35	20

② 根据交叉口的具体情况,找出行车可能的最危险冲突点。例如,十字形交叉口最危险的冲突点是在靠右侧的第一条直行机动车道的轴线与相交道路靠中心线的第一条直行车道的轴线所构成的交叉点;Y字形或T字形交叉口最危险的冲突点则是在直行道路最右侧的第一条直行车道的轴线与相交道路最靠中心线的一条左转车道的轴线所构成的交叉点。

③ 从最危险的冲突点向后沿行车轨迹线(可取行车的车道中线)各量取停车视距 $s_{停}$。

④ 连接末端构成视距三角形。

(2) 识别距离　为保证车辆安全顺利通过交叉口,应使驾驶员在交叉口之前的一定距离能识别交叉口的存在及交通信号和交通标志等,这一距离称为识别距离。

① 无交通信号控制的交叉口:对无任何交通信号控制的交叉口,通常都是等级低、交通量小及车速不高的次要交叉口,识别距离应满足安全要求,可采用各相交道路的停车视距。

② 有交通信号控制的交叉口:在车辆正常行驶条件下,识别距离为使驾驶员能看清交通信号和显示内容,能有足够时间制动减速直至停车,但这种制动停车并非急刹车。因此,有交通信号控制交叉口的识别距离可用式(7.9)计算。

$$s_{识} = \frac{v'}{3.6}t + \frac{v'^2}{26a} \tag{7.9}$$

式中:v'——路段设计速度(km/h);

$\quad a$——减速度,$a = 2 \text{ m/s}^2$;

$\quad t$——识别时间,包括驾驶员的反应时间和制动生效时间。在公路上识别时间可取 10 s;在城市道路上因交叉口较多,驾驶员对其存在已有思想准备,识别时间可取 6 s。

3) 平面交叉口的圆曲线半径

平面交叉口的圆曲线半径包括交叉口范围内相交道路的圆曲线半径、分道转弯式圆曲线半径以及加铺转角式圆曲线半径三部分。

(1) 相交道路的最小圆曲线半径　为使直行车辆在交叉口范围内能以一定速度顺利行驶,保证交叉口立面设计平顺美观,应对交叉口范围内相交道路圆曲线的最小半径或最大超高横坡度加以限制。确定圆曲线最小半径仍然采用第2章推导的计算公式,即:

$$R = \frac{v'^2}{127(\mu \pm i)} \tag{7.10}$$

在交叉口范围内,主要道路的设计速度 v' 仍采用路段规定值,次要道路可取路段的 0.7 倍;横向力系数 μ 可按不同设计速度在 0.15~0.20 之间选用;超高横坡度 i 以不大于 2% 为宜,最大不应超过 6%。根据以上取值,可计算出相交道路最小圆曲线半径如表 7.2.2 所示。

表 7.2.2　交叉口相交道路最小圆曲线半径　　　　　　　　　　　　单位:m

设计速度/(km/h)		100	80	60	40	30	20
主要道路	一般值	460	280	150	60	30	15
	极限值	380	230	120	50	25	12
次要道路		—	—	60	30	15	15

(2)分道转弯式交叉口最小圆曲线半径　分道转弯式交叉口是指通过设置导流岛、划分车道等措施,使单向右转或双向左、右转车流以较大半径分道行驶的平面交叉,如图 7.2.14 所示。

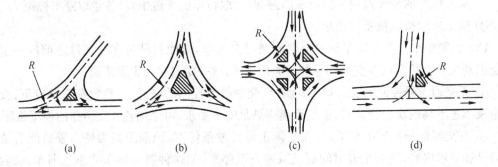

图 7.2.14　分道转弯式交叉口设置示意图

对于分道转弯式交叉口,当右转弯车辆比较多时,为保证右转车辆能以规定速度分道行驶,应对最小转弯半径加以限制。在右转车辆计算行车速度已确定的条件下,取 $\mu = 0.16\sim0.20$,最小圆曲线半径的一般值采用 $i=2\%$ 计算,极限值用 $i=6\%$ 计算。分道转弯式交叉口最小圆曲线半径可参考表 7.2.3 选用。

表 7.2.3　分道转弯式交叉口最小圆曲线半径　　　　　　　　　　　　单位:m

右转弯车速/(km/h)		80	70	60	55	50	45	40	35	30	25	20
最小半径	一般值	280	210	150	120	100	80	60	50	35	25	15
	极限值	230	170	120	100	80	65	50	40	30	20	12

(3)加铺转角式交叉口转角半径

加铺转角式交叉口如图 7.2.15 所示,此类交叉口多用于交通量小且车速不高的低等级道路相交。为了保证各种右转车辆能以一定速度顺利转弯,交叉口转角处的缘石或行车道边缘应做成圆曲线或多心复曲线,圆曲线的半径 R_1 称为转角半径。

未考虑机动车道加宽时,加铺转角式交叉口转角半径 R_1 可按式(7.11)计算:

$$R_1 = R - \left(\frac{B}{2} + F\right) \qquad (7.11)$$

式中：B ——机动车道宽度(m)；

F ——非机动车道宽度(m)；

R ——右转车道中心线半径(m)。

4) 平面交叉口的拓宽设计

当相交道路的交通量较大、转弯车辆多而车速又高时，若交叉口进口道仍然采用路段上的车道数，会导致转弯车辆和直行车辆受阻，分流与合流困难，且易发生交通事故。此时可向进口道的一侧或两侧拓宽车道，以改善交叉口的通行条件，提高交叉口的通行能力。

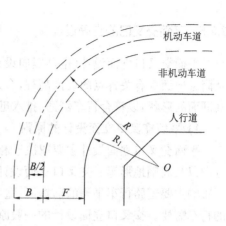

图 7.2.15 加铺转角式交叉口设置示意图

拓宽的车道数主要取决于进口道的各向交通量、交通组织方式和车道的通行能力等。一般应比路段单向车道数多增加一至二条车道。

进口道车道的宽度，应尽量与路段保持一致。如因占地等限制，需要变窄车道宽度时，最窄不得小于 3 m，一般在 3～3.5 m 之间。

(1) 右转车道设置方法　右转车道设置方法比较简便，而且方法固定，就是在进口道的右侧或同时在出口道的右侧拓宽右转车道。

(2) 左转车道设置方法

左转车道是在进口道左侧扩宽出的车道。

① 宽型中间带：当设有较宽中间带（宽度一般不小于 4.5 m）时，将道口一定长度的中间带压缩宽度，由此增辟出左转车道，如图 7.2.16(a)所示。

② 窄型中间带：当设有较窄中间带（宽度小于 4.5 m）时，可将道口单向或双向车道线向外侧偏移，增加不足部分宽度。向外侧偏移车道线后，在路幅总宽度不变的情况下，视具体条件可压缩人行道、两侧带或进口道车道宽度，如图 7.2.16(b)所示。

③ 无中间带：当相交道路不设中间带时，可通过两种途径增辟左转车道：一是向进口道的一侧或两侧拓宽，增加进口道路幅总宽度，在进口道中心线附近开辟出左转车道，如图 7.2.16(c)所示；二是不拓宽进口道，占用靠近中心线的对向车道作为左转车道。

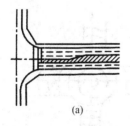　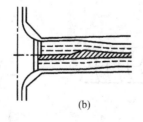　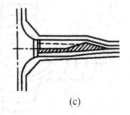

(a)　　　　　　　　(b)　　　　　　　　(c)

图 7.2.16 拓宽左转车道

7.2.5 平面交叉口的立面设计

平面交叉口立面设计（也称竖向设计）的目的是通过调整交叉口范围的行车道、人行道及附近地面等有关各点的设计高程，合理确定各相交道路之间及交叉口和周围建筑物之间共同面的形状，以符合行车舒适、排水迅速和建筑艺术三方面要求。

1) 平面交叉口立面设计的原则

平面交叉口立面设计主要取决于相交道路的等级、交通量、横断面形状、纵坡的大小和方向以及周围地形等。交叉口立面设计的基本要求是首先应满足主要道路的行车方便，在不影响主要道路行车平顺的前提下，适当变动主要道路的纵坡度和横坡度，以照顾次要道路的行车需要。交叉口立面设计的一般原则为：

（1）相同等级道路相交时，一般维持各自的纵坡度不变，而改变它们的横坡度。通常是改变纵坡度较小道路的横断面形状，将路脊线（路拱顶点的连线）逐渐向纵坡度较大道路的行车道边线移动，使其横断面的横坡度与纵坡度较大道路的纵坡度一致。

（2）主要道路与次要道路相交时，主要道路的纵、横断面均维持不变，而将次要道路双坡横断面，逐渐过渡到与主要道路纵坡相一致的单坡横断面，以保证主要道路的交通便利。

（3）设计时至少应有一条道路的纵坡方向背离交叉口，以利于排水。如遇特殊地形，所有道路纵坡方向都向着交叉口时，必须在交叉口内设置雨水口和排水管道，以保证排水要求。

（4）交叉口范围布置雨水口时，一条道路的雨水不应流过交叉口的人行横道，或流入另一条道路，也不能使交叉口内产生积水，所以雨水口应设在人行横道之前或低洼处。

（5）交叉口范围内横坡要平缓些，一般不大于路段横坡，以利于行车。纵坡度宜不大于2%，困难情况下纵坡度应不大于3%。

（6）交叉口立面设计高程应与周围建筑物的地坪高程协调一致。

2) 平面交叉口立面设计的基本类型

平面交叉口立面设计的形式，主要取决于交叉口范围内相交道路的纵坡、横坡及地形。以十字形交叉口为例，按其所处地形及相交道路纵坡方向，可划分为六种基本类型。

（1）相交道路的纵坡全由交叉口中心向外倾斜（图7.2.17）。设计时把交叉口上的坡度做成与相交道路同样的坡度，往往只需调整一下接近交叉口时的道路横坡即可，不需设置雨水口。

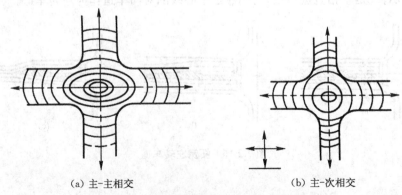

(a) 主-主相交　　　　(b) 主-次相交

图 7.2.17　在凸形地形处交叉口的竖向设计

(2) 相交道路的纵坡全向交叉口中心倾斜(图 7.2.18)。在这种情况下,地面水都向交叉口集中,因此,必须设置地下排水管排泄地面水。为避免雨水积聚在交叉口,除应尽可能抬高交叉口高程外,还应在交叉口四个角上的低洼处设置雨水口。此种设计对行车和排水都不利,应尽量避免。如无法避免,最好能争取一条主要道路的纵坡由交叉口向外倾斜,把其纵坡的转折点设在远离交叉口的地方。

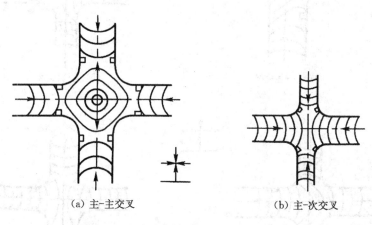

图 7.2.18　在凹形地形处交叉口的竖向设计

(3) 三条道路的纵坡由交叉口向外倾斜,而另一条道路的纵坡向交叉口倾斜(图 7.2.19)。设计时应将纵坡向着交叉口的道路脊线在交叉口处分三个方向,相交道路的横断面均不变。同时在纵坡向着交叉口的道路两侧设置雨水口拦截地面水,以免影响交通。

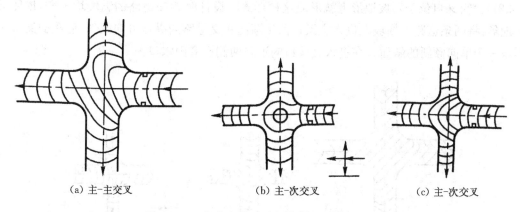

图 7.2.19　在分水线地形上的交叉口竖向设计

(4) 三条道路的纵坡向交叉口倾斜,而另一条道路的纵坡由交叉口向外倾斜(图 7.2.20)。在纵坡向着交叉口倾斜的道路两侧设置雨水口拦截地面水,以免影响交通。

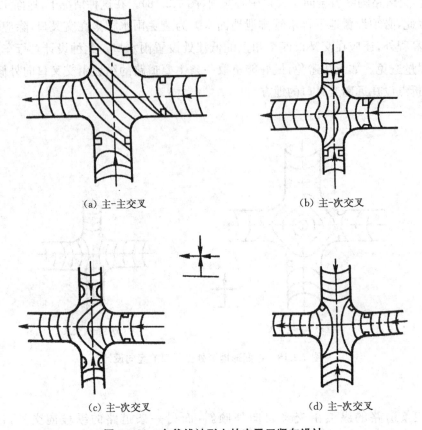

(a) 主-主交叉　　　(b) 主-次交叉

(c) 主-次交叉　　　(d) 主-次交叉

图 7.2.20　在谷线地形上的交叉口竖向设计

(5)相邻两条道路的纵坡向交叉口倾斜,而另外两条道路的纵坡由交叉口向外倾斜(图 7.2.21)。交叉口位于斜坡地形上就形成这种形式。设计时相交道路的纵坡均不变,依照天然地形,将两条道路的横坡在进入交叉口前逐渐向相交道路的纵坡方向倾斜,而在交叉口上形成一个单向倾斜的斜面。在进入交叉口的道路两侧设置雨水口。

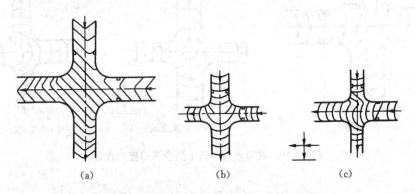

(a)　　　(b)　　　(c)

图 7.2.21　在斜坡地形上的交叉口竖向设计

(6)相对两条道路的纵坡向交叉口倾斜,而另外两条道路的纵坡由交叉口向外倾斜(图

7.2.22）。位于马鞍地形上的交叉口就是这种形式。

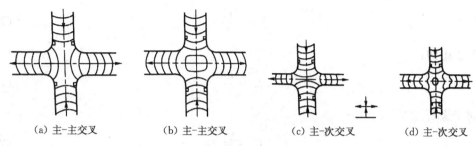

(a) 主-主交叉　　(b) 主-主交叉　　(c) 主-次交叉　　(d) 主-次交叉

图 7.2.22　在马鞍地形上的交叉口竖向设计

3) 平面交叉口立面设计的方法与步骤

平面交叉口立面设计的方法有方格网法、设计等高线法以及方格网设计等高线法三种。方格网法是在交叉口范围内以相交道路中心线为坐标基线打方格网，测出方格点上的地面高程，求出其设计高程，并标出相应的施工高度。设计等高线法是在交叉口范围内选定路脊线和高程计算线网，并计算其上各点的设计高程，勾绘交叉口设计等高线，最后标出各点施工高度。

对于普通交叉口，多采用方格网法或设计等高线法，其中混凝土路面宜采用方格网法，而沥青路面宜采用设计等高线法；对于大型、复杂的交叉口和广场的立面设计，通常采用方格网设计等高线法。

(1) 收集资料

① 测量资料：交叉口的控制高程和控制坐标；收集或实测 1∶500 或 1∶200 地形图，详细标注附近地坪及建筑物高程。

② 道路资料：相交道路的等级、宽度、半径、纵坡、横坡等平纵横设计或规划资料。

③ 交通资料：交通量及交通组成。

④ 排水资料：区域排水方式，已建或拟建地下、地上排水管渠的位置和尺寸。

(2) 绘制交叉口平面图　按比例绘出道路中心线、行车道、人行道及分隔带的宽度，转角曲线和交通岛等。以相交道路中心线为坐标基线打方格网，斜交道路的方格网线应选在便于施工放线测量的方向，方格的大小一般采用 $5\times5\sim10\times10$ m²，并测量方格点的地面高程。

(3) 确定交叉口的设计范围　交叉口的设计范围一般为转角圆曲线的切点以外 5～10 m（相当于一个方格的距离），主要用于过渡处理，如横坡的过渡、高程的过渡等。

(4) 确定立面设计图式和等高距　根据相交道路的等级、纵坡方向、地形情况以及排水要求等，确定所采用的立面设计图式，如图 7.2.17～图 7.2.22 所示。根据纵坡度的大小和精度要求选定等高线间距 h，一般 $h=0.02\sim0.10$ m，为便于计算，取偶数为宜。

(5) 勾绘设计等高线　绘制交叉口范围内的设计等高线（图 7.2.23），应先根据道路的脊线和控制高程，按需要的设计等高线间距计算相邻等高线之间的水平距离，结合地形采用适宜的交叉口竖向图式，再计算与绘制交叉口等高线。

道路的纵坡、横断面形式及路拱横坡确定后，可按需要的设计等高线间距，计算出行车道、街沟及人行道设计等高线的水平距离。

对于路脊线:

$$l = \frac{Bi_g}{2i} \tag{7.12}$$

对于街沟:

$$l_1 = \frac{h}{i} \tag{7.13}$$

对于缘石:

$$l_2 = \frac{h_1}{i} \tag{7.14}$$

对于人行道:

$$l_3 = \frac{bi_1}{i} \tag{7.14}$$

式中：l——行车道上同一等高线与两侧街沟的交点到路脊上该等高线顶点的水平距离；

l_1——路脊线或街沟处相邻两等高线之间的水平距离；

l_2——同一等高线在街沟边到缘石顶面的水平距离；

l_3——同一等高线与缘石顶面和人行道外缘的交点,沿道路纵向的水平距离；

h——设计等高线间距；

h_1——缘石高度；

i——行车道、人行道和街沟的纵坡度；

i_g——行车道的路拱横坡度；

i_1——人行道横坡度；

B——行车道宽度；

b——每侧人行道宽度。

根据上述计算,便可绘制出如图7.2.23所示路段的设计等高线图。首先绘制道路的平面中线、缘石线和人行道边缘线。然后根据控制高程和设计等高线间距在中线上找一相应点 A,由点 A 顺道路上坡方向量 $AA_1 = l$,过点 A_1 作道路中线的垂直线与两

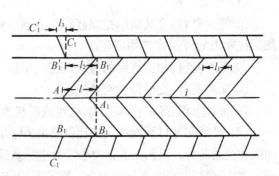

图 7.2.23 路段上设计等高线的绘制

侧缘石线相交于点 B_1,连接 AB_1,即可得行车道上的设计等高线。再过点 B_1 在缘石上沿道路下坡方向量 $B_1B_1' = l_2$,再过点 B_1' 作缘石线的垂直线与人行道外缘相交于点 C_1,由点 C_1 在人行道外边缘线上沿道路下坡方向量 $C_1C_1' = l_3$,由此便可绘出同一等高线在行车道、缘石和人行道的位置,即为 C_1'、B_1'、B_1、A、B_1、B_1、C_1。

(6) 交叉口设计等高线绘制　借助于高程计算(辅助)线网,根据相交道路纵横坡和交叉口控制高程,便可求出交叉口的设计高程,参照等高线的基本形式即可勾画等高线。对于沥青路面可勾画成曲线；对于水泥混凝土路面,在已确定的路口分块图上勾画等高线,由于每块混凝土板为平面,此时的等高线应勾画成直线或折线。

路口道牙切点以外路段亦应按纵、横断面高程勾绘 10～20 m，以检查路口范围的等高线是否协调。

（7）根据行车舒适、排水通畅及与附近建筑物协调、外形美观的条件，对所画成的等高线线形及间距进行调整。

（8）对于沥青路面，可按与干道中线平行及垂直方向绘方格线（间距一般为 5 m），根据所调整后的设计等高线，填写各方格网点处的设计高程（图 7.2.24）；对于水泥混凝土路面，可在各设计的水泥混凝土板角上填写设计高程（图 7.2.25）。

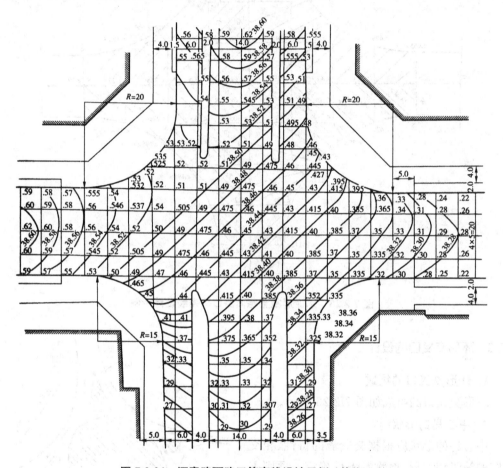

图 7.2.24 沥青路面路口等高线设计示例（单位:m）

（9）支路与干道相交时，一般以干道纵断面为控制高程；同级道路相交时，路口部分中线高程不一定以干道作为控制高程，可视整个路口等高线协调情况予以调整。特别是纵断面线形在路口处为低点时，必须调整使路口不积水。

（10）根据等高线的高程，用补插法求出方格点上的设计高程，最后可以求出施工高度（它等于设计高程减去地面高程），以符合施工要求。

以上为方格网设计等高线法，适用于大型、复杂的交叉口和广场立面设计。对于一般简单的交叉口也可采用特征高程点（如在纵、横坡方向选点）表示，路宽的、复杂的则点数可多些，路窄的、简单的则点数可少些。

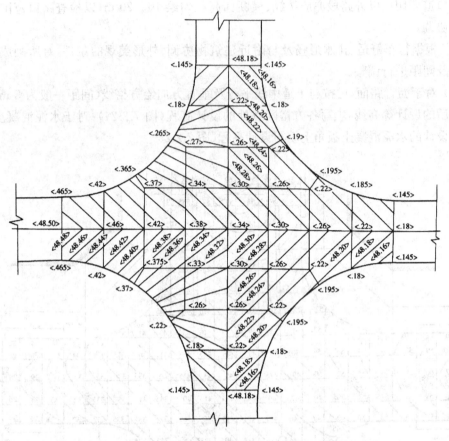

图 7.2.25 水泥混凝土路面路口等高线设计示例

7.2.6 环形交叉口的设计

1) 环形交叉口的组成

环形交叉口的组成如图 7.2.26 所示。

2) 中心岛的形状

中心岛的形状应根据交通流的特性、相交道路的等级和地形、地物等条件确定。原则上应保证车辆能以一定速度顺利完成交织运行，有利于主要道路方向车辆行驶，应满足交叉所在地的地形、地物和用地条件的限制。

中心岛的形状一般多用圆形，有时也可用圆角方形和菱形；主次道路相交时宜采用椭圆形；交角不等的畸形交叉可采用复合曲线形。此外，结合地形、地物和交角等也可采用其他规则或不规则几何形状的中心岛。

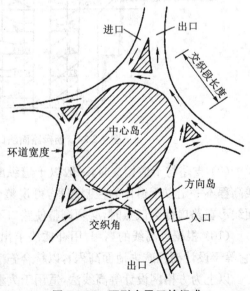

图 7.2.26 环形交叉口的组成

3) 中心岛的半径

中心岛的半径首先应满足设计速度的要求,然后按相交道路的条数和宽度,验算相邻道口之间的距离是否符合车辆交织行驶的要求。下面以圆形为例,介绍中心岛半径的计算方法。

(1) 按设计速度要求 按设计速度要求的中心岛半径 R_d 仍然用圆曲线半径计算公式来计算,但绕岛车辆是在紧靠中心岛、宽度为 B 的车道中间行驶,距中心岛边缘 $B/2$,故实际采用的中心岛半径按式(7.16)计算:

$$R_d = \frac{v'^2}{127(\mu \pm i_h)} - \frac{B}{2} \qquad (7.16)$$

式中:R_d——中心岛半径(m);

B——紧靠中心岛的车道宽度(m);

μ——横向力系数,建议大客车 $\mu=0.10\sim0.15$,小客车 $\mu=0.15\sim0.20$;

i_h——环道横坡度(%),一般采用 1.5%;

v'——环道设计速度(km/h),国外一般采用路段设计速度的 0.7 倍;我国实测资料表明大客车一般采用路段设计速度的 0.5 倍、载重车采用 0.6 倍、小客车采用 0.65 倍。

(2) 按交织段长度要求 所谓交织就是两条车流汇合交换位置后又分离的过程。进环和出环的两辆车,在环道行驶时相互交织,交换一次车道位置所行驶的距离,称为交织长度。交织长度的大小主要取决于车辆在环道上行驶的速度。当相邻路口之间有足够的距离,使进环和出环的车辆在环道上均可在合适的机会相互交织连续行驶,该段距离称为交织段长度。其位置大致可取相邻道路机动车道外侧边缘延长线与环道中心线交叉点之间的弧长,如图 7.2.27 所示。

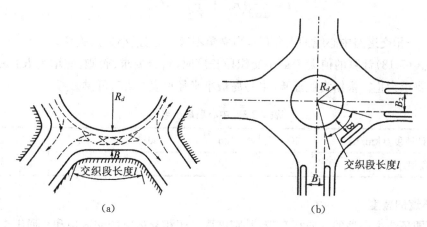

图 7.2.27 交织段长度

中心岛半径必须满足两个路口之间最小交织段长度的要求,否则,在环道上行驶时需要相互交织的车辆停车等候,不符合环形交叉连续行驶的交通特征。环道上不同车速所需要的最小交织段长度见表 7.2.4。

表 7.2.4　最小交织段长度

环道设计速度/(km/h)	40	35	30	25	20
最小交织段长度/m	45	40	35	30	25

按交织段长度所要求的中心岛半径 R_d，近似地按交织段长度所围成的圆周大小来推导计算公式为：

$$R_d = \frac{n(l+B_p)}{2\pi} - \frac{B}{2} \tag{7.17}$$

式中：n —— 相交道路的条数；

　　　l —— 相邻路口之间的交织段长度(m)；

　　　B —— 环道宽度(m)；

　　　B_p —— 相交道路的平均路宽(m)，中心岛为圆形，交汇道路为十字正交时，$B_p = (B_1+B_2)/2$，其中 B_1 和 B_2 分别为相邻行车道宽度。

由式(7.17)可知，为保证最小交织段长度的要求，交叉口相交的道路条数越多，则中心岛的半径就越大，这将会增加交叉口的用地面积和车辆在环道上的绕行距离，既不经济也不合理。因此，环形交叉口的相交道路不宜多于 6 条。

对四路相交的环形交叉口，可以用式(7.16)和式(7.17)分别计算中心岛半径，然后选取较大者。对中心线夹角差别大或多路交叉口，也可以先按式(7.16)确定中心岛的半径 R_d，然后再按式(7.18)验算其交织长度是否符合要求。

$$\left. \begin{aligned} l &= \frac{2\pi}{n}\left(R_d + \frac{B}{2}\right) - B_p \\ l &= \frac{\pi\alpha}{180}\left(R_d + \frac{B}{2}\right) - B_p \end{aligned} \right\} \tag{7.18}$$

式中：α —— 相交道路中心线的夹角(°)，当夹角不等时，用最小夹角验算。

当用式(7.18)计算的值大于最小交织段长度时，符合要求；否则，应增大 R_d 重新验算，直至符合要求为止。根据实践经验，中心岛最小半径见表 7.2.5，可供参考。

表 7.2.5　中心岛最小半径

环道设计速度/(km/h)	40	35	30	25	20
中心岛最小半径/m	65	50	35	25	20

4) 环道的宽度

环道即环绕中心岛的单向行车带，其宽度取决于相交道路的交通量和交通组织。

靠近中心岛的一条车道做绕行之用，最靠外侧的一条车道供右转弯之用，中间的一至两条车道供交织之用，这样环道上一般设计三至四条车道。实践证明，车道过多，不但难于利用，而且易使行车混乱，导致不安全。据观测，当环道车道数从两条增加至三条时，通行能力提高最为显著；而当车道数增加到四条及以上时，通行能力提高很少。因为车辆在绕岛行驶时需要交织,而当交织段长度小于两个路口的最小交织段长度时,车辆只能按顺序行驶,不可能出现大于两辆车交织行驶的情况,所以车道数一般宜采用三条。若交织段长度较长时,环道车道数可布置四条;若相交道路的行车道较窄,也可设两条车道。

如果采用三条车道,每条车道宽 3.50~3.75 m,并采用 4.5.3 节圆曲线加宽中单车道部分的加宽值,当中心岛半径为 20~40 m 时,环道机动车道的宽度一般为 15~16 m。

一般为保证交通安全,减少相互干扰,非机动车交通与机动车交通可用分隔带(或墩)或标线等分隔。非机动车道宽应视具体情况而定,一般不小于相交道路中的最大非机动车行车道宽度,也不宜超过 8 m。

5) 交织角

交织角是进环车辆轨迹与出环车辆轨迹的平均相交角度。它以距右转机动车道的外缘 1.5 m 和中心岛边缘 1.5 m 的两条切线交角来表示,如图 7.2.28 所示。

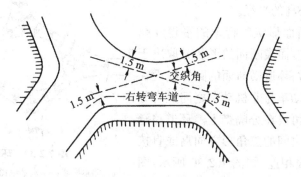

图 7.2.28 交织角

交织角的大小取决于环道的宽度和交织段长度。环道宽度越窄,交织段长度越大,则交织角越小,行车越安全。但交织段长度越大,中心岛半径就要增大,占地也要增加。根据经验,交织角宜控制在 20°~30°之间。通常在交织段长度已有保证的条件下,交织角大多都能满足要求。

6) 环道外缘线形及进、出口半径

从满足交通需要和工程节约考虑,环道外缘平面线形不宜设计成反向曲线形状,如图 7.2.29 中实线所示。据观测,这种形状在环道的外侧约有 20% 的路面(图 7.2.29 中实线与虚线之间部分)无车行驶,这既不合理也不经济。实践证明,环道外缘平面线形宜采用直线圆角形或复曲线形状,如图 7.2.29 中虚线所示。

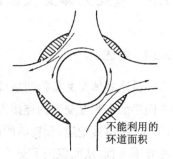

图 7.2.29 环道外缘线形

7) 环形交叉口设计要求

综上所述,进行环形交叉环道设计时,一般应满足以下要求。

(1) 环道的行车道可根据交通流的情况,采用机动车与非机动车混行或分行布置。分行时分隔带宽度应大于或等于 1.0 m。

(2) 机动车道数一般采用三条。车道宽度应考虑车道加宽,非机动车道宽度不应小于相交道路中最大非机动车道宽度,也不宜超过 8 m。

(3) 环道上不宜布置人行道,以免行人穿过环道,如有特殊要求允许行人到环道上时,应设人行道。环道外侧的人行道宽度,不宜小于各交汇道路的最大人行道宽度。

(4) 环道外缘的平面线形不宜设计成反向曲线。进口缘石半径应满足右转车速的要求。出口缘石半径应大于或等于进口缘石半径。

(5) 环道纵坡度不宜大于 2%,横坡宜采用两面坡。为保证行车安全,在环道上应满足绕行车辆的停车视距要求。

(6) 环道进出口的曲线半径取决于环道的设计速度,为了使环道上的车速较为均匀,对于驶入环道上的车辆的车速应加以限制,环道出口半径可大于入口半径,以使车辆迅速驶出环道;同时,各入口曲线半径不应相差太大,以保证驶入环道车辆速度相差较小,从而使得环道车辆近于等速行驶。环道入口的曲线半径常采用接近或小于中心岛的半径。

(7) 环道的横断面形状对行车的平稳和路面的排水有很大影响,而横断面的形状又取决于路脊线的选择。通常,环道横断面的路脊线设在交织岛的中间,若机动车与非机动车之间设有分隔带时,其路脊线也可设在分隔带上。环道路脊线通过设于进、出口之间的三角形方向岛或直接与交汇道路的路脊线相连,如图 7.2.30 所示,图中虚线为路脊线,箭头指向为排水方向。显然,

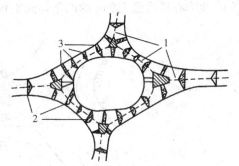

图 7.2.30　环道路脊线
(1—路拱脊线;2—水平线;3—环道路面断面形状)

应在中心岛的周围设置雨水口,以保证环道内不产生积水。另外,进、出环道处横坡宜缓一些。

7.3　道路立体交叉设计

7.3.1　概述

道路立体交叉是指两条或多条路线(道路与道路、道路与铁路、道路与其他交通线路)在不同平面上相互交叉的连接方式,又叫道路立交枢纽。由于立体交叉处设置有跨线构造物(桥梁、隧道或地道)和转向的匝道,使相交路线的交通流在平面和空间上分隔,车辆转向行驶互不干扰,从而保证了交叉口行车的快速、安全和顺畅,从根本上解决了道路交叉口的交通问题。道路立交枢纽是现代道路的重要交通设施,也是实现交通立体化的主要手段。

立体交叉通常由跨线构造物、正线、匝道、出入口以及变速车道等部分组成,如图 7.3.1 所示。

(1) 跨线构造物　它是立体交叉实现车流空间分离的主体构造物,指设于地面以上的跨线桥(上跨式)或设于地面以下的地道(下穿式)。

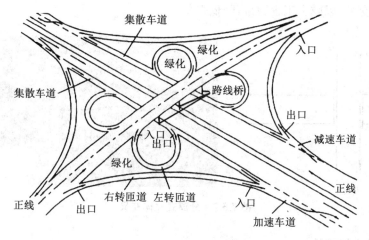

图 7.3.1 立体交叉的组成

(2) 正线 它是组成立体交叉的主体,指相交道路(含被交道路)的直行行车道,主要包括连接跨线构造物两端到地坪高程的引道和立体交叉范围内引道以外的直行路段。根据相交道路等级,正线可分为主要道路(简称主线)、一般道路或次要道路(简称次线)。

(3) 匝道 它是立体交叉的重要组成部分,是指供上、下相交道路的转弯车辆行驶的连接道,有时也包括匝道与正线或匝道与匝道之间的跨线桥(或地道)。按其作用可分为右转匝道和左转匝道两类。

(4) 出口与入口 由正线驶出进入匝道的道口为出口,由匝道驶入正线的道口为入口。

(5) 变速车道 为适应车辆行驶的需要,而在正线右侧的出入口附近增设的附加车道。它可分为减速车道和加速车道两种,出口端为减速车道,入口端为加速车道。

(6) 辅助车道 在高速道路立体交叉的分、合流附近,为使匝道与高速道路车道数平衡和保持正线的基本车道数而在正线外侧设置的附加车道。

(7) 匝道的端部 是指匝道两端分别与正线相连接的道口,它包括出入口、变速车道和辅助车道等。

(8) 集散道路 在城市附近,为了减少车流进出高速道路的交织和出入口数量,可在高速道路的一侧或两侧设置与其平行且分离的专用道路。

7.3.2 立体交叉的类型及适用特点

立体交叉按交通功能可分为分离式立体交叉和互通式立体交叉两类。

1) 分离式立体交叉

分离式立体交叉是指仅设跨线构造物(跨线桥或地道)一座,使相交道路空间分离,上、下道路间无匝道连接的交叉方式,如图 7.3.2 所示。其特点是结构简单、占地少、造价低,但相交道路的车辆不能转弯行驶。

分离式立体交叉主要适用于直行交通量大,转弯车辆少,可不设置转弯车道的交叉处;道路与铁路交叉处;高速道路同其他各级道路交叉时,除在控制出入的地点设置互通式立体交叉外,均采用分离式立体交叉;一般等级道路之间交叉时,因场地或地形条件限制时,可采用分离式立体交叉,以减少工程数量,降低造价。

图 7.3.2　分离式立体交叉

2) 互通式立体交叉

互通式立体交叉根据交叉处车流轨迹线的交叉方式和几何形状的不同,又可分为完全互通式、部分互通式和环形立体交叉三种类型。

(1) 完全互通式立体交叉　相交道路的车流轨迹线全部在空间分离的交叉称为完全互通式立体交叉。完全互通式立体交叉的匝道数量与转弯方向数量相等,各转弯方向均有专门匝道,无冲突点,行车安全、迅速,通行能力大。但占地面积大、造价高,适用于高速道路之间或高速道路与其他交通量大的道路相交。它的代表形式有喇叭形、子叶形、Y 形、苜蓿叶形、X 形等。

① 喇叭形立体交叉:喇叭形立体交叉是用一个环圈式匝道(转向约为 270°)和一个半定向匝道来实现车辆左转弯的全互通式立体交叉,如图 7.3.3 所示。喇叭形立体交叉可分为 A 式和 B 式,经环圈式左转匝道驶入正线为 A 式,驶出时为 B 式。

喇叭形立体交叉的优点是除环圈式匝道以外,其他匝道都能为转弯车辆提供较高速度的半定向运行;只需一座跨线构造物,投资较省。其缺点是环圈式匝道上行车速度低,线形较差,若采用较高的设计速度时,占地较大;左转弯车辆绕行距离较长。

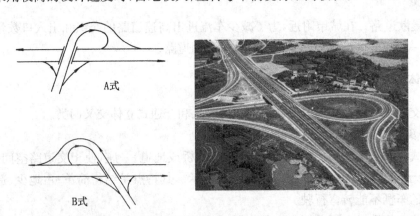

图 7.3.3　喇叭形立体交叉

② 子叶形立体交叉:子叶形立体交叉是用两个环圈式匝道来实现车辆左转弯的全互通

式立体交叉,如图 7.3.4 所示。其优点是只需一座跨线构造物,造价较低;匝道对称布置,呈叶状,造型美观。它的缺点是环圈式左转匝道半径小,线形较差,运行条件不如喇叭形立体交叉好。

子叶形立体交叉的适用性与喇叭形立体交叉相近,多用于苜蓿叶形立体交叉的前期工程。布设时以使正线下穿为宜。

③ Y 形立体交叉:Y 形立体交叉是用定向匝道或半定向匝道来实现车辆左转弯的全互通式立体交叉。它的形式又可分定向 Y 形立体交叉和半定向 Y 形立体交叉两种。

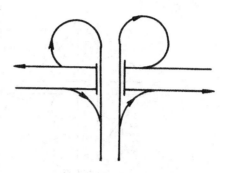

图 7.3.4　子叶形立体交叉

a. 定向 Y 形立体交叉。左转车辆在定向匝道上由一个方向车道的左侧驶出,并由左侧进入另一行车方向车道的立交方式,如图 7.3.5 所示。

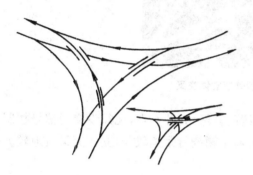

图 7.3.5　定向 Y 形立体交叉

b. 半定向 Y 形立体交叉。将定向左转匝道改为半定向匝道,即左转弯车辆由行车道的右侧分离或汇入正线,如图 7.3.6 所示。

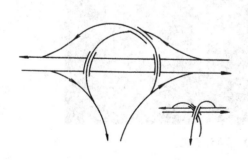

图 7.3.6　半定向 Y 形立体交叉

④ 苜蓿叶形立体交叉:通过四个对称的环圈式左转匝道来实现各方向左转弯车辆的通行,如图 7.3.7 所示。

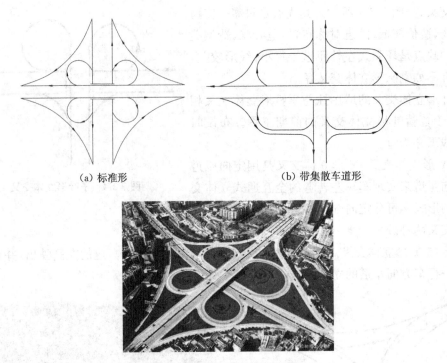

图 7.3.7　苜蓿叶形立体交叉

苜蓿叶形立体交叉的优点是交通运行连续而自然;无冲突点,无须设交通信号控制;仅需一座跨线构造物,造价较低。其缺点是左转弯车辆绕行距离较长,立体交叉占地较大;环圈式左转匝道线形差,行车速度低。

⑤ X 形立体交叉：X 形立体交叉是通过四个定向左转匝道来实现各方向左转弯车辆的通行,如图 7.3.8 所示。

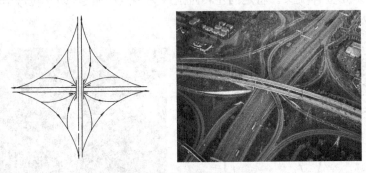

图 7.3.8　X 形立体交叉

(2) 部分互通式立体交叉　部分互通式立体交叉是指部分转弯方向设置匝道连通,而有部分转弯方向未连通的立体交叉,代表形式有菱形立体交叉和部分苜蓿叶形立体交叉等。其特点是形式简单,仅需一座跨线构造物,占地小,造价低,但存在平面交叉,对行车干扰较大。

① 菱形立体交叉：只设右转和左转公用的匝道,使主要道路与次要道路连接,在跨线构造物两侧的次要道路上为平面交叉口,如图 7.3.9 所示。它适用于城市道路的主要道路与次

要道路相交且用地困难的情况。

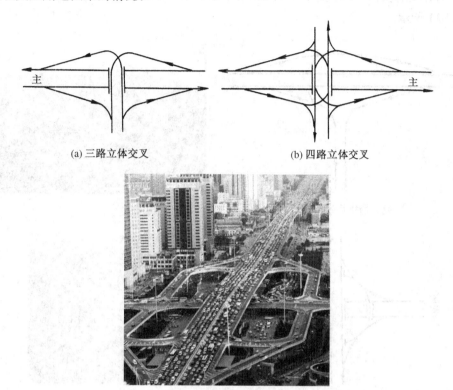

(a) 三路立体交叉　　　　　　　　(b) 四路立体交叉

图 7.3.9　菱形立体交叉

② 部分苜蓿叶形立体交叉：在部分左转弯方向不设环圈式左转匝道，而在次要道路上以平面交叉的方式实现左转弯通行的立体交叉，如图 7.3.10 所示。

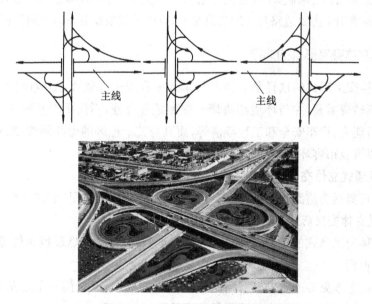

图 7.3.10　部分苜蓿叶形立体交叉

(3)环形立体交叉　相交道路的车流轨迹线以交织的方式运行,存在交织路段的交叉,如图 7.3.11 所示。

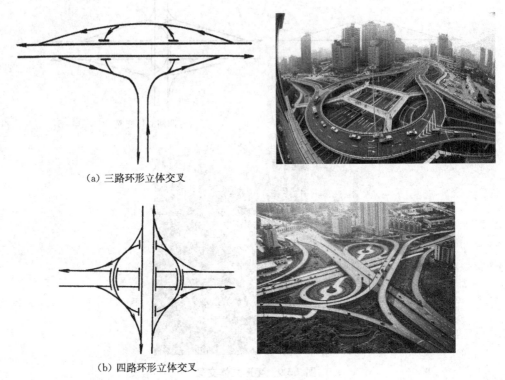

(a)三路环形立体交叉

(b)四路环形立体交叉

图 7.3.11　环形立体交叉

环形立体交叉的特点是能保证主要道路直通,交通组织方便,无冲突点,占地较小,但通行能力受到环境交织能力的限制,车速受到中心岛半径大小的影响,构造物较多,左转车辆绕行距离长。它主要适用于主要道路与一般道路交叉,以用于五条及五条以上道路相交为宜。

7.3.3 互通式立体交叉形式的选择

互通式立体交叉形式的选择是为提高行车效率和安全舒适性、适应设计交通量和设计速度、满足车辆转弯需要,并与环境相协调。选形是否合理,不仅影响互通式立体交叉本身的功能,如通行能力、行车安全和工程经济等,而且与整个地区的道路网规划、地方交通效益的发挥、工程投资及市容环境等都有密切的关系。

1) 影响互通式立体交叉形式选择的因素

影响因素可概括为道路、交通、环境及自然条件,具体内容详见图 7.3.12。

2) 互通式立体交叉形式选择的基本原则

互通式立体交叉形式的选择,应根据道路、交通条件,结合自然环境条件等综合考虑,并遵循下列基本原则:

(1)互通式立体交叉选形应根据路网布局和规划选形,尽量使一条道路上互通式立体交叉形式统一,进、出口的位置和形式保持一致性。

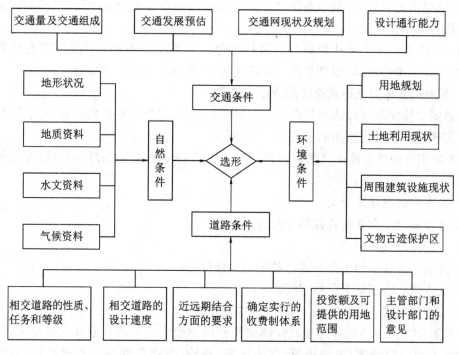

图 7.3.12　影响互通式立体交叉形式选择的基本因素

(2) 互通式立体交叉选形应考虑相交道路的等级、性质、任务和交通量等,确保行车安全通畅和车流的连续。交通量大、设计速度高的行车方向,要求线形指标高、路线短捷、纵坡平缓;车辆组成复杂时还要考虑个别交通特性的需要。在城市道路上,若是机动车与非机动车都有很大的车流,分离行驶,可采用三层式或四层式立体交叉。

(3) 互通式立体交叉选形应与所在地的自然条件和环境条件相适应,充分考虑区域规划、地形/地质条件、可能提供的用地范围、文物古迹保护区、周围建筑物及设施分布现状等。在满足交通要求的前提下综合分析研究,力求合理利用地形、地质条件,减少征地、拆迁,工程运营经济,与周围环境相协调,造型美观,结构新颖合理。

(4) 互通式立体交叉选形应全面考虑,近、远期结合,既要满足近期交通的要求,减少投资,又要考虑远期交通发展的需要和改扩建提高的可能,使前期工程为后期所利用。

(5) 互通式立体交叉选形应考虑是否收费和实行的收费制式。若是收费立体交叉,应根据转弯交通量大小,确定连接线所在的象限,按变速车道长度要求确定连接线的具体位置。连接线两端三路交叉的形式应根据相交道路的功能、等级及场地限制条件等确定。

(6) 互通式立体交叉选形要考虑工程实施,造型和工程投资两者兼顾,有利于施工、养护和排水,尽量采用新技术、新工艺、新结构,以提高工程质量、缩短工期和降低成本。

(7) 互通式立体交叉选形要和匝道布置一并考虑,分清主次。在考虑相交道路平面、纵断面线形的同时,应考虑匝道平面线形的布设和竖向高程控制的要求。处理好主要道路与次要道路的关系,应先满足主要道路的要求,后考虑次要道路。选形要与正线线形、构造物、总体布局及环境相配合。高速公路与其他道路相交,原则上高速公路不变或少变,其他道路抬高或降低;城市道路立体交叉以非机动车道不变或少变、以利于行人和自行车通行为原则。

(8) 互通式立体交叉选形应与定位相结合。互通式立体交叉形式随所在位置的地形、地物及环境条件而异,通常是先定位后选形,并使选形与定位相结合。

3) 互通式立体交叉形式选择的方法和步骤

互通式立体交叉形式选择是在交叉位置选定后,在定位时提供的可选形式基础上,按下列步骤确定该位置可采用的形式:

(1) 初定互通式立体交叉的基本形式　应先选择立体交叉的总体布局,首先解决下列问题:

① 是否为收费立体交叉。
② 是否采用完全互通式或部分互通式立体交叉。
③ 是否考虑行人交通。
④ 机动车与非机动车是分离行驶还是混合行驶。
⑤ 正线是上跨还是下穿被交线。
⑥ 采用两层式、三层式还是四层式立体交叉。

在此基础上进一步选择互通式立体交叉常用的形式。道路互通式立体交叉的形式,应根据各方向的设计速度、交通量,结合地形、地物、交通条件综合考虑而定,并参照表 7.3.1 选择。

表 7.3.1　互通式立体交叉形式的选择

立体交叉形式	设计速度/(km/h)			交叉口总通行能力/(pcu/h)	占地面积/hm²	相交道路等级及交叉口情况
	直行	左转	右转			
喇叭形立体交叉	60~80	30~40	30~40	6 000~8 000	3.5~4.5	1. 高速公路与快速路、主干路相交 2. 快速路相互交叉 3. 用地允许的市区主要交叉口
子叶形立体交叉	60~80	25~35	25~35	5 000~7 000	3.0~4.0	1. 高等级道路相交 2. 苜蓿叶形立体交叉的前期工程
苜蓿叶形立体交叉	60~80	30~40	30~40	9 000~13 000	7.0~9.0	1. 高速公路相互交叉 2. 高速公路与快速路、主干路相交 3. 用地允许的市区主要交叉口
菱形立体交叉	30~80	25~35	25~35	5 000~7 000	2.5~3.5	1. 高速公路与次要道路相交 2. 快速路与主干路相交

(续表)

立体交叉形式	设计速度/(km/h)			交叉口总通行能力/(pcu/h)	占地面积/hm²	相交道路等级及交叉口情况
	直行	左转	右转			
部分苜蓿叶形立体交叉	30~80	25~35	30~40	6 000~8 000	3.5~5.0	1. 高速公路与快速路、主干路相交 2. 苜蓿叶形立体交叉的前期工程
环形立体交叉	60~80	25~35	25~35	7 000~10 000	4.0~4.5	1. 快速路相互交叉 2. 市区交叉口 3. 高等级道路与次要道路相交

（2）互通式立体交叉几何形状及结构的选择　互通式立体交叉的几何形状及结构对整个立体交叉的车辆运行速度、运行距离、行车安全和舒顺、行车视距、视野范围、交通功能、服务水平和通行能力等影响很大。在互通式立体交叉基本形式的基础上，对互通式立体交叉的总体结构布局和匝道布设进行安排，如跨线构造物的布置，出入口的位置，匝道布设的象限，内外匝道采用整体式或分离式断面，匝道的平面、纵断面和横断面几何形状及尺寸，变速车道的布置等。

（3）互通式立体交叉方案比选　经过互通式立体交叉基本形式和几何线形及结构的选择，会产生多个有比较价值的互通式立体交叉方案，应对多个方案的安全、技术、经济、效益进行比较，选择合理的形式和适当的规模，设计出满足交通功能要求、适合现场条件、工程量小、造型美观且投资少的方案。对于复杂的大型互通式立体交叉，还应制作透视图或三维动画进行检查比较。

【思考题】

1. 道路交叉口有何交通特征？如何减少或消除交叉口冲突点？
2. 平面交叉机动车交通组织的方法有哪些？各自的任务是什么？
3. 环形交叉口由哪些部分组成？试分析环形交叉口的优、缺点。
4. 立体交叉的组成部分有哪些？
5. 完全互通式立体交叉与部分互通式立体交叉的主要区别是什么？

8 路基设计

> **本章提要**
>
> 本章主要介绍路基的概念与横断面形式;路基土的分类方法与工程性质、路基的水温状况与干湿类型划分方法、路基的力学强度特性及工作区、路基承载力参数与稳定性验算主要参数;一般路基设计方法、路堤设计与路堑设计;路基的主要病害与防治原则;路基边坡稳定性分析原理与方法;路基防护工程以及挡土墙类型与适用范围等。

8.1 路基的概念与构造

8.1.1 路基的基本概念

道路路基是按照路线位置和一定技术要求修筑的带状岩土构造物,是路面的基础,承受由路面传来的车辆荷载并将其扩散至地基,是道路的承重主体。

路床是路面结构层以下 0.8 m 或 1.2 m 范围内的路基部分,分为上路床和下路床两层。路床厚度根据交通量及其轴载组成确定,上路床厚度为 0.3 m;下路床厚度在轻、中等及重交通道路为 0.5 m,特重、极重交通道路为 0.9 m。路基承受车辆荷载作用,应力作用区的深度一般在路床部分,其强度与稳定性要求,应根据路基和路面综合设计的原则确定。坚固的路基,不仅是路面稳定性的重要保证,而且能为延长路面使用寿命创造有利条件,所以路基和路面的综合设计至关重要。

为了确保路基的强度与稳定性,使之在外界因素作用下不致产生过量的变形,在路基的整体结构中还必须设置各项附属设施,包括路基排水、路基防护与加固,以及与路基工程直接相关的设施,如弃土堆、取土坑、护坡道、碎落台、堆料坪和错车道等。

由于路基高程与原地面高程有差异,且各路段岩土性质不同,因此各处附属设施的布置不尽相同,各路段的路基横断面形状差别很大。路基横断面形式的选定和各项附属设施的设计,是路基设计的基本内容。

路基设计分为一般路基设计和特殊路基设计。一般路基是指在正常的地质和水文条件下,填方高度和挖方深度不超过设计规范或技术手册允许范围的路基,它可以结合当地地形、地质情况,直接参照设计规范或标准图,选用典型断面图设计,不必个别详细论证和验算。对于工程地质、水文地质条件复杂,受水、气候等自然因素影响强烈,填方高度和挖方深度超过设计规范规定,或修筑在陡坡上等各种特殊条件下的路基,则必须进行特殊设计,包括路基稳定性分析和验算、防护加固设施的设计等。在路基设计中,一般还应包括路基排水系统的总体布置,地上、地下排水构造物的设计及其他设施(如取土坑、护坡道)的布设与计算。

8.1.2 路基横断面形式

根据道路路线设计确定的路基设计高程与原地面高程通常是不同的,路基设计高程低于原地面高程时,需进行挖掘;路基设计高程高于原地面高程时,需进行填筑。需要指出的是,原地面高程指的是清除天然地面表土、整平并碾压后的高程。

由于填挖情况的不同,路基横断面的典型形式可归纳为路堤、路堑和半填半挖三种类型。路堤全部用岩土填筑而成,路堑则全部在天然地面开挖而成,此两者是路基的基本类型。当天然地面横坡大,且路基较宽,需要一侧开挖而另一侧填筑时,为半填半挖路基。在丘陵区或山岭区道路上,半填半挖是路基横断面的主要形式。

(1) 路堤 路堤是指路基基身顶面高于原地面的填方路基,如图 8.1.1 所示。路堤在结构上分为上路堤和下路堤,上路堤是指路床以下 0.7 m 厚度范围的填方部分,下路堤是指上路堤以下的堤方部分。

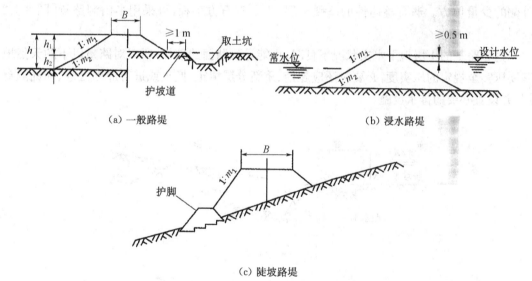

图 8.1.1 路堤的几种常用横断面形式

按路堤填土高度的不同,一般路堤又可分为低路堤和高路堤。低路堤是填土高度小于 1.5 m 的路堤;填土高度大于 18 m(土质)或 20 m(岩质)的路堤属于高路堤。低路堤常在平坦地区取土困难时选用。平坦地区地势低,水文条件较差,易受地面水和地下水的影响,设计时应注意满足最小填土高度的要求,力求不低于规定的临界高度,使路基处于干燥或中湿状态。路基两侧均应设边沟。低路堤的高度通常接近或小于路基工作区的深度,除填方路堤本身需要满足规定的施工要求外,天然地面也应进行压实,达到规定的压实度,必要时进行换土或加固处理,以保证路基的强度和稳定性。高路堤的填方数量大,占地多,为使路基稳定和横断面经济合理,需针对其稳定性进行个别设计。

根据路堤所处的环境和加固类型的不同,又可分为一般路堤、浸水路堤和陡坡路堤等。一般路堤位于地面横坡平缓的地段。在路堤边坡低矮和迎水的一侧,应设置边沟和截水沟等排水沟渠,以防止地面水浸湿和冲刷路堤。建造路堤时在路侧设置的取土坑,应同排水沟渠或农田水利相结合。路堤堤身与路侧取土坑或水渠之间,还有高路堤或浸水路堤的边坡中部,可视需要设置宽至少为 1 m(并高出设计水位 0.5 m)的平台,称为护坡道,以保证路堤边坡的稳定。高路堤和浸水路堤的边坡,常按其受力情况采取上陡下缓的变坡形式。对于容易受到水流侵蚀和淘刷的路堤边坡,还应进行适当的防护与加固,在软土地基上的路堤,需要采取加固地基和调整路堤结构等稳定措施。陡坡路堤是地面斜坡陡于 1:2.5 的路堤,其下侧边坡常需设置石砌护脚或挡土墙,以防止路堤向下滑动,并能收缩填方坡脚,减少填方数量和占地宽度。

(2) 路堑 全部为挖方的路基称为路堑,分为一般路堑和深路堑。深路堑是土质挖方边坡高度大于 20 m 或岩石挖方边坡高度大于 30 m 的路堑。

路堑有全路堑、半路堑和半山洞路堑三种形式,如图 8.1.2 所示。挖方边坡的坡脚应设置边沟,以汇集和排出路基基身表面的水。路堑上方应设置截水沟,以拦截上侧山坡的地面水。陡峭山坡上的路基,路中线宜向内侧移动,尽量采用半路堑[图 8.1.2(b)],以避免路基外侧的少量填方。遇有整体性的坚硬岩层,为节省石方工程,可采用半山洞路堑[图 8.1.2(c)]。

挖方路基的土层地下水文状况不良时,可能导致路面的破坏,所以对路堑以下的天然地基要压实至规定的压实度,必要时还应超挖、重新分层填筑、换土或进行加固处理、加铺隔离层,并设置必要的排水设施。

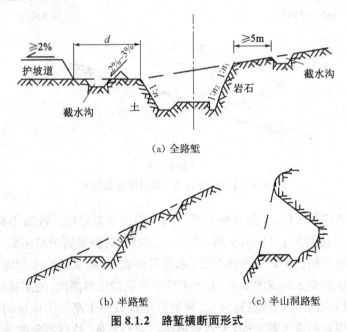

图 8.1.2 路堑横断面形式

(3) 半填半挖路基 整个横断面上既有填方又有挖方的路基,称为半填半挖路基。地面横坡较陡,路基又宽,而路中线的设计高程与地面高程相差不大的地方常采用半填半挖路基。半填半挖路基可看作由半路堤和半路堑组合而成[图 8.1.3(a)],兼有路堤和路堑的设置要求。为提高半填半挖路基的稳定性,填方部分的地面应挖成台阶或凿毛。视需要,填方和挖方部分可设置挡土墙等支挡结构物。对于填方高度(或路肩墙等结构物顶面高出地面)大于或等于 6 m 以及急弯、陡峻山坡、桥头引道等危险路段,应设置护栏[图 8.1.3(b)],以诱导交通。如果填方部分遇到地面陡峻出现悬空,而纵向又有适宜的基岩时,则可采用桥梁(如石拱桥)跨越,构成半山桥路基[图 8.1.3(c)]。

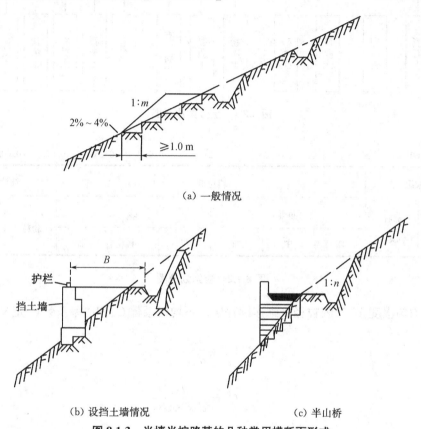

(a) 一般情况

(b) 设挡土墙情况　　　　(c) 半山桥

图 8.1.3　半填半挖路基的几种常用横断面形式

8.2　路基土的特性与设计参数

8.2.1　路基土的分类与工程性质

1) 路基土的分类与工程性质

我国道路用土依据土的颗粒组成特征、土的塑性指标和土中有机质存在的情况,分为巨粒土、粗粒土、细粒土和特殊土四类,并进一步细分为 12 种土(图 8.2.1)。土的颗粒组成特征用不同粒径粒组在土中的百分含量表示。不同粒组的划分界限及范围如图 8.2.2 所列。

土颗粒级配曲线的坡度与形状分别采用不均匀系数 C_u 和曲率系数 C_c 来表示。C_u 为土

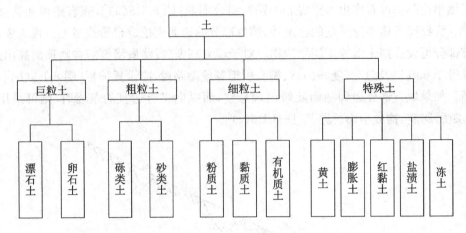

图 8.2.1 土分类体系图

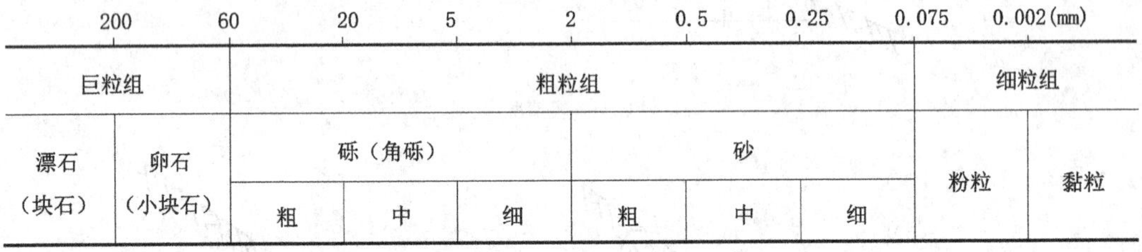

图 8.2.2 粒组划分图

粒大小的均匀程度，C_c 反映粒径级配连续程度。不均匀系数 C_u 和曲率系数 C_c 定义为：

$$C_u = \frac{d_{60}}{d_{10}} \qquad (8.1)$$

$$C_c = \frac{d_{30}^2}{d_{60} \times d_{10}} \qquad (8.2)$$

式中：d_{10}、d_{30}、d_{60}——土的特征粒径(mm)，在土的粒径分布(级配)曲线上，分别表示小于某粒径的土粒质量占总土质量的 10%、30%、60% 所对应的粒径。

各类道路用土具有不同的工程性质，在选择路基填筑材料和修筑稳定土路面结构层时，应根据不同的土类分别采取不同的工程技术措施。

路基的强度、抗变形能力和稳定性，因修筑路堤所用土的物理力学性质与当地自然环境影响程度而不同，也与填土高度和施工技术有关。所以要慎重选择路基填土用料，并采用合适的施工措施。

(1) 巨粒土　试样中巨粒组(大于 60 mm 的颗粒)质量大于总质量 15% 的土称为巨粒土。巨粒土又分为漂石土和卵石土，具体分类见表 8.2.1。如果巨粒组质量小于或等于总质量的 15%，可扣除巨粒，按粗粒土或细粒土的相应规定分类定名。

巨粒土有很高的强度和稳定性，是填筑路基的良好材料，亦可用于砌筑边坡。用漂石土码砌边坡时，边坡坡度值应正确选用，保证路基稳定。卵石土在填筑时应注意填方的密实度,防止由于空隙较大而造成路基积水、不均匀沉陷或表面松散等病害。

表 8.2.1 巨粒土分类表

土组类别		土组代号	漂石料(＞200 mm 颗粒)含量/%
漂(卵)石(大于 60 mm 颗粒＞75％)	漂石	B	＞50
	卵石	Cb	≤50
漂(卵)石夹土 (大于 60 mm 颗粒＞50％且≤75％)	漂石夹土	BSl	＞50
	卵石夹土	CbSl	≤50
漂(卵)石质土 (大于 60 mm 颗粒＞15％且≤50％)	漂石质土	SlB	＞50
	卵石质土	SlCb	≤50

(2)粗粒土 试样中粗粒组含量大于 50％的土称为粗粒土,粗粒土分砾类土和砂类土两种。砾粒组(2～60 mm 的颗粒)质量大于砂粒组质量的土为砾类土,分类如表 8.2.2 所示。砾粒组质量小于或等于砂粒组质量的土称为砂类土,分类如表 8.2.3 所示。

表 8.2.2 砾类土分类表

土组类别		土组代号	细粒组(＜0.075 mm 颗粒)含量/%	级配状况
砾	级配良好砾	GW	$F≤5$	级配:$C_u≥5$ $1≤C_c≤3$
	级配不良砾	GP		级配:不同时满足上述要求
含细粒土砾		GF	$5<F≤15$	
细粒土质砾	粉土质砾	GM	$15<F≤50$	级配:$C_u≥5$ $1≤C_c≤3$
	黏土质砾	GC		级配:不同时满足上述要求

表 8.2.3 砂类土分类表

土组类别		土组代号	细粒组(＜0.075 mm 颗粒)含量/%	级配状况
砂	级配良好砂	SW	$F≤5$	级配:$C_u≥5$ $1≤C_c≤3$
	级配不良砂	SP		级配:不同时满足上述要求
含细粒土砂(砂土)		SF	$5<F≤15$	
细粒土质砂 (砂质土)	粉土质砂	SM	$15<F≤50$	级配:$C_u≥5$ $1≤C_c≤3$
	黏土质砂	SC		级配:不同时满足上述要求

级配良好的砾石混合料,密实程度好,强度和稳定性均能满足要求。除了填筑路基之外,还可用于铺筑中级路面,经适当处理后可以铺筑高级路面的基层、底基层。级配不良的

砾石混合料，填筑时应保证密实度，防止空隙过大造成路面积水、不均匀沉陷或表面松散等病害。

砂类土可细分为砂、含细粒土砂(或称砂土)和细粒土质砂(或称砂质土)三种。砂和砂土无塑性、透水性强、毛细上升高度小，具有较大的内摩擦系数，故强度和水稳定性较好；但黏结性小、易松散、压实困难。为了加强压实和提高稳定性，可以采用振动法压实，并可掺加少量黏土，以改善级配组成。经充分压实的砂土路基，压缩变形小，稳定性好。

砂质土是良好的修筑路基材料。砂质土既含有一定数量的粗颗粒，使之具有一定的强度和水稳定性，又含有一定数量的细颗粒，使之具有一定的黏结性，不致过分松散。砂质土的级配适宜，强度、稳定性等都能满足要求，是理想的路基填筑材料。砂质土的粒径组成接近最佳级配，遇水不黏着、不膨胀，雨天不泥泞，晴天不扬尘，便于施工。

(3) 细粒土　细粒组(小于 0.075 mm 的颗粒)质量大于总质量50%的土称为细粒土。

细粒土应按下列规定划分：①细粒土中粗粒组质量小于或等于25%的土称为粉质土或黏质土；②细粒土中粗粒组质量为总质量25%～50%(含50%)的土称为含粗粒的粉质土或含粗粒的黏质土；③试样中有机质质量大于或等于总质量5%，且小于总质量的10%的土称为有机质土；试样中有机质质量大于或等于总质量10%的土称为有机土。

细粒土应按其在塑性图(图8.2.3，低液限 w_l <50%；高液限 w_l ≥50%)中的位置确定土的名称：①当细粒土位于塑性图 A 线或 A 线以上时，如果在 B 线或 B 线右侧，称为高液限黏土，记为 CH；如果在 B 线左侧，$I_p=7$ 线以上，称为低液限黏土，记为 CL；②当细粒土位于塑性图 A 线以下时，如果在 B 线或 B 线右侧，称为高液限粉土，记为 MH；如果在 B 线左侧，$I_p=4$ 线以上，称为低液限粉土，记为 ML；③黏土和粉土过渡区(CL～ML)的土可按相邻土层的类别考虑细分。细粒土分类体系见图 8.2.4。

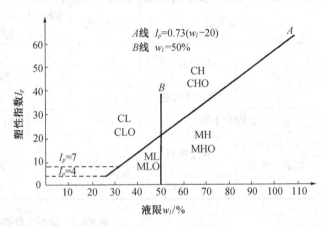

图 8.2.3　细粒土的塑性图

土中的有机质包括未完全分解的动植物残骸和完全分解的无定形物质。后者多呈黑色、青黑色或暗色，有臭味，有弹性和海绵体，可以借目测、手摸及嗅感判别。当不能判别时，可将试样放在 105～110 ℃ 的烘箱中烘烤，若烘烤 24 h 后试样的液限小于烘烤前的 3/4，则该试样为有机质土。当需要测定有机质含量时，按有机质含量试验(T 0151)进行测定。

有机质土应按其在塑性图(图8.2.3)中的位置确定土的名称：①当有机质土位于塑性图 A 线或 A 线以上时，如果在 B 线或 B 线右侧，称为有机质高液限黏土，记为 CHO；如果在 B 线左侧，$I_p=7$ 线以上，称为有机质低液限黏土，记为 CLO。②当有机质土位于塑性图 A 线以下时，如果在 B 线或 B 线右侧，称为有机质高液限粉土，记为 MHO；如果在 B 线左侧，$I_p=4$ 线以上，称为有机质低液限粉土，记为 MLO。③黏土和粉土过渡区(CL～ML)的土可按相邻土层的类别考虑细分。

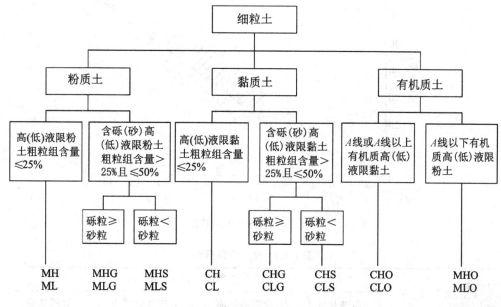

图 8.2.4　细粒土分类体系

粉质土是最差的筑路材料。粉质土含有较多的粉土颗粒，干时虽有黏性，但易于破碎，飞尘大；浸水时容易被湿透，成为流动状态的稀泥。粉质土毛细作用强烈，毛细上升高度大(可达 1.5 m)。在季节性冰冻地区容易造成冻胀、翻浆等病害。粉质土属于不良的道路用土，如必须用粉质土填筑路基，则应采取技术措施改良土质并加强排水，采取隔离水等措施。

黏质土中细颗粒含量多，土的内摩擦系数小而黏聚力大，透水性小而吸水能力强，毛细现象显著，有较大的可塑性。黏质土干燥时较坚硬，施工时不易破碎。浸湿后能长期保持水分，不易挥发，因而承载力小。黏质土不是理想的路基填料，但如在适当含水率时加以充分压实，并设置良好的排水设施，筑成的路基也能获得稳定。

有机质土(如泥炭、腐殖土等)不宜作路基填料，如需使用有机质土，应在设计和施工上采取适当的处理措施。

(4) 特殊土　特殊土主要包括黄土、膨胀土、红黏土、盐渍土和冻土。黄土、膨胀土、红黏土按塑性指数和液限划分，根据特殊土塑性图上的位置定名(图 8.2.5)。

① 黄土：低液限黏土(CLY)，分布范围大部分在 A 线以上，且 $w_l < 40\%$。
② 膨胀土：高液限黏土(CHE)，分布范围大部分在 A 线以上，且 $w_l > 50\%$。
③ 红黏土：高液限粉土(MHR)，分布范围大部分在 A 线以下，且 $w_l > 55\%$。
④ 盐渍土：按照土层中所含盐的种类和质量百分率进行分类，分为弱盐渍土、中盐渍土、强盐渍土和过盐渍土，见表 8.2.4。
⑤ 冻土：按冻结状态持续时间分为多年冻土、隔年冻土和季节性冻土，具体见表 8.2.5。

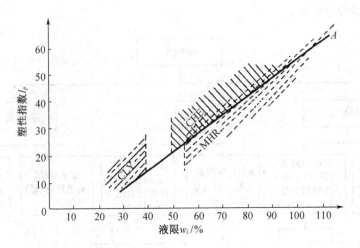

图 8.2.5 特殊土的塑性图

表 8.2.4 盐渍土分类表

盐渍土类别	土层中平均含盐量/%			
	氯酸盐渍土	亚氯酸盐渍土	亚硫酸盐渍土	硫酸盐渍土
弱盐渍土	0.3~1.5	0.3~1.0	0.3~0.8	0.3~0.5
中盐渍土	1.5~5.0	1.0~4.0	0.8~2.0	0.5~1.5
强盐渍土	5.0~8.0	4.0~7.0	2.0~5.0	1.5~4.0
过盐渍土	>8.0	>7.0	>5.0	>4.0

注：含盐性质按 Cl^-/SO_4^{2-} 比值划分，>2.0 时为氯酸盐渍土，1.0~2.0 为亚氯酸盐渍土，0.3~1.0 为亚硫酸盐渍土，<0.3 为硫酸盐渍土。

表 8.2.5 冻土分类表

冻土类型	持续时间 t/年	地面温度特征/℃	冻融特征
多年冻土	$t \geqslant 2$	年平均地面温度≤0	季节融化
隔年冻土	$1 \leqslant t < 2$	最低月平均地面温度≤0	季节冻结
季节性冻土	$t < 1$	最低月平均地面温度≤0	季节冻结

黄土属大孔和多孔结构，具有湿陷性；膨胀土受水浸湿发生膨胀，失水则收缩；红黏土失水后体积收缩量大；盐渍土潮湿时承载力很低。因此，特殊土不宜作路基填料，如用以填筑路基必须采取相应的技术措施。

总之，土作为路基建筑材料，砂性土最优，黏质土次之，粉质土属不良材料，最容易引起路基病害。重黏土，特别是蒙脱土也是不良的路基土。

2) 路基填料的选择

路基填料指的是路堤施工中的填方筑路材料。它可以是经检测合格的路线纵向土石方调配土、半填半挖横断面上的挖方土，也可以是取土坑内获取的土。在没有合适的天然土源的情况下，需要对获取的天然土填料进行改性，常用的改性方法有：掺配粗颗粒土改善物理级配;掺入石灰等无机结合料,甚至是专用的改性剂进行化学改性。

路基填料,应满足路基强度和回弹模量的要求,选择强度高、水稳定性好、压缩性小,且运输便利、施工方便的天然土源。道路工程中常见的填料类型有以下几种:

(1) 漂石、卵石(巨粒土)与粗砾石

这类材料的渗水性很强,水稳定性较好,强度高。施工季节不受限制,填石路堤(用粒径大于 40 mm、含量超过 70% 的石料填筑的路堤)的残余下沉量小,荷载作用下塑性变形小,但一般不用于路床的填筑。填石路堤的单层填筑厚度根据其层位不同在 30~60 cm 之间,上路堤层单层填筑厚度要比下路堤小。填料最大颗粒粒径应不超过填筑层厚度的 2/3,为增加稳定性,需要考虑其级配组成,对于单一大粒径颗粒的填料要增加小粒径颗粒,以便压实稳固。填石路堤的压实设备有特殊要求,且损耗较大,其施工质量控制方式也与普通填料路堤有差异。这类填料的性能评定为优,施工性评定为中。

(2) 土石混合料

土石混合料是由石块(粒径大于 40 mm,含量小于 70%)与土混合在一起形成的混合料。其力学性质与土、石含量有关。石块和砾含量高时,其渗水性、水稳定性和强度好;反之,若土(粉质土、黏质土)含量多,则较松散,遇水易造成边坡坍塌。在土石级配合理的情况下,土石混合料填筑的路堤强度优良、稳定性好。这类填料的性能评定为优,施工性评定为良。

(3) 砾类土、砂类土

这类材料的渗水性强、水稳定性好、级配较好时,既含有一定数量的粗颗粒,使之具有足够的强度和水稳定性,又含有一定数量的细颗粒,将粗颗粒粘在一起,施工方便。但其中黏质土含量过多时,水稳定性将下降很多,且细砂土易松散,对流水冲刷、风蚀的抵抗能力差,可能需要掺配黏质土,以加强稳定性。这类填料的性能评定为优,施工性评定为优。

(4) 粉质土

粉质土含较多的粉粒,毛细现象严重,干时易被风蚀,浸水后很快湿透,强度急剧下降,是稳定性最差的填料;在季节性冰冻地区用粉质土填筑路基会引起冻胀、翻浆、唧泥,不得已要用时,应掺配其他填料,并加强排水,采取隔离措施。这类填料的性能评定为差,施工性评定为良。

(5) 黏质土

黏质土渗水性差,干燥时较硬而不易挖掘,浸水后水稳定性差、强度低、变形大。如在适当含水率时充分压实,并有良好的排水条件下,筑成的路堤也较稳定。重黏土不宜作路基填料。这类填料的性能评定为良,施工性评定为良。

(6) 特殊土

特殊土如膨胀土、黄土、盐渍土、石膏土、泥炭、腐殖土等应限制使用。有机质含量较高的细粒土也要慎用。

(7) 生活垃圾及工业废渣

生活垃圾中含有较多的有机质成分,当路基填方高度很大时(如峡谷内高填时),在填方下部可酌情使用,但应利用特殊设备充分压实。工业废渣特别是矿渣在粒径上属于巨粒土,且级配较好,在保证压实的情况下可以使用,且性能较好。这一类填料的成分及特性往往不具有一般性,需要具体问题具体对待,施工中如果希望用于填筑路堤,需要进行相应试验研究。

在具体道路工程中,路基填料的选择余地不大,在根据以上原则初步选择可能的填料后,还需要通过试验检验其是否满足技术要求。路基填料选择依据的技术指标是加州承载比(CBR)值,试验方法参照《公路土工试验规程》(JTG E40)中的 T 0134—1993,选择标准如表 8.2.6 所示。

表 8.2.6　道路路基填料的基本要求

填料应用部位 (路面底高程以下深度)		填料最小强度(CBR)/%			填料最大粒径/mm
		高速、一级公路	二级公路	三、四级公路	
路堤	上路床(0~0.30)	8	6	5	100
	下路床(0.30~0.80)	5	4	3	100
	上路堤(0.80~1.50)	4	3	3	150
	下路堤(>1.50)	3	2	2	150
零填及 挖方路基	0~0.30	8	6	5	100
	0.30~0.80	5	4	3	100

对于路堤不同层位,只有满足相应的最低 CBR 值要求的填料才是可用的填料,在不满足要求的情况下,需考虑选择相应的改性措施。

8.2.2　路基的水温状况与干湿类型

湿度与温度变化对路基产生的共同影响称为路基的水温状况。路基的强度、刚度与稳定性,在很大程度上与路基的水温状况有密切的关系。

1) 路基湿度的来源

路基在使用过程中,受到各种外界因素的影响,其湿度不断变化。路基湿度的来源可分为以下几方面:

(1) 大气降水和蒸发　降水从路面(透水的或有裂缝的)、人行道、路肩和边坡等渗入路基,浸湿路基各个部分,蒸发又使其中的水分逸出而促使路基趋向干燥。路基潮湿的程度与降雨量、蒸发量以及路面的性质和状况有关。

(2) 地面水　地势低洼排水不良时,积滞在道路两侧的地面水通过毛细浸湿和渗漏作用渗入路基,其数量与积水期长短有关,也同土质有关。

(3) 地下水　地下水位高时,水分因毛细作用从地下水面上升浸湿路基的上层。地下水位随降水和农田灌溉而升降,路基浸湿的程度便随地下水位的高低和土质而异。

(4) 温度变化　大气温度变化促使路基的温度也发生相应的变化,并造成路基内不同深度处的温度出现差异,在温差影响下,土中的水分(或水汽)以液态(或气态)由热处向冷处移动,并积聚(或凝结)在该处,从而使路基内的湿度分布发生变化。特别是在季节性冰冻地区,因负温差的作用而引起的湿度积聚现象更为严重。

(5) 给排水设施渗漏　涵洞及城市道路地下给排水管道渗漏,会引起局部路基湿度增大。影响路基湿度的一些因素(降水、蒸发和温度等)具有明显的季节性和地区性差异的特点,其浸湿程度在一年四季内按各地区的不同规律不断地变化着。降雨量小的月份,路基湿度较低;降雨量大的月份,路基湿度增大。在路基湿度主要受地下水影响的路段上,随地下水位的升降而发生着路基湿度的变化。在季节性冰冻地区,还会因路基内负温差的影响而产生比南方地区严重得多的湿度积聚,甚至导致路基冻胀和翻浆现象。

2) 大气温度及其对路基水温状况的影响

路基湿度除了水的来源之外,另一个重要因素是受当地大气温度的影响。沿路基深度出现较大的温度梯度时,水分在温差的影响下以液态或气态由热处向冷处移动,并积聚在该处。这种现象在季节性冰冻地区尤为严重。

我国华北、东北和西北地区为季节性冰冻地区。这些地区的路基在冬季冻结的过程中会在负温度坡差的影响下,出现湿度积聚现象。气温下降到零度以下,路面和路基结构内的温度也随之由上而下地逐渐降到零下。在负温度区内,自由水、毛细水和弱结合水随温度降低而相继冻结,于是土粒周围的水膜减薄,剩余了许多自由表面能,增加了土的吸湿能力,促使水分由高温处向上移动,以补充低温处失去的部分。由试验得知,在温度下降到 -3 ℃ 以下时,土中未冻结的水分在负温差的影响下实际上已不可能向温度更低处移动,因此,负温度区的水分移动一般发生在 $-3 \sim 0$ ℃ 等温线之间。在正温度区内,因零度等温线附近土中自由水和毛细水的冻结,形成了与深层次土层之间的温度坡差,从而促使下面的水分向零度等温线附近移动。而这部分上移的水分便又成了负温度区水分移动的补给来源,这就造成了上层路基湿度的大量积聚。

积聚的水冻结后体积增大,造成路基隆起和面层开裂,即冻胀现象。春暖化冻时,路面和路基结构由上而下逐渐解冻。积聚在路基上层的水分先融解,水分难以迅速排出,造成路基上层的湿度增加,路面结构的承载能力便大大降低。若是在交通繁重的地区,经重车反复作用,路基和路面结构会产生较大的变形,严重时,路基土以泥浆的形式从胀裂的路面缝隙中冒出,形成了翻浆。冻胀和翻浆现象的出现,使路面遭受到严重损坏。

在季节性冰冻地区并非所有的道路都会产生冻胀与翻浆现象,对于渗透性较高的砂性土以及渗透性很低的黏性土,水分都不容易积聚,因此不易发生冻胀与翻浆;而对于粉性土和极细砂,由于毛细水活动力强,极易发生冻胀与翻浆。周边的水文条件和气候条件亦是重要原因。地面排水不良,地下水位高,路基湿度大,水源充足,暖冬与寒冬反复交替,路基冻结缓慢,这些都是产生冻胀与翻浆的重要自然条件。

3) 路基平衡湿度

路基平衡湿度是指道路建成通车后,路基在地下水、降雨、蒸发、冻结和融化等因素作用下,湿度达到相对稳定的平衡状态,此时的湿度称为平衡湿度。

(1) 路基平衡湿度状况　依据路基的湿度来源,可将路基的平衡湿度状况分为潮湿、干燥和中湿三类。

① 地下水控制类的路基:地下水位高,路基工作区处于地下水毛细润湿区影响范围内,路基平衡湿度由地下水位升降所控制,此种路基湿度状态定义为潮湿状态。

② 气候因素控制类的路基:地下水位很低,路基工作区处于地下水毛细润湿区之上,路基平衡湿度由气候因素变化所控制,此种路基湿度状态定义为干燥状态。

③ 兼受地下水和气候因素影响的路基:地下水位较高,路基工作区下部处于地下水毛细润湿区影响范围内,而其上部则受气候因素影响,路基平衡湿度兼受地下水和气候两方面的影响,此种路基湿度状态定义为中湿状态。

(2) 路基平衡湿度状态指标　根据路基相对高度、路基土组类别及其毛细水上升高度,可确定路基干湿类型,并预估路基结构的平衡湿度。

路基土的湿度状态可用饱和度进行表征,土的饱和度既反映了含水率,也包含了密实度的影响。饱和度按式(8.3)和式(8.4)确定:

$$S_r = \frac{w_v}{1 - \dfrac{\gamma_s}{G_s \gamma_w}} \quad 或 \quad S_r = \frac{w}{\dfrac{\gamma_w}{\gamma_s} - \dfrac{1}{G_s}} \tag{8.3}$$

$$w_v = w \frac{\gamma_s}{\gamma_w} \tag{8.4}$$

式中:S_r——饱和度(%);

w_v——土的体积含水率(%);

w——土的质量含水率(%);

γ_s、γ_w——土的干密度和水的密度(kg/m³);

G_s——土的相对密度,$G_s = \dfrac{\gamma_s}{\gamma_w}$。

(3) 路基平衡湿度的确定方法

① 路基土饱和度与基质吸力:路面竣工后,路基土在整个使用期内处于非饱和状态,其总水势由重力势、压力势、基质势和渗透势组成。非饱和土中的水分从高势能处向低势能处转移流动,根据相对湿度确定的土吸力通常称为"总吸力",它由两个部分组成,即基质吸力和渗透吸力。总吸力(ψ)定义为基质吸力与渗透吸力之和,如式(8.5)所示。

$$\psi = h_m + h_s \tag{8.5}$$

式中:h_m——基质吸力(kPa);

h_s——渗透吸力(kPa)。

基质吸力(h_m)定义为孔隙气压力与孔隙水压力的差值,即:

$$h_m = u_a - u_w \tag{8.6}$$

式中:u_a——孔隙气压力(kPa);

u_w——孔隙水压力(kPa)。

在工程实践中,因湿度改变引起的渗透吸力对工程性质影响很小,这种情况下渗透吸力忽略不计($h_s=0$)。总吸力可由基质吸力来表示 $h_m=\psi=u_a-u_w$。一般情况下，孔隙气压力等于大气压力，此时 $u_a=0$，而总势能可简化为等于负孔隙水压力 u_w，即基质吸力 $h_m=\psi=-u_w$。

路面竣工后，路基湿度状况主要由基质吸力所决定。根据非饱和土土力学理论，非饱和状态土的含水率与基质吸力的关系就是土-水特征曲线(图 8.2.6)，只要知道路基土的基质吸力，就可以由图 8.2.6 预估路基湿度状况(饱和度)。

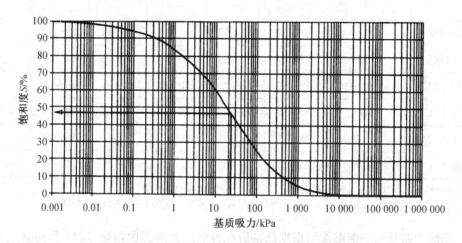

图 8.2.6 土-水特征曲线预估含水率方法图

基质吸力主要受地下水、土组类型、气候等因素影响。表征气候因素的参数有降雨量、蒸发量、降雨天数、相对湿度、年均温度、日照时间及湿度指数 TMI 等；土组表征参数主要有 P_{200} 和塑性指数(PI)。

我国《路基规范》采用湿度指数(TMI)来描述基质吸力。TMI 包含了各月降雨量及降雨天数、蒸发量、气温、典型土组参数、纬度等因素的影响，其中既包含了气候因素的影响，又包含了地理位置的影响，从而能全面量化一个地区干旱或者潮湿的程度，TMI 按式(8.7)计算，不同自然区划的 TMI 值是由全国 400 多个气象观测站的气象资料计算、统计和归并后得到的。

$$TMI_y=\frac{100R_y-60F_y}{E_y} \tag{8.7}$$

式中：R_y——第 y 年年度的径流量(cm)；

F_y——第 y 年年度的缺水量(cm)；

E_y——第 y 年的年度蒸发蒸腾总量(cm)。

② 路基土饱和度的确定：当路基为潮湿状态时，采用地下水位模型预估路基饱和度；当路基为干燥状况时，采用 TMI 模型预估路基基质吸力；中湿类路基的湿度则兼受地下水和气候因素的影响。由于理论计算的复杂性，可采用查表法确定路基土饱和度。

a. 潮湿类路基的平衡湿度可根据路基土组类别及地下水位高度，按表 8.2.7 确定距地下水位不同高度处的饱和度。

表 8.2.7　各路基土组距地下水位不同高度处的饱和度　　　　　　　　　单位:%

土组类别	计算点距地下水或地表长期积水水位的距离/m						
	0.3	1.0	1.5	2.0	2.5	3.0	4.0
粉土质砾(GM)	69～84	55～69	50～65	49～62	45～59	43～57	—
黏土质砾(GC)	79～96	64～83	60～79	56～75	54～73	52～71	—
砂(S)	95～80	70～50	—	—	—	—	—
粉土质砂(SM)	79～93	64～77	60～72	56～68	54～66	52～64	—
黏土质砂(SC)	90～99	77～87	72～83	68～80	66～78	64～76	—
低液限粉土(ML)	94～100	80～90	76～86	83～73	71～81	69～80	—
低液限黏土(CL)	93～100	80～93	76～90	73～88	70～86	68～85	66～83
高液限粉土(MH)	100	90～95	86～92	83～90	81～89	80～87	—
高液限黏土(CH)	100	93～97	90～93	88～91	86～90	85～89	83～87

注：1. 对于砂(SW、SP)，D_{60} 大时平衡湿度取低值，D_{60} 小时平衡湿度取高值。
　　2. 对于其他含细粒的土组，通过 0.075 mm 筛的颗粒含量大和塑性指数高时取高值，反之取低值。

b. 干燥类路基的平衡湿度可根据路基所在自然区划的湿度指数 TMI 和路基土组类别确定。即先根据不同自然区划由表 8.2.8 查取 TMI 值，再按路基所在地区的 TMI 值和路基土组类别，根据表 8.2.9 查取该地区相应的路基饱和度。

表 8.2.8　不同自然区划的 TMI 值范围

区划	亚区		TMI 值范围	区划	亚区	TMI 值范围
Ⅰ	Ⅰ₁		−5.0～−8.1		Ⅲ₁	−21.2～−25.7
	Ⅰ₂		0.5～−9.7		Ⅲ₁ₐ	−12.6～−29.1
Ⅱ	Ⅱ₁	黑龙江	−0.1～−8.1	Ⅲ	Ⅲ₂	−9.7～−17.5
		辽宁、吉林	8.7～35.1		Ⅲ₂ₐ	−19.6
	Ⅱ₁ₐ		−3.6～−10.8		Ⅲ₃	−19.1～−26.1
	Ⅱ₂		−7.2～−12.1		Ⅲ₄	−10.8～−24.1
	Ⅱ₂ₐ		−1.2～−10.6		Ⅳ₁	21.8～25.1
	Ⅱ₃		−9.3～−26.9		Ⅳ₁ₐ	23.2
	Ⅱ₄		−10.7～−22.6		Ⅳ₂	−6.0～34.8
	Ⅱ₄ₐ		−15.5～17.3	Ⅳ	Ⅳ₃	34.3～40.4
	Ⅱ₄ᵦ		−7.9～9.9		Ⅳ₄	32.0～67.9
	Ⅱ₅		−1.7～−15.6		Ⅳ₅	45.2～89.3
	Ⅱ₅ₐ		−1.0～−15.6		Ⅳ₆	27.0～64.7

(续表)

区划	亚区	TMI 值范围	区划	亚区	TMI 值范围
IV	IV$_{6a}$	41.2～97.4	VI	VI$_{1a}$	−40.5～−47.2
	IV$_7$	16.0～69.3		VI$_2$	−39.5～−59.2
	IV$_{7b}$	−5.4～−23.0		VI$_3$	−41.6
V	V$_1$	−25.1～6.9		VI$_4$	−19.3～−57.2
	V$_2$	0.9～30.1		VI$_{4a}$	−34.5～−37.1
	V$_{2a}$	39.6～43.7		VI$_{4b}$	−2.6～−37.2
	V$_3$	12.0～88.3	VII	VII$_1$	−3.1～−56.3
	V$_{3a}$	−7.6～47.2		VII$_2$	−49.4～−58.1
	V$_4$	−2.6～50.9		VII$_3$	−22.5～82.8
	V$_5$	39.8～100.6		VII$_4$	−5.1～−5.7
	V$_6$	24.4～39.2		VII$_5$	−20.3～91.4
				VII$_{6a}$	−10.6～−25.8
VI	VI$_1$	−15.3～−46.3			—

表 8.2.9　各路基土组在不同 TMI 值时的饱和度　　　　单位：%

土组类别	TMI					
	−50	−30	−10	10	30	50
砂(S)	20～50	25～55	27～60	30～65	32～67	35～70
粉土质砂(SM)	45～48	62～68	73～80	80～86	84～89	87～90
黏土质砂(SC)						
低液限粉土(ML)	41～46	59～64	75～77	84～86	91～92	92～93
低液限黏土(CL)	39～41	57～64	75～76	86	91	92～94
高液限粉土(MH)	41～42	61～62	76～79	85～88	90～92	92～95
高液限黏土(CH)	39～51	58～69	85～74	86～92	91～95	94～97

注：1. 砂的饱和度取值与 D_{60} 相关，D_{60} 大时(接近 2 mm)取低值，D_{60} 小时(接近 0.25 mm)取高值。
　　2. 粉土质砂、黏土质砂或细粒土的饱和度取值与细粒土含量和塑性指数相关，细粒土含量高、塑性指数大时取低值，反之取高值。

c. 中湿类路基的湿度兼受地下水和气候因素影响，路基工作区被地下水毛细润湿面分为上、下两部分，下部受地下水毛细润湿的影响，上部则受气候因素影响，如图 8.2.7 所示。

中湿类路基的平衡湿度可参照图 8.2.7，先分路基工作区上部和下部分别确定其平衡湿度，再以厚度加权平均计算路基的平衡湿度。地下水毛细润湿面以上的路基工作区上部，按路基土组类别和 TMI 值确定其平衡湿度；地下水毛细润湿面以下的路基工作区下部，则按路基土组类别和距地下水位的距离确定其平衡湿度。

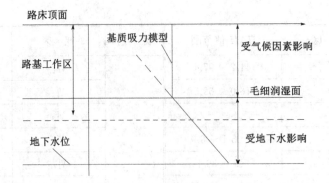

图 8.2.7 中湿类路基的湿度状况

8.2.3 路基的力学强度特性

路基承受着路基自重和车辆轮重两种荷载。在两种荷载的共同作用下,在一定深度范围内,路基土处于受压状态。若路基松软,不仅会引起路面的不均匀沉陷、影响路表面的平整度、降低车速、增加油料消耗和机件损伤,而且会导致路面的过早破坏。反之,路基坚硬,不仅增大了路面刚度,提高了道路的使用品质,而且还可减薄路面厚度,降低路面造价。因此,道路结构设计必须了解路基的受力状况和力学强度特性。

1) 路基的受力状况与路基工作区

通过路面传至路基顶面的车辆荷载,是一种重复作用的瞬时动荷载。车辆在起动、制动、变速和正常行驶时作用于路表面的水平力,随深度消减得很快,当路面厚度在 15 cm 以上时,路基顶面受到的水平力便很小,可忽略不计。行车的撞击力,通过路面的缓冲、吸振作用,传至路基也是很小的。因此,通常把车辆荷载对路基的影响仅看作是一种瞬时、重复作用的垂直力。假定车辆荷载为一圆形均布垂直荷载,路基为一弹性半空间体,则路基在车辆荷载作用下所引起的垂直应力 σ_Z 可近似用式(8.8)计算:

$$\sigma_Z = K \frac{P}{Z^2} \tag{8.8}$$

式中:P ——一侧轮轴荷载(kN);

K ——系数,一般取 0.5;

Z ——圆形均布荷载中心下应力作用点的深度(m)。

此外,路基因自重也会在内部产生垂直压应力 σ_B,其大小与深度成正比:

$$\sigma_B = \gamma Z \tag{8.9}$$

式中:γ ——土的重度(kN/m³);

Z ——应力作用点深度(m)。

路基内部垂直应力分布见图 8.2.8。由图可见,路基内因车辆荷载引起的垂直应力沿路基深度递减,至一定深度其应力将比随深

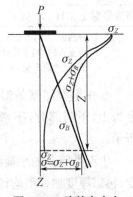

图 8.2.8 路基中应力分布图

度而增加的路基自重应力小得多,当前者与后者比值为 1/10 以下时,再往深处的车辆荷载影响与路基自重影响相比可忽略不计,此深度便可看作是对于支承路面经受车辆荷载作用有较大影响的路基范围。

车辆荷载通过路面传递到路基的应力与路基土自重应力之比大于 0.1 的深度范围称为路基工作区。路基工作区内,路基的强度和稳定性对保证路面结构的强度和稳定性极为重要,对路基工作区深度范围内的土质选择、路基压实度的要求也较高。

2) 路基土的应力-应变特性

路基是路面结构的支承体,车辆荷载通过路面结构传至路基。所以路基土的应力-应变特性对路基和路面结构的整体强度和刚度有很大影响。路面结构的损坏,除了它本身的原因之外,路基变形过大也是重要原因之一。路基土的变形,包括弹性变形和塑性变形两部分。过大的塑性变形将导致各种沥青路面产生车辙和纵向不平整。对于水泥混凝土路面,路基土的塑性变形将引起板块断裂。弹性变形过大将使得沥青面层或水泥混凝土面板产生疲劳开裂。在道路结构总变形中,路基土的变形占很大一部分,约占 70%~95%,所以提高路基的抗变形能力是提高道路结构整体强度和刚度的重要措施。

理想的线性弹性体在一定的应力范围内,应力与应变关系呈线性,当应力消失时,应变随之消失,恢复到初始状态。路基土的内部结构十分复杂,由固相、液相和气相三部分组成。固相部分又由不同成分、不同粒径的颗粒组成。所以,路基在应力作用下呈现的变形特性同理想的线性弹性体有很大区别。

压入承载板试验是研究路基土应力-应变特性最常用的一种方法。这种方法是以一定尺寸的刚性承载板置于路基顶面,逐级加荷、卸荷,记录施加于承载板上的荷载及由该荷载所引起的沉降变形。根据试验结果,可绘出路基顶面应力与回弹变形的关系曲线。图 8.2.9(a) 是典型的路基顶面应力与回弹变形关系曲线。

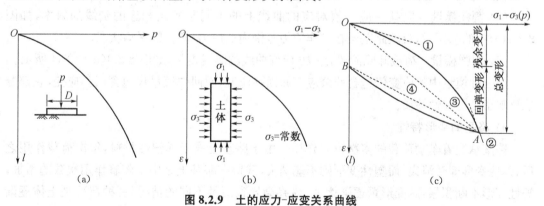

图 8.2.9 土的应力-应变关系曲线

假如路基土体为理想的线性弹性体,则路基的回弹模量 E 应为一常数,施加的荷载 p 与回弹变形 z 之间应呈直线关系。但实际上图 8.2.9(a) 所示的 p 与 l 之间的曲线关系十分普遍。因此,路基的回弹模量 E 并非常数。

路基土应力-应变的非线性特性由三轴压缩试验的结果也可以证明。图 8.2.9(b) 为三轴压缩试验应力-应变关系曲线。路基的竖向压应变可按照式(8.10)计算:

$$\varepsilon_1 = \frac{\sigma_1}{E} - 2\mu\frac{\sigma_3}{E} \tag{8.10}$$

式中：ε_1——竖向应变；

σ_1——竖向应力(kPa)；

σ_3——侧向应力(kPa)；

E——路基土的弹性模量(kPa)；

μ——路基土的泊松比，约为 0.3～0.5，随土质而异。

当侧向应力 σ_3 保持常数不变，若 E 值为常数时，竖向应力 σ_1 与竖向应变 ε_1 之间应保持直线关系。但是实际试验结果表明 σ_1 与 ε_1 之间普遍存在着非线性关系，所以 E 值不能视为不变的常数。

路基土体在内部应力作用下表现出的变形，从微观的角度看，是土体颗粒之间的相对移动。当移动的距离超出一定限度时，即使将应力解除，土体的颗粒也已不再能恢复原位。从宏观的角度看，路基土将产生不可恢复的残余变形。因此，路基土的应力-应变关系除了出现非线性特性之外，还表现出弹塑性性质。由图 8.2.9(c) 可以看出，当荷载卸除，应力恢复到零时，曲线由 A 回到 B，OB 即为塑性或残余变形。

尽管路基土的应力-应变关系如此复杂，可是在评定路基土应力-应变状态以及设计路面时通常仍然用模量值 E 来表征。最简单的是采用局部线性化的方法，即在曲线的某一个微小线段内，近似地将路基土的应力-应变关系视为直线，以它的斜率作为模量值。按照应力-应变曲线上应力取值方法的不同，模量有以下几种：

(1) 初始切线模量　应力值为零时的应力-应变曲线的斜率，如图 8.2.9(c) 中的①所示。

(2) 切线模量　某一应力水平处应力-应变曲线的斜率，如图 8.2.9(c) 中的②所示，反映该级应力处应力-应变变化的精确关系。

(3) 割线模量　以某一应力值对应的曲线上的点同起始点相连的割线的斜率，如图 8.2.9(c) 中的③所示，反映路基土在工作应力范围内的应力-应变的平均状态。

(4) 回弹模量　荷载卸除阶段，应力-应变曲线的割线模量，如图 8.2.9(c) 中的④所示。

前三种模量中的应变值包含残余应变和回弹应变，而回弹模量仅包含回弹应变，它部分地反映了土的弹性性质。

3) 路基的变形特性

路基承受着车辆荷载的多次重复作用。由于路基土属于弹塑性材料，每次荷载作用之后，弹性变形即时消失，而塑性变形则不能消失，残留在路基土之中。随着作用次数的增加，塑性变形不断积累，总变形量逐渐增大，最终会导致两种不同的情况：一种情况是土体逐渐压密，土体颗粒之间进一步靠拢，每一次加载产生的塑性变形量越来越小，直至稳定，塑性变形停止增长，这种情况不会形成路基土的整体性破坏；另一种情况是荷载的重复作用造成了土体的破坏，每一次加载作用在土体中产生了逐步发展的剪切变形，形成能引起土体整体破坏的剪裂面，最后达到破坏阶段。

路基土在重复荷载作用下产生的塑性变形积累，最终将导致何种状况，主要取决于以下几个因素：

(1) 土的性质(类型)和状态(含水率、密实度、结构状态);

(2) 重复荷载的大小,以重复荷载同一次静载下达到的极限强度之比来表示,即相对荷载;

(3) 荷载作用的性质,即重复荷载的施加速度、每次作用的持续时间以及重复作用的频率。

4) 路基材料参数

(1) 加州承载比(*CBR*) 加州承载比是早年由美国加利福尼亚州提出的一种评定路基及路面材料承载能力的指标。承载能力以材料抵抗局部荷载压入变形的能力来表征,并以高质量标准碎石为标准,以它们的相对比值表示 *CBR* 值。

试验时,用一个端部面积为 19.35 cm² 的标准压头,以 0.127 cm/min 的速度压入土中。记录每贯入 0.254 cm 时的单位压力,直至压入深度达到 1.27 cm 时为止。标准压力值是用高质量标准碎石由试验求得,其值如表 8.2.10 所示。

表 8.2.10 标准碎石承载力

贯入值 p_0	0.254	0.508	0.762	1.016	1.27
标准压力 p_s /kPa	7 030	10 550	13 360	16 170	18 230

CBR 值按下式计算:

$$CBR = \frac{p}{p_s} \times 100\% \tag{8.11}$$

式中:p——对应于某一贯入度的路基单位压力(kPa);

p_s——相应贯入度的标准压力(kPa),见表8.2.10。

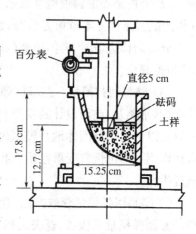

图 8.2.10 *CBR* 室内试验装置

CBR 试验设备有室内试验与室外试验两种。室内用试验装置如图 8.2.10 所示。试件按路基施工时的含水率及压实度要求在试筒内制备,并在加载前浸泡在水中4 d。为了模拟路面结构对路基的附加压力,在浸水过程中以及压入试验时,在试件顶面施加环形砝码,其重力应根据预计的路面结构重力来确定。

CBR 值野外试验方法基本上与室内试验相同,但其压入试验直接在路基顶面进行。有时,野外试验结果与室内试验结果不完全相同,这主要是由于土的含水率不一样:室内试验时,试件处于饱水状态;野外试验时,路基处于施工时的湿度状态。所以对野外试验结果必须加以修正,换算成饱水状态的 *CBR* 值。表 8.2.11 所列为常用路基土的 *CBR* 值。

表 8.2.11 常用路基土的 *CBR* 值   单位:%

土类	CBR
级配良好的砾石,砾石-砂混合料	60～80
级配差的砾石,砾石-砂混合料	35～60

(续表)

土类	CBR
均匀颗粒的砾石和砂质砾石 粉质砾石,砾石—砂—粉土混合料	40～80
黏土质砾石,砾石—砂—黏土混合料 级配良好的砂,砾石质砂;粉质砂,砂—粉土混合料	20～40
级配差的砂或砾石质砂	15～25
黏土质砂,石砂—黏土混合料	10～20
粉土,砂质粉土,砾石质粉土;贫黏土,砂质黏土,砾石质黏土,粉质黏土	5～15
无机质粉土,贫有机质黏土,云母质黏土或硅藻土	4～8
有机质黏土,肥黏土,有机质粉土	3～5

(2) 路基土强度参数 为确定合理的边坡坡度,进行路基稳定性分析时,需要试验确定相应的路基土强度参数。需要进行边坡稳定性分析的路基包括:①高路堤与陡坡路堤;②深路堑。

对于高路堤与陡坡路堤进行路基稳定性分析的强度参数,应根据填料场地情况,选择有代表性土样进行室内试验,并结合现场情况确定。关于路基填土、地基土的强度参数 c、φ 值,以及分析路堤沿斜坡地基或软弱层带滑动的稳定性时,控制性层面土层的强度参数 c、φ 值的试验条件见本章第五节"高路堤与陡坡路堤边坡稳定性分析"相关部分。

分析岩体边坡时,岩体抗剪强度指标及取值见本章第五节"深路堑边坡稳定性分析与评价"相关部分。

(3) 路基回弹模量 路基回弹模量反映了路基的抗变形能力,常被用作评定路基强度的指标,是路基、路面设计的主要参数之一。它能较好地反映路基所具有的部分弹性性质,所以当以弹性半空间体地基模型表征路基的受力特性时,可以用回弹模量表示路基在瞬时荷载作用下的可恢复变形性质。我国的《沥青规范》和《水泥规范》都以回弹模量作为路基的刚度指标。

① 路基回弹模量获取方法:我国《路基规范》规定了三种获得路基回弹模量的方法,包括动态回弹模量试验法、查表法和 CBR 换算法。

在具备动三轴试验仪等条件下应通过动态回弹模量试验法确定路基回弹模量,当不具备试验条件时,可采用查表法或 CBR 换算法。

a. 路基土动态回弹模量试验。路基土动态回弹模量试验适用于利用动三轴试验仪在规定的加载条件下测定路基土与粒料的动态回弹模量。试验采用薄壁试管现场取土样,根据最大粒径和 0.075 mm 筛的不同,通过振动、冲击或静压法成型直径 150 mm、高 300 mm 或直径 100 mm、高 200 mm 的试样,成型试件含水率符合目标含水率值 ±0.5% 的要求,压实度符合目标压实度值 ±1.0% 的要求。

首先对试件施加 30.0 kPa 的预载围压,并对试件施加至少 1 000 次、最大轴向应力为 66.0 kPa 的半正矢脉冲荷载进行预处理。然后调整围压和半正矢脉冲荷载至目标设定值,以10 Hz的频率重复加载100次。试验采集最后5个波形的荷载及变形曲线,记录并计算试验施加荷载、试件轴向可恢复变形和动态回弹模量。

应力幅值按式(8.12)计算确定:

$$\sigma_0 = \frac{P_i}{A} \tag{8.12}$$

式中:σ_0——轴向应力幅值(MPa);
$\quad\;\; P_i$——最后5次加载循环中轴向试验荷载平均幅值(N);
$\quad\;\; A$——试件径向横截面面积,可取试件上下端面面积的平均值(mm^2)。

应变幅值按式(8.13)计算确定:

$$\varepsilon_0 = \frac{\Delta_i}{l_0} \tag{8.13}$$

式中:ε_0——可恢复轴向应变幅值(mm/mm);
$\quad\;\; \Delta_i$——最后5次加载循环中可恢复轴向变形平均幅值(mm);
$\quad\;\; l_0$——位移传感器的量测间距(mm)。

路基土或粒料动态回弹模量 M_R 按式(8.14)计算确定:

$$M_R = \frac{\sigma_0}{\varepsilon_0} \tag{8.14}$$

b. 根据土组类别及粒料类型确定。当受条件限制无法通过试验获得路基土动态回弹模量时,可根据土组类别及粒料类型由表8.2.12或表8.2.13查取回弹模量参考值。

表8.2.12 标准状态下路基土回弹模量参考值　　　　　　　　　　单位:MPa

土组类别	取值范围
砾(G)	110~135
含细粒土砾(GF)	100~130
粉土质砾(GM)	100~125
黏土质砾(GC)	95~120
砂(S)	95~125
含细粒土砂(SF)	80~115
粉土质砂(SM)	65~95
黏土质砂(SC)	60~90
低液限粉土(ML)	50~90
低液限黏土(CL)	50~85
高液限粉土(MH)	30~70
高液限黏土(CH)	20~50

注:1. 对砾和砂,D_{60}(通过率为60%时的颗粒粒径)大时,模量取高值,D_{60}小时,模量取低值。
　　2. 对其他含细粒的土组,小于0.075 mm的颗粒含量大和塑性指数高时,模量取低值;反之,模量取高值。
　　3. 同等条件下,轻、中等及重交通荷载时路基土回弹模量取较小值,特重、极重交通条件下取较大值。

表 8.2.13　标准状态下粒料回弹模量参考值　　　　　　　　　单位：MPa

粒料类型	取值范围
级配碎石	180～400
未筛分碎石	180～220
级配砾石	150～300
天然砂砾	100～140

c. 根据填料的 CBR 值估算。在初步设计阶段，也可按式(8.15)和式(8.16)由填料的 CBR 值估算标准状态下填料的回弹模量值：

$$M_R = 17.6 CBR^{0.64} \quad (2 < CBR \leqslant 12) \tag{8.15}$$

$$M_R = 22.1 CBR^{0.55} \quad (12 < CBR < 80) \tag{8.16}$$

② 道路路基回弹模量设计值：路基土是非线性弹塑性材料，反映其应力-应变关系的回弹模量值具有应力依赖性，并随其湿度和密实度状态变化。

道路通车运营后，路基湿度状况受自然环境条件（降雨、蒸发、冻结、融化等）、地下水、温度和路面结构及其透水程度等多种因素的影响，路基内会产生新的水分迁移和湿度的重分布。许多观测资料表明，在路面完工后的 2～3 年内，路基的湿度变化会逐渐趋近于某种平衡湿度状态，含水率比施工时含水率增大 2%～10%。随着湿度增大，路基强度和回弹模量将减小；与此同时，路基在干湿循环、冻融循环的过程中，也会对路基土结构产生损伤，使得路基土强度和回弹模量产生衰减。因此，设计中采用的路基顶面回弹模量是指平衡湿度状态下并考虑干湿与冻融循环作用后的回弹模量。

a. 湿度对路基回弹模量的影响。道路路床应处于干燥或中湿状态。路基设计须先预估湿度状态，确定回弹模量湿度调整系数。路基回弹模量湿度调整系数为平衡湿度状态下的回弹模量与标准状态下的回弹模量之比。

潮湿类路基的回弹模量湿度调整系数可按表 8.2.14 查取。

表 8.2.14　潮湿类路基的回弹模量湿度调整系数

土质类型	砂	细粒土质砂	粉质土	黏质土
路基工作区顶面	0.8～0.9	0.5～0.6	0.5～0.7	0.6～1.0
路基工作区底面	0.5～0.6	0.4～0.5	0.4～0.6	0.5～0.9

注：1. 砂的回弹模量调整系数，D_{60} 大时取高值，D_{60} 小时取低值。
　　2. 细粒土质砂的回弹模量调整系数，细粒含量大、塑性指数高时取低值，反之取高值。
　　3. 粉质土和黏质土的回弹模量调整系数，路基高度低时取低值，反之取高值。

干燥类路基的回弹模量湿度调整系数可按表 8.2.15 查取。

中湿类路基的回弹模量湿度调整系数，可按路基工作区内两类湿度来源的上部和下部分别确定其湿度调整系数，并以路基工作区上、下部的厚度加权计算路基总的回弹模量湿度调整系数。

表 8.2.15 干燥类路基的回弹模量湿度调整系数

土组类别	TMI					
	−50	−30	−10	10	30	50
砂(S)	1.30~1.84	1.14~1.80	1.02~1.77	0.93~1.73	0.86~1.69	0.80~1.64
粉土质砂(SM)	1.59~1.65	1.10~1.26	0.83~0.97	0.73~0.83	0.70~0.76	0.70~0.76
黏土质砂(SC)						
低液限粉土(ML)	1.35~1.55	1.01~1.23	0.76~0.96	0.58~0.77	0.51~0.65	0.42~0.62
低液限黏土(CL)	1.22~1.71	0.73~1.52	0.57~1.24	0.51~1.02	0.49~0.88	0.48~0.81

注：1. 砂的回弹模量调整系数，D_{60} 大时(接近 2 mm)取低值，D_{60} 小时(接近 0.25 mm)取高值。
2. 粉土质砂、黏土质砂或细粒土的饱和度取值与细粒土含量和塑性指数相关，细粒土含量高、塑性指数大时取低值，反之取高值。

b. 干湿循环或冻融循环对路基回弹模量的影响。干湿循环或冻融循环条件下路基土模量折减系数通过试验确定。干湿循环条件是指非冰冻地区，冻融循环条件是指季节性冻土区。干湿循环或冻融循环条件下路基回弹模量折减系数取值范围为 0.70~0.95。

初步设计时，非冰冻地区干湿循环条件下路基土模量折减系数根据路基湿度状态、土质类型和可能的失水率等确定：潮湿、中湿状态的细粒土，可能的失水率大时，折减系数取小值；干燥状态的细粒土，可能的失水率小于 30% 时，折减系数取较大值；粗粒土(如砂砾)折减系数取大值。

季节性冻土区冻融循环条件下路基土模量折减系数与冻结温度、路基湿度状态、土质类型等密切相关：轻冻区干燥状态细粒土路基，冻结温度高于 −15 ℃，折减系数取较大值；重冻区潮湿、中湿状态细粒土路基，冻结温度低于 −15 ℃，折减系数取小值；粗粒土(如砂砾)折减系数取大值。

对于多层不同类型土质路基，采用多层弹性层状地基理论，按照弯沉等效的原则，将多层结构转化成当量单层结构后，再计算路床顶面当量回弹模量值。

c. 道路路基回弹模量设计值。以最佳含水率和最大干密度时的路基湿度作为标准状态，并充分考虑湿度变化、干湿循环或冻融循环对路基回弹模量的影响，确定平衡湿度状态下的路基回弹模量作为设计值，并使平衡湿度状态下路基回弹模量不低于路面设计规范的规定要求。

道路路基回弹模量设计值按式(8.17)确定，并满足式(8.18)的要求。

$$E_0 = K_s K_\eta M_R \tag{8.17}$$

$$E_0 \geqslant [E_0] \tag{8.18}$$

式中：E_0——平衡湿度状态下路基回弹模量设计值(MPa)；

M_R——标准状态下路基动态回弹模量值(MPa)；

K_s——路基回弹模量湿度调整系数；

K_η——干湿循环或冻融循环条件下路基回弹模量折减系数；

$[E_0]$——路面结构设计的路基回弹模量要求值(MPa)。

我国《沥青规范》规定,路基顶面回弹模量应符合表 8.2.16 的规定。不满足要求时,应采取改变填料、设置粒料类或无机结合料稳定类路基改善层,或采用石灰或水泥处理等措施提高路基顶面回弹模量。

表 8.2.16 沥青路面路基顶面回弹模量 单位:MPa

交通荷载等级	极重	特重	重	中等、轻
回弹模量	≥70	≥60	≥50	≥40

我国《水泥规范》规定,路床顶面的综合回弹模量应符合表 8.2.17 的规定。不满足要求时,应选用粗粒土或低剂量无机结合料稳定土作路床或上路床填料。当路基工作区底面接近或低于地下水位时,可采取更换填料、设置排水渗沟等措施。

表 8.2.17 水泥混凝土路面路床顶面回弹模量 单位:MPa

交通荷载等级	极重	特重	中等、重	轻
回弹模量	≥80	≥80	≥60	≥40

8.3 一般路基设计

一般路基设计可以结合当地的地形、地质情况,直接选用典型断面图或设计规定,不必进行个别论证和验算。对于超过规范规定的高填、深挖路基,以及地质和水文等条件特殊的路基,为确保其具有足够的强度与稳定性,需要进行个别设计和验算。

在工程地质和水文地质条件良好的地段修筑的一般路基设计包括以下内容:(1) 选择路基横断面形式,确定路基宽度与路基高度;(2) 选择路堤填料与压实标准;(3) 确定边坡形状与坡度;(4) 路基排水系统布置和排水结构设计。

针对特殊工况的路基还可能需要进行:(1) 坡面防护与加固设计;(2) 附属设施设计。

8.3.1 一般路基设计的基本要求

(1) 路基设计应收集道路沿线气候、水文、地形地貌、地质、地震、筑路材料等资料,做好沿线地质、路基填料勘察试验工作,查明地层岩土性质、厚度、空间分布特征及有关物理力学参数。

(2) 路基设计宜避免高填深挖。高填深挖不能避免时,当路基中心填方高度超过 20 m 或中心挖方深度超过 30 m 时,宜结合路线方案与桥梁、隧道等构造物或分离式路基进行方案比选。

(3) 路基设计应根据当地自然条件和工程地质条件,选择适当的路基横断面形式和边坡坡度。沿河路基不宜侵占河道,应根据冲刷情况,设置必要的防护支挡工程,并妥善处理路基废方,避免河床堵塞、河流改道或冲毁沿线构造物、农田、房屋等。

(4) 路基填料应满足路基强度和回弹模量的要求。土石方调配设计应对移挖作填、集中取(弃)土、填料改良处理等方案进行技术经济比较,充分利用挖方材料,节约土地。

(5) 路基设计应控制路基工后沉降量。对软弱地基、路基与桥涵构造物连接处、路基填挖交界处、高路堤、陡坡路堤等,应采取综合措施,防止路基不均匀变形。

(6) 路基设计应考虑水和冰冻对路基性能的影响,设置完善的防排水系统或防冻害设施,以及必要的路基防护工程。

8.3.2 路基横断面设计及附属设施

1) 路基宽度

道路路基宽度为车道宽度与路肩宽度之和,当道路设有中间带、加(减)速车道、爬坡车道、紧急停车带、超车道、避险车道、错车道、慢车道、侧分隔带、非机动车道、人行道等时,计算路基宽度时应计入这些部分的宽度。

各级公路整体式路基宽度规定如表 8.3.1 所示。

表 8.3.1 各级公路整体式路基宽度

公路技术等级		高速公路							
设计速度/(km/h)		120			100			80	
车道数		8	6	4	8	6	4	6	4
路基宽度/m	一般值	42.00	34.50	28.00	41.00	33.50	26.00	32.00	24.50
	最小值	40.00	—	25.00	38.50	—	23.50	—	21.50
公路技术等级		一级公路							
设计速度/(km/h)		100		80			60		
车道数		6	4	6	4		4		
路基宽度/m	一般值	33.50	26.00	32.00	24.50		23.00		
	最小值	—	23.50	—	21.50		20.00		
公路技术等级		二级公路		三级公路		四级公路			
设计速度/(km/h)		80	60	40	30	20			
车道数		2	2	2	2	2 或 1			
路基宽度/m	一般值	12.00	10.00	8.50	7.50	6.50 (双车道)	4.50 (单车道)		
	最小值	10.00	8.50	—	—				

注:"一般值"为正常情况下的采用值;"最小值"为条件受限制时可采用的值。

高速公路、一级公路分离式路基宽度规定如表 8.3.2 所示。

路基占用土地是道路通过农田或用地受限制地区确定路基宽度时需重点考虑的问题。道路建设占地必须综合规划,统筹兼顾,讲究经济效益,农业与交通相互促进。道路建设应尽可能利用非农业用地,少占农田。高速公路局部路段可选用高架道路,以桥代路。山坡路基应尽量填挖平衡,扩大和改善林业用地,保护林区绿地,防止水土流失,维护生态平衡,减少高填深挖,利用植物防护,绿化与美化路基。

表 8.3.2　高速公路、一级公路分离式路基宽度

公路技术等级		高速公路							
设计速度/(km/h)		120			100			80	
车道数		8	6	4	8	6	4	6	4
路基宽度/m	一般值	22.00	17.00	13.75	21.75	16.75	13.00	16.00	12.25
	最小值	—	—	13.25	—	—	12.50	—	11.25
公路技术等级		一级公路							
设计速度/(km/h)		100			80			60	
车道数		6		4	6		4		4
路基宽度/m	一般值	16.75		13.00	16.00		12.25		11.25
	最小值	—		12.50	—		11.25		10.25

注：1. 八车道的内侧车道宽度如采用 3.50 m,相应路基宽度可减 0.25 m。
　　2. 表中所列"一般值"为正常情况下的采用值;"最小值"为条件受限时可采用的值。

2) 路基高度

道路路基高度指的是路堤的填筑高度和路堑的开挖深度,是路基设计高程和原地面高程之差。由于原地面沿横断面方向往往是倾斜的,因此在路基宽度范围内,两侧的高差一般有差别。路基中心高度是指路基中心线处设计高程与原地面高程之差。而路基两侧边坡的高度是指填方坡脚或挖方坡顶与路基边缘的相对高差,所以路基高度有中心高度与边坡高度之分。

我国《路线规范》规定:新建道路的路基设计高程为路基边缘高程,设置超高、加宽地段,则为设置超高、加宽前的路基边缘高程;改建道路的路基设计高程可与新建道路相同,也可采用路中线高程,设有中央分隔带的高速公路、一级公路,其路基设计高程为中央分隔带的外侧边缘高程。

路基高度是道路设计中一项综合技术经济指标,它直接影响到道路的使用功能、质量、工程造价、占地面积和周围环境景观。路基的填挖高度,是在路线纵断面设计时,综合考虑路线纵坡要求、路基稳定性和工程经济等因素确定的。

从路基的强度和稳定性要求出发,路基上部土层应避免毛细水过大的影响,处于相对干燥的状态。路基高度设计应使路肩边缘高出路基两侧地面积水高度,同时考虑地下水、毛细水和冰冻的作用,不让其影响路基的强度和稳定性。填方路基填料的土质不同时,毛细水上升高度也不同。因此,应根据道路路基填料性质、沿线具体条件、排水及防护措施综合确定路堤的最小填土高度,并与路线纵坡设计相协调,以保证填方路段的路基高度主体上大于最小填土高度。

较高的路堤,路床(路基工作区)处于中湿或干燥状态,路基长期性能较为稳定,但占地

较多、工程造价较高,易产生沉降变形和边坡稳定性的问题。路基设计应避免高填深挖。不能避免时,当路基中心填方高度超过 20 m 或中心挖方深度超过 30 m 时,宜结合路线方案与桥梁、隧道等构造物或分离式路基进行方案比选。

低路堤,节约土地,对环境影响小,但气候环境、地下水将对路床(路基工作区)性能产生显著影响,导致路床承载能力不足,从而引起路面的变形破坏,故低路堤对路床填料和地下排水措施的要求较高。另外,在村庄、地方道路和通航河流密集的地区,低路堤方案需归并通道、增设辅道、支线上跨等,配套工程建设规模大,低路堤方案的优势并不显著。

受水浸淹的路基是指路基单侧或两侧长期受水浸淹的路基,包括临近水塘、河流、水库等的路基;雨季洪水期临时浸水路基是指路基单侧或两侧短期受洪水影响的路基,包括位于洪水泛滥地带、滞洪区、分洪区、蓄洪区等的路基。为保证路基安全稳定,满足洪水期救灾通道的功能要求,沿河及受水浸淹的路基边缘高程,应高出表 8.3.3 规定设计洪水频率的计算水位加壅水高、波浪侵袭高度和 0.5 m 的安全高度。

表 8.3.3　路基设计洪水频率

道路技术等级	高速公路	一级公路	二级公路	三级公路	四级公路
设计洪水频率	1/100	1/100	1/50	1/25	按具体情况确定

进行路基高度设计时,需要根据项目所处地形、地质、水文等自然条件,以及村镇、航道、道路网等分布特点,进行不同路基高度及填筑方案的综合比选论证,因地制宜,在满足道路功能需求和路基性能要求的前提下,合理确定路基高度及填筑方案,并做好路基路面综合设计。

3) 路基边坡

路基边坡坡度对路基稳定十分重要,确定路基边坡坡度是路基设计的重要任务。道路路基的边坡坡度用边坡高度 H 与边坡宽度 b 的比值表示,并取 $H=1$,如图 8.3.1 所示。

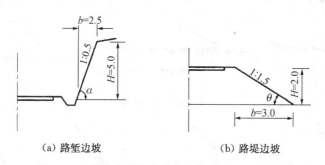

(a) 路堑边坡　　　　(b) 路堤边坡

图 8.3.1　道路路基边坡坡度示意图(尺寸单位:m)

图中,$H:b=1:0.5$(路堑边坡)或 $1:1.5$(路堤边坡),通常用 $1:n$(路堑边坡)或 $1:m$(路堤边坡)表示其坡率,称为边坡坡度。

路基边坡坡度大小,取决于边坡的土质、地质构造(路堑)及水文条件等自然因素和边坡的高度。在陡坡或填挖较大的路段,边坡坡度不仅影响到土石方工程量和施工的难易,而且是路基整体稳定性的关键。因此,确定路基边坡坡度对于路基的稳定性和工程的经济合理性至关重要。一般路基的边坡坡度可根据多年工程实践经验和设计规范推荐的数值确定。

(1) 一般路堤　一般路堤边坡坡度可根据填料种类和边坡高度按表 8.3.4 所列的坡度选用。路堤边坡高度超过表列数值时，属高路堤，应按本章第五节的方法单独验算。

表 8.3.4　路堤边坡坡度表

填料类别	边坡坡率	
	上部高度（$H \leqslant 8$ m）	下部高度（$H \leqslant 12$ m）
细粒土	1∶1.5	1∶1.75
粗粒土	1∶1.5	1∶1.75
巨粒土	1∶1.3	1∶1.5

(2) 路堑　路堑是从天然地层中开挖出来的路基结构物，设计路堑边坡时，首先应从地貌和地质构造上判断其整体稳定性。在遇到工程地质或水文地质条件不良的地层时，应尽量使路线避绕；而对于稳定的地层，则应考虑开挖后，是否会由于减少支承、坡面风化加剧而引起失稳。

影响路堑边坡稳定的因素较为复杂，除了路堑深度和坡体土石的性质之外，地质构造特征、岩石的风化和破碎程度、土层的成因类型、地面水和地下水的影响、坡面的朝向以及当地的气候条件等都会影响路堑边坡的稳定性，在边坡设计时必须综合考虑。

(3) 路基边坡形状　路基边坡形状通常有直线形（坡顶到坡脚采用单一坡度）、折线形（自上而下按岩土性质和工作条件采用不同坡度）和台阶形（在边坡中部或岩土层分界处，设置不小于 2 m 宽的平台，平台一般具有 3% 的向外横坡），如图 8.3.2 所示。

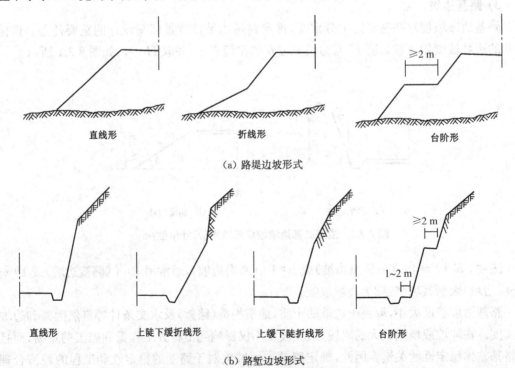

(a) 路堤边坡形式

直线形　　上陡下缓折线形　　上缓下陡折线形　　台阶形

(b) 路堑边坡形式

图 8.3.2　道路路基边坡形式示意图

4) 路基的附属结构

(1) 护坡道　护坡道是保护路基边坡稳定的措施之一,设置的目的是加宽边坡横向距离,减小边坡平均坡度。护坡越宽,越有利于边坡稳定,最少为1 m。宽度大,则工程数量亦随之增加,要兼顾边坡稳定性与经济合理性。

护坡道一般设在路基坡脚处,边坡较高时亦可设在边坡上方及挖方边坡的变坡处。浸水路基的护坡道,可设在浸水线以上的边坡上。

当路肩边缘与路侧取土坑底的高差 h 小于或等于 2 m 时,取土坑内侧边坡可与路基坡脚相衔接,并采用路堤边坡坡度;当高差 h 大于 2 m 时,为确保路基稳定应设置 1 m 宽的护坡道;当高差 h 大于 6 m 时,应设置 2 m 宽的护坡道,如图 8.3.3 所示。

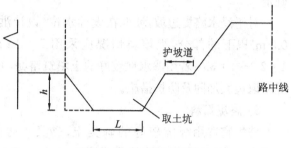

图 8.3.3　护坡道示意图

(2) 碎落台　当挖方边坡较高时,可根据不同的土质、岩石性质和稳定要求开挖成折线式或台阶式边坡,边沟外侧应设置碎落台,其宽度不宜小于 1 m。

8.3.3　路堤设计

1) 路堤高度

路堤高度的确定要综合考虑设计洪水位、中湿状态路基临界高度、路基工作区深度、路基冻结深度等因素,应满足以下要求:

(1) 满足道路技术等级所对应的路基设计洪水频率及其设计洪水位。

(2) 路堤高度不宜小于中湿状态路基临界高度。

(3) 季节性冻土地区,路堤高度不宜小于当地路基冻深。

路堤高度宜按式(8.19)计算确定:

$$H_{op} = \max\{(h_{sw} - h_0) + h_w + h_{bw} + \Delta h, h_l + h_p, h_{ud} + h_p, h_f + h_p\} \quad (8.19)$$

式中:H_{op}——路堤合理高度(m);

h_{sw}——设计洪水位(m);

h_0——地面高程(m);

h_w——波浪侵袭高度(m);

Δh——安全高度(m);

h_l——中湿状态路基临界高度(m);

h_p——路面厚度(m);

h_{ud}——路基工作区深度(m);

h_f——季节性冻土地区路基冻深;

h_{bw}——壅水高度。

2) 路堤边坡

路堤边坡形式和坡率应根据填料的物理力学性质、边坡高度和工程地质条件确定,一般采用直线形。当地质条件良好,边坡高度不大于 20 m 时,其边坡坡率不宜陡于表 8.3.4 中的规定值。对于边坡高度大于 20 m 的路堤,边坡形式宜采用台阶式,边坡坡率应由稳定性分析计算确定。

对于浸水路堤边坡,坡度在设计水位(设计洪水频率计算水位+壅水高+波浪侵袭高 0.5 m)以下的部分,视填料情况应采用 1∶1.75~1∶1.20,在常水位以下部分可采用 1∶2.0~1∶3.0;若用渗水性较好的土填筑路堤,可采用较陡的边坡。另外,应根据水流等情况采取边坡加固及防护措施。

3) 路堤填料

路堤宜选用级配较好的砾类土、砂类土等粗粒土作为填料,填料最大粒径应小于 150 mm。泥炭、淤泥、冻土、强膨胀土、有机土及易溶盐超过允许含量的土等,不得直接用于填筑路堤。季节性冻土地区路床及浸水部分的路堤不应直接采用粉质土填筑。

路堤填料的 CBR 应符合表 8.3.5 的要求。

表 8.3.5 路堤填料的 CBR 要求

路基部位		路床顶面以下深度/m	填料最小 CBR/%		
			高速公路、一级公路	二级公路	三级公路、四级公路
上路堤	轻、中及重交通	0.8~1.5	4	3	3
	特重、极重交通	1.2~1.9	4	3	—
下路堤	轻、中及重交通	>1.5	3	2	2
	特重、极重交通	>1.9	3	2	2

注:1. 当路基填料 CBR 值达不到表列要求时,可掺石灰或其他稳定材料处理。
2. 当三、四级公路铺筑沥青混凝土和水泥混凝土路面时,应采用二级公路的规定。

液限大于 50%、塑性指数大于 26 的细粒土,不得直接作为路堤填料。浸水路堤、桥涵台背和挡土墙背宜采用渗水性良好的填料。在渗水材料缺乏的地区,采用细粒土填筑时,可采用无机结合料进行稳定处治。

4) 路基压实

土质路基未经压实,将在自然因素和车辆荷载作用下产生大量的变形或破坏。路基经充分压实后,具有一定的密实度,并消除了大部分因水分干湿作用引起的自然沉陷和车辆荷载反复作用产生的压实变形,提高了土的承载能力,降低了渗水性,因而也提高了水稳定性。

由土的击实试验可知:路基的最大干密度表征路基的强度和稳定性,它是衡量压实质量的一项重要指标。我国目前以压实度作为控制路基压实的标准。压实度是工地上筑路材料压实后的干密度与标准最大干密度之比,以百分率表示。

$$K = \frac{\delta}{\delta_0} \times 100\% \qquad (8.20)$$

式中：δ——工地上筑路材料压实后实际达到的干密度(kg/m^3)；

　　　δ_0——室内用标准击实仪进行击实试验所得的标准最大干密度(kg/m^3)。

标准击实试验方法分轻型标准和重型标准两种,两者的落锤质量、锤落高度、击实次数不同,即试件承受的单位压实功不同。轻型标准的压实功仅相当于 6～8 t 压路机的碾压效果,而重型标准的压实功相当于 12～15 t 压路机的碾压效果。重型标准测得的最大干密度比轻型标准条件下测得的值约增加 6%～12%,而最佳含水量一般要小 2%～8%(含水量绝对值)。因此,压实度相同时,采用重型标准的压实要求比轻型标准的高。现行规范要求路基压实采用重型标准。

路基压实度 K 值的确定,需根据道路所在地区的气候条件、路基的水温状况、道路技术等级、填挖深度、交通荷载等级和填料特点等因素进行综合考虑。对冰冻潮湿地区和受水影响大的路基,其压实度要求应高些;对于干旱地区及水文情况良好地段,其压实度要求低些;路面等级高,压实要求高些,路面等级低,压实要求低些;三、四级公路修筑沥青混凝土或水泥混凝土路面时,其路基压实度应采用二级公路标准。我国公路和城市道路有关部门已对路基的压实度做出了相应的规定,见表 8.3.6 和表 8.3.7。

表 8.3.6　公路路基压实度

路基部位		路床顶面以下深度/m	压实度/%		
			高速公路、一级公路	二级公路	三级公路、四级公路
上路床		0～0.3	≥96	≥95	≥94
下路床	轻、中及重交通荷载等级	0.3～0.8	≥96	≥95	≥94
	特重、极重交通荷载等级	0.3～1.2	≥96	≥95	—
上路堤	轻、中及重交通荷载等级	0.8～1.5	≥94	≥94	≥93
	特重、极重交通荷载等级	1.2～1.9	≥94	≥94	—
下路堤	轻、中及重交通荷载等级	>1.5	≥93	≥92	≥90
	特重、极重交通荷载等级	>1.9	≥93	≥92	≥90

注：表列压实度数值以重型击实试验法为准。

表 8.3.7　城市道路路基压实度

路基部位	路床顶面以下深度/m	压实度/%			
		快速路	主干路	次干路	支路
填方路基	0～0.8	96	95	94	92
	0.8～1.5	94	93	92	91
	>1.5	93	92	91	90
零填及挖方路基	0～0.3	96	95	94	92
	0.3～0.8	94	93	—	—

注：表列压实度数值以重型击实试验法为准。

在满足路基各层压实度的前提下,应根据路基实际采用的填料类型和路面结构设计要求,确定路床顶面回弹模量标准。对于重载交通路基、软弱和特殊土路基,可适当提高路床顶面回弹模量标准。

8.3.4 路堑设计

路堑或挖方路基边坡的稳定性主要与当地的工程地质、水文地质和地面排水条件以及施工方法有关。此外,地貌、气候等因素对其稳定性也有很大影响。应结合上述因素,参考稳定的自然山坡和人工边坡(已建成道路的边坡)的坡度等,论证确定路堑边坡。

当路堑边坡为均质或薄层土层且高度不大时,宜采用直线形边坡;当边坡较高或由多层土组成,宜采用折线形边坡;当边坡由多层土组成且很高,或是易风化的软质岩石边坡及松散粗粒土类边坡,宜采用台阶形边坡。

1) 土质路堑

土质路堑边坡形式及坡率应根据工程地质与水文地质条件、边坡高度、排水防护措施、施工方法等,并结合自然稳定边坡、人工边坡的调查及力学分析综合确定。

路堑边坡高度不大于 20 m 时,边坡坡度不宜陡于表 8.3.8 中的规定值。必须指出的是,表 8.3.8 中路堑边坡坡度值系按土质较均匀、无不良地质现象和无地下水的条件下,满足路堑边坡稳定性要求的土质挖方边坡的最陡坡度。设计时,应根据气候、地质及其他自然因素等现场调查分析的结果,结合地形地质条件、路堑边坡高度和防护形式,灵活设计土质挖方边坡坡度,有条件时可以适当放缓边坡坡度。

路堑边坡高度大于 20 m 时,其边坡形式及坡度应通过稳定性计算确定。

表 8.3.8 土质路堑边坡坡度

土的类别		边坡坡度
黏土、粉质黏土、塑性指数大于 3 的粉土		1∶1
中密以上的中砂、粗砂、砾砂		1∶1.5
卵石土、碎石土、圆砾土、角砾土	胶结和密实	1∶0.75
	中密	1∶1

注:黄土、红黏土、高液限土、膨胀土等特殊土质挖方边坡形式及坡度应按特殊路基的规定确定。

2) 岩质路堑

岩质路堑边坡形式及坡度应根据工程地质与水文地质条件、边坡高度、排水防护措施、施工方法等,结合自然稳定边坡和人工边坡的调查综合确定,必要时可采用稳定分析方法予以验算。边坡高度不大于 30 m 时,无外倾软弱结构面的边坡应先确定岩体完整程度和边坡岩体类型,然后再确定边坡坡度。

边坡岩体完整程度应根据结构面发育程度、岩体结构类型和完整性系数按表 8.3.9 确定,完整性系数应按式(8.21)计算;边坡岩体类型应根据岩体完整程度、结构面结合程度、结构面产状及直立边坡自稳能力等条件,按式(8.21)、表 8.3.9 和表 8.3.10 确定;岩质路堑边坡坡度可按表 8.3.11 确定。

$$K_V = \left(\frac{v_R}{v_p}\right)^2 \tag{8.21}$$

式中：K_V——边坡岩体完整性系数；
v_R——弹性纵波在岩体中的传播速度(km/s)；
v_p——弹性纵波在岩块中的传播速度(km/s)。

表 8.3.9　岩体完整程度划分

岩体完整程度	结构面发育程度	结构类型	完整性系数 K_V
完整	结构面1～2组，以构造节理或层面为主，密闭型	巨块状整体结构	≥0.75
较完整	结构面2～3组，以构造节理或层面为主，裂隙多呈密闭型，部分为微张型，少有充填物	块状结构、层状结构、镶嵌碎裂结构	0.35～0.75
不完整	结构面大于3组，在断层附近受构造作用影响较大，裂隙以张开型为主，多有充填物，厚度较大	碎裂状结构、散体结构	<0.35

注：镶嵌碎裂结构为碎裂结构中碎块较大且相互咬合、稳定性相对较好的一种结构。

表 8.3.10　岩质边坡的岩体分类

边坡岩体类型	判定条件			直立边坡自稳能力
	岩体完整程度	结构面结合程度	结构面产状	
Ⅰ类	完整	结构面结合良好或一般	外倾结构面或外倾不同结构面的组合线倾角>75°或<35°	30 m 高边坡长期稳定，偶有掉块
Ⅱ类	完整	结构面结合良好或一般	外倾结构面或外倾不同结构面的组合线倾角35°～75°	15 m 高的边坡稳定，15～30 m 高的边坡欠稳定
	完整	结构面结合差	外倾结构面或外倾不同结构面的组合线倾角>75°或<35°	
	较完整	结构面结合良好或一般或差	外倾结构面或外倾不同结构面的组合线倾角<35°，有内倾结构面	边坡出现局部塌落
Ⅲ类	完整	结构面结合差	外倾结构面或外倾不同结构面的组合线倾角35°～75°	8 m 高的边坡稳定，15 m 高的边坡欠稳定
	较完整	结构面结合良好或一般	外倾结构面或外倾不同结构面的组合线倾角35°～75°	
	较完整	结构面结合差	外倾结构面或外倾不同结构面的组合线倾角>75°或<35°	
	较完整（碎裂镶嵌）	结构面结合良好或一般	结构面无明显规律	

(续表)

边坡岩体类型	判定条件			直立边坡自稳能力
	岩体完整程度	结构面结合程度	结构面产状	
Ⅳ类	较完整	结构面结合差或很差	外倾结构面以层面为主,倾角多为35°~75°	8 m高的边坡不稳定
	不完整（散体、碎裂）	碎块间结合很差	—	

注：1. 边坡岩体分类中未含有外倾软弱结构面控制的边坡和倾倒崩塌型破坏的边坡。
2. Ⅰ类岩体为软岩、较软岩时，应降为Ⅱ类岩体。
3. 当地下水发育时，Ⅱ、Ⅲ类岩体可视具体情况降低一档。
4. 强风化岩和极软岩可划分为Ⅳ类岩体。
5. 表中外倾结构面系指倾向与坡向的夹角小于30°的结构面。

表 8.3.11 岩质路堑边坡坡度

边坡岩体类型	风化程度	边坡坡度	
		$H<15$ m	$15\ \text{m} \leqslant H \leqslant 30$ m
Ⅰ类	未风化、微风化	1:0.1~1:0.3	1:0.1~1:0.3
	弱风化	1:0.1~1:0.3	1:0.3~1:0.5
Ⅱ类	未风化、微风化	1:0.1~1:0.3	1:0.3~1:0.5
	弱风化	1:0.1~1:0.5	1:0.5~1:0.75
Ⅲ类	未风化、微风化	1:0.3~1:0.5	—
	弱风化	1:0.5~1:0.75	—
Ⅳ类	弱风化	1:0.5~1:1	
	弱风化	1:0.75~1:1	

8.4 路基的主要病害

路基修筑在地面之上，暴露于大气之中，所以受地形、地质、水文和气候等自然因素的影响较大，在自然环境因素影响及车辆荷载作用下，如果设计和施工不当，容易产生各种病害，严重的甚至发生滑塌，连带部分路面结构层从路基和路面整体中分离，影响交通和行车安全，使其丧失使用功能。

8.4.1 路基的病害类型

1) 沉陷

路基沉陷指路基在荷载、水和温度等的综合作用下，在垂直方向产生较大的沉落，如图8.4.1所示。沉陷分两种情况：路基本身的压缩沉降及路基下部天然地面承载力不足引起的沉陷。

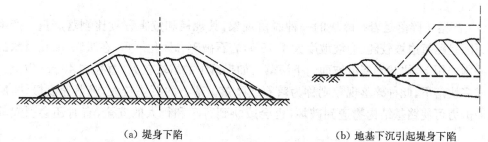

(a) 堤身下陷　　　　　　　(b) 地基下沉引起堤身下陷

图 8.4.1　路基沉陷示意图

产生路基沉陷的原因包括：

(1) 路基填料选择不当。

(2) 压实不足。

(3) 填筑方法不合理，包括不同土质混杂、未分层填筑和压实、土中含有未经打碎的大土块或冻土块等；填石路堤因石料规格不一，性质不匀，或就地爆破堆积，乱石中空隙很大，在一定期限内（如经过一个雨季）也可能产生局部的明显下沉。

(4) 原地面比较软弱，如泥沼、流沙或垃圾堆积等，填筑前未经换土或压实，或软土地基未经处治或处治不充分等。

2) 边坡坍方

路基边坡坍方是指天然或人工的边坡因其本身的构造特点，在受到雨水与地震等外部自然环境因素、挖掘与振动等工程因素和交通等外部作用力因素的综合影响时，产生表面风化、侵蚀、冲刷、崩解，并最终导致边坡土（石）方从原边坡上剥离的现象。路基边坡坍方是最常见的路基病害，也是道路水毁的普遍现象。按其破坏规模与原因的不同，路基边坡坍方可以分为剥落、碎落、滑坍和崩坍等，如图 8.4.2 所示。

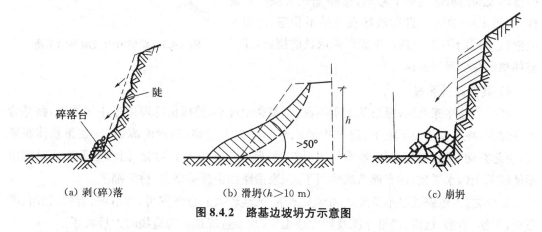

(a) 剥（碎）落　　　　(b) 滑坍（$h>10$ m）　　　　(c) 崩坍

图 8.4.2　路基边坡坍方示意图

(1) 剥落　剥落是指边坡表土层或风化岩层表面在大气的干湿或冷热的循环作用下，发生胀缩现象，零碎薄层成片状或带状从坡面上脱落下来，而且在老的脱落后，新的脱落又不断产生。填土不均匀和易溶盐含量大的土层及泥质岩、绿泥岩等松软岩层较易发生此种破坏现象。路堑边坡剥落的碎屑堆积在坡脚下，将堵塞边沟，影响路基的稳定，并妨碍交通

[见图 8.4.2(a)]。

(2) 碎落　碎落是岩石碎块的一种脱落现象,其规模和危害程度比剥落严重。产生的主要原因是路堑边坡较陡(边坡坡度大于 45°),岩石破碎和风化严重,在胀缩、振动及水的侵蚀与冲刷作用下,块状碎屑沿坡面向下滚落。如果落下的岩块较大(直径在 40 cm 以上),以单个或多块落下,此种碎落现象则称为落石或坠落。落石的石块较大,降落速度极快,所产生的冲击力可使路基结构物遭到破坏,也会威胁到行车和行人的安全,有时还会引起其他病害。

(3) 滑坍　滑坍是指路基边坡土体或岩石沿着一定的滑动面整体向下滑动[图 8.4.2(b)],其规模和危害程度较碎落更为严重,有时活动体可达数百万方以上,造成严重阻车。产生滑坍的主要原因是原山坡具有倾向道路的软弱构造面,由于施工以及水的侵蚀、冲刷改变了原山坡平衡状态,使山坡在重力作用下沿软弱面整体滑动。滑坍易发生在岩层倾向道路、层间又有软弱夹层或风化层,且地下水影响显著处。

(4) 崩坍　崩坍的规模与产生原因,同滑坍有共同之处,也是比较常见而且危害较大的路基病害之一。它同滑坍的主要区别在于:崩坍一般针对岩体,而滑坍一般针对土体或土石混合体;崩坍无固定滑动面,坡脚线以下地基无移动现象,崩坍体的各部分相对位置在移动过程中完全打乱,其中较大石块翻滚较远,边坡下形成倒石堆或岩堆[图 8.4.2(c)]。而滑坍一般有固定滑动面,滑动速度较慢,整体移动且少翻滚现象。

3) 沿坡面滑动

在较陡的山坡填筑路基,如果原地面较光滑,未经凿毛或人工挖筑台阶,或丛草未清除,坡脚又未进行必要的支撑,特别是同时又受到水的润滑,填方与原地面之间接触面上的抗剪力很小,填方在荷载作用下,有可能整体或局部沿地面向下移动,使路基失去整体稳定性,如图 8.4.3 所示。此种破坏现象虽不普遍,但也不应忽视,如果不针对上述产生原因采取预防措施,路基整体稳定性会遭到破坏。

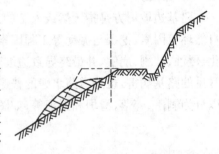

图 8.4.3　路堤沿山坡滑移示意图

4) 其他路基病害

在季节性冰冻地区,因路基土质不良、路基高度过小、路面抗冻厚度过小等原因,路基含水率过大,在冬季负温影响下,路基中的水分不断向上迁移、积聚而冻结,导致路基体积膨胀,引起路面开裂,称为冻胀;春季气温升高时,路基上部冻土先融化,因水分无法及时排出而使路基土饱水稀软,在车辆荷载作用下,泥浆沿路面裂缝被挤出,称为翻浆。

除此之外,道路通过不良地质和水文地带,或遇较大的自然灾害,如滑坡、岩堆、错落、泥石流、雪崩、岩溶、地震、严重冰冻及特大暴雨等,均能造成路基构造物的大量破坏。

8.4.2　路基病害的防治原则

为防止可能的路基病害发生,需要遵循以下设计与施工原则:
(1) 设计　正确设计路基横断面(如路基高度、宽度和边坡坡度等),并与路线设计相结合,绕避危险地质构造、避免深挖高填,无法避免时应进行稳定性分析,检验其安全。

（2）排水　地下水位较高的路段应适当抬高路基,正确进行排水设计,设置隔离层（隔断地下水）、隔温层（减少水分累积、减小冰冻深度）和砂垫层（排水）。

（3）施工　选择良好的路基填料,必要时进行稳定处理,按正确的填筑方式（一般是水平分层填筑法）施工,保证压实度达到要求。

（4）防护与支挡　在以上三种技术措施无法保障特殊工况路段路基的安全稳定时,需要考虑设置路基防护与支挡。

8.5 路基边坡稳定性分析

路基出现滑坍、崩坍等病害,通常表现为其边坡坡体的失稳。未能掌握该处路基的地质、水文和土质等条件,而将边坡设置得太陡,常常是出现这类病害的直接原因。边坡坡体失稳,少则坍下数百方、数千方,多则数万方,严重影响行车安全和畅通,增加额外的清方及处治工作。

路基边坡的稳定性涉及岩土性质与结构、边坡高度与坡度、工程质量与经济等多种因素。一般情况下,对于边坡不高的路基,如不超过 8.0 m 的土质边坡、不超过 12.0 m 的石质边坡,可按一般路基设计,采用规定的坡度值,不做稳定性分析计算。对地质与水文条件复杂、高填深挖或有特殊使用要求的路基,应进行边坡稳定性的分析计算,据此选定合理的边坡坡度及相应的工程技术措施。

路堤稳定性分析,包括路堤堤身的稳定性、路堤和地基的整体稳定性、路堤沿斜坡地基或软弱层带滑动的稳定性等内容,而路堑稳定性分析主要针对路堑边坡。虽然在填挖方式上有区别,但两者在稳定性分析的基本原理上基本相同,有所区别的是失稳危险滑动面的预期、选用的计算指标、容许的安全系数大小等方面。本节将对各种不同形状滑动面的分析原理进行介绍。

8.5.1 路基边坡稳定性分析原理

1）路基边坡稳定性分析基本原理

岩土质路基边坡的稳定是土力学与岩体力学的重要研究课题,长期以来各国已经提出多种计算原理与方法。计算机技术的发展,为边坡稳定计算开辟了新的途径。

土质边坡稳定性分析的各种方法,按失稳土体的滑动面特征,大体可归纳为直线、折线和曲线三大类,而且均以土的抗剪强度为理论基础,按力的极限平衡原理建立相应的计算式。

岩石路堑边坡的稳定性,很大程度上取决于岩石产状与结构,边坡失稳岩体的滑动面主要是地质构造上的软弱面。边坡稳定分析应首先进行定性分析,确定失稳岩体的范围和软弱面（滑动面）,然后进行定量力学计算。

引起边坡滑塌的根本原因在于土体内部某个面上的剪应力达到了抗剪强度,稳定平衡遭到破坏。路基边坡稳定性的分析计算方法,可以分成工程地质法(比拟法)、力学分析法和图解法。工程地质法属于实践经验的对比,力学分析法是数解方法,对于某些比较复杂的数解方法,亦可运用图解加以简化。

力学分析法中的极限平衡法是在工程实践中应用最多、最广的一种方法,它是通过计算边坡稳定系数判断边坡稳定与否。根据大量观测,边坡滑坍破坏时会形成一滑动面。滑动面的形状主要因土质而异,有的近似直线平面,有的呈不规则的折线平面,有的则可能是曲面。极限平衡法的基本假设是边坡变形时其破坏面(可以是平面、圆弧面、多级折面、不规则面)满足摩尔-库仑破坏准则。因滑动破坏面的不同,有不同的边坡稳定性分析方法与之对应,分别是直线滑动面的边坡稳定分析方法(试算法、解析法),折线滑动面的边坡稳定分析方法(不平衡推力法),圆弧滑动面的边坡稳定分析方法[瑞典条分法(Fellenius法)、简化毕肖普(Bishop法)]等。

早期的边坡稳定性分析假定滑动面为平面或圆弧面,并认为滑动土体整体滑动。随后为提高计算精度和处理复杂滑动面的边坡稳定问题,将滑动体划分为若干个条块,假定条块为刚塑性体,建立静力平衡方程或力矩平衡方程,然后求解析解或迭代求数值解。由于按极限平衡法建立的力学模型是超静定的,所以必须引入一些假定。因采用的假定不同,所形成的最具有代表性的计算方法包括 Fellenius 法、简化 Bishop 法等。

这些方法均着眼于宏观力学概念,基于摩尔-库仑准则,而土条则视为刚体,按照极限平衡的原则进行分析,但土条间的内力和底部反力均没有考虑土体本身的应力-应变关系,不考虑边坡位移变化。这些与实际情况有差异,但从工程实用角度来看,这些简化带来的误差较小,正确使用可以满足工程需要,且物理意义明确,计算结果可靠,已被广泛采纳。

任何一种方法,都带有某种针对性和局限性,为了便于工程上实际运用,采取某些假定条件,将主要因素加以简化,次要因素忽略不计,因此广义上现有的各种方法均属于近似解。合理地选定岩土计算参数,如黏结力、内摩擦角及单位体积重力等,比选择何种计算方法更为重要,所以在路基设计前,要加强地质勘查测试工作。

2) 路基边坡稳定的力学判定标准

路基边坡稳定的力学计算基本方法是分析失稳滑动体沿滑动面上的抗滑力 R 与下滑力 T,按静力平衡原理,取两者之比值为稳定安全系数 K,得式(8.22)。

$$K = \frac{R}{T} \tag{8.22}$$

当 $K=1$ 时,表示抗滑力与下滑力相等,边坡处于极限平衡状态;$K<1$ 时,边坡不稳定;$K>1$ 时,边坡稳定。考虑到一些意外因素,为安全可靠起见,工程上一般规定采用 $K \geqslant 1.20 \sim 1.45$ 作为路基边坡稳定性分析的界限值。

3) 车辆荷载当量的换算

车辆荷载是边坡稳定性分析的主要作用力之一,计算时将车辆荷载换算成当量路基岩土层厚度,计入滑动体的重力中去。换算时可按荷载的最不利布置条件,取单位长度路段,如图

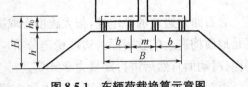

图 8.5.1　车辆荷载换算示意图

8.5.1 所示,计算式如下:

$$h_0 = \frac{NQ}{BL\gamma} \tag{8.23}$$

式中:h_0——车辆荷载换算高度(m);

L——前后轮最大轴距,对于标准车辆荷载为 12.8 m;

Q——一辆重车的重力(标准车辆荷载为 550 kN);

N——并列车辆数,双车道 $N=2$,单车道 $N=1$;

γ——路基填料的重度(kN/m³);

B——荷载横向分布宽度(m),表示如下:

$$B = Nb + (N-1)m + d$$

式中:b——后轮轮距,取 1.8 m;

m——相邻两辆车后轮的中心间距,取 1.3 m;

d——轮胎着地宽度,取 0.6 m。

车辆荷载对较高路基边坡的稳定性影响较小,换算高度可近似分布于路基全宽上,以简化滑动体的重力计算。采用近似方法(如图解或表解等)计算时,亦可以不计算荷载。

8.5.2 路基边坡稳定性分析方法

1) 直线滑动面的边坡稳定性分析

砂类土路基边坡渗水性强、黏性差,边坡稳定主要靠其内摩擦力,失稳土体的滑动面近似直线形态,当黏结力为零时,滑动面为直线。原地面为近似直线的陡坡路堤,如果接触面的摩擦力不足,整个路堤亦可能沿原地面呈直线形态下滑。所以,直线滑动面的边坡稳定性分析方法主要适用于黏结力较小的砂类土路堤堤身稳定性分析和路堤有可能沿斜坡地基表面或已知软弱层带滑动情况下的稳定性分析。前一种情况下,需要确定最危险的滑动面位置(过坡角点的一簇直线之一);后一种情况下,危险滑动面的位置(沿地基表面或软弱层带)已经确定。

如图 8.5.2 所示,假定 AD 为直线滑动面,并通过坡脚点 A,土质均匀,取单位长度路段,不计沿路线纵向滑移时路基的作用力,则可简化成平面问题求解。需要指出的是,滑动面的位置在开始分析时难以直接确定,根据滑动面确定方式的不同,演化出"试算法"和"解析法"。

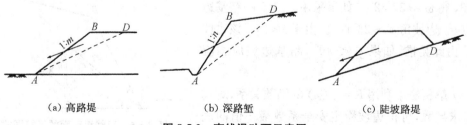

(a) 高路堤　　　　(b) 深路堑　　　　(c) 陡坡路堤

图 8.5.2　直线滑动面示意图

(1) 试算法 由图 8.5.3，按静力平衡原理可得式(8.24)。

$$K = \frac{R}{T} = \frac{N \cdot f + cL}{T} = \frac{Q \cdot \cos\omega \tan\varphi + cL}{Q\sin\omega} \tag{8.24}$$

式中：T——滑动面的切向分力；
N——滑动面的法向分力；
f——摩擦系数，$f = \tan\varphi$；
c——滑动面上的黏结力；
L——滑动面 $\overline{AD}$ 的长度；
Q——滑动体的重力；
ω——滑动面的倾角；
φ——内摩擦角。

滑动面位置不同，K 值亦随之而变，边坡稳定与否的判断依据，应是稳定系数的最小值 $K_{\min}$ 和相应的最危险滑动面的倾角 ω_0。式(8.24)表明，K 值是 ω 值的函数，为此可选择 4~5 个滑动面，计算并绘制 K 与 ω 的关系曲线如图 8.5.4 所示，即可确定 $K_{\min}$ 值及其相应的 ω_0。当 $K_{\min}$ 值符合规定，路基边坡为稳定，否则路基横断面另行设计与验算，直到符合要求为止。

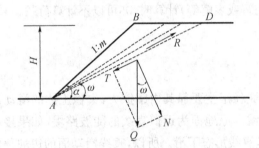

图 8.5.3 直线滑动面上的力系示意图

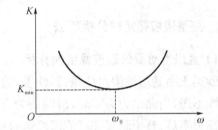

图 8.5.4 K 与 ω 的关系曲线示意图

对于砂类土，可取 $c = 0$，式(8.24)可简化为：

$$K = \frac{\tan\varphi}{\tan\omega} \tag{8.25}$$

若取 $K = 1.25$，则 $\tan\omega = 0.8\tan\varphi$。不难看出，用松散性填料修建的路堤，其边坡角的正切值，不宜大于填料摩擦系数的 0.8 倍。

例如，当填料 $\varphi = 40°$ 时，$\tan\omega = 0.8 \times \tan 40° \approx 0.6713$，得 $\omega \approx 33°52'$。如果采用 1∶1.5 的路基边坡，相应于边坡角 $\alpha \approx 33°41'$。由于 $\alpha < \omega$，该边坡稳定。由此类推，如果 $\varphi < 40°$，路基边坡应相应放缓。

(2) 解析法 利用 $K = f(\omega)$ 的函数关系，对式(8.24)求导数，可得边坡稳定安全系数最小值的表

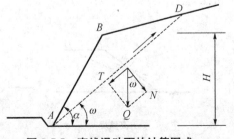

图 8.5.5 直线滑动面的计算图式

达式,用以代替试算法,计算过程可以大为简化。以路堑边坡为例,不计车辆荷载,计算图式如图 8.5.5 所示,分析如下:

令滑动面 $\overline{AD} = L$,式(8.24)可改写为:

$$K = f \cdot \cot\omega + \frac{cL}{Q \cdot \sin\omega} \tag{8.26}$$

由图 8.5.5,单位长度路基边坡滑动体 $\triangle ABD$ 的重力 Q 的表达式为:

$$Q = \frac{1}{2}\gamma L \frac{H}{\sin\alpha} \sin(\alpha - \omega) \tag{8.27}$$

由此可得:

$$K = f \cdot \cot\omega + \frac{2c}{\gamma H} \cdot \frac{\sin\alpha}{\sin(\alpha - \omega) \cdot \sin\omega} \tag{8.28}$$

令 $\frac{2c}{\gamma H} = a$,而 $f = \tan\varphi$,当进行边坡稳定性计算时,a、f 及 α 均为已知值。

为便于求导数,式(8.28)最末项改写成:

$$\frac{\sin\alpha}{\sin(\alpha - \omega) \cdot \sin\omega} = \frac{\sin[(\alpha - \omega) + \omega]}{\sin(\alpha - \omega) \cdot \sin\omega} = \cot\omega + \cot(\alpha - \omega)$$

据此,式(8.28)简化成为下式:

$$K = (f + a) \cdot \cot\omega + a \cdot \cot(\alpha - \omega) \tag{8.29}$$

欲求 $K_{\min}$ 值,对式(8.29)求导数,取 $dK/d\omega = 0$,则最危险滑动面的倾角 ω_0 的表达式如下:

$$\frac{dK}{d\omega} = -(f + a)\frac{1}{\sin^2\omega} + a\frac{1}{\sin^2(\alpha - \omega)} = 0$$

因为

$$\frac{\sin^2(\alpha - \omega)}{\sin^2\omega} = \left(\frac{\sin\alpha \cdot \cos\omega - \sin\omega \cdot \cos\alpha}{\sin\omega}\right)^2 = (\sin\alpha \cdot \cot\omega - \cos\alpha)^2 = \frac{a}{f + a}$$

所以

$$\cot\omega_0 = \cot\alpha + \sqrt{\frac{a}{f + a}} \cdot \csc\alpha \tag{8.30}$$

ω_0 的界限为 $\frac{\alpha}{2} \leqslant \omega_0 < \alpha$。

将式(8.29)中 $\cot(\alpha - \omega)$ 展开,并以 ω_0 代替 ω,得:

$$\cot(\alpha - \omega_0) = \frac{\cot\omega_0 \cdot \cot\alpha + 1}{\cot\omega_0 - \cot\alpha} = \frac{\cot\alpha\left(\cot\alpha + \sqrt{\frac{a}{f + a}} \cdot \csc\alpha\right) + 1}{\left(\cot\alpha + \sqrt{\frac{a}{f + a}} \cdot \csc\alpha\right) - \cot\alpha} = \cot\alpha + \frac{\csc\alpha}{\sqrt{\frac{a}{f + a}}}$$

$$\tag{8.31}$$

将式(8.30)与式(8.31)代入式(8.29),最后得:

$$K_{\min} = (2a+f) \cdot \cot\alpha + 2\sqrt{a(f+a)} \cdot \csc\alpha \qquad (8.32)$$

式(8.32)可绘成图式,计算工作更为简化,也可用来求路基边坡角 α 的 $K_{\min}$ 值,亦可在其他条件固定时,反求稳定的坡角 α(确定边坡)或计算路基的限制高度 H。

【例 8-1】 某挖方边坡,已知 $\varphi=25°$,$c=14.7\text{ kPa}$,$\gamma=17.64\text{ kN/m}^3$,$H=6.0\text{ m}$。现拟采用 1∶0.5 的边坡,试验算其稳定性。

解:由 $\cot\alpha \approx 0.5$,得 $\alpha \approx 63°26'$,$\csc\alpha \approx 1.1181$

$$f = \tan 25° \approx 0.4663, \quad a = \frac{2c}{\gamma H} = \frac{2 \times 14.7}{17.64 \times 6.0} \approx 0.28$$

代入式(8.32)得:

$$\begin{aligned} K_{\min} &= (2a+f) \cdot \cot\alpha + 2\sqrt{a(f+a)} \cdot \csc\alpha \\ &= (2 \times 0.28 + 0.4663) \times 0.5 + 2\sqrt{0.28 \times (0.28+0.4663)} \times 1.1181 \\ &= 0.51315 + 1.022224721 \approx 1.54 \end{aligned}$$

$K_{\min} > 1.25$,因此该路基边坡稳定。

【例 8-2】 例 8-1 已知数据不变,考虑到稳定系数偏高,试求允许的边坡度。

解:令 $K_{\min}=1.25$,并将各已知值代入式(8.32)近似得:

$$1.25 = 1.03 \cdot \cot\alpha + 0.91\frac{1}{\sin\alpha}$$

公式两边同乘 $\sin\alpha$,以 $\cos\alpha = \sqrt{1-\sin^2\alpha}$ 代入整理得:

$$2.6234\sin^2\alpha - 2.275\sin\alpha - 0.2328 = 0$$

解方程得:

$$\sin\alpha = 0.955, \quad \alpha \approx 73°, \quad \cot\alpha \approx 0.3$$

所以边坡可以改陡,采用 1∶0.3。

【例 8-3】 例 8-1 数据不变,求允许的最大高度。

解:由式(8.32)得:

$$1.25 = (2a+0.4663) \times 0.5 + 2\sqrt{[a(a+0.4663)]} \times 1.1181$$

求得 $a=0.20$

$$H_{\max} \leqslant \frac{2c}{\gamma a} = \frac{2 \times 14.7}{17.64 \times 0.20} \approx 8.33 \text{(m)}$$

因此允许路基最大高度为 8.33 m。

式(8.32)中,如果 $c=0$,可得:

$$K_{\min} = \frac{\tan\varphi}{\tan\alpha}$$

结果与式(8.24)取 $c=0$ 一致。

2) 折线滑动面的边坡稳定性分析

沿斜坡地基表面或已知软弱层带滑动情况下的边坡稳定性分析中，如果已知的滑动面在路基横断面上可简化为直线，则可以用直线滑动面分析方法来分析。但实际工程中，这些滑动面也有可能不是直线而是一条折线，这时就需要采用折线滑动面的边坡稳定性分析方法，不平衡推力法就是这样一种方法。

不平衡推力法的原理是：当滑动面为基底的多个坡度的折线倾斜面时，可按折线滑动面考虑，将滑动面上土体按折线段划分成若干条块，自上而下分别计算各土体的剩余下滑力（剩余下滑力＝下滑力－抗滑力），根据最后一块土体的剩余下滑力的正负值确定整个路堤的整体稳定性。运用该方法分析边坡安全性问题时，为避免过大误差，要求做到条分合理或对某些滑面做局部调整，以确保每一条块下滑面夹角小于 10°。

分析时，先按已知的折线型危险滑动面的坡度分界情况，划分不平衡推力土条，图 8.5.6 中划分了 4 个土条：1、2、3、4，其中土条 2 的受力情况如图 8.5.7 所示。

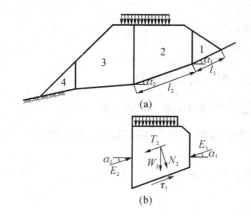

图 8.5.6 折线滑动面示意图

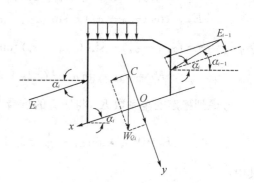

图 8.5.7 第 i 个土条的静力平衡计算图式

不平衡推力法是一种平面分析方法，其计算过程中有如下假定：

（1）危险滑动面的位置、形状已知，是由一组已知倾角的线段构成的一条折线。

（2）沿折线折点将滑动土体划分成的各个土条具有竖直边界，编号顺序由高到低。

（3）当前 $i-1$ 个土条的总体抗滑力不足时，第 i 个土条与第 $i-1$ 个土条的竖直边界上受到第 $i-1$ 个土条传递来的剩余下滑力 E_{i-1}，作用方向与水平线夹角为 α_{i-1}，倾斜向下，如果前 $i-1$ 个土条的总体抗滑力足够，则 $E_{i-1}=0$。

基于以上假定，对第 i 个土条，沿其底部滑动面（与水平方向夹角为 α_i）建立力的平衡方程计算 E_i，计算图式如图 8.5.7 所示。图中 C 为土条重心，O 为坐标轴原点，W_{Qi} 为土条受到的重力与荷载力的竖向合力。

按图 8.5.7 建立 x,y 两个轴向力的平衡关系式：

$$\begin{cases} \sum x = 0 \Rightarrow -E_i + W_{Qi} \cdot \sin \alpha_i + E_{i-1} \cdot \cos(\alpha_{i-1} - \alpha_i) - R_i = 0 \\ \sum y = 0 \Rightarrow W_{Qi} \cdot \cos \alpha_i + E_{i-1} \cdot \sin(\alpha_{i-1} - \alpha_i) - N_i = 0 \end{cases}$$
(8.33)

式中，R_i 和 N_i 分别是第 i 个土条的底部滑动面上的抗滑力（平行于 x 轴）和支持力（平行于 y 轴），没有在图 8.5.7 中标出，且两者存在以下关系：

$$R_i = c_i l_i + f N_i = c_i l_i + N_i \tan \varphi_i \tag{8.34}$$

式中，c_i、φ_i 和 l_i 分别为第 i 个土条底部滑动面上土体的黏结力、内摩擦角和长度。

将式(8.34)代入式(8.33)，可以得出 E_i 的表达式：

$$\begin{aligned} N_i &= W_{Qi} \cdot \cos \alpha_i + E_{i-1} \cdot \sin(\alpha_{i-1} - \alpha_i) \\ E_i &= W_{Qi} \cdot \sin \alpha_i + E_{i-1} \cdot \cos(\alpha_{i-1} - \alpha_i) - R_i \\ &= W_{Qi} \cdot \sin \alpha_i + E_{i-1} \cdot \cos(\alpha_{i-1} - \alpha_i) - c_i l_i - N_i \tan \varphi_i \\ &= W_{Qi} \cdot \sin \alpha_i + E_{i-1} \cdot \cos(\alpha_{i-1} - \alpha_i) - c_i l_i - \\ &\quad [W_{Qi} \cdot \cos \alpha_i + E_{i-1} \cdot \sin(\alpha_{i-1} - \alpha_i)] \tan \varphi_i \\ &= W_{Qi} \cdot \sin \alpha_i - c_i l_i - W_{Qi} \cdot \cos \alpha_i \tan \varphi_i + E_{i-1} \cdot \cos(\alpha_{i-1} - \alpha_i) - \\ &\quad E_{i-1} \cdot \sin(\alpha_{i-1} - \alpha_i) \tan \varphi_i \\ &= W_{Qi} \cdot \sin \alpha_i - (c_i l_i + W_{Qi} \cdot \cos \alpha_i \tan \varphi_i) + \\ &\quad E_{i-1} [\cos(\alpha_{i-1} - \alpha_i) - \sin(\alpha_{i-1} - \alpha_i) \tan \varphi_i] \end{aligned}$$

令 $\psi_{i-1} = \cos(\alpha_{i-1} - \alpha_i) - \sin(\alpha_{i-1} - \alpha_i) \tan \varphi_i$，则上式可简化为：

$$E_i = W_{Qi} \cdot \sin \alpha_i - (c_i l_i + W_{Qi} \cdot \cos \alpha_i \tan \varphi_i) + E_{i-1} \psi_{i-1}$$

考虑到稳定安全系数 K，将所有的抗滑力项除以该系数 K 进行折减，则得到以下公式：

$$E_i = W_{Qi} \cdot \sin \alpha_i - \frac{1}{K}(c_i l_i + W_{Qi} \cdot \cos \alpha_i \tan \varphi_i) + E_{i-1} \psi_{i-1} \tag{8.35}$$

其中：

$$\psi_{i-1} = \cos(\alpha_{i-1} - \alpha_i) - \sin(\alpha_{i-1} - \alpha_i) \cdot \frac{\tan \varphi_i}{K} \tag{8.36}$$

式中：W_{Qi}——第 i 个土条的重力与外加竖向荷载之和（kN）；

α_i——第 i 个土条底部滑面的倾角（°）；

c_i、φ_i——第 i 个土条底部滑动面上土体的黏结力（kPa）和内摩擦角（°）；

l_i——第 i 个土条底部滑动面上土体的长度（m）；

α_{i-1}——第 $i-1$ 个土条底部滑面的倾角（°）；

E_{i-1}——第 $i-1$ 个土条传递给第 i 个土条的下滑力（kN）。

式(8.35)和(8.36)即为不平衡推力法分析的基本公式，用式(8.35)和式(8.36)逐条计算，考虑到第 n 条的剩余推力为零，由此确定稳定安全系数 K。下面举例说明该分析方法。

【例 8-4】 已知：断面参数如图 8.5.8 所示。

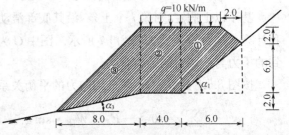

图 8.5.8 折线滑动面算例断面图（尺寸单位：m）

折线倾角为：$\alpha_1 = 45° = 0.785\,4\,\text{rad}$，$\alpha_2 = 0° = 0\,\text{rad}$，$\alpha_3 = 14°7' = 0.246\,4\,\text{rad}$。滑动面上土体的黏结力、内摩擦角不变，都是 $c = 10\,\text{kPa}$，$\varphi = 15° = 0.261\,8\,\text{rad}$，土体重度 $\gamma = 18\,\text{kN/m}^3$，稳定安全系数取 1.25。用不平衡推力法判断折线陡斜坡地基上路基的稳定性。

解：(1) 先计算土条①产生的剩余滑动力 E_1

土条①的截面积 $= (4.0 + 6.0) \times 2.0/2 + 6 \times 6/2 = 28(\text{m}^2)$

土条①的重力 $W_{Q1} = 18 \times 28 = 504(\text{kN/m})$

$$E_1 = W_{Q1} \cdot \sin\alpha_1 - \frac{1}{K}(c_1 l_1 + W_{Q1} \cdot \cos\alpha_1 \tan\varphi_1)$$

$$= 504 \times \sin 0.785\,4 - \frac{1}{1.25}(10 \times 6.0 \times \sqrt{2} + 504 \times \cos 0.785\,4 \times \tan 0.261\,8)$$

$$= 504 \times 0.707 - 0.8 \times (84.853 + 504 \times 0.707 \times 0.268)$$

$$\approx 212(\text{kN/m})$$

(2) 再计算土条②产生的剩余滑动力 E_2

土条②的截面积 $= 4.0 \times 8.0 = 32(\text{m}^2)$

土条②的重力 $W_{Q2} = 18 \times 32 = 576(\text{kN/m})$

$$\psi_1 = \cos(\alpha_1 - \alpha_2) - \frac{1}{K}\sin(\alpha_1 - \alpha_2)\tan\varphi_2$$

$$= \cos(0.785\,4 - 0) - \frac{1}{1.25}\sin(0.785\,4 - 0)\tan 0.261\,8$$

$$= 0.707 - 0.8 \times 0.707 \times 0.268$$

$$\approx 0.555$$

$$E_2 = W_{Q2} \cdot \sin\alpha_2 - \frac{1}{K}(c_2 l_2 + W_{Q2} \cdot \cos\alpha_2 \tan\varphi_2) + E_1 \psi_1$$

$$= 576 \times \sin 0 - \frac{1}{1.25}(10 \times 4.0 + 576 \times \cos 0 \times \tan 0.261\,8) + 212 \times 0.555$$

$$= 0 - 0.8 \times (40 + 576 \times 0.268) + 117.66$$

$$\approx -38(\text{kN/m})$$

因为该值小于0，因此可认为土条②将不会传递滑动力至土条③。

(3) 最后考察土体③的剩余滑动力 E_3 的正负

土条③的截面积 $= \frac{1}{2} \times 8.0 \times 8.0 = 32(\text{m}^2)$

土条③的重力 $W_{Q3} = 18 \times 32 = 576(\text{kN/m})$

因为 $E_2 < 0$，因此无须计算 ψ_2，直接计算 E_3

$$E_3 = W_{Q3} \cdot \sin\alpha_3 - \frac{1}{F_s}(c_3 l_3 + W_{Q3} \cdot \cos\alpha_3 \tan\varphi_3)$$

$$= 576 \times \sin 0.246\,4 - \frac{1}{1.25}\left(10 \times \frac{8.0}{\cos 0.246\,4} + 576 \times \cos 0.246\,4 \times \tan 0.261\,8\right)$$

$$= 576 \times 0.244 - 0.8 \times (82.474 + 576 \times 0.970 \times 0.268)$$
$$\approx -45 (\text{kN/m})$$

$E_3 < 0$ 表示不会产生未平衡的推力,按 1.25 的稳定安全系数考虑,该折线滑动面路基是安全的。

通过算例 8-4 可知,不平衡推力法在划分土条后,其计算针对每一个土条分别进行,将上一土条计算出的剩余滑动力施加在下一土条上,如果计算出的剩余滑动力小于零,则认为前面的所有土条已能自平衡,取剩余滑动力为零,进行下一土条的分析。

该分析方法也可以用于求出实际稳定安全系数 K,可以用试算法,步骤与算例 8-4 的相同,以上计算表明 $K > 1.25$,增大该值直到 $E_3 = 0$,对应的 K 值即为所求。

3) 圆弧滑动面的边坡稳定性分析

一般来说,土体均具有一定的黏结力,因此边坡滑动面多数呈现曲面,前文介绍的两种方法在实际应用中局限性较大。从实际工程对象来看,在路基填筑或开挖后,其边坡稳定性分析难点在于:

(1) 因土体工程性质的复杂性,其最危险的滑动面的位置和形状往往是无法预知的。

(2) 滑动土体的形状较为复杂,且可能由多种土质构成,其物理力学指标存在差异,是非均质、不规则的分析对象,在滑动面上的情况也类似。

(3) 路基土不是刚体,而是一个弹塑性体,按刚体力学方法求解,具有局限性。

(4) 即使在同一土质构成的体积内,因含水率、压实度、固结程度和扰动等因素影响,其物理力学参数也不是处处相同的。

理想情况下,分析某一给定边坡的稳定性的核心是一个"搜索过程":首先建立边坡土参数的分布场;然后枚举所有可能的滑动面形位;再计算每一个滑动面的安全性指标(如稳定安全系数);最后比较得到最危险的滑动面及其对应的安全性指标。上述难点使得这一"搜索"实现起来非常困难,为解决稳定性分析的实际问题,针对以上难点,人们采用了多种假定以简化问题。

(1) 圆弧滑动面假定及其圆心的辅助线法 通过总结以往工程中边坡失稳的实例发现,其滑动面常是曲线形的,且与标准的圆弧的差异不大,特别是土质较单一、均匀时。为此,圆弧滑动面假定被提出,基于其最经典的方法就是 Fellenius 法,采用圆弧滑动面的还有后来的简化 Bishop 法等。该假定使得滑动面的"搜索过程"得以大大简化。

理想的圆弧滑动面并不完全符合实际情况,为此也有运用复合曲线的计算方法,如对数曲线、对数螺旋线及组合曲线等。由于计算繁杂,多数应用有限单元法和电子计算机完成分析计算工作。

(2) 条分法简化 滑动土体形状及构成复杂时,求解难度大,通过将其划分为多个条分离散化,每一个土条的性质相对简单,通过计算有限土条间及各土条在滑动面上的力和力矩,建立平衡关系,能够简化计算过程。

(3) 刚体假定 将滑动土体或条分后的土体看作刚体,力与力矩平衡关系建立在刚体基础上,不考虑土的弹塑性,引入极限平衡的思路来分析,从而避免了考虑滑动土体内部复杂的受力状态。

(4) 确定性分析方法 土的参数在空间上分布的不均匀问题使得边坡分析成为一个不确定性问题,理论上应该采用基于概率或可靠度的不确定性分析方法。为简化起见,工程上常用的还是确定性分析方法,而不确定性分析方法是目前的研究热点之一。

本节主要介绍以条分和刚体假定为主要模型、以确定性的极限平衡理论为分析方法的 Fellenius 法和简化 Bishop 法等。简化 Bishop 法是我国《路基规范》中应用的主要方法之一。

(1) 基于条分的极限平衡法原理 极限平衡法指的是岩土力学中,依据一定的屈服标准(如剪切破坏理论)和关联流动法则(塑性变形),分析岩土材料的稳定性极限状态的一类分析方法。本节的极限平衡法则特指在给定圆弧滑动面后,以条分滑动土体为基础,通过分析滑动土体的刚体力与力矩平衡,以摩尔-库仑强度理论为基础,检验滑动面上抗滑力(矩)与滑动力(矩)间关系的分析方法。

按照圆弧滑动面假定和条分法原理,作用于土条上的力如图 8.5.9 所示。

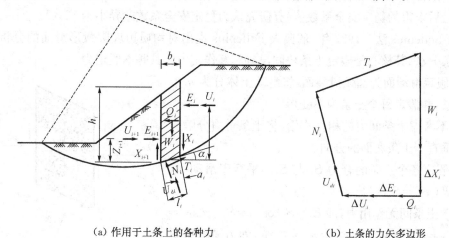

(a) 作用于土条上的各种力　　(b) 土条的力矢多边形

图 8.5.9　条分后土条 i 上的作用力

图 8.5.9 中,假定滑动土体被竖直分割为 n 个土条,土条 i 的受力分为三大类:

① 土体自身重力与荷载相关的力:包括土条本身重力 W_i(可包括外荷载作用)和水平作用力 Q_i(如地震产生的水平惯性力等)。

② 相邻土条及滑动面上的作用力:水平方向两侧土条作用力 E_i 和 E_{i+1},竖直方向作用力 X_i 和 X_{i+1};滑动面支持力 N_i(垂直于 i 土条底部滑动面中点的切线)和与 N_i 大小有关的抗滑力 T_i($T_i = N_i \tan\varphi$,φ 为滑动内摩擦角)。

③ 与孔隙水压力有关的力:作用于土条两侧的孔隙水压力 U_i 及 U_{i+1},作用于土条底部的孔隙水压力 U_{di}(用总应力法计算时,不考虑孔隙水压力)。

当滑动面形状确定后,土条的几何尺寸确定,滑动面上的土体强度参数也可确定,假定滑动土体处于极限平衡状态,可建立各土条水平向力及垂直向力的平衡、滑动面上的极限平衡及土条的力矩平衡方程。因未知数个数多于方程数,无法直接求解,有必要追加一些假定,根据追加假定的不同,衍生出多种具体方法。

① Fellenius 法:不考虑土条间力的相互作用,土条间的合力 S_i 和 S_{i+1},平行于滑动面,

并且相等。

② 简化 Bishop 法：假定 $n-1$ 个 X_i 值，简化 Bishop 法则进一步假定所有 $X_i=0$。

③ 假定 X_i 与 E_i 的交角或土条间合力的方向，则有斯宾塞(Spencer E.)法、摩根斯坦-普赖斯(Morgenstem N. R. - Price V. E.)法和沙尔玛(Sarma S. K.)法等。

④ 假定土条间合力的作用点位置，简布(N. Janbu)提出普遍条分法。

除 Fellenius 法以外，大部分条分法都考虑土条间力的作用，一般情况下这可以使稳定安全系数计算结果的精度得到提高，但基于土体的性质特点，有两点必须注意：①在土条分界上不能违反土体破坏摩尔-库仑强度准则，即条间切向力折算的平均剪应力应小于分界面土体的平均抗剪强度；②不允许土条间出现拉应力。如果这两点不能满足，就必须修改原来的条间力假定，或采用别的计算办法。

研究表明，为减少未知量所做的各种假设，在满足合理性要求的条件下，求出的稳定安全系数差别都不大。因此，从工程实用观点来看，在计算方法中无论采用何种假定，并不显著影响最后求得的稳定安全系数值(有研究认为稳定安全系数差异小于 12%)。

(2) Fellenius 法　1927 年，瑞典人 Fellenius 提出对均质边坡圆弧形滑面的分析方法，即瑞典条分法，其核心是假定土条块间没有相互作用力。其基本假定为：

① 假定滑动面为圆弧滑裂面，将滑动土体分为 n 个竖向土条，并假定每个土条为不变形。

② 不考虑土条间力的相互作用，将土条重力分解为平行及垂直于土条底面的方向。

③ 假定各个土条的合力 S_i 与 S_{i+1} 平行于滑动面，并且相等($S_i=S_{i+1}$)。

由于土条间无作用力，即 $E_i=S_i\cos\alpha_i=S_{i+1}\cos\alpha_i=E_{i+1}$，$X_i=S_i\cos\alpha_i=S_{i+1}\cos\alpha_i=X_{i+1}$，静力简图见图 8.5.10，首先建立土条垂直于滑动面的静力平衡方程得：

$$N_i=W_i\cos\alpha_i \tag{8.37}$$

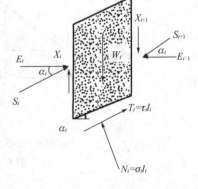

图 8.5.10　Fellenius 法静力简图

然后，通过整体对圆心的力矩平衡确定安全系数：

$$\sum_{i=1}^n(-T_i+W_i\cos\alpha_i)R=0 \tag{8.38}$$

式中：$T_i=\dfrac{c_il_i+N_i\tan\varphi_i}{K}$，$R$ 为圆弧形滑面的半径。

将 T_i 和式(8.37)代入式(8.38)可得边坡的稳定安全系数

$$K=\dfrac{\sum_{i=1}^n(c_il_i+W_i\cos\alpha_i\tan\varphi_i)}{\sum_{i=1}^nW_i\cos\alpha_i} \tag{8.39}$$

Fellenius 法是所有条分法的雏形。在它的假定中，滑动面为圆弧面，忽略土条间的相互作用力,将土条底部法向应力简单地看作是土条重力在法线方向的投影。因此该法向力通过滑动面的圆心,对圆心取矩时为零,从而使计算工作大大简化。Fellenius 法简单实用,适于手算。

(3) 简化 Bishop 法 1955 年,毕肖普(Bishop)在 Fellenius 法基础上提出了该简化方法。这一方法仍然保留了滑动面的形状为圆弧形和通过力矩平衡条件求解的特点,但是在确定土条底部法向力时,考虑了土条间力的作用。静力简图见图 8.5.11。其基本假定为:

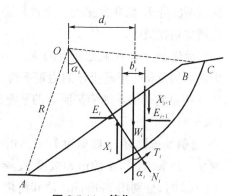

图 8.5.11 简化 Bishop 法静力简图

① 假定滑动面为圆弧滑动面,将滑动土体分为 n 个竖向土条,并假定每个土条为不变形的刚体。

② 土条竖直侧向力 $X_i = X_{i+1} = 0$,侧向力与水平向的夹角 $\beta = 0°$,即土条两侧作用力均为水平。

③ 忽略成对土条间力(X_i 和 E_i)产生的力矩。

首先,通过对每个土条建立竖直方向静力平衡方程:

$$W_i - N_i \cos \alpha_i - T_i \sin \alpha_i = 0 \tag{8.40}$$

因 $T_i = \dfrac{c_i l_i + N_i \tan \varphi_i}{K}$,代入上式可确定 N_i 的表达式:

$$N_i = \frac{1}{m_{\alpha i}} \left(W_i - \frac{c_i l_i}{K} \sin \alpha_i \right) \tag{8.41}$$

式中:$m_{\alpha i} = \cos \alpha_i + \dfrac{\sin \alpha_i \tan \varphi_i}{K}$。

然后,通过整体对圆心的力矩平衡确定稳定安全系数,由于相邻土条之间侧壁作用力的力矩相互抵消,而土条滑面上的有效法向力 N_i 的作用方向通过圆心,得到平衡方程式:

$$\sum_{i=1}^{n} W_i d_i - \sum_{i=1}^{n} T_i R = 0 \tag{8.42}$$

式中:$d_i = R \sin \alpha_i$。

将 T_i 和式(8.41)代入式(8.42),可得计算边坡的稳定安全系数公式:

$$K = \frac{\displaystyle\sum_{i=1}^{n} \frac{1}{m_{\alpha i}} (c_i l_i \cos \alpha_i + W_i \tan \varphi_i)}{\displaystyle\sum_{i=1}^{n} W_i \sin \alpha_i} \tag{8.43}$$

式(8.43)右侧也含有稳定安全系数 K(隐含在 $m_{\alpha i}$ 中),不能直接解出 K 值,需要采用迭代法计算。首先,先假定 K 等于 1,代入式(8.43)的右侧,计算出一个新的 K 值;如果算出的 K 不等于 1,则用此 K 值,代入式(8.43)的右侧,计算出一个新的 K 值;如此反复迭代,直至

前后两次的 K 值非常接近。通常只要迭代 3~4 次,就可以得到满足精度要求的解,而且迭代通常是收敛的。

简化 Bishop 法假定所有的 $X_i=0$,减少了 $n-1$ 个未知量,又利用每一个土条竖直方向力的平衡及整个滑动土体的力矩平衡,避开了计算 E 及其作用点的位置,求出稳定安全系数 K。但是它仍旧不能满足所有的平衡条件,还不是一个严格的方法,由此产生的误差大约为 2%~7%。

【例 8-5】 有一坡率为 1:1.5 的坡面,内摩擦角 $\varphi=30°$,内聚力 $c=14.7\ \text{kPa}$,土的重度 $\gamma=18\ \text{kN/m}^3$,土的饱和重度 $\gamma_{sat}=19.5\ \text{kN/m}^3$,取土条数为 10。孔压系数 μ 为 0、0.2、0.4、0.6 时,分别用 Fellenius 法和简化 Bishop 法试算稳定安全系数。

解: 计算结果见表 8.5.1。

表 8.5.1　Fellenius 法和简化 Bishop 法计算稳定安全系数结果

孔压系数	中心角/°							
	75		88		103		120	
	瑞法	毕法	瑞法	毕法	瑞法	毕法	瑞法	毕法
0	2.278	2.440	2.354	2.558	2.269	2.544	2.226	2.629
0.2	1.892	2.059	1.946	2.163	1.851	2.136	1.777	2.197
0.4	1.507	1.681	1.530	1.770	1.424	1.732	1.328	1.774
0.6	1.122	1.307	1.114	1.371	0.994	1.336	0.878	1.367

8.5.3　高路堤与陡坡路堤边坡稳定性分析

在工程实践中,高路堤和陡坡路堤常出现稳定性问题,因此必须特别重视,其边坡形式和坡度应根据地形与工程地质条件、路基边坡高度和填料性质等,结合经济与环保因素,经稳定分析计算确定。这对于防止路基出现滑坍等病害,确保道路的通畅和行车的安全,节约工程费用,有着重大的意义。

高路堤与陡坡路堤设计时,应进行路基稳定性计算分析。影响高路堤与陡坡路堤路基稳定性的因素很多,也很复杂,无法在稳定性计算中全部考虑到。在计算分析的基础上,可结合场地条件和工程地质法,进行综合判断,分析评价路基的稳定性。

对路基稳定性有影响的降雨主要是暴雨或连续降雨。对运营期的路基,当路面铺筑完成且路基排水设施完备、路基边坡进行植被等防护后,降雨对路基的影响通常有限。但是,随着降雨入渗深度的增加,路基稳定性持续降低。当入渗深度小于 3.5 m 时,路基稳定安全系数降低的幅度比较小;当入渗深度达到 5 m 时,路基稳定安全系数降低 36% 左右;路基全饱和时,路基稳定安全系数可降低一半以上。因此,分析时应当以降雨影响处于有限深度范围来考虑以下三种工况:

(1) 正常工况　路基投入运营后经常发生或持续时间长的工况;

(2) 非正常工况 I　路基处于暴雨或连续降雨状态下的工况;

(3) 非正常工况 II　路基遭遇地震等荷载作用的工况。

1) 土的强度参数

路堤稳定性分析涉及地基土、路基填土、控制性层面等强度参数。路基在长期的运营过程中,土体含水率会发生变化,逐步趋于与其所处环境相适应的平衡湿度状态,在稳定性分析时应采用平衡湿度条件下的强度参数。

高路堤与陡坡路堤稳定性分析的强度参数应根据填料来源、场地情况及分析工况的需要,选择有代表性的土样进行室内试验,并结合现场情况确定。试验方法应符合下列要求:

(1) 路基填土的强度参数 c、φ 值,可采用直剪快剪或三轴不排水剪试验获得。不同工况下试样制备要求见表 8.5.2。当路基填料为粗粒土或填石料时,应采用大型三轴试验仪或大型直剪试验仪进行试验。

(2) 地基土的强度参数 c、φ 值,宜采用直剪固结快剪或三轴固结不排水剪试验获得。

(3) 分析高路堤沿斜坡地基或软弱层带滑动的稳定性时,应结合场地条件,选择控制性层面的土层试验获得强度参数 c、φ 值,可采用直剪快剪或三轴不固结不排水剪试验。当存在地下水影响时,应采用饱水试件进行试验。

表 8.5.2 路堤填土强度参数试验试样制备要求

分析工况	试样要求	适用范围
正常工况	采用填筑含水率和填筑密度;当难以获得填筑含水率和填筑密度时,或进行初步稳定分析时,密度采用要求达到的密度,含水率采用击实曲线上要求密度对应的较大含水率	用于新建路堤
	取路基原状土	用于已建路堤
非正常工况 I	同正常工况试样要求,但要领先饱和	用于降雨入渗影响范围内的填土
非正常工况 II	同正常工况试样要求	—

2) 路堤边坡稳定性计算方法

(1) 路堤堤身稳定性 我国《路基规范》规定,路堤堤身稳定性、路堤和地基的整体稳定性宜采用简化 Bishop 法,稳定安全系数 K 按式 (8.44) 计算,计算图示见图 8.5.12。

$$K = \frac{\sum [c_i b_i + (W_i + Q_i)\tan \varphi_i]/m_{ai}}{\sum (W_i + Q_i)\sin \alpha_i}$$

(8.44)

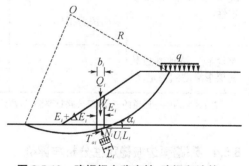

图 8.5.12 路堤堤身稳定性、路堤和地基的整体稳定性计算图示

$$m_{ai} = \cos \alpha_i + \frac{\sin \alpha_i \tan \varphi_i}{K}$$

(8.45)

式中:K——路堤稳定安全系数;

b_i——第 i 个土条宽度(m);

α_i——第 i 个土条底部滑面的倾角(°);

c_i、φ_i ——第 i 个土条滑弧所在土层的黏结力和内摩擦角,依滑弧所在位置,取对应土层的黏结力(kPa)和内摩擦角(°);

m_{ai} ——系数,按式(8.45)计算,式中各符号的意义同前;

W_i ——第 i 个土条重力(kN);

Q_i ——第 i 个土条垂直方向外力(kN)。

(2) 路堤沿斜坡地基或软弱层带滑动的稳定性　路堤沿斜坡地基或软弱层带滑动的稳定性,可采用不平衡推力法进行分析计算,稳定安全系数 K 利用式(8.35)和式(8.36)计算得到的,计算图式见图8.5.6。

(3) 稳定安全系数　稳定安全系数取值是结构安全与经济权衡的结果。在确定路基稳定安全系数取值时,应当考虑其重要性、破坏后修复的难易程度,以及作用荷载的特点,在保障其发挥正常功能的情况下相对经济。对于路线等级高,以及高度较高的路基,取较大的安全系数。强降雨或地震等偶然荷载作用频率较低,与正常工况相比稳定安全系数应有所降低,否则,将造成偶然荷载作用工况控制设计,工程造价极不经济。我国《路基规范》规定,各等级公路高路堤与陡坡路堤稳定安全系数不得小于表8.5.3所列稳定安全系数值。对非正常工况Ⅱ,路基稳定性分析方法及稳定安全系数应符合现行《公路工程抗震规范》(JTG B02)的规定。

表 8.5.3　高路堤与陡坡路堤稳定安全系数

分析内容	地基强度指标	分析工况	稳定安全系数	
			二级及二级以上公路	三、四级公路
路堤的堤身稳定性、路堤和地基的整体稳定性	采用直剪的固结快剪或三轴不排水剪指标	正常工况	1.45	1.35
		非正常工况Ⅰ	1.35	1.25
	采用快剪指标	正常工况	1.35	1.30
		非正常工况Ⅰ	1.25	1.15
路堤沿斜坡地基或软弱层带滑动的稳定性	—	正常工况	1.30	1.25
		非正常工况Ⅰ	1.20	1.15

注:区域内唯一通道的三、四级公路重要路段,高路堤与陡坡路堤稳定安全系数可采用二级公路的标准。

8.5.4　深路堑边坡稳定性分析与评价

深路堑边坡稳定性评价内容包括边坡稳定状态的定性判断、稳定性计算、稳定性综合评价和边坡稳定性发展趋势分析。边坡稳定状态的定性判断是边坡设计的前提和关键,它应在对边坡环境工程地质条件充分认识和分析的基础上开展,在此过程中涉及边坡岩土体分级和边坡分类。

深路堑边坡稳定性评价应遵循"以定性分析为基础、定量计算为手段"的原则。进行边坡稳定性计算时,应根据边坡工程地质条件或已经出现的变形破坏迹象,定性判断边坡可能的破坏形式和边坡稳定性状态。

边坡稳定性定量计算结果与计算中考虑的因素、附加荷载和特殊荷载等密切相关,即与相应的计算工况密切相关。深路堑边坡稳定性计算应考虑以下三种工况:

(1) 正常工况　路基投入运营后经常发生或持续时间长的工况;
(2) 非正常工况Ⅰ　路基处于暴雨或连续降雨状态下的工况;
(3) 非正常工况Ⅱ　路基遭遇地震等荷载作用的工况。

按正常工况计算时,边坡岩土体计算参数需采用天然状态下的参数;按非正常工况Ⅰ计算时,边坡岩土体计算参数需采用饱水状态下的参数;按非正常工况Ⅱ计算时,边坡岩土体计算参数需采用饱水状态下的参数,同时要考虑地震等特殊荷载。

1) 岩土体的物理与力学参数

岩体和结构面抗剪强度指标宜根据现场原位试验确定。试验应符合现行《工程岩体试验方法标准》(GB/T 50266)的规定。当无条件进行试验时,可采用现行《工程岩体分级标准》(GB 50218)、表 8.5.4 和反算分析等方法综合确定。岩石标准值是对测试值进行误差修正后得到反映岩石特点的值。由于岩体中或多或少都有结构面存在,其强度要低于岩石的强度。

表 8.5.4　结构面抗剪强度指标标准值

结构面类型		结构面结合程度	内摩擦角/°	黏结力 c /MPa
硬性结构面	1	结合好	>35	>0.13
	2	结合一般	35～27	0.13～0.09
	3	结合差	27～18	0.09～0.05
软弱结构面	4	结合很差	18～12	0.05～0.02
	5	结合极差(泥化层)	根据地区经验确定	

注:1. 表中数值已考虑结构面的时间效应。
　　2. 极软岩、软岩取表中低值。
　　3. 岩体结构面连通性差时,取表中的高值。
　　4. 岩体结构面浸水时取表中的低值。

表 8.5.4 中岩体结构面的结合程度可按表 8.5.5 确定。

表 8.5.5　结构面的结合程度

结构面结合程度	结构面特征
结合好	张开度小于 1 mm,胶结良好,无充填;张开度 1～3 mm,硅质或铁质胶结
结合一般	张开度 1～3 mm,钙质胶结;张开度大于 3 mm,表面粗糙,钙质胶结
结合差	张开度 1～3 mm,表面平直,无胶结;张开度大于 3 mm,岩屑充填或岩屑夹泥质充填
结合很差、结合极差(泥化层)	表面平直光滑,无胶结;泥质充填或泥夹岩屑充填,充填物厚度大于起伏差;分布连续的泥化夹层;未胶结的或强风化的小型断层破碎带

岩体内摩擦角可由岩块内摩擦角标准值按岩体裂隙发育程度与表 8.5.6 所列的折减系数的乘积确定。

表 8.5.6　边坡岩体内摩擦角折减系数

边坡岩体特性	内摩擦角的折减系数	边坡岩体特性	内摩擦角的折减系数
裂隙不发育	0.90～0.95	裂隙发育	0.80～0.85
裂隙较发育	0.85～0.90	碎裂结构	0.75～0.80

土体力学参数宜采用原位剪切试验、原状土样室内剪切试验及反算分析等方法综合确定。土体力学参数试验获取较容易，结果可用性较好，可采用原位剪切试验获取边坡土体力学参数。水对边坡稳定性的影响主要有两方面：降低边坡土体强度参数、产生不利边坡稳定的水压力。基于这两种影响，在土坡稳定性分析中对水的处理有不同的考虑方法：土质边坡按水土合算原则计算时，地下水位以下的土宜采用三轴试验土的自重固结不排水抗剪强度指标；按水土分算原则计算时，地下水位以下的土宜采用土的有效抗剪强度指标。

2) 深路堑边坡稳定性计算方法

(1) 计算方法　边坡稳定性定量计算方法很多，边坡破坏形态是选取计算方法首先考虑的一个重要因素。深路堑边坡稳定性计算方法，应根据边坡类型和可能的破坏形式，按下列原则确定：

① 规模较大的碎裂结构岩质边坡和土质边坡宜采用简化 Bishop 法计算；
② 对可能产生直线形破坏的边坡宜采用平面滑动面解析法进行计算；
③ 对可能产生折线形破坏的边坡宜采用不平衡推力法计算；
④ 对结构复杂的岩质边坡，可配滑动面法进行计算；
⑤ 当边坡破坏机制复杂时，宜结合数值分析法进行分析。

(2) 稳定安全系数　各等级公路路堑边坡稳定安全系数不得小于表 8.5.7 所列稳定安全系数值。对非正常工况Ⅱ，路堑边坡稳定性分析方法及稳定安全系数应符合现行《公路工程抗震规范》(JTG B02)的规定。

表 8.5.7　路堑边坡稳定安全系数

分析内容	路堑边坡稳定安全系数	
	高速公路、一级公路	二级及二级以下公路
正常工况	1.20～1.30	1.15～1.25
非正常工况Ⅰ	1.10～1.20	1.05～1.15

注：1. 路堑边坡地质条件复杂或破坏后危害严重时，稳定安全系数取大值；地质条件简单或破坏后危害较轻时，稳定安全系数可取小值。
　　2. 路堑边坡破坏后的影响区域内有重要建筑物(桥梁、隧道、高压输电塔和油气管道等)、村庄和学校时，稳定安全系数取大值。
　　3. 施工边坡的临时稳定安全系数不应小于 1.05。

深路堑边坡宜采用折线式或台阶式边坡。台阶式边坡中部应设置边坡平台，边坡平台的宽度不宜小于 2 m。坚硬岩石边坡可不设平台，其边坡坡度可调查附近已建工程的人工边坡及自然边坡情况，根据边坡稳定性分析综合确定。

8.6 路基防护工程

由岩土筑成的路基直接暴露于大气之中,长期受自然因素的作用影响,岩土在水温作用下,物理、力学性质发生衰变。浸水后湿度增大,土的强度降低;岩性差的岩体,在水温变化条件下,加剧风化;路基表面在温差作用下经受胀缩循环,在湿差作用下经受干湿循环,导致强度衰减和剥蚀;地表水流冲刷,地下水浸入,使岩土表层失稳,易加剧路基的病害;沿河路堤在水流冲击、淘刷和侵蚀作用下,易遭破坏。所有这些变化均取决于岩土的物理力学性质及自然因素,且与路基承受车辆荷载的情况密切相关。

为保证路基的稳定性,除做好路基防、排水以外,还必须做好路基防护、支挡与加固措施,其重点是做好边坡防护与加固,特别是不良地质与水文地段及沿河路堤的边坡。随着道路等级的提高,为维护正常的交通运输,减少道路病害,确保行车安全,保持道路与自然环境协调,路基的防护与加固更具有重要意义。实践证明,在高等级道路建设中,防护工程对保证道路使用品质、提高投资效益均具有重要的意义。

路基边坡防护工程,一般分为坡面防护和冲刷防护。路基防护应根据道路功能,结合当地气候、水文和地质等情况,采取相应防护措施,保证路基稳定,并应符合下列规定:

(1) 路基防护应采取工程防护与植物防护相结合的综合防护措施,并与景观协调。

(2) 深挖高填路基边坡路段,必须查明工程地质情况,针对其工程特性进行路基防护设计。对存在稳定性隐患的边坡,应进行稳定性分析,采用加固、防护措施,保证边坡的稳定。

(3) 沿河路段必须查明河流特性及其演变规律,采取防止冲刷路基的防护措施。凡侵占、改移河道的地段,必须做出专门防护设计。

8.6.1 坡面防护

坡面防护是提高边坡的稳定性、美化路容、保护环境和防止水土流失的一种工程措施。它的主要作用是保护路基边坡坡面免受雨水冲刷,减缓温差和湿度变化的影响,以及防止和延缓岩土表面的风化、破碎和剥蚀的演变过程,从而保护路基边坡的整体稳定性,在一定程度上兼有美化和协调自然环境的功能。常用的防护类型有植物防护、骨架植物防护和工程防护。

路基坡面防护工程应设置在稳定的边坡上。当地质和气候条件适宜时,宜采用植物防护;当植物防护的坡面有可能产生冲刷时,应设置浆砌片石或水泥混凝土骨架;对完整性较好且稳定的弱、微、未风化硬质岩石边坡,可不做防护。

1) 植物防护

在适宜植物生长的土质边坡上,用植物覆盖层对土质坡面进行防护,如植草、铺草皮和植树等。它可以减缓地面水流速度,调节边坡土的温湿状况,固结土壤,增强路基的稳定性,同时绿化道路和保护环境,如图 8.6.1 所示。

植物防护能起到保护和改善环境的作用,对于适宜植物生长且坡率不陡于 1∶1 的土质边坡,要优先采用植物防护。植物防护时,其早期植物生长缓慢,防冲刷能力较弱,对于高度较大、坡较长的土质边坡,需增设浆砌片石或混凝土骨架。

植物防护的类型很多,设计时要视当地土壤、边坡高度及气候条件等选择合适的植物防护形式。表 8.6.1 给出了目前道路工程中常用植物防护类型及适用条件,选用时要考虑其适用条件。

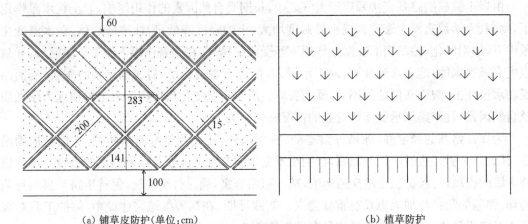

(a) 铺草皮防护(单位:cm)　　　　　　　　(b) 植草防护

图 8.6.1　植物防护示意图

表 8.6.1　坡面植物防护类型及适用条件

防护类型	亚类	适用条件
植物防护	植草或喷播植草	可用于坡度不陡于 1∶1 的土质边坡防护。当边坡较高时,植草可与土工网、土工网垫结合防护
	铺草皮	可用于坡度不陡于 1∶1 的土质边坡或全风化、强风化的岩石边坡防护
	种植灌木	可用于坡度不陡于 1∶0.75 的土质、软质岩石和全风化岩石边坡防护
	喷混植生	可用于坡度不陡于 1∶0.75 的砂性土、碎石土、粗粒土、巨粒土及风化岩石边坡防护,边坡高度不宜大于 10 m

植草适用于坡度不陡于 1∶1、土质适宜种草、不浸水或短期浸水但地面径流速度不超过 0.6 m/s 的边坡。草种要选择当地多年生乡土植物,并采用草灌乔结合,植草的最小土层厚度不应小于 0.15 m,灌木最小土层厚度不应小于 0.30 m,以提高植物防护坡面的抗冲刷能力和植物耐久性。

铺草皮需预先备料,草皮可就近培育,切成整齐块状,然后移铺在坡面上。铺时应自下而上,并用竹木小桩将草皮钉在坡面上,使之稳固。草皮根部土应随草切割,坡面要预先整平,必要时还应加铺种植土,草皮应随挖随铺,注意相互贴紧。

喷混植生常用于坡面不适宜植物生长的边坡防护,是在坡面上铺设或置换一定厚度可适宜植物生长的土壤或混合料(包括土壤、有机质、肥料、保水材料、黏合剂、杀虫剂和植物种子),达到绿化的目的。喷播厚度与边坡坡度、降雨量、岩体结构、岩性以及植物种类等诸多因素相关,喷播厚度过薄将影响植物生长,酷暑季节时,植物易枯死。根据道路喷混植生技术的应用情况,喷混植生的厚度不宜小于 0.10 m,种植土、草纤维、缓释营养肥料、黏合剂、保水剂等混合材料配合比应通过试验确定。

2) 骨架植物防护

骨架植物防护可用于坡度不陡于 1∶0.75 的土质和全风化、强风化的岩石边坡防护。它既能截断坡面水流或减缓水流速度，防止坡面产生冲刷，又能改善环境景观，是道路边坡防护的主要形式之一。骨架植物防护时，可采用拱形、人字形或方格形浆砌片石或水泥混凝土骨架，也可采用多边形水泥混凝土空心块，在骨架内植草或喷播植草。多雨地区的骨架宜增设拦水带和排水槽。风化破碎的岩石挖方边坡，可在骨架中增设锚杆。

3) 工程防护

当不宜使用植物防护或考虑就地取材时，采用砂石、水泥和石灰等矿质材料进行坡面防护是常用的防护形式。工程防护措施包括喷护、挂网喷护、干砌片石护坡、浆砌片石护坡和护面墙等。表 8.6.2 给出了目前道路工程中常用且效果较好的坡面工程防护类型及适用条件，选用时要考虑其适用条件，以及对周围环境景观的影响。

表 8.6.2 坡面工程防护类型及适用条件

防护类型	亚类	适用条件
工程防护	喷护	可用于坡度不陡于 1∶0.5 的易风化但未遭强风化的岩石边坡防护，高速公路、一级公路和环境景观要求高的公路不宜采用
	挂网喷护	可用于坡度不陡于 1∶0.5 的易风化、破碎的岩石边坡防护，高速公路、一级公路和环境景观要求高的公路不宜采用
	干砌片石护坡	可用于坡度不陡于 1∶1.25 的土质边坡或岩石边坡防护
	浆砌片石护坡	可用于坡度不陡于 1∶1 的易风化的岩石和土质边坡防护
	护面墙	可用于坡度不陡于 1∶0.5 的土质和易风化剥落的岩石边坡防护

喷护和挂网喷护施工简便，效果较好，适用于易风化而坡面不平整的岩石挖方边坡，喷护材料可采用砂浆或水泥混凝土，喷浆防护厚度不宜小于 50 mm，喷射混凝土防护厚度不宜小于 80 mm。锚杆挂网喷护或喷射混凝土的喷护厚度不应小于 10 mm，且不应大于 25 mm，钢筋保护层厚度不应小于 20 mm。喷护坡面应设置泄水孔和伸缩缝，应结合碎落台和边坡平台种植攀缘植物。

路基坡面为防止地面水流或河水冲刷，可以使用干砌片石护坡。重要路段或暴雨集中地区的土质高边坡，桥涵附近坡面与岩坡，以及地面排水沟渠等，亦可用干砌片石加固。片石护坡，要求坡面稳固，先设置砂砾或碎石垫层，厚度不宜小于 10 mm，然后自下而上平整地铺砌片石。片石应逐块嵌紧且错缝，干砌可勾缝，必要时改用浆砌。护坡厚度一般不小于 25 mm，护坡顶部封闭，以防渗水。

护面墙是浆砌片石的坡面覆盖层，用于封闭各种软质岩层和较破碎的挖方边坡。它要求墙面紧贴坡面，表面砌平，厚度可不一。护面墙石料应符合规格。护面墙除自重外，不承受其他荷载，亦不承受墙背土压力。护面墙高一般不超过 10 m；若超过 10 m，可以分级砌筑，每一级高度 6~10 m，中间设平台，墙背可设耳墙，纵向每 10 m 设置一条伸缩缝，墙身应预留泄水孔，墙基要求稳固，顶部应封闭。墙基软硬不均匀，可设拱跨过软弱地基。坡面常有各种不同地质现象，开挖后形成凹陷，应以石砌圬工填塞平整，称为支补墙。

工程防护(喷护、挂网喷护、干砌片石护坡、浆砌片石护坡和护面墙等)存在的主要问题是与周围环境不协调,道路景观差,要尽量少用,尤其是高速公路、一级公路和旅游公路尽量不用喷护和挂网喷护。需采用工程防护时,要加强其细部处理设计,注意与周围自然环境和当地人文环境的融合,以减少对周围环境的影响。

8.6.2 冲刷防护

冲刷防护是为防止水流直接危害沿河、滨海路堤以及有关堤坝护岸的边坡和坡脚,所采取的防止冲刷的措施。此类堤岸常年或季节性浸水,受流水冲刷、拍击和淘洗,造成路基浸湿、坡脚淘空,或水位骤降时路基内细粒填料流失,致使路基失稳,边坡崩坍。所以堤岸的冲刷防护与加固,主要针对水流的破坏作用而设,起防治水害和加固堤岸双重功效。冲刷防护可分为直接防护和间接防护两类。

1) 直接防护

堤岸直接防护,包括植物防护、石砌防护或抛石与石笼防护,以及必要时设置的支挡(驳岸、浸水挡土墙等)。其中植物防护与石砌防护,同坡面防护所述基本类同,但堤岸的冲刷主要原因是洪水急流,水位变迁不定,水流速度较大,相应的防护要求更高。在盛产石料的地区,当水流速度达到 3.0 m/s 或更高,植物与石砌防护无效时,可采用抛石防护;当水流速度达到或超过 5.0 m/s 时,则改用石笼防护,也可就地取材,用竹笼防护,必要时可以采用土工织物软体沉排护坡。

抛石防护,类似在坡脚处设置护脚,亦称抛石垛,如图 8.6.2 所示。抛石不受气候条件限制,路基沉实以前均可施工,季节性浸水或长期浸水均可用。抛石垛的边坡坡度,不应陡于抛石浸水后的天然休止角,边坡坡度 m_1 一般为 1.5~2.0,m_2 为 1.25~2.0。石料粒径视水深与流速而定,一般为 15~50 m。

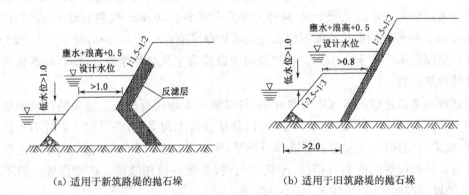

(a) 适用于新筑路堤的抛石垛 (b) 适用于旧筑路堤的抛石垛

图 8.6.2 抛石防护示意图

石笼用铁丝编织成框架,内填石料,设在坡脚处,以防急流和大风浪破坏堤岸,也可用来加固河床,防止淘刷。铁丝框架可以是箱形或圆柱形,如图 8.6.3(a)(b)所示。笼内填石的粒径,最小不小于 4 cm,一般为 5~20 cm,外层应用棱角突出的大石料,内层可用较小石块填充。石笼在坡脚处排列,用于防止冲刷淘底时,应平铺并与坡脚线垂直,而且堤岸一端固定,另一端不必固定,淘刷后可以向下沉落贴于底面;用于防止堤岸边坡冲刷时,则垒码平铺成梯形,如图 8.6.3(c)(d)所示。单个石笼的大小,以不被速度较快的水流冲动为宜,铺设时须用碎(砾)石垫层铺平,底层各角可用铁棒固定于基底。

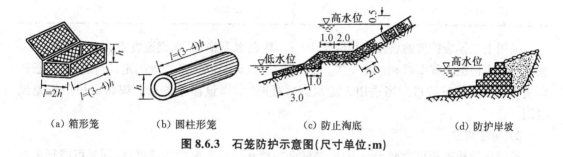

图 8.6.3 石笼防护示意图(尺寸单位:m)

土工织物软体沉排是一种在土工织物上以块石或预制混凝土块体为压重的护坡结构。土工织物软体沉排一般适用于水下工程及预计可能发生冲刷的河床和岸坡土面上,主要有单片垫和双片垫两种结构形式。单片垫是利用土工织物拼接成大面积的排体;双片垫是将两块单片垫重叠后按一定距离和形式将两片垫连接在一起而构成管状或格状空间,其中再填充透水性砂石料(如砂卵石等),以起到防冲与反滤的作用。

土工模袋是一种双层织物袋,袋中充填流动性混凝土或水泥砂浆或小粒径石料混凝土,凝固后形成高强度和高刚度的硬结板块。其主要应用场合及铺设形式如图 8.6.4 所示。土工模袋材料应满足表 8.6.3 的技术要求。充填混凝土时,粗集料最大粒径应符合表 8.6.4 的要求,其坍落度不宜小于 20 mm,强度等级不低于 C10;充填砂浆时,其强度等级不低于 M2.5。

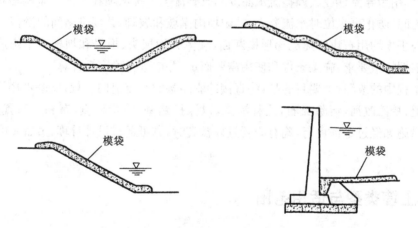

图 8.6.4 土工模袋的应用及铺设形式

表 8.6.3 土工模袋材料要求

指标内容	指标要求	指标内容	指标要求
顶破强度/N	≥1 500	等效孔径 O_{95} /mm	0.07～0.15
渗透系数/10^{-3} cm/s	0.86～10	延伸率/%	≤15

表 8.6.4　混凝土集料的最大粒径要求　　　　　　　　　　　　　单位：mm

土工模袋厚度	集料最大粒径	土工模袋厚度	集料最大粒径
150～250	≤20	≥250	≤40

采用土工模袋护坡的坡度不得陡于 1∶1。如在水下施工，水流速度不宜大于 1.5 m/s。模袋选型应根据工程要求和当地土质、地形、水文、经济与施工条件等确定，应根据水流量选定模袋滤水点分布数量。当选用无滤水点模袋时，应增设渗水滤管。模袋应采用尼龙绳缝制。

2）间接防护

设置调治构造物可改变水流方向，消除和减缓水流对堤岸的直接破坏，同时可减轻堤岸近旁淤积，彻底解除水流对局部堤岸的损害，起到安全保护作用。调治构造物是桥涵和路基的重要附属工程，由于涉及水流改变方向，影响范围较大，工程费用较高，务必慎重。用于防护堤岸的改河工程，一般限于小型工程，如裁弯取直、挖滩改道和清除孤石等，可在小河的局部段落上进行。

调治构造物主要是设坝，按其与河道的相对位置，一般可分为丁坝、顺坝和格坝。调治构造物的布置，应综合考虑河道宽窄、水流方向、地质条件、防护要求、材料来源、施工条件和工程经济等因素，全面治理，避免河床过多压缩，或因水位提高和水流改向，从而危害河对岸或附近地段的农田水利、地面建筑及堤岸等。

丁坝大致与堤岸垂直或斜交，将水流挑离堤岸，束河归槽、改善流态。顺坝大致与堤岸平行，主要作用为导流、束水、调整流水曲度和改善流态。挑水坝在平面上呈网格状，设于顺坝与堤岸之间，防止高水位时水流溢入，冲刷坝内岸坡和坡脚，并促进格间的淤积。

顺坝与丁坝均用石块修建成梯形横断面，坝体分为坝头、坝身和坝根三个组成部分，横断面尺寸根据构造要求、施工条件和使用需要而定，并应进行稳定性计算。

道路工程中的改河，主要目的是：将直接冲刷路基的水流引向旁处；路基占用河槽后，需要拓宽河道；挖滩改河，清除孤石，改移河道，以保护路基；裁弯取直，有利于布置路线或桥涵。这些措施如经过论证可行，确有必要且效益高时，方可通过设计计算，最后实施。

8.7　挡土墙类型与适用范围

为防止路基或山体因重力作用而坍塌，保证路基稳定，需对边坡采取支挡、加固与防护措施，即形成支挡结构。支挡结构包括挡土墙、抗滑桩、预应力锚索等支撑和锚固结构，是维护边坡或基坑等的稳定并使结构两侧土体保持一定高差的土工构筑物。目前，支挡结构不仅被广泛应用于道路、铁路、城市建设，同时还被应用于水坝建设、河床整治、港口工程、水土保持、山地规划、山体滑坡及泥石流防治。

支挡结构的整体稳定性和局部稳定性分析与设计是支挡结构形式优选和设计的关键，它不仅与断面结构设计有关，还与填料类型、排水方式和地基条件等有关。

挡土墙主要用于支撑路基填土或山坡土体,是防止填土路基或边坡土体变形失稳的一种构造物,也可起到减少土石方工程数量和占地面积,防止水流冲刷路基的作用。挡土墙广泛用于支撑路堤或路堑边坡、隧道洞口、桥梁两端及河流堤岸等。本节主要介绍挡土墙。

8.7.1 挡土墙的类型

挡土墙按照设墙位置、材料、结构形式可划分为不同的类型。

(1) 按设墙位置分为路堤墙(墙体支撑路堤边坡,墙顶以上有一定填土高度)、路堑墙(用于稳定路堑边坡)、路肩墙(墙顶置于路肩)和山坡墙(用于整治塌方、滑坡)等类型,如图8.7.1所示。

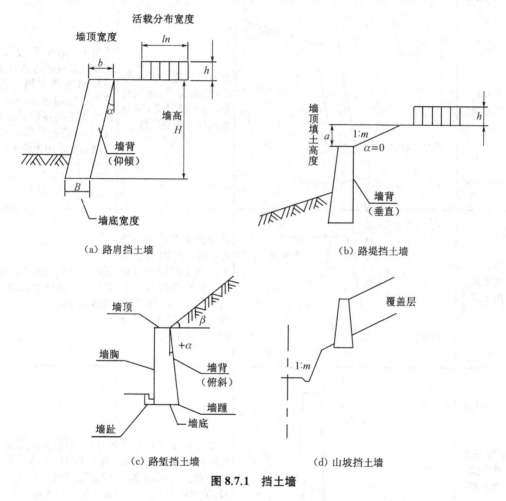

图 8.7.1 挡土墙

(2) 按墙体材料分为石砌挡土墙、混凝土挡土墙、钢筋混凝土挡土墙和加筋土挡土墙等类型。

(3) 按墙体的结构形式分为重力式、衡重式、半重力式、悬臂式、扶壁式、锚杆式、柱板式和垛式等类型。

8.7.2 各种挡土墙的特点和适用范围

各种挡土墙的特点和适用范围如表 8.7.1 所列。挡土墙类型的选择应根据与所支撑土体的稳定平衡条件，考虑荷载的大小和方向、地形和地质状况、冲刷深度、墙基的埋置深度、基底的承载力设计值和不均匀沉降、可能的地震作用、与其他构造物的衔接、墙面的外观美感、施工难易、造价高低、环境特点等因素综合比较确定。

表 8.7.1 挡土墙的特点和适用范围

挡土墙类型	结构示意图	特点	适用条件
重力式挡土墙		依靠墙自重承受土压力，结构简单，施工简便，由于墙身重，对地基承载力的要求高	适用于一般地区、浸水地区和地震地区的路肩、路堤和路堑等支挡工程。墙高不宜超过 12 m，干砌挡土墙的高度不宜超过 6 m。高速公路、一般公路不应采用干砌土墙
衡重式挡土墙		设置衡重台使墙身重心后移，并利用衡重台上的填土增加墙身稳定。上墙背俯斜而下墙背仰斜，可降低墙身，减少基础开挖并节约墙身断面尺寸	适用于陡山坡的路肩墙、路堤墙和路堑墙（兼有拦挡落石作用）
混凝土半重力式挡土墙		在墙背设少量钢筋并墙趾展宽（保证基底必要的宽度），以减薄墙身、节省圬工	适用于不宜采用重力式挡土墙的地下水位较高或较软弱的地基上。墙高不宜超过 8 m

(续表)

挡土墙类型	结构示意图	特点	适用条件
悬臂式挡土墙		墙身及基础均采用钢筋混凝土浇筑,断面尺寸较小,由立壁、墙趾板和墙踵板三部分组成。立壁下部弯矩较大,特别当墙高时,需设置的钢筋较多	宜在石料缺乏、地基承载力较低的填方路段采用。墙高不宜超过 5 m
扶壁式挡土墙		相当于悬臂式挡土墙的墙长,每隔一定距离设置一道扶壁,增强墙面板(立壁)与墙踵板的连接,以承受较大的弯矩作用	宜在石料缺乏、地基承载力较低的填方路段采用。墙高不宜超过 15 m
锚杆挡土墙		由肋柱、挡板和锚杆组成,靠锚杆锚固在山体内拉住肋柱。肋柱、挡板可预制	宜用于墙高较大的岩质路堑地段。可用作抗滑挡土墙。可采用肋柱式或板壁式单级墙或多级墙。每级墙高不宜大于 8 m,多级墙的上、下级墙体之间应设置宽度不小于 2 m 的平台
锚碇板挡土墙		类似于锚杆式,仅锚杆的固定端用锚碇板固定在山体内	宜使用在缺少石料地区的路肩墙或路堤式挡土墙,但不应建于滑坡、坍塌、软土及膨胀土地区。可采用肋柱式或板壁式,墙高不宜超过 10 m
加筋土挡土墙		由面板、拉筋和填料三部分组成,依靠拉筋与填料之间的摩擦力来抵抗侧向土压力,面板可预制	用于一般地区的路肩式挡土墙、路堤式挡土墙。但不应修建在滑坡、水流冲刷、崩塌等不良地质地段。高速公路、一级公路墙高不宜大于 12 m,二级及二级以下公路不宜大于 20 m

(续表)

挡土墙类型	结构示意图	特点	适用条件
桩板式挡土墙	桩柱 挡板	由桩柱和挡板组成,利用深埋的桩柱前土层的被动土压力来平衡墙后主动土压力	用于表土及强风化层较薄的均质岩石地基,挡土墙高度可较大,也可用于地震区的路堑或路堤支挡或滑坡等特殊地段的治理

【思考题】

1. 我国公路用土如何进行类型划分？土的粒组如何区分？
2. 什么是路基平衡湿度？如何确定路基的平衡湿度状态？
3. 什么是路基工作区？当工作区深度大于路基填土高度时应采取哪些措施？为什么？
4. 什么是 CBR？
5. 如何确定新建公路路基回弹模量设计值？
6. 什么是一般路基？什么是特殊路基？什么是高填深挖路基？什么是矮路堤？
7. 路基滑动面的形状与边坡土质有什么关系？
8. 路基防护与加固的措施主要有哪些？

9 路面基层设计

> **本章提要**
>
> 本章主要介绍碎石与级配碎石基层的类型、特点与力学性质；无机结合料稳定类材料的强度、应力-应变、疲劳、干燥收缩和温度收缩等物理、力学特性；石灰稳定类基层强度形成原理及影响因素、缩裂防治措施和混合料设计；水泥稳定类基层强度形成原理及影响因素、材料要求及混合料组成设计；工业废渣稳定基层的材料与混合料组成设计、石灰煤渣类基层与石灰粉煤灰类基层的概念、混合料组成设计和施工方法等。

9.1 概述

路面基层是路基路面体系中的重要组成部分，位于路基和路面面层之间，在路面结构中起着"承上启下"的作用。路面基层可以是一层或多层，也可以是一种或多种材料。基层由多层构成时，最上一层称为"基层"，其他层称为"底基层"。

处于沥青路面或水泥混凝土路面中的基层在结构受力方面的作用有所不同。沥青路面基层主要起承载作用，而水泥路面基层的承载作用相对次要，主要起提供稳定、耐久的下部支撑的作用。从能量角度来看，沥青面层的刚度相对较小，荷载作用下，基层的应变能（变形能）占总应变能的比例较高；而水泥面层的刚度很大，其应变能占绝大部分，基层内应力和应变水平相对较低，对其刚度方面的要求也相对较低。

基层和底基层应具有足够的承载能力、抗疲劳开裂性能、耐久性和水稳定性。沥青结合料和粒料类基层还应具有足够的抗永久变形能力。沥青路面基层刚度不足时，其面层会产生纵向疲劳开裂（纵向裂缝或纵向带状网裂）。水泥路面面层开裂则往往与面板脱空有直接关系，水泥路面基层在荷载、水和温度的共同作用下，细料被泵吸带走，而面板本身刚度较大，不会随之变形，脱空由此产生，在板角和接缝处更易如此。脱空后的板内，荷载引起的应力骤增，材料加速疲劳破坏，最终导致面板断裂。因此，水泥路面基层的耐久性要求较高。

基层材料的刚度不同，所承担的应变能比例也不同，从而导致路面结构内其他层位（面层、路基）的受力状况不同。在路面所处的交通、环境条件确定的情况下，为满足使用年限要求设计的路面结构差异显著，造价差别也很大。正因为基层刚度的重要性，人们习惯上根据材料刚度差异将其分为三类：柔性基层、半刚性基层和刚性基层。柔性基层包括碎石类材料和沥青稳定碎石；半刚性基层指的是以石灰、粉煤灰或水泥等无机结合料稳定土和稳定碎石；刚性基层则是指碾压混凝土、贫混凝土和水泥混凝土材料，这三类基层材料的刚度依次递增。

基层材料还可以根据其组成特征来区分。根据基层材料的结合料类型，可以划分为：无结合料的碎石类材料（如级配碎石）、采用无机结合料的半刚性材料（如水泥稳定碎石、二灰稳定碎石、石灰土等）和采用沥青结合料的沥青稳定碎石等，如表 9.1.1 所示。

表 9.1.1 基层材料类型和力学性质

材料名称	填隙碎石	级配碎石	沥青稳定碎石	石灰土	水泥碎石/二灰碎石	贫混凝土	水泥混凝土
结合料类型	无		沥青	石灰	水泥		
抗压回弹模量/MPa	200~280	200~500	600~1 400	400~700	1 300~1 700	15 000~20 000	30 000~32 500
材料刚度特征	柔性			半刚性		刚性	

路面结构较多采用单层的基层（三、四级公路）或单层基层加单层底基层（二级及其以上公路）的结构形式。随着道路交通荷载的快速增长，道路路面基层有逐步加厚的趋势。有些高速公路基层采用了较厚的水泥稳定碎石（简称水稳碎石）基层，其总厚度达 50~60 cm。

与摊铺、碾压设备能力相适应，每种不同的基层材料有其合适的单层施工厚度，如水泥稳定碎石的适宜施工厚度范围是 15~20 cm。路面结构设计中，有可能设计较厚的单层材料，如 40 cm 厚掺量为 3% 的水稳碎石底基层，这层材料在施工中需分两层（每层 20 cm）施工，但设计计算过程中可将其当作单层看待。为使设计与施工相匹配，施工中应采取措施加强先后施工的两层之间的联结。

9.2 碎石与级配碎石基层

9.2.1 碎石

碎石是指在矿场通过开采、破碎和筛分后生产的具有棱角和不同粒径规格的石料。砾石指的是岩石自然风化后经水流冲刷、搬运形成的无棱角或棱角性差的石料。

与砾石相比，碎石因加工后的棱角性好，风化程度低，相同矿物组成时纯度更高、坚固性更好、抗压碎能力强，用作筑路材料时可以提供较大的内摩擦角，使得材料性能更优，因此是比砾石更佳的材料，但成本上有所增加。

将石料场生产的不同规格集料按一定比例混合，形成粗、中、小碎石集料和石屑各占一定比例的混合料，当其颗粒组成符合规定的密实级配要求时，称作级配碎石。

具有一定粒度组成（级配）的碎（砾）石，可以直接用作路面基层，通过使用无机结合料或沥青稳定碎石，可以形成水稳碎（砾）石、沥青碎石等优质基层材料。低等级道路或等级以外的道路还可以用黏质土（或加石灰）与碎（砾）石掺配在一起形成泥（灰）结碎（砾）石，通过人工摊铺压实，直接作为面层使用，是碎（砾）石路面的一种。

9.2.2 级配碎石基层

级配碎石基层，是由各种集料碎石，按最佳级配原理修筑而成的路面基层。由于级配碎石是用大小不同的材料按一定比例配合、逐级填充空隙,故经过压实后,能形成密实的结构。级配碎石的强度由摩阻力和黏结力构成,具有一定的水稳定性和力学强度。

1) 级配碎石的厚度和级配

级配碎石基层厚度,一般为 8~16 cm,当厚度大于 16 cm 时应分两层摊铺,两次碾压,下层厚度为总厚度的 60%,上层厚度为总厚度的 40%。如基层和面层为同样类型的结构,其总厚度在 16 cm 以下时,可分两层摊铺,一次碾压。

高速公路和一级公路基层级配碎石公称最大粒径不宜大于 26.5 mm。底基层采用级配碎石或级配砂砾时,公称最大粒径不宜大于 31.5 mm;底基层采用天然砂砾时,公称最大粒径不宜大于 53.0 mm。二级及二级以下公路的基层、底基层粒料公称最大粒径不宜大于 53.0 mm。

填隙碎石公称最大粒径宜为层厚的 1/2~2/3。填隙碎石用于基层时,公称最大粒径不应超过 53.0 mm;用于底基层时,公称最大粒径不应超过 63.0 mm。

防冻层所用砂砾、碎石材料的最大粒径不应超过 53.0 mm。

级配碎石和级配砂砾中通过 0.075 mm 筛孔的颗粒含量不宜大于 5%,不满足要求时,可用天然砂替代部分细集料。

2) 级配碎石的强度

对于级配碎石,矿料颗粒之间的联结强度一般都比矿料颗粒本身的强度小得多。在外力作用下,首先在颗粒之间产生滑动和位移,使其失去承载能力而导致破坏。因此,对于这种由松散材料组成的路面结构,矿料颗粒本身强度固然重要,但是起决定作用的则是颗粒之间的联结强度。

级配碎石应具有一定的强度,才能满足不同等级道路基层的技术要求,通常采用 CBR 指标来表征级配碎石的强度。基层、底基层级配碎石的 CBR 值应符合表 9.2.1 的有关规定。

表 9.2.1 级配碎石的 CBR 值

结构层	公路技术等级	极重、特重交通	重交通	中等、轻交通
基层	高速公路、一级公路	≥200	≥180	≥160
	二级及二级以下公路	≥160	≥140	≥120
底基层	高速公路、一级公路	≥120	≥100	≥80
	二级及二级以下公路	≥100	≥80	≥60

由表 9.2.1 可知,级配碎石用于基层时,对极重和特重交通荷载等级,CBR 值不应小于 160;对重交通荷载等级,CBR 值不应小于 140;对中等、轻交通荷载等级,CBR 值不应小于 120。

级配碎石用于底基层时,对极重和特重交通荷载等级,CBR 值不应小于 100;对重交通荷载等级,CBR 值不应小于 80;对中等、轻交通荷载等级,CBR 值不应小于 60。

3) 级配碎石的回弹模量

回弹模量是表征级配碎石刚度的重要指标及设计参数。一般来说,级配碎石的回弹模量明显低于半刚性基层材料。

级配碎石的回弹模量在结构验算时应采用回弹模量乘湿度调整系数后得到,湿度调整系数可在 1.6~2.0 范围内选取。级配碎石的回弹模量应取用最佳含水率和与压实度要求相对应的干密度条件下的试验值。压实度要求遵照现行《公路路面基层施工技术细则》(JTG/T F20)的有关规定。

最佳含水率和与压实度要求相对应的干密度条件下的粒料回弹模量,可按三种水平进行设计,高速公路和一级公路的施工图设计阶段应采用水平一,其他设计阶段可采用水平二或水平三;二级及二级以下公路可采用水平二或水平三。

(1) 水平一,按《沥青规范》附录 D 采用重复加载三轴压缩试验测定,取回弹模量试验结果的均值。

(2) 水平二,按已有经验关系式确定设计参数,但目前还没有成熟的关系式。

(3) 水平三,按粒料类型和层位,参照表 9.2.2 确定粒料回弹模量。

表 9.2.2 粒料类材料回弹模量取值范围　　　　　　　　　　　　　　单位:MPa

材料类型和层位	最佳含水率和与压实度要求相对应的干密度条件下	经湿度调整后
级配碎石基层	200~400	300~700
级配碎石底基层	180~250	190~440
级配砾石基层	150~300	250~600
级配砾石底基层	150~220	160~380
未筛分碎石层	180~220	200~400
天然砂砾层	105~135	130~240

注:材料性能好、级配好或压实度大时取高值,反之取低值。

9.3 无机结合料稳定类材料基层

在粉碎或原状松散的土或碎石中掺入一定量的无机结合料(包括水泥、石灰或工业废渣等)和水,经拌和得到的混合料在压实与养生后,其抗压强度符合规定要求的材料称为无机结合料稳定类材料,以此修筑的路面基层为半刚性基层。

无机结合料稳定类材料具有稳定性好、抗冻性能强、结构本身自成板体等特点,但其耐磨性差,不适合作为面层材料,因此广泛用于修筑路面结构的基层和底基层。

粉碎或原状松散的土或碎石按照土中单个颗粒(指碎石、砾石、砂和土颗粒)的粒径大小和组成,将土分成细粒土、中粒土和粗粒土。不同的土或碎石与无机结合料拌和得到不同的稳定材料,如石灰土、水泥土、水泥砂砾和石灰粉煤灰碎石等。

无机结合料稳定类材料种类较多,其物理、力学性质各异,使用时应根据结构要求、掺加剂和原材料的供应情况及施工条件进行综合技术经济比较后选定。

9.3.1 无机结合料稳定类材料的物理力学特性

无机结合料稳定类材料的物理力学特性包括强度特性、应力-应变特性、疲劳特性、干燥

收缩特性和温度收缩特性等,其确定可分为下列三个水平:

(1) 水平一,通过室内试验实测确定。

(2) 水平二,利用已有经验关系式确定,但目前还没有成熟的关系式。

(3) 水平三,参照典型数值确定。

1) 强度特性

无机结合料稳定类材料的重要特点之一是强度和模量随龄期的增长而不断增长,逐渐具有一定的刚性性质。

一般规定,水泥稳定类、水泥粉煤灰稳定类材料的设计龄期为 90 d,石灰稳定类、石灰粉煤灰稳定类材料的设计龄期为 180 d。

在道路工程建设中,一般采用无侧限抗压强度和弯拉强度来表征无机结合料稳定类材料(包括稳定细粒土、中粒土和粗粒土)的强度特性。

(1) 无侧限抗压强度　无侧限抗压强度,是指按照预定干密度和压实度采用静力压实法制备试件(试件是高:直径=1:1的圆柱),养生时间为 7 d(整个养生期间的温度应保持为 (20 ± 2) ℃,养生期的最后一天,将试件浸泡在水中,水的深度应使水面在试件顶上约 2.5 cm),侧向没有围压时的单轴抗压强度。它适用于下列不同土的试模尺寸为:

① 细粒土(最大粒径不超过 10 mm):试模的直径×高=50 mm×50 mm

② 中粒土(最大粒径不超过 25 mm):试模的直径×高=100 mm×100 mm

③ 粗粒土(最大粒径不超过 40 mm):试模的直径×高=150 mm×150 mm

试件的无侧限抗压强度 R_c 采用下列相应的公式计算:

$$\begin{array}{l}对于小试件:R_c=P/A=0.000\,51P \quad (\text{MPa})\\ 对于中试件:R_c=P/A=0.000\,127P \quad (\text{MPa})\\ 对于大试件:R_c=P/A=0.000\,057P \quad (\text{MPa})\end{array} \quad (9.1)$$

式中:P——试件破坏时的最大压力(N);

A——试件的截面面积(mm²),$A=\pi D^2/4$,D 为试件的直径(mm)。

无机结合料稳定类材料 7 d 无侧限抗压强度代表值应符合表 9.3.1 的要求。

表 9.3.1　无机结合料稳定类材料 7 d 无侧限抗压强度标准(代表值)　　单位:MPa

材料	结构层	公路技术等级	极重、特重交通	重交通	中等、轻交通
水泥稳定类	基层	高速公路、一级公路	5.0~7.0	4.0~6.0	3.0~5.0
		二级及二级以下公路	4.0~6.0	3.0~5.0	2.0~4.0
	底基层	高速公路、一级公路	3.0~5.0	2.5~4.5	2.0~4.0
		二级及二级以下公路	2.5~4.5	2.0~4.0	1.0~3.0
水泥粉煤灰稳定类	基层	高速公路、一级公路	4.0~5.0	3.5~4.5	3.0~4.0
		二级及二级以下公路	3.5~4.5	3.0~4.0	2.5~3.5
	底基层	高速公路、一级公路	2.5~3.5	2.0~3.0	1.5~2.5
		二级及二级以下公路	2.0~3.0	1.5~2.5	1.0~2.0

(续表)

材料	结构层	公路技术等级	极重、特重交通	重交通	中等、轻交通
石灰粉煤灰稳定类	基层	高速公路、一级公路	≥1.1	≥1.0	≥0.9
		二级及二级以下公路	≥0.9	≥0.8	≥0.7
	底基层	高速公路、一级公路	≥0.8	≥0.7	≥0.6
		二级及二级以下公路	≥0.7	≥0.6	≥0.5
石灰稳定类	基层	二级及二级以下公路	—	—	≥0.8
	底基层	高速公路、一级公路	—	—	≥0.8
		二级及二级以下公路	—	—	0.5~0.7

(2) 弯拉强度　无机结合料稳定类材料基层在道路结构中处于面层和路基之间,在车辆荷载作用下承受弯拉应力,因此弯拉强度是表征无机结合料稳定类材料强度特性的重要指标。无机结合料稳定类材料强度可在不同设计阶段,依据相应的设计水平确定。

① 水平一:试验测定。在实验室内采用弯曲试验测定,测试时采用压力机或万能试验机对梁式试件进行三分点加载。根据混合料粒径的大小,选择不同尺寸的试件。细粒土选用 50 mm×50 mm×200 mm 的小梁;中粒土选用 100 mm×100 mm×400 mm 的中梁;粗粒土选用 150 mm×150 mm×550 mm 的大梁。按照《公路工程无机结合料稳定材料试验规程》(JTG E51)中的标准养生方法进行养生,养生时间视需要而定,水泥稳定类、水泥粉煤灰稳定类材料试件的养生龄期为 90 d,石灰稳定类、石灰粉煤灰稳定类材料试件的养生龄期为 180 d。整个养生期的温度保持为(20±2) ℃,养生期的最后一天,将试件浸泡在水中,水的深度应使水面在试件顶上约 2.5 cm。

根据试验要求,在梁跨中安放位移传感器,测量破坏极限荷载时的跨中位移。对试件进行均匀、连续加载,加载速率为 50 mm/min,直至试件破坏。记录破坏极限荷载 P(N)或测力计读数,按式(9.2)计算弯拉强度。

$$R_a = \frac{PL}{b^2 h} \tag{9.2}$$

式中:R_a——弯拉强度(MPa);

P——破坏极限荷载(N);

L——跨距,即两支点间的距离(mm);

b——试件宽度(mm);

h——试件高度(mm)。

② 水平二:利用已有经验关系式确定,但目前还没有成熟的关系式。

③ 水平三:参照表 9.3.2 确定弯拉强度和弹性模量。

表 9.3.2　无机结合料稳定类材料的弯拉强度取值范围　　　　　　　　单位:MPa

材料	弯拉强度
水泥稳定粒料、水泥粉煤灰稳定粒料和石灰粉煤灰稳定粒料	1.5～2.0
	0.9～1.5
水泥稳定土、水泥粉煤灰稳定土和石灰粉煤灰稳定土	0.6～1.0
石灰土	0.3～0.7

注:结合料用量高、材料性能好、级配好或压实度大时取高值,反之取低值。

2) 应力-应变特性

无机结合料稳定类材料基层在车辆荷载作用下一般以弹性变形为主,因此无机结合料稳定类材料的应力-应变特性常用弹性模量进行表征。常用的试验方法有顶面法、中间段法等,试件有圆柱体试件和梁式(分大、中、小梁,根据被稳定材料的粒径大小确定)试件,试验内容有抗压强度和抗压回弹模量、劈裂强度和劈裂模量、弯拉强度和弯拉模量等。

由于材料的变异性和试验过程的不稳定性,同一种材料不同的试验方法、同一种试验方法不同的材料及同一种试验方法不同龄期试件的试验结果都存在差异。通过各种试验方法的综合比较,抗压试验较符合实际。表 9.3.3 给出了水泥稳定碎石抗压强度(R)、压缩模量(E_p)与龄期之间的关系。表 9.3.4 则为石灰粉煤灰稳定碎石的测试结果。

无机结合料稳定类材料的应力-应变特性与原材料的性质、结合料的性质和剂量及密实度、含水率、龄期、温度等有关。

表 9.3.3　水泥稳定碎石的力学特性与龄期的关系

力学参数/MPa	28 d	90 d	180 d	28 d/180 d	90 d/180 d
R	4.49	5.57	6.33	0.71	0.88
E_p	2 093	3 097	3 872	0.54	0.80

表 9.3.4　石灰粉煤灰稳定碎石的力学特性与龄期的关系

力学参数/MPa	28 d	90 d	180 d	28 d/180 d	90 d/180 d
R	3.10	5.75	8.36	0.37	0.69
E_p	1 086	1 993	2 859	0.38	0.70

在我国道路工程路面设计中,无机结合料稳定类材料的弹性模量,可按三种水平进行设计,高速公路和一级公路的施工图设计阶段应采用水平一,其他设计阶段可采用水平三;二级及二级以下公路在所有设计阶段都可采用水平三。

(1) 水平一:采用中间段法单轴压缩试验测定。弹性模量的测定应符合现行《公路工程无机结合料稳定材料试验规程》(JTG E51)中 T 0851 的有关规定。试件为圆柱,尺寸为直径 100 mm、高 200 mm 或直径 150 mm、高 300 mm。测试时水泥稳定类、水泥粉煤灰稳定类材料试件的龄期应为 90 d,石灰稳定类、石灰粉煤灰稳定类材料试件的龄期应为 180 d。可以采用室内成型的试件,也可以从路面现场钻取试件。试件应形状规则、侧面光滑平整。

采用切割机切除试件两端,保证试件高度为(200±2.5)mm或(300±2.5)mm。试件上下端面与试件轴向应垂直。

试件上下两个端面应采用水泥净浆彻底抹平。将试件直立在桌面上,在上端面薄涂一层早强水泥净浆,再在表面撒少量粒径为0.25~0.5 mm的细砂,并用直径大于试件的平面圆形钢板放在顶面,加压旋转圆钢板,使顶面齐平,边旋转边平移并迅速取下钢板,当净浆黏附于钢板上时,应重新用净浆抹平,并重复上述步骤。一个端面整平后,放置4 h以上,按同样方法整平另一端面。整平后试件尺寸应满足前述规格要求。

试件应浸水24 h,取出后擦干表面水称量,试件养生后与成型时的质量相差不应大于2%,否则试件失效。试件从搬出养生室到试验完成的时间间隔应尽量短。将加载板分别置于试件的顶面和底面,顶面加载板放置前,在试件顶面撒少量粒径为0.25~0.50 mm的细砂,加载板放置后边按压边旋转,用砂填补试件表面不平整处,并使多余的砂流出。将试件放置在加载板上对应加载板中心位置,使试件中心与加载架中心对齐。压力机以1 mm/min的加载速度连续均匀施加荷载,直至试件破坏。轴向变形采用位移传感器从试件侧面中间1/3部位量取,以消除两端接触面在压缩试验时的约束作用,试件应变应取3个位移传感器测得的试件变形量平均值计算。试验过程中记录荷载-应变曲线。根据荷载-应变曲线得到最大荷载F_r和对应0.3倍最大荷载时的试件纵向应变ε_3,按式(9.3)计算弹性模量。

$$E = \frac{1.2F_r}{\pi D^2 \varepsilon_3} \tag{9.3}$$

式中:E——弹性模量(MPa);

F_r——最大荷载(N);

D——试件直径(mm);

ε_3——加载达到$0.3 F_r$时的试件纵向应变。

交通运输部西部交通建设科技项目"基于多指标的沥青路面结构设计方法研究"课题对比了无机结合料稳定类材料室内测试的弹性模量和采用落锤式弯沉仪(FWD)弯沉盆反算的结构层模量,前者约为后者的2倍,故引入模量调整系数,将室内弹性模量调整为路面结构层模量。因此,结构验算时,无机结合料稳定类材料弹性模量应乘结构层模量调整系数0.5。

(2)水平二:利用已有经验关系式确定,但目前还没有成熟的关系式。

(3)水平三:参照表9.3.5确定弹性模量。

表9.3.5 无机结合料稳定类材料的弹性模量取值范围 单位:MPa

材料	弹性模量
水泥稳定粒料、水泥粉煤灰稳定粒料和石灰粉煤灰稳定粒料	18 000~28 000
	14 000~20 000
水泥稳定土、水泥粉煤灰稳定土和石灰粉煤灰稳定土	5 000~7 000
石灰土	3 000~5 000

注:结合料用量高、材料性能好、级配好或压实度大时取高值,反之取低值。

3) 疲劳特性

由于无机结合料稳定类材料的抗拉强度远小于其抗压强度,因此对于拉应力更为敏感。在车辆荷载的反复作用下,即使未达到抗拉强度,无机结合料稳定类材料基层也会产生裂缝,这种病害形式称为疲劳开裂。材料能够承受的反复荷载作用次数称为疲劳寿命。常用的评估无机结合料稳定类材料疲劳特性的试验有弯拉疲劳试验和劈裂疲劳试验。

无机结合料稳定类材料的疲劳寿命主要取决于重复拉应力与抗拉强度之比 σ_r/σ_f,一般当 σ_r/σ_f 小于 50% 时,无机结合料稳定类材料可经受无限次重复加荷次数而无疲劳破裂,但是由于材料的变异性,实际试验时其疲劳寿命要小得多。

疲劳性能通常用 σ_r/σ_f 与达到破坏时反复作用次数 (N_f) 所绘成的散点图来表示。试验证明 σ_r/σ_f 与 N_f 之间的关系通常用双对数疲劳方程($\lg N_f = a + b\lg(\sigma_r/\sigma_f)$)或单对数疲劳方程($\lg N_f = a + b\sigma_r/\sigma_f$)来表示比较合理。

在一定的应力或应变条件下,材料的疲劳寿命取决于材料的强度和刚度。强度越大、刚度越小,其疲劳寿命就越长。

由于材料的不均匀性,无机结合料稳定类材料的疲劳方程还与材料试验的变异性有关,不同的存活率(到达疲劳寿命时未出现破坏的概率)将得出不同的疲劳方程(图 9.3.1、图 9.3.2)。

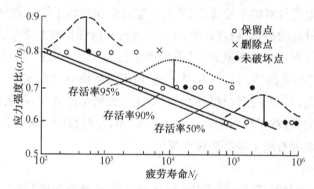

图 9.3.1 水泥砂砾(小梁)应力强度比与疲劳寿命关系曲线

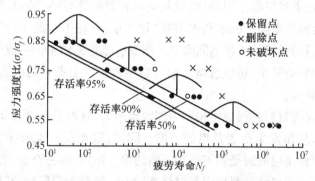

图 9.3.2 二灰砂砾(小梁)应力强度比与疲劳寿命关系曲线

4) 干燥收缩特性

无机结合料稳定类材料经拌和压实后,由于水分挥发和混合料内部的水化作用,混合料内的水分会不断减少。由此发生的毛细管作用、吸附作用、分子间力的作用、材料矿物晶体或凝胶体层间水的作用和炭化收缩作用等会引起无机结合料稳定类材料的体积收缩,称为干燥收缩,简称"干缩"。

描述材料干缩特性的指标主要有干缩应变、干缩系数、干缩量、失水量、失水率和平均干缩系数。干缩应变 ε_d 是水分损失引起的试件单位长度的收缩量($\times 10^{-6}$),如式(9.4)所示;干缩系数是某失水量时,试件单位失水率的干缩应变($\times 10^{-6}$);干缩量是水分损失时试件的收缩量(10^{-3} mm);失水量是试件失去水分的质量(g);失水率是试件单位质量的失水量(%);平均干缩系数 α_d 是某失水量时,试件的干缩应变与试件的失水率之比($\times 10^{-6}$),如式(9.4)所示。

$$\left.\begin{array}{l}\varepsilon_d = \dfrac{\Delta l}{l} \\ \alpha_d = \dfrac{\varepsilon_d}{\Delta w}\end{array}\right\} \quad (9.4)$$

式中:Δl ——含水率损失 Δw 时,试件的整体收缩量;

l ——试件的长度。

无机结合料稳定类材料的干缩特性(最大干缩应变和平均干缩系数)的大小与结合料的类型、剂量、被稳定材料的类别、粒料含量、小于 0.6 mm 的细颗粒的含量、试件含水率和龄期等有关。例如,二灰(石灰+粉煤灰)与碎石的质量比为 15∶85 或 20∶80 时,7 d 龄期的最大干缩应变分别为 223×10^{-6}、273×10^{-6},而平均干缩系数分别为 55×10^{-6}、65×10^{-6}。

对于稳定粒料类,三类半刚性材料的干缩特性由大到小排列为:石灰稳定类>水泥稳定类>石灰粉煤灰稳定类;对于稳定细粒土类,三类半刚性材料的干缩特性由大到小排列为:石灰土>水泥土和水泥石灰土>石灰粉煤灰土。

5) 温度收缩特性

无机结合料稳定类材料基层一般在温度较高季节修建,环境温度存在昼夜温差以及季节温差,到了较冷的季节,无机结合料稳定类材料的体积会发生收缩,称为温度收缩,简称"温缩"。

无机结合料稳定类材料是由固相(组成其空间骨架的原材料的颗粒和其间的胶结物)、液相(存在于固相表面与空隙中的水和水溶液)和气相(存在于空隙中的气体)组成,所以无机结合料稳定类材料的温缩是三相不同温度收缩效应综合的结果。一般气相大部分与大气贯通,在综合效应中影响较小,可以忽略。原材料中砂粒以上颗粒的温缩系数较小,粉粒以下的颗粒温缩系数较大。

无机结合料稳定类材料基层成型初期内部含水率大,且尚未被沥青面层封闭,基层内部的水分必然要蒸发,从而发生由表及里的干缩。同时,昼夜温差也会导致温缩的发生。因此,修建初期的半刚性基层同时受到干缩和温缩的综合作用,容易开裂,必须注意养生保护。经过一定龄期的养生,无机结合料稳定类材料基层上铺筑沥青面层后,基层内相对湿度略有增大,使材料的含水率趋于平衡,这时基层的变形以温缩为主。

无机结合料稳定类材料温缩的大小与结合料类型和剂量、被稳定材料的类别、粒料含量、龄期等有关。由试验结果可得不同无机结合料稳定类材料的温缩由大到小排列为:石灰土砂砾(16.7×10^{-6})>悬浮式石灰粉煤灰粒料(15.3×10^{-6})>密实式石灰粉煤灰粒料(11.4×10^{-6})和水泥砂砾(5%~7%水泥剂量为10×10^{-6}~15×10^{-6})。

9.3.2 石灰稳定类基层

在粉碎的土和原状松散的土(包括各种粗、中、细粒土)中掺入适量的石灰和水,按照一定技术要求,经拌和,在最佳含水率下摊铺、压实及养生,其抗压强度符合规定要求的路面基层称为石灰稳定类基层。用石灰稳定细粒土得到的混合料简称石灰稳定土,所做成的基层称石灰土基层。

石灰稳定土一般指的是石灰土(以细粒土、天然土为主),它具有一定的抗压强度和弯拉强度,且强度随龄期逐渐增加,但因其吸水性、透水性和水稳定性较差,适用于各级公路路面的底基层和二级以下公路的基层,不得用作二级和二级以上公路高级路面的基层。在冰冻地区的潮湿路段和其他地区的过湿路段,不宜采用石灰土做基层和底基层。

1) 石灰稳定土的强度形成原理

土中掺入适量的石灰,在最佳含水率下拌匀压实,石灰与土会发生一系列的物理、化学作用,土的性质会发生根本的变化,从而使石灰稳定土具有一定强度。石灰与土间发生的物理、化学作用一般分四个方面:离子交换作用、结晶作用、火山灰作用和碳酸化作用。

(1) 离子交换作用 土的微小颗粒具有一定的胶体性质,它们一般都带有负电荷,表面吸附着一定数量的钠、氢、钾等低价阳离子(Na^+、H^+、K^+)。石灰是一种强电解质,在土中加入石灰和水后,石灰在溶液中电离出来的钙离子(Ca^{2+})与土中的钠、氢、钾低价阳离子产生离子交换作用,原来的钠(钾)土变成钙土,土颗粒表面所吸附的离子由一价变成二价,减少了土颗粒表面吸附水膜的厚度,使土粒相互之间更为接近,分子引力随之增加,许多单个土粒聚成小团粒,组成一个稳定结构。

(2) 结晶作用 在石灰土中只有一部分熟石灰$Ca(OH)_2$进行离子交换作用,绝大部分饱和的$Ca(OH)_2$自行结晶。熟石灰与水作用生成熟石灰结晶网格,其化学反应方程式为:

$$Ca(OH)_2+nH_2O =\!=\!= Ca(OH)_2 \cdot nH_2O$$

(3) 火山灰作用 熟石灰的游离Ca^{2+}与土中的活性氧化硅SiO_2和氧化铝Al_2O_3作用生成含水的硅酸钙和含水的铝酸钙的化学反应就是火山灰作用,其化学反应方程式为:

$$Ca(OH)_2+SiO_2+nH_2O =\!=\!= CaO \cdot SiO_2 \cdot (n+1)H_2O$$
$$Ca(OH)_2+Al_2O_3+nH_2O =\!=\!= CaO \cdot Al_2O_3 \cdot (n+1)H_2O$$

上述所形成的熟石灰结晶网格、含水的硅酸钙和含水的铝酸钙结晶都是胶凝物质,具有水硬性并能在固体和水两相环境下发生硬化。这些胶凝物质在土颗粒团外围形成一层稳定保护膜,填充颗粒空隙,使颗粒间产生结合料,减少了颗粒间的空隙与透水性,同时提高密实度,这是石灰稳定土获得强度和水稳定性的基本原因,也是石灰稳定土后期强度增长的主要原因,但这种作用的发展比较缓慢。

(4) 碳酸化作用 碳酸化作用是指土中的$Ca(OH)_2$与空气中的二氧化碳(CO_2)发生作用,其化学反应方程式为:

$$Ca(OH)_2 + CO_2 = CaCO_3 \downarrow + H_2O$$

$CaCO_3$ 是坚硬的结晶体,它和其生成的复杂盐类把土粒胶结起来,从而大大提高土的强度和整体性。

四种作用中,构成石灰土早期强度的主要因素是离子交换作用与火山灰作用,后期强度则更多源于碳酸化作用和结晶作用。

由于石灰与土发生了一系列的相互作用,从而使土的性质发生了根本的改变。初期主要表现为土的结团、塑性降低、最佳含水率增加和最大密实度减小等,后期主要表现为结晶结构的形成,从而提高其板体性、强度和稳定性。

2) 影响强度的因素

(1) 土质 各类道路用土都可以用石灰来稳定,采用的土质既要考虑其强度,还要考虑施工时易于粉碎、便于碾压成型。当采用高液限黏土时施工不易粉碎;采用粉性土的石灰稳定土早期强度较低,但后期强度也可满足行车要求;采用低液限土质时易拌和,但难以碾压成型,稳定的效果不显著。一般采用塑性指数 15～20 的黏质土较合适。塑性指数偏大的黏质土,要加强粉碎,粉碎后,土中的土块不宜超过 15 mm。试验证明,塑性指数小于 10 的土不宜用石灰稳定。对于硫酸盐类含量超过 0.8% 或腐殖质含量超过 10% 的土,对强度有显著影响,不宜直接采用。

(2) 石灰 石灰应是消石灰粉或生石灰粉,对高速公路或一级公路宜用磨细的生石灰粉。石灰质量应符合Ⅲ级以上的技术指标(表 9.3.6),并要尽量缩短石灰的存放时间。在同等石灰剂量下,质量好的石灰,稳定效果好。如采用质量差的石灰,为了满足石灰稳定土的技术要求,需适当增加石灰剂量。

表 9.3.6 石灰技术要求

指标	钙质生石灰			镁质生石灰			试验方法
	Ⅰ	Ⅱ	Ⅲ	Ⅰ	Ⅱ	Ⅲ	
有效氧化钙加氧化镁含量/%	≥85	≥80	≥70	≥80	≥75	≥65	T 0813
未消化残渣含量/%	≤7	≤11	≤17	≤10	≤14	≤20	T 0815
钙镁石灰的分类界限,氧化镁含量/%	≤5			>5			T 0812

指标		钙质消石灰			镁质消石灰			试验方法
		Ⅰ	Ⅱ	Ⅲ	Ⅰ	Ⅱ	Ⅲ	
有效氧化钙加氧化镁含量/%		≥65	≥60	≥55	≥60	≥55	≥50	T 0813
含水率/%		≤4	≤4	≤4	≤4	≤4	≤4	T 0801
细度	0.60 mm 方孔筛的筛余/%	0	≤1	≤1	0	≤1	≤1	T 0814
	0.15 mm 方孔筛的筛余/%	≤13	≤20	—	≤13	≤20	—	T 0814
钙镁石灰的分类界限,氧化镁含量/%		≤4			>4			T 0812

(3) 石灰剂量 石灰剂量是石灰质量占全部土颗粒的干质量的百分率,即石灰剂量=石灰质量/干土质量。

石灰剂量对石灰稳定土的强度影响显著。石灰剂量较低(小于3%～4%)时,石灰主要起处治作用,可减弱土的塑性、膨胀性,改善土的密实度、强度,称为石灰处治土。随着石灰剂量的增加,石灰土强度和稳定性均提高,但石灰剂量超过一定范围时,石灰土强度反而降低。生产实践中常用的最佳剂量范围,对于黏质土及粉质土为8%～14%,砂类土为9%～16%。石灰剂量的确定应根据结构层技术要求进行混合料组成设计。

(4) 含水率　水是石灰稳定土的重要组成部分。它促使石灰和土发生物理-化学变化,形成强度;便于土的粉碎、拌和与压实,并且有利于养生。不同土质的石灰稳定土有不同的最佳含水率,需通过标准击实试验确定,并用以控制施工中的实际加水量。水应是干净的自来水。

(5) 密实度　石灰稳定土的强度随密实度的增加而增长。实践证明,石灰稳定土的密实度每增减1%,强度约增减4%。而密实的石灰稳定土,其抗冻性、水稳定性也好,缩裂现象也少。

(6) 石灰稳定土的龄期　石灰稳定土的强度具有随龄期增长的特点。一般石灰稳定土初期强度低,前期(30～60 d)增长速率较后期快。石灰稳定土强度与龄期关系可表示为:

$$R_t = R_1 t^\beta \tag{9.5}$$

式中:R_t——t个月龄期抗压强度;
　　　R_1——一个月龄期抗压强度;
　　　β——系数,为0.1～0.5。

(7) 养生条件　养生条件主要是指温度与湿度。养生条件不同,其强度也有差异。当温度高时,物理-化学反应、硬化、强度增长快;反之强度增长慢,在负温条件下甚至不增长。因此,要求施工的最低温度应在5℃以上,并在第一次重冰冻(-5～-3℃)到来之前一个月至一个半月内完成。

实践证明,温度较高的季节施工的石灰稳定土强度高,质量更有保证。

养生的湿度条件对石灰稳定土的强度也有很大影响。实践证明:在一定潮湿条件下养生的强度比在一般空气中养生的强度高。

3) 石灰稳定土基层的缩裂防治

(1) 石灰稳定土基层防治缩裂的措施如下:

① 控制压实含水率:石灰稳定土含水率过大时,产生的干缩裂缝较多,因而压实时含水率一定不要大于最佳含水率,应略小于最佳含水率。

② 严格控制压实标准:实践证明,压实度小时产生的干缩要比压实度大时严重,因此应尽可能达到最大压实度。

③ 施工季节:温缩的最不利季节是材料处于最佳含水率附近,且气温为-10～0℃。因此施工要在当地气温降为0℃前一个月结束,以防在不利季节施工产生严重温缩。

④ 严格养生条件:干缩的最不利情况发生在石灰稳定土成型初期,因此,要重视初期养护,保证石灰稳定土表面处于潮湿状态,严防干晒。

⑤ 禁防干晒:石灰稳定土施工结束后要及早铺筑面层,使石灰稳定土基层含水率不发生大的变化,从而减少干缩裂缝。

⑥ 控制剂量:在满足强度要求的情况下,尽可能选择较低剂量的无机结合料。在石灰

稳定土中掺加集料(砂砾、碎石等),集料含量为 70%～80%,并使混合料满足最佳组成要求,不仅能够提高强度和稳定性,而且具有较好的抗裂性。

(2) 基层的缩裂会反射到面层,为了防止基层裂缝的反射,国内外常采取以下两种措施:

① 设置联结层:设置沥青碎石或沥青贯入式联结层,是防止反射裂缝的有效措施。

② 铺筑碎石隔离过渡层:在石灰稳定土基层与沥青面层间铺筑厚 10～20 cm 的碎石层或玻纤格栅,可减少反射裂缝出现。

4) 石灰稳定土混合料组成设计

石灰稳定土由土、石灰和水组成。混合料的组成设计包括:根据强度标准,通过试验选取合适的土,确定必需的或最佳的石灰剂量和混合料的最佳含水率。

(1) 石灰稳定土的强度标准　石灰稳定土的强度标准根据相应的道路等级和在路面结构中的层位而定。在规定温度保湿养生 6 d、浸水 1 d 后无侧限抗压强度与压实度标准如表 9.3.7 所示。

表 9.3.7　石灰稳定细粒土 7 d 无侧限抗压强度与压实度标准

层位	稳定材料类型	高速公路及一级公路		二级及二级以下公路	
		压实度/%	抗压强度/MPa	压实度/%	抗压强度/MPa
基层	集料	—	—	≥97	≥0.8
	细粒土	—		≥95	
底基层	集料	≥97	≥0.8①	≥95	≥0.5～0.7②
	细粒土	≥95		≥93	

注:1. 在低塑性土(塑性指数小于 7)地区,石灰稳定砂砾土和碎石土的 7 d 无侧限抗压强度应大于 0.5 MPa。
　　2. 低限用于塑性指数小于 7 的黏土,高限用于塑性指数大于或等于 7 的黏土。

(2) 混合料的设计步骤

① 制备同一种土样、不同石灰剂量的石灰稳定土混合料,根据不同的层位,可参照表 9.3.8 中石灰剂量进行配制。

表 9.3.8　石灰稳定土混合料石灰剂量表

结构层	材料	石灰剂量/%
基层	砂砾土和碎石土	3、4、5、6、7
	塑性指数小于 12 的黏质土	10、12、13、14、16
	塑性指数大于 12 的黏质土	5、7、9、11、13
底基层	塑性指数小于 12 的黏质土	8、10、11、12、14
	塑性指数大于 12 的黏质土	5、7、8、9、11

② 确定混合料的最佳含水率和最大干压实密度(用重型击实标准试验),至少做三次不同石灰剂量混合料的击实试验,即最小剂量、中间剂量和最大剂量。

③ 按最佳含水率与工地预期达到的压实密度制备试件,进行强度试验时,做平行试验

的试件数量应符合规定。

④ 试件在规定温度(20 ℃±2 ℃)下保湿养生 6 d,浸水 1 d,进行无侧限抗压强度试验。

根据表 9.3.7 的强度标准,选定合适的石灰剂量,室内试验结果的平均抗压强度($\bar{R}$)应符合式(9.6)的要求。

$$\bar{R} \geqslant \frac{R_d}{1-Z_\alpha C_v} \tag{9.6}$$

式中:R_d——设计抗压强度(MPa);

C_v——试验结果的偏差系数(小数计);

Z_α——标准正态分布表中随保证率(或置信度 α)而变的系数,重交通道路应取保证率 95%,此时 $Z_\alpha=1.645$;其他道路可取保证率为 90%,即 $Z_\alpha=1.282$。

工地实际采取的石灰剂量应较实验室内试验确定的剂量多 0.5%~1.0%。

9.3.3 水泥稳定类基层

在粉碎的或原状松散的土(包括各种粗、中、细粒土)中,掺入适量水泥和水,按照技术要求,经拌和摊铺,在最佳含水率时压实及养护成型且抗压强度符合规定要求的路面基层称为水泥稳定类基层。当采用水泥稳定细粒土(砂质土、粉质土或黏质土)时,简称水泥土。

水泥是水硬性结合料,绝大多数的土类(高塑性黏土和有机质较多的土除外)都可以用水泥来稳定,改善其物理力学性质,适应各种不同的气候条件与水文地质条件。水泥稳定类基层具有良好的整体性、足够的力学强度、抗水性和耐冻性。其初期强度较高,且随龄期增长而增长,所以应用范围很广。近年来,在我国一些低等级路面工程中,水泥土用于路面结构的基层和底基层,取得了满意的效果。但水泥土禁止作为高速公路或一级公路路面的基层,只能用作底基层。

1) 强度形成原理

使用水泥稳定土的过程中,水泥、土和水之间发生多种复杂的物理化学作用,从而使土的性能发生明显的变化。这些作用可以分为如下几种:

(1) 化学作用 如水泥颗粒的水化、硬化作用,有机物的聚合作用以及水泥水化产物与黏土矿物之间的化学作用等。

(2) 物理-化学作用 如黏土颗粒与水泥及水泥水化产物之间的吸附作用,微粒的凝聚作用,水及水化产物的扩散、渗透作用,水化产物的溶解、结晶作用等。

(3) 物理作用 如土块的机械粉碎作用,混合料的拌和、压实作用等。

其中一些主要的物理-化学作用过程表述如下:

(1) 水泥的水化作用 在水泥稳定土中,首先发生的是水泥自身的水化反应,从而产生具有胶结能力的水化产物,这是水泥稳定土强度的主要来源。水泥水化过程的化学反应方程式如下:

$2(3CaO \cdot SiO_2)+6H_2O \Longrightarrow 3CaO \cdot 2SiO_2 \cdot 3H_2O(胶体)+3Ca(OH)_2(晶体)$

$2(2CaO \cdot SiO_2)+4H_2O \Longrightarrow 3CaO \cdot 2SiO_2 \cdot 3H_2O+Ca(OH)_2(晶体)$

$3CaO \cdot Al_2O_3+6H_2O \Longrightarrow 3CaO \cdot Al_2O_3 \cdot 6H_2O(晶体)$

$4CaO \cdot Al_2O_3 \cdot Fe_2O_3+7H_2O \Longrightarrow 3CaO \cdot Al_2O_3 \cdot 6H_2O+CaO \cdot Fe_2O_3 \cdot H_2O(胶体)$

水泥水化生成的水化产物,在土的孔隙中相互交织搭接,将土颗粒包覆连接起来,使土逐渐丧失了原有的塑性性质,并且随着水化产物的增加,混合料也逐渐坚固起来。但水泥稳定土中水泥的水化与水泥混凝土中水泥的水化之间还有所不同。这是因为:①土具有非常高的比表面积和亲水性;②水泥稳定土中的水泥含量较少;③土对水泥的水化产物具有强烈的吸附性;④在一些土中常存在酸性介质环境。由于这些特点,在水泥稳定土中,水泥的水化硬化条件较混凝土中差得多;特别是由于黏土矿物对水化产物中的$Ca(OH)_2$具有极强的吸附和吸收作用,使溶液中的碱度降低,从而影响了水泥水化产物的稳定性;水化硅酸钙中的Ca/Si会逐渐降低析出$Ca(OH)_2$,从而使水化产物的结构和性能发生变化,进而影响到混合料的性能。因此在选用水泥时,若其他条件相同,应优先选用硅酸盐水泥,必要时还应对水泥稳定土进行"补钙"以提高混合料中的碱度。

(2) 离子交换作用 土中的黏土颗粒由于颗粒细小、比表面积大,因而具有较高的活性,当黏土颗粒与水接触时,黏土颗粒表面通常带有一定量的负电荷,在黏土颗粒周围形成了一个电场,这层带负电荷的离子就称为电位离子。带负电的黏土颗粒表面,吸引周围溶液中的正离子,如K^+、Na^+等,而在颗粒表面形成了一个双电层结构,这些与电位离子电荷相反的离子就称为反离子。在双电层中电位离子形成了内层,反离子形成了外层。靠近颗粒的反离子与颗粒表面结合较紧密。当黏土颗粒运动时,结合较紧密的反离子将随颗粒一起运动,而其他反离子将不产生运动,由此在运动与不运动的反离子之间便出现了一个滑移面。

由于在黏土颗粒表面存在着电场,因此也存在着电位,颗粒表面电位离子形成的电位称为热力学电位(φ),滑动面上的电位称为动电位(ξ)。由于反离子的存在,离开颗粒表面越远电位越低,远离一定的距离电位将降低为零,此距离称为双电层厚度。由于各个黏土颗粒表面都具有相同的双电层结构,因此黏土颗粒之间往往间隔着一定的距离。

在硅酸盐水泥中,硅酸三钙和硅酸二钙占主要部分,其水化后所生成的$Ca(OH)_2$所占的比例也较高,可达水化产物的25%。大量的$Ca(OH)_2$溶于水以后,在土中形成了一个富含Ca^{2+}的碱性溶液环境。当溶液中富含Ca^{2+}时,因为Ca^{2+}的电价高于K^+、Na^+等离子,因此Ca^{2+}与电位离子的吸引力较强,从而取代了K^+、Na^+成为反离子,同时Ca^{2+}也因双电层电位的降低而速度加快。因而使电动位减小、双电层的厚度减薄,使黏土颗粒之间的距离减小,相互靠拢,导致土的凝聚,从而改变土的塑性,使土具有一定的强度和稳定性。这种作用就称为离子交换作用。

(3) 化学激发作用 钙离子的存在不仅影响了黏土颗粒表面双电层的结构,而且在这种碱性溶液环境下,土本身的化学性质也将发生变化。

土的矿物组成中含有大量的硅氧四面体和铝氧八面体。在通常情况下,这些矿物具有比较高的稳定性,但当黏土颗粒周围介质的pH增加到一定程度时,黏土矿物中的部分SiO_2和Al_2O_3的活性被激发出来,与溶液中的Ca^{2+}进行反应,生成新的矿物,这些矿物主要是硅酸钙和铝酸钙系列,如$4CaO \cdot 5SiO_2 \cdot 5H_2O$、$4CaO \cdot Al_2O_3 \cdot 19H_2O$、$3CaO \cdot Al_2O_3 \cdot 16H_2O$、$CaO \cdot Al_2O_3 \cdot 10H_2O$等。这些矿物的组成和结构与水泥的水化产物都有很多类似之处,并且同样具有胶凝能力。生成的胶结物质包裹在黏土颗粒表面,与水泥的水化产物一起,将黏土颗粒凝结成一个整体。因此,氢氧化钙对黏土矿物的激发作用,将进一步提高水泥稳定土的强度和水稳定性。

（4）碳酸化作用　水泥水化生成的$Ca(OH)_2$，除了可与黏土矿物发生化学反应外，还可以进一步与空气中的CO_2发生碳化反应并生成碳酸钙结晶。其化学反应方程式如下：

$$Ca(OH)_2 + CO_2 + nH_2O \rightleftharpoons CaCO_3 \downarrow + (n+1)H_2O$$

生成碳酸钙过程中产生体积膨胀，也可以对土的基体起到填充和加固作用。只是这种作用相对来讲比较弱，并且反应过程缓慢。

2) 影响强度的因素

（1）土质　土的类别和性质是影响水泥稳定土强度的重要因素，各类砂砾土、砂土、粉土和黏土均可用水泥稳定，但稳定效果不同。试验和生产实践证明：用水泥稳定级配良好的碎（砾）石和砂砾，效果最好，不但强度高，而且水泥用量少；其次是砂质土；再次之是粉质土和黏质土。重黏土难于粉碎和拌和，不宜单独用水泥来稳定，因此，一般要求土的塑性指数不大于17。

（2）水泥的成分和剂量　各种类型的水泥都可以用于稳定土。但试验研究证明，水泥的矿物成分和分散度对其稳定效果有明显影响。对于同一种土，通常情况下硅酸盐水泥的稳定效果好，但铝酸盐水泥较差。

在水泥硬化条件相似，矿物成分相同时，随着水泥分散度的增加，其活性和硬化能力也有所增强，从而水泥土的强度也大大提高。

水泥土的强度随水泥剂量的增加而增长。水泥剂量过多，虽能增加水泥土的强度，但在经济上不一定合理，在效果上也不一定显著，而且由于刚性过大容易开裂。试验和研究证明，对于中粒土和粗粒土，水泥剂量取$4\%\sim6\%$较为合理。

（3）含水率　含水率对水泥稳定土强度影响很大，当含水率不足时，水泥不能在混合料中完全水化和水解，发挥不了水泥对土的稳定作用，影响强度形成。同时，含水率小，达不到最佳含水率也影响水泥稳定土的压实度。因此，使含水率达到最佳含水率的同时，还要满足水泥完全水化和水解作用的需要。

水泥正常水化所需的水量约为水泥重的20%，对于砂质土，完全水化达到最高强度的含水率较最佳密度的含水率小；而对于黏质土则相反。

（4）施工工艺及养生　水泥、土和水拌和得均匀，且在最佳含水率下充分压实，使之干密度最大，其强度和稳定性就高。水泥土从开始加水拌和到完成压实的延续时间要尽可能最短，一般控制在6h以内。若时间过长，则水泥凝结，在碾压时，不仅达不到压实度要求，而且也会破坏已结硬水泥的胶凝作用，反而使水泥稳定土强度下降。在水泥终凝时间达不到规定要求时，可以使用一定剂量的缓凝剂，但缓凝剂的品种和具体数量应根据试验确定。

水泥稳定土需湿法养生，以满足水泥水化形成强度的需要。养生温度越高，强度增长得越快，因此，要保证水泥稳定土养生的温度和湿度条件。

3) 材料要求及混合料组成设计

（1）材料要求

① 土：凡能被粉碎的土都可用水泥稳定。宜做水泥稳定类基层的材料有：碎石、石屑、砂砾、碎石土和砾石土等。碎石或砾石的压碎值对于高速公路和一级公路应不大于30%，对二级和二级以下公路应不大于35%。

对于二级公路以下的一般公路,当用水泥稳定土做底基层时,为保证机械化施工,颗粒最大粒径不应超过 37.5 mm;对于高速公路和一级公路,颗粒最大粒径不应超过 31.5 mm。水泥稳定类基层可分为悬浮密实型水泥稳定类集料和骨架密实型水泥稳定类集料,其颗粒组成应符合表 9.3.9 和表 9.3.10 的规定,同时土的不均匀系数(土的不均匀系数为通过量 60% 的方筛孔尺寸与通过量 10% 的方筛孔尺寸的比值)应大于 5,细粒土的塑性指数不应超过 9。

表 9.3.9 悬浮密实型水泥稳定类集料的颗粒组成

层位	通过下列方筛孔(mm)的质量百分率/%							
	37.5	31.5	19.0	9.50	4.75	2.36	0.6	0.075
基层	—	100	90~100	60~80	29~49	15~32	6~20	0~5
底基层	100	93~100	75~90	50~70	29~50	15~35	6~20	0~5

表 9.3.10 骨架密实型水泥稳定类集料的颗粒组成

层位	通过下列方筛孔(mm)的质量百分率/%						
	31.5	19.0	9.50	4.75	2.36	0.6	0.075
基层	100	68~86	38~58	22~32	16~28	8~15	0~3

② 水泥:普通硅酸盐水泥、矿渣硅酸盐水泥或火山灰质硅酸盐水泥都可以用于稳定土,但应选用终凝时间较长(宜 6 h 以上)的水泥。早强、快硬及受潮变质的水泥不应使用。宜采用强度等级较低的水泥,如 32.5 级或 42.5 级水泥。

③ 水:需使用自来水。

(2)混合料组成设计

① 强度和压实度标准:7 d 无侧限抗压强度和压实度应根据道路等级和所在路面结构中的层位确定,如表 9.3.11 所示。

表 9.3.11 水泥稳定土混合料的强度及压实度标准

层位	稳定类型	特重交通		重、中交通		轻交通	
		压实度/%	抗压强度/MPa	压实度/%	抗压强度/MPa	压实度/%	抗压强度/MPa
基层	集料	≥98	3.5~4.5	≥98	3~4	≥97	2.5~3.5
	细粒土	—	—	—	—	≥96	
底基层	集料	≥97	≥2.5	≥97	≥2.0	≥96	≥1.5
	细粒土	≥96		≥96		≥95	

② 设计步骤

a. 制备同一种土样、不同水泥剂量的水泥稳定土混合料,一般按表 9.3.12 中的水泥剂量配制。

表 9.3.12　水泥稳定土混合料水泥剂量表

结构层	材料	水泥剂量/%
基层	中粒土和粗粒土	4，5，6，7
	塑性指数小于 12 的土	5，7，8，9，11
	其他细粒土	8，10，12，14，16
底基层	中粒土和粗粒土	3，4，5，6，7
	塑性指数小于 12 的土	4，5，6，7，8
	其他细粒土	6，8，9，10，12

b. 确定最佳含水率和最大干压实密度。

c. 按最佳含水率和计算得到的干压实密度制作试件。根据表 9.3.11 强度标准选定合适的水泥剂量。在此剂量下试件室内试验结果的平均抗压强度 $\overline{R}$ 应满足规范的要求。工地实际采用的水泥剂量应比室内试验确定的剂量多 0.5%～1.0%。

4) 水泥稳定粒料施工

(1) 混合料设计　应根据指定的配合比(包括最佳含水率和最大干密度)，在水泥稳定碎石层施工前 10～15 d 进行现场试配；按指定的水泥剂量为中档，另增上下浮动 1% 的水泥剂量两个档次，采用同一种集料级配按《公路工程无机结合料稳定材料试验规程》(JTG E51)规定的方法，对每种水泥剂量作为平行试验的试件数量应不少于 9 个。如该组试验结果的偏差系数大于 15% 时，则应重做试验，并找出原因，加以解释。

试件在规定温度下保湿养生 6 d，浸水 1 d 后，进行无侧限抗压强度试验，并计算试验结果的平均值和偏差系数(C_v)。平均抗压强度 $\overline{R}$ 应满足式(9.7)的要求。

$$\overline{R} \geqslant \frac{R_d}{1 - 1.645 C_v} \tag{9.7}$$

工地实际采用的水泥用量应较室内试验确定的用量多 0.5%～1.0%。

(2) 施工要求

① 底基层准备：按底基层的有关检验标准进行复检，凡不合格的路段应进行整修，使其达到标准，底基层表面应平整、坚实、具有规定的路拱，没有任何松散和软弱地点。

② 一般规定：水泥稳定碎石层施工期的最低气温在 5 ℃ 以上，并在第一次冰冻到来之前半个月到一个月完成。水泥稳定碎石混合料从拌和到碾压之间的延续时间宜控制在 3～4 h。

确定每一作业段的合理长度时，必须综合考虑下列因素：

a. 水泥的终凝时间；

b. 施工季节和气候条件；

c. 延缓时间对混合料密度和抗压强度的影响；

d. 施工机械的效率和数量；

  e. 操作的熟练程度；

  f. 尽量减少接缝。

 ③ 拌和方法和摊铺：混合料应在中心拌和厂拌和，可采用间歇式或连续式拌和设备。

  所有拌和设备都应按比例(质量比或体积比)加料，配料要准确，其加料方法应便于监理工程师对每盘的配合比进行核实。拌和要均匀，含水率要略大于最佳含水率值，使混合料运到现场摊铺碾压时的含水率不小于最佳含水率值。运距远时，运送混合料的车厢应加以覆盖，以防水分损失过多。用平地机或摊铺机按松铺厚度摊铺，摊铺要均匀，如有粗细料离析现象，应以人工或机械补充拌匀。

 ④ 整形：对二级以下公路所用混合料，在摊铺后立即用平地机初步刮平和整形。在直线段，平地机由两侧向路中心进行刮平；在平曲线段，平地机由内侧向外侧进行刮平。必要时再返回刮一遍。

 ⑤ 碾压：整形后，当混合料的含水率等于或略大于最佳含水率(1%～2%)时，立即用停振的振动压路机在全宽范围内先静压 1～2 遍，然后打开振动器均匀压实到规定的压实度。碾压时振动轮必须重叠。通常除路面的两侧应多压 2～3 遍以外，其余各部分碾压的次数尽量相同。严禁压路机在已完成的或正在碾压的路段上掉头或紧急制动。碾压过程中，水泥稳定碎石的表面应始终保持潮湿，如表层蒸发过快，应尽快补洒少量的水。碾压过程中，如有"弹簧"、松散和起皮等现象，应及时翻开重新拌和(如加少量的水泥)或其他方法处理，使其达到质量要求。在碾压过程结束之前，用平地机再终平一次，使其纵向顺适，路拱和高程符合规定要求。终平时应仔细用路拱板校正，必须将高出部分刮除，并扫出路外。

 ⑥ 接缝处理：当天两工作段的衔接处，应搭接拌和，即先施工的前一段尾部留 5～8 m 不进行碾压，待第二段施工时，对前段留下未压部分要再加部分水泥重新拌和，并与第二段一起碾压。应十分注意每天最后一段末端缝(即工作缝)处理，工作缝应呈直线，而且上下垂直。经过摊铺整形的水泥稳定碎石当天应全部压实，不留尾巴。第二天铺筑时为了使已压成型的稳定边缘不遭受破坏，应用方木(厚度与其压实后厚度相同)保护，碾压前将方木提出，用混合料回填并整平。

 ⑦ 养生及交通管制：每一段碾压完成后应立即开始养生，不得延误。在整个养生期间都应使水泥稳定碎石保持潮湿状态，养生结束后，必须将覆盖物清除干净。在养生期间未采取覆盖措施的水泥稳定碎石层上，除洒水车外，应封闭交通。在采取覆盖措施的水泥稳定碎石层上不能封闭交通时，应限制重车通行，其他车辆行驶速度不得超过 30 km/h。水泥稳定碎石层上立即铺筑沥青路面时，不需太长的养生期，但应始终保持表面湿润，至少洒水养生 3 d。

 ⑧ 养生期满验收合格后立即浇透层油。

9.3.4 工业废渣稳定基层

  随着工业的发展，工业废渣逐渐增多，怎样综合利用工业废渣引起了国内外重视。近年来，我国利用工业废渣铺筑路面基层，取得显著成效，不仅提高了路面使用品质，而且降低了工程造价，"变废为宝"，具有显著的经济效益。

  道路上常用的工业废渣有：火力发电厂的粉煤灰和煤渣，钢铁厂的高炉渣和钢渣，化肥厂的电石渣以及煤矿的煤矸石等。粉煤灰是煤粉在燃烧过程中的残留物,悬浮于高温烟气中,通过集尘设备回收的粉尘污染物;煤渣则是煤燃烧完全后留下的炉底灰。这两种废料中含有较多的二氧化硅、氧化钙和三氧化二铝等活性物质。用石灰稳定工业废渣时,石灰在水的作用下形成饱和的 $Ca(OH)_2$ 溶液,废渣的活性二氧化硅和三氧化二铝在 $Ca(OH)_2$ 溶液中产生火山灰反应,生成水化硅酸钙和铝酸钙凝胶,把颗粒胶凝在一起,随水化物不断产生而结晶硬化,具有水硬性。温度较高时,强度增长快,因此,石灰稳定工业废渣最好在热季施工,并加强保湿养生。

工业废渣材料主要用石灰(水泥)与之综合稳定,即石灰工业废渣材料,常用的有石灰(水泥)粉煤灰类及石灰(水泥)其他废渣类。

石灰(水泥)稳定工业废渣基层具有水硬性、缓凝性、强度高、稳定性好、呈板体,且强度随龄期不断增加,抗水、抗冻、抗裂且收缩性小,适应各种气候环境和水文地质条件等特点。所以,近年来,修筑高等级道路,常选用石灰(水泥)稳定工业废渣作高级或次高级路面的基层或底基层。但施工过程中,粉煤灰易扬尘,且溶于水后污染地下水源,因此在城市或居民区附近施工时必须做好防护工作,避免环境污染。

1) 材料

(1) 石灰和水泥　工业废渣基层所用的结合料是石灰和水泥。石灰的质量宜符合Ⅲ级以上技术指标。

普通硅酸盐水泥、矿渣硅酸盐水泥或火山灰质硅酸盐水泥都可以用于工业废渣稳定基层,但应选用终凝时间较长(宜 6 h 以上)的水泥。早强、快硬及受潮变质的水泥不应使用。宜采用强度等级较低的水泥,如 32.5 级或 42.5 级水泥。

(2) 废渣材料　粉煤灰主要成分是二氧化硅(SiO_2)、三氧化二铝(Al_2O_3)和三氧化二铁(Fe_2O_3),其总含量一般要求超过 70%。粉煤灰的烧失量一般要小于 20%,如达不到上述要求,应通过试验检验后,才能采用。干粉煤灰和湿粉煤灰都可以应用。干粉煤灰堆放时应洒水以防扬尘。湿粉煤灰堆放时,含水率不宜超过 35%。粉煤灰比表面积宜大于 $2\,500\ m^2/g$(或 70% 通过 0.075 mm 方筛孔)。随着现代环境污染控制要求的提高,粉煤灰中的硫含量成为影响工业废渣稳定基层质量的重要因素,施工中应检测粉煤灰中硫的含量。

(3) 粒料(砾料)　高速公路和一级公路集料的压碎值应不大于 30%,二级和二级以下公路集料的压碎值应不大于 35%。颗粒最大粒径,高速公路和一级公路不大于 31.5 mm,二级和二级以下公路不大于 37.5 mm。

石灰工业废渣混合料中粒料质量宜占 80% 以上,并有良好的级配。骨架密实型混合料的级配范围应符合表 9.3.13 的规定,悬浮密实型碎石混合料的级配范围应符合表 9.3.14 的规定,悬浮密实型砂砾混合料的级配范围应符合表 9.3.15 的规定。

表 9.3.13　骨架密实型混合料的级配范围

层位	通过下列方筛孔(mm)的质量百分率/%								
	31.5	26.5	19.0	9.50	4.75	2.36	1.18	0.6	0.075
基层	100	95~100	48~68	24~34	11~21	6~16	2~12	0~6	0~3

表 9.3.14　悬浮密实型碎石混合料的级配范围

层位	通过下列方筛孔(mm)的质量百分率/%								
	37.5	31.5	19.0	9.50	4.75	2.36	1.18	0.6	0.075
基层	—	100	88～98	55～75	30～50	16～36	10～25	4～18	0～5
底基层	100	94～100	79～92	51～72	30～50	16～36	10～25	4～18	0～5

表 9.3.15　悬浮密实型砂砾混合料的级配范围

层位	通过下列方筛孔(mm)的质量百分率/%								
	37.5	31.5	19.0	9.50	4.75	2.36	1.18	0.6	0.075
基层	—	100	85～98	55～75	39～59	27～47	17～35	10～25	0～10
底基层	100	85～100	65～89	50～72	35～55	25～45	17～35	10～27	0～15

2) 混合料组成设计

工业废渣混合料的组成设计内容包括：根据规定的 7 d 无侧限抗压强度标准，通过试验选取适宜于稳定的土，确定石灰(水泥)与粉煤灰或石灰(水泥)与煤渣的比例，石灰(水泥)粉煤灰或石灰(水泥)煤渣与土的比例(均为质量比)，以及混合料的最佳含水率。石灰粉煤灰混合料和水泥粉煤灰混合料 7 d 无侧限抗压强度和压实度标准分别见表 9.3.16 和表 9.3.17。

表 9.3.16　石灰粉煤灰混合料 7 d 无侧限抗压强度和压实度标准

层位	稳定类型	特重、重、中交通		轻交通	
		压实度/%	抗压强度/MPa	压实度/%	抗压强度/MPa
基层	集料	≥98	≥0.8	≥97	≥0.6
	细粒土	—		≥96	
底基层	集料	≥97	≥0.6	≥96	≥0.5
	细粒土	≥96		≥95	

表 9.3.17　水泥粉煤灰混合料 7 d 无侧限抗压强度和压实度标准

层位	类别	特重、重、中交通		轻交通	
		压实度/%	抗压强度/MPa	压实度/%	抗压强度/MPa
基层	集料	≥98	1.5～3.5	≥97	1.2～1.5
底基层	集料	≥97	≥1.0	≥96	≥0.6

3) 石灰煤渣类基层

石灰煤渣(简称"二渣")类基层是用石灰和煤渣按一定配合比，加水拌和、摊铺、碾压及养生而成型的基层。"二渣"中如掺入一定量的粗集料便称"三渣"；掺入一定量的土，便成为石灰煤渣土。各地可根据当地气候、水文地质条件，道路等级及实践经验参照如下配合比选用。

(1) 采用石灰煤渣做基层或底基层　石灰与煤渣的质量比可以是 20∶80～15∶85。采用石灰煤渣土做基层或底基层时(土为细粒土)，石灰与煤渣的质量比可用 1∶1～1∶4，但混合料的石灰不应小于 10%，石灰煤渣与土的比可用 1∶1～1∶4。

(2) 采用石灰煤渣粒料做基层或底基层　石灰∶煤渣∶粒料可以是(7～9)∶(26～33)∶(58～67)。

为了提高石灰煤渣和石灰煤渣土的早期强度，可外加 1% 的水泥。

石灰煤渣、石灰煤渣土和"三渣"皆具有水硬性，物理力学性质基本上与石灰土相似，但其强度与水稳定性都比石灰土好。石灰煤渣的 28 d 强度可达 1.5～3.0 MPa，并随龄期增长而增长。初期强度增长慢，尚有一定的塑性，但达到一定龄期后，处于弹性工作状态，呈板体，具有刚性，当冷缩和干缩时，易产生裂缝。研究表明，当采用石灰煤渣粒料时，抗缩裂能力有所改善。

施工程序和方法基本上与石灰土基层相同。但要加强养生，重视提高初期强度，防止重交通量下出现早期破坏现象。

4) 石灰粉煤灰类基层

(1) 基本概念　石灰粉煤灰(简称"二灰")基层是用石灰和粉煤灰按一定配合比，加水拌和、摊铺、碾压及养生而成型的基层。在二灰中掺入一定量的土，经加水拌和、摊铺、碾压及养生成型的基层，称二灰土稳定基层。混合料的配合比组成，各地可根据当地的实践经验，参照下面配合比选用。

① 采用石灰粉煤灰土做基层或底基层：石灰与粉煤灰质量的比，常用 1∶2～1∶4(对于粉土，以 1∶2 为宜)。石灰粉煤灰与细粒土的质量比为 30∶70～50∶50。

② 采用石灰粉煤灰与级配的中粒土和粗粒土做基层或底基层：石灰与粉煤灰的质量比为 1∶2～1∶4，石灰粉煤灰与粒料的质量比常采用 20∶80～15∶85。

根据研究成果，为了防止裂缝，采用石灰与粉煤灰的质量配比为 1∶3～1∶4，集料含量 80%～85% 为最佳，既可抗干缩又可抗温缩。不少地区在修筑高级或次高级路面时选用这种基层和底基层，既减少了因基层反射裂缝而引起的面层开裂问题，又减轻了沥青路面的车辙。

石灰粉煤灰类基层的施工与石灰稳定土基层的施工相同。施工时，应尽量安排在温暖和高温季节，以利于形成早期强度而成型。

(2) 施工

① 材料

a. 石灰。石灰应符合规定。

b. 粉煤灰。要求粉煤灰中活性成分($SiO_2 + Al_2O_3 + Fe_2O_3$)含量大于 70%，CaO 含量在 2%～6%，烧失量不大于 20%，粒径变化在 0.001～0.3 mm 之间，其比表面积一般在 2 000～3 500 cm²/g 之间。干粉煤灰的堆放宜加水，以防扬尘；湿粉煤灰的含水率不宜超过 35%。干粉煤灰不应含有团块、腐殖质及有害杂质。使用时应将凝固的粉煤灰块打碎或过筛。

c. 集料。不同规格的集料应分别堆放，严禁混堆。集料的不均匀系数应大于 10。集料的级配组成及二灰的掺量应满足要求。

② 混合料设计:应按指定的配合比(包括最佳含水率和最大干密度),在二灰碎石层施工前 10~15 d 进行现场试配,按照《公路工程无机结合料稳定材料试验规程》(JTG E51)的规定进行试验,养生湿度为 95%,温度为 (25±2) ℃,养生 6 d 后,第 7 天饱水,试件为 15 cm ×15 cm(高×直径)的圆柱。

把提供的二灰掺量作为中档值(例如 20%),按 15%、20%、25%三档二灰掺量(碎石掺量分别为 85%、80%、75%)试验制件,按《公路工程无机结合料稳定材料试验规程》(JTG E51)的规定程序进行重型击实试验和强度试验。后者每组试验结果的偏差系数大于 10% 时应重做试验。

经现场试验结果证明,提供的配合比剂量和试验强度达不到规定要求(7 d 无侧限抗压强度不小于 0.8MPa)或施工工艺上有难度时,需经批准后方可予以调正,但二灰的掺量一般应大于 20%。

③ 施工要求

a. 准备底基层。

b. 拌和。二灰碎石混合料应用拌和机械集中拌和,不得采用路拌;用摊铺机铺筑,防止水分蒸发和产生离析;碾压和整形的全部操作应在当天完成。材料拌和可用带旋转刀片、分批出料的拌和设备或是用转动鼓拌和机或连续拌和式设备。二灰和集料可按质量比,也可按体积比控制。向各拌和设备内加水的比例可以按质量,也可按体积计量,要随时对每批材料或按连续式拌和的材料流速进行用水量检查,所加的水量必须考虑二灰及集料的原有含水率。注意拌和机内是否有死角存在,如发现应及时纠正。混合料应在拌和以后尽快摊铺。

c. 摊铺。当二灰碎石层的铺筑厚度超过碾压有效厚度时,应分两层铺筑,在第一铺筑层经压实且压实度达到规定标准时,应立即铺筑第二层。

d. 压实。最好用振动压路机碾压,压实度应达到规定的要求。通过在 100~200 m 间隔内随机钻孔来检查铺筑层的厚度,全部试验至少有 50% 等于或超过要求的厚度,且不允许两个相邻孔相差在 ±10%。二灰碎石层表面的平整度容许偏差不超过 10 mm;高程的容许偏差为 0~10 mm;厚度的容许偏差为 0~10 mm。

e. 养生与浇洒沥青透层油。二灰碎石碾压完成后的第二天或第三天开始养生,及时洒水,应始终保持表面湿润。养生期一般为 7 d。养生期结束后,应立即浇洒沥青透层油。

【思考题】

1. 什么是级配碎石基层和无机结合料稳定类基层?分别采用哪些材料?
2. 石灰稳定土、水泥稳定土和石灰粉煤灰稳定土在强度形成原理上有何差别?
3. 无机结合料稳定类材料基层的主要物理力学特性是什么?在实际工程中应用时应注意哪些问题?
4. 当采用无机结合料稳定类材料基层时,如何减少沥青混凝土面层的反射裂缝?

10 沥青路面设计

> **本章提要**
>
> 本章介绍了沥青路面的基本特性、路用性能、气候分区和设计内容与方法等;沥青路面的分类、常用的结构组合及层位功能;弹性层状体系理论的基本假设和力学响应计算;沥青混凝土结构组成、温度与时间依赖性、应力-应变特性、高温稳定性、低温抗裂性、水稳定性及疲劳性能等;沥青路面的破坏状态与设计指标以及我国沥青路面结构设计标准、设计流程、交通荷载参数分析与计算和路面结构验算等。

10.1 概述

10.1.1 沥青路面的基本特性

沥青路面是指用沥青材料作结合料黏结矿料铺筑面层与各类基层和垫层所组成的路面结构。沥青路面使用沥青结合料,增强了矿料间的黏结力,提高了混合料的强度和稳定性,使路面的使用质量和耐久性都得到了提高。与水泥混凝土路面相比,沥青路面具有表面平整、无接缝、行车舒适、耐磨、振动小、噪声低、施工期短、养护维修简便、适宜于分期修建等特点,因而获得了广泛的应用。20 世纪 50 年代以来,各国修建沥青路面的数量迅猛增长,所占比重很大。在我国,沥青路面被广泛用于公路和城市道路,是我国高速公路的主要路面形式之一。

世界各国高等级公路大多采用沥青路面,是由于它具有下列良好性能:
(1) 足够的力学强度,能承受车辆荷载施加到路面上的各种作用力;
(2) 一定的弹性和塑性变形能力,能承受一定应变而不破坏;
(3) 与车辆轮胎的附着力较好,可保证行车安全;
(4) 有高度的减振性,可使车辆快速行驶,平稳而低噪声;
(5) 不扬尘,且容易清扫和冲洗;
(6) 维修工作比较简单。

10.1.2 沥青路面的性能要求

沥青路面面层直接承受车辆和大气因素的作用,而沥青材料的物理、力学性质受气候和荷载因素的影响很大,这是沥青路面使用中的一个重要特点。针对这一特点,沥青路面必须满足以下基本要求。

(1) 高温稳定性　为了保证高温季节沥青路面在车辆荷载的反复作用下不致产生诸如波浪、推移、车辙、泛油和黏轮等病害,沥青路面应具有良好的高温稳定性,确保高温时仍具有足够的强度与刚度。

(2) 低温抗裂性　由于沥青混凝土是黏-弹-塑性材料,高温时变形能力较强,而低温时变形能力差,故低温时容易开裂。从低温抗裂性的要求出发,沥青路面在低温时应具有较低的劲度和较大的变形能力,且在车辆荷载和其他因素的反复作用下不致产生疲劳开裂。

(3) 耐久性　沥青路面应具有抵抗温度、阳光、空气和水等各种自然因素作用的能力,即在这些因素的作用下,沥青路面的性质不致很快恶化——失去黏性、弹性、性质变脆,在车辆荷载和其他因素的作用下发生碎裂,乃至沥青与矿料脱离,导致路面松散破坏。

(4) 抗滑能力　现代交通车速不断提高,对路面的抗滑能力也提出更高的要求。沥青路面应具有足够的抗滑能力,以保证在不利的情况下(如路面潮湿等)车辆能够高速安全行驶,而且在外界因素作用下其抗滑能力不致很快降低。

(5) 平整度　路面平整度是路面表面纵向凹凸量的偏差值,它是影响行车安全、行车舒适性以及运输效益的重要使用性能,特别是高速公路,对路面平整度的要求更高。不平整的路表面会增大行车阻力,并使车辆产生附加的振动作用。这种振动作用会造成行车颠簸,影响行车的速度和安全、驾驶的平稳和乘客的舒适。同时,振动作用还会对路面施加冲击力,从而加剧路面和车辆机件的损坏和轮胎的磨损,并增大油料的消耗,而且不平整的路面还会积滞雨水,加速路面破坏。因此,为了减少振动冲击力,提高行车速度和增进行车舒适性、安全性,路面应保持一定的平整度。

10.1.3　沥青路面使用性能的气候分区

由于我国幅员辽阔,气候变化大,各地区对沥青路面使用性能的要求有很大差别。为此,《公路沥青路面施工技术规范》(JTG F40—2004)中提出了我国"沥青及沥青混合料气候分区指标"及相应的"分区图"。

沥青路面的使用性能除了受温度的影响外,还与水分有关。因此根据高温、低温和雨量三个主要因素的30年气象统计资料,按照概率大体相等的原则提出了分区指标的界限见表10.1.1、表10.1.2。

(1) 高温指标　采用最近30年内最热月的平均日最高气温的平均值作为高温分区指标,将全国划分为夏炎热区(>30 ℃)、夏热区(20～30 ℃)和夏凉区(<20 ℃)三个区。30 ℃线基本上是沿燕山、太行山、四川盆地及云贵高原边缘走向,与自然的地形、地貌走向一致,符合我国沥青路面使用的实际分界状况。

(2) 低温指标　采用最近30年内的极端最低气温作为低温分区指标,将全国分为冬严寒区(<−37 ℃)、冬寒区(−37～−21.5 ℃)、冬冷区(−21.5～−9 ℃)和冬温区(>−9 ℃)四个区。

(3) 雨量指标　采用最近30年内的年降雨量的平均值作为分区指标,将全国分为潮湿区(>1 000 mm)、湿润区(500～1 000 mm)、半干区(250～500 mm)和干旱区(<250 mm)四个区。1 000 mm分界线基本上位于淮河、秦岭一线。

表 10.1.1　中国沥青路面气候分区指标

气候区名		温度/℃	
		最热月平均最高气温	年极端最低气温
1-1	夏炎热冬严寒	>30	<−37
1-2	夏炎热冬寒	>30	−37～−21.5
1-3	夏炎热冬冷	>30	−21.5～−9
1-4	夏炎热冬温	>30	>−9
2-1	夏热冬严寒	20～30	<−37
2-2	夏热冬寒	20～30	−37～−21.5
2-3	夏热冬冷	20～30	−21.5～−9
2-4	夏热冬温	20～30	>−9
3-2	夏凉冬寒	<20	−37～−21.5

表 10.1.2　中国沥青及沥青混合料气候分区指标

气候区名		温度/℃		雨量/mm
		最热月平均最高气温	年极端最低气温	年降水总量
1-1-4	夏炎热冬严寒干旱	>30	<−37	<250
1-2-2	夏炎热冬寒湿润	>30	−37～−21.5	500～1 000
1-2-3	夏炎热冬寒半干	>30	−37～−21.5	250～500
1-2-4	夏炎热冬寒干旱	>30	−37～−21.5	<250
1-3-1	夏炎热冬冷潮湿	>30	−21.5～−9	>1 000
1-3-2	夏炎热冬冷湿润	>30	−21.5～−9	500～1 000
1-3-3	夏炎热冬冷半干	>30	−21.5～−9	250～500
1-3-4	夏炎热冬冷干旱	>30	−21.5～−9	<250
1-4-1	夏炎热冬温潮湿	>30	>−9	>1 000
1-4-2	夏炎热冬温湿润	>30	>−9	500～1 000
2-1-2	夏热冬严寒湿润	20～30	<−37	500～1 000
2-1-3	夏热冬严寒半干	20～30	<−37	250～500
2-1-4	夏热冬严寒干旱	20～30	<−37	<250
2-2-1	夏热冬寒潮湿	20～30	−37～−21.5	>1 000
2-2-2	夏热冬寒湿润	20～30	−37～−21.5	500～1 000
2-2-3	夏热冬寒半干	20～30	−37～−21.5	250～500
2-2-4	夏热冬寒干旱	20～30	−37～−21.5	<250
2-3-1	夏热冬冷潮湿	20～30	−21.5～−9	>1 000
2-3-2	夏热冬冷湿润	20～30	−21.5～−9	500～1 000
2-3-3	夏热冬冷半干	20～30	−21.5～−9	250～500
2-3-4	夏热冬冷干旱	20～30	−21.5～−9	<250
2-4-1	夏热冬温潮湿	20～30	>−9	>1 000
2-4-2	夏热冬温湿润	20～30	>−9	500～1 000
2-4-3	夏热冬温半干	20～30	>−9	250～500
3-2-1	夏凉冬寒潮湿	<20	−37～−21.5	>1 000
3-2-2	夏凉冬寒湿润	<20	−37～−21.5	500～1 000

沥青路面气候分区(表 10.1.1)为二级区划,按最热月平均最高气温和年极端最低气温把全国分为三大区,九种气候型。每种气候型用两个数字来表示:第一个数字代表最热月平均最高气温的分级(1——>30 ℃,2—20～30 ℃,3—<20 ℃);第二个数字代表年极端最低气温的分级(1—<−37 ℃,2——37～−21.5 ℃,3——21.5～−9 ℃,4—>−9 ℃)。数字越小表示气候因素的影响越严重。

沥青及沥青混合料气候分区(表 10.1.2)是在沥青路面气候分区的基础上再增加一级雨量分级,即每种气候型用 3 个数字表示。第三个数字代表年降水量分级(1—>1 000 mm,2—500～1 000 mm,3—250～500 mm,4—<250 mm)。三个数字综合定量地反映了某地的气候特征,每个因素的数字越小,表示气候因素的影响越严重。

10.1.4 沥青路面设计的内容与方法

1) 设计内容

沥青路面设计包括原材料的调查与选择、沥青混合料配合比以及基层材料配合比设计、各项设计参数的测试与选定、路面结构组合设计、路面结构层厚度验算以及路面结构方案的比选等。对于高速公路和一级公路,除了行车道路面外,路面设计还包括路缘带、匝道、硬路肩、加减速车道、紧急停车带、收费站和服务区场面的设计以及路面排水系统设计等。

2) 设计方法

国内外以沥青路面为主的柔性路面设计理论与方法研究已有近百年的历史,可以分为经验法和力学-经验法。

(1) 经验法　经验法主要通过对试验路或使用道路的试验观测,建立路面结构(结构层组合、厚度和材料性质)、荷载(轴载大小和作用次数)和路面使用性能三者间的经验关系。经验法的主要代表在 1960 年之前是加州承载比(CBR)法和 R 值设计法;1960 年之后是美国各州公路和运输工作者协会(AASHTO)提出的 AASHTO 法。

CBR 法是以 CBR 值作为路基土和路面材料(主要是粒料)的性质指标,通过对已损坏或使用良好的路面的调查和 CBR 测定,建立起路基土 CBR 值、车辆荷载和路面结构层厚度三者之间的经验关系。利用此关系曲线,可以按设计车辆荷载和路基土 CBR 值确定所需的路面层总厚度。路面各结构层的厚度,按各材料的 CBR 值进行当量厚度换算,不同车辆荷载的作用按等效弯沉的原则换算为设计车辆荷载的当量作用。

AASHTO 设计方法是在 AASHTO 试验路的基础上建立的,通过试验路的试验观测数据,获得路面结构、车辆荷载和路面使用性能三者间的经验关系式。AASHTO 法提出了现时服务能力指数(Present Serviceability Index,PSI)的概念,以反映路面的服务质量。不同车辆荷载的作用,按等效损坏原则进行换算。PSI 主要受平整度的影响,与裂缝、车辙和坑槽等损坏的相关性很小。因此,PSI 是一项反映路面功能性的指标,而不是表征路面结构性损坏的指标。此外,该方法源于一条试验路的数据,仅反映一种路基土和一种环境条件,推广应用存在很大的局限性。AASHTO 试验路的测定数据得到了良好的整理和保存,为后续力学-经验法中的设计指标和参数验证奠定了坚实的基础。AASHTO 法提出了轴载换算的概念和公式,考虑了结构可靠度和排水条件的影响,这些理念对后来世界各国的设计思想产生了巨大的影响。经验设计方法中的性能公式依赖于纯经验的回归拟合,存在许多局限性,美国在使用过程逐步发现了相关问题,经验法的推广应用受到了限制。

（2）力学-经验法　力学-经验法是目前国际上沥青路面设计的主流方法,这种方法利用在力学响应量与路面性能(各种损坏模式)之间建立的性能模型,按设计要求设计路面结构。从 20 世纪 60 年代初开始,各国道路研究工作者均致力于开发和实施沥青路面力学经验设计法,第一代有 Shell 和 AI 设计方法；第二代有 Mechanistic-Empirical Pavement Design Guide(MEPDG)、CalME、TxME/TxACOL 等设计方法；第三代有 CAPA3D、LVECD/VECD-FEP＋＋和 PANDA 等。

Shell 设计法是由壳牌石油公司开发、发展和完善起来的设计方法。该法中沥青混合料的黏弹性性质以其劲度模量来表征,其值取决于沥青含量、沥青劲度和沥青混合料的空隙率。路基模量受应力影响,路基动态模量可以通过现场的动态弯沉试验在道路实际湿度和车辆荷载条件下测定,也可通过室内三轴仪测定。该方法中车辆荷载以标准双轮轴载为代表,设计使用年限内的累计轴次即为设计寿命。临界荷位的应力-应变由 BISAR 程序计算。Shell 设计法考虑了控制疲劳开裂的沥青层底部的水平拉应变和控制永久变形的路基顶面的竖向压应变两项主要设计标准,以及水泥稳定类材料底面的弯拉应力和路表的永久变形两项次要设计标准。

AI 设计法将路面视为多层弹性体系,材料特性主要包括土基、粒料基层和沥青层的回弹模量和泊松比。路基土回弹模量可通过室内重复三轴抗压试验确定,或根据其与 CBR 的关系式进行估算；粒料类材料的回弹模量与应力水平相关,其值可通过多变量回归的预测方程计算得到；热拌沥青混合料的动态模量通过室内 60 种不同的沥青混合料试验得到的计算公式确定；环境的影响通过面层温度对沥青混合料动态模量值的影响来体现,以面层厚 1/3 深度处的温度作为沥青层的设计温度,由月平均气温和路面温度的关系式计算得到。AI 设计法采用的设计标准与 Shell 设计法相同,即控制疲劳开裂的沥青层底部水平拉应变和控制永久性的路基表面竖向压应变。Shell 和 AI 设计法是公认的力学-经验法的典型代表,很多国家都借鉴了其研究成果。澳大利亚沥青混合料疲劳方程采用的是壳牌石油公司 1978 年提出的室内疲劳试验关系式,预估现场沥青混合料疲劳寿命时,乘修正系数 5；日本的疲劳破坏标准采用 AI 设计法的破坏标准。但这两种方法都没有考虑湿度对路面设计的影响和低温断裂问题。

MEPDG 设计法起源于 AASHTO 和美国国家合作公路研究项目（National Cooperative Highway Research Program,NCHRP)于 1996 年在加利福尼亚州举办的一次研讨会,讨论了新路面设计指南的框架,与会者明确了力学-经验法路面设计步骤。基于该会议的决定,NCHRP 资助了第一阶段 NCHRP 1-37A 项目以发展 2002 版新建和再生路面设计指南,第二阶段 NCHRP 又资助了 NCHRP 1-37B 项目。NCHRP 1-37 项目的成果在 2004 年率先以力学-经验法路面设计指南 MEPDG 的形式出现,同年 7 月 MEPDG 设计软件 0.7 版本开始使用。截至目前,MEPDG 已在美国超过 40 个州内采用并推广,并引起了世界范围内的广泛注意。MEPDG 设计法具有以下显著优点：

(1) 减少早期损坏的影响　更好地考虑气候、老化、材料和荷载等缩短路面寿命的变量,明显减少早期损坏的影响。

(2) 减少寿命周期成本　减少寿命周期成本最少5%,当针对具体工程设计得当时,将减少寿命周期成本10%。

(3) 其他方面　预估新的车辆荷载条件的使用影响;更好地利用当地材料;通过改进早期损坏的预估程序,可以分析一些路面为什么超过预计使用寿命;可以考虑老化;可以考虑季节影响;可以考虑刚性路面下基层被侵蚀的后果;提供评估改进排水后对路面的长期影响。

MEPDG设计法在各层材料的特性和气候条件的基础上采用力学方法计算路面结构关键响应(即应力、应变、变形),采用经验方面的方法来弥补室内试验和现场性能之间的差距,进而反映当地实际的施工水平和其他变异性的因素。MEPDG力学-经验设计法为柔性路面、刚性路面及复合路面的设计提供了统一的基础,并采用共同的交通、路基、环境及可靠度设计参数,不但能预测路面使用性能,而且在材料、路面结构设计、施工、气候、交通及路面管理系统之间建立了联系。

CAPA3D、LVECD/VECD-FEP++和PANDA等作为第三代力学-经验法,主要更多地考虑沥青混合料的黏弹-黏塑性能,并在路面性能预测模型中考虑了沥青混合料损伤,其动态的损伤变化在沥青混合料本构模型和有限元分析中考虑,其模型计算过程更为复杂。第三代力学-经验法虽然理论和软件相继已开发,但还不具备推广应用的成熟条件。

通过总结,目前主要国家或机构有代表性的沥青路面结构设计规范和设计方法,如表10.1.3所示。

由表10.1.3可知:

(1) 各国沥青路面设计均采用多层弹性体系理论,损坏模式主要为疲劳和永久变形,路面设计中考虑的外部使用条件主要是车辆荷载和温度,所使用的路面结构修筑材料主要有4类,即沥青混凝土、沥青稳定材料、无机结合料稳定类材料和粒料材料。

(2) 各国在沥青路面结构组合方面存在较大差异,表现为常用路面结构形式的不同。路面结构组合设计首先是根据使用的路面材料特性进行组合设计,然后根据确定的路面结构组合形式确定路面结构的破坏模式,进而确定路面结构设计指标。因此,路面结构组合设计是路面结构设计中必须重视和解决的关键问题。

(3) 尽管在设计中使用了不同的设计参数,可是各国不同设计方法设计的路面结构厚度差异并不大。

(4) 国外大都选择采用柔性基层沥青路面和全厚式沥青路面结构形式。二十世纪六七十年代,国外对半刚性基层沥青路面结构开展过大量应用研究工作,但很多国家最终放弃使用半刚性基层沥青路面结构,主要原因是国外很多国家在应用半刚性基层时,一般都采用水泥稳定粒料,称为CTB(Cement Treated Base)。由于CTB材料开裂问题较严重,且无法从根本上解决,因此柔性基层沥青路面和全厚式沥青路面结构在国外得到大量应用。

表 10.1.3　各国沥青路面结构设计方法汇总

国家或机构	路面设计模型	损坏模式	使用条件	路面结构修筑材料
澳大利亚	多层弹性	疲劳（沥青层、水泥稳定层） 车辙（路基压应变、沥青层）	车辆荷载 温度 湿度	沥青混合料 无机结合料稳定类材料 粒料材料
法国	多层弹性	疲劳（沥青层、水泥稳定层） 车辙（路基压应变、沥青层）	车辆荷载 温度	沥青混合料 无机结合料稳定类材料 粒料材料
美国 AI	多层弹性	疲劳（沥青层） 车辙（路基压应变、沥青层）	车辆荷载 温度	沥青混合料 无机结合料稳定类材料 粒料材料
美国 AASHTO	多层弹性	车辙（路基压应变、粒料层、沥青层） 低温收缩 平整度	车辆荷载 温度 湿度 冻融	沥青混合料 无机结合料稳定类材料 粒料材料
英国	多层弹性	疲劳（沥青层） 车辙 路基压应变	车辆荷载 温度	沥青混合料 粒料材料
南非	多层弹性或黏弹性	疲劳（沥青层、水泥稳定层） 车辙（路基压应变、粒料层剪切）	车辆荷载 温度	沥青混合料 无机结合料稳定类材料 粒料材料
俄罗斯	多层弹性	容许弯沉 疲劳（沥青层、水泥稳定层） 路基剪应力	车辆荷载 温度	沥青混合料 沥青稳定材料 无机结合料稳定类材料 粒料材料
日本	多层弹性	疲劳（沥青层） 车辙 平整度 路基压应变	车辆荷载 温度 降水	沥青混合料 沥青稳定碎石基层 水泥及沥青稳定碎石基层 水泥稳定碎石基层 石灰稳定处理基层 级配碎石/钢渣 水硬性级配钢渣 未筛碎石、钢渣和砂等
德国	多层弹性	疲劳（沥青层） 车辙 压实度 路基压应变	车辆荷载 温度 降水	沥青混合料 沥青玛蹄脂碎石混合料 级配碎石 水泥稳定材料

我国《沥青规范》采用的也是力学-经验法,它以弹性层状体系理论作为力学分析基础,以双圆垂直均布荷载作用下的路基顶面竖向压应变、无机结合料稳定层层底拉应力、沥青混合料层永久变形量和沥青混合料层层底拉应力等作为设计指标,验算沥青混合料层疲劳开裂寿命、无机结合料稳定层疲劳开裂寿命、沥青混合料层永久变形量、路基顶面竖向压应变和低温开裂指数,设计验算时通过轴载转换考虑车辆荷载的多次重复作用。

综上所述,沥青路面结构设计的关键是路面结构组合设计,只有结合使用经验,再综合考虑路面结构组合、材料特点和路面结构所处的外部使用条件,才能设计出合理的沥青路面结构。

10.2 沥青路面的分类与结构组合

10.2.1 沥青路面分类

根据沥青路面的材料类型和技术特性,沥青面层可分为沥青混凝土、沥青贯入式、沥青表面处治和沥青碎石四种类型。

(1) 沥青混凝土路面 沥青混凝土路面是指用沥青混凝土作面层的路面,其结构可由单层、双层或三层沥青混合料组成,各层混合料的组成设计应根据其层厚和层位、气温和降雨量等气候条件、交通量和交通组成等因素确定,以满足对沥青面层使用功能的要求。常用的热拌沥青混凝土材料有密级配沥青混凝土(简称"AC")、沥青玛蹄脂碎石(简称"SMA")及多孔隙沥青混凝土(简称"PAC")等。

AC混合料是由各种粒径的集料与沥青结合料,按连续密级配原理设计并拌和而成,压实后剩余孔隙率小于10%。根据公称最大粒径的不同,AC混合料可分为AC-10、AC-13、AC-16、AC-20和AC-25等。其中AC-10、AC-13和AC-16常用于表面层,AC-20和AC-25常用于中、下面层。

SMA路面是指用SMA混合料作面层或抗滑层的路面。SMA混合料是以间断级配的集料为骨架,用改性沥青、矿粉及纤维素组成的玛蹄脂为结合料,经拌和、摊铺和压实而形成的一种构造深度较大的抗滑面层。它具有抗滑耐磨、高温抗车辙、低温抗开裂的优点,适用于高速公路、一级公路和其他重要公路的表面层。根据公称最大粒径的不同,SMA混合料可分为SMA-10、SMA-13和SMA-16等。

PAC有些国家也称为开级配沥青混合料磨耗层(简称"OGFC"),孔隙率在20%左右,具有较强的结构排水能力,适用于多雨地区沥青路面的表面层或磨耗层。近年来常用于排水性沥青路面的表面功能层。

(2) 沥青贯入式路面 沥青贯入式路面是指用沥青贯入碎石作面层的路面。沥青贯入碎石的施工过程是先把石料摊铺在路面上,再把沥青倒入,经压实而成。

沥青贯入式路面的厚度一般为4~8 cm。当沥青贯入式路面的上部加铺拌和的沥青混合料时,也称为上拌下贯,此时拌和层的厚度宜为3~4 cm,其总厚度为7~10 cm。沥青贯入式碎石目前高等级路面很少用，一般用于次高级路面，适用于二级及二级以下公路的沥青面层，也可以用作高等级沥青路面的下面层。沥青贯入式路面还适用于城镇支路、停车场等。

（3）沥青表面处治路面　沥青表面处治路面是指用沥青和集料按层铺法或拌和法铺筑而成的沥青路面。沥青表面处治（简称"表处"）的厚度一般为 1.5～3.0 cm。层铺法可分为单层、双层和三层。单层表处厚度为 1.0～1.5 cm，双层表处厚度为 1.5～2.5 cm，三层表处厚度为 2.5～3.0 cm。

由于处治层很薄，一般不起提高强度作用，其主要作用是抵抗行车的磨耗和大气作用，增强防水性，提高平整度，改善路面的行车条件。主要用于三级、四级公路的面层、城市道路支路、县镇道路、各级公路施工便道以及在旧沥青面层上加铺罩面层或抗滑层、磨耗层等。

（4）沥青碎石路面　沥青碎石路面是指用沥青碎石作面层的路面。沥青碎石的配合比设计应根据实践经验和室内试验结果，并通过施工前的试拌和试铺确定。沥青碎石有时也用作联结层。

10.2.2 沥青路面结构组合

沥青路面结构通常由沥青面层、基层、底基层、垫层和必要的功能层等多层结构组成。沥青面层采用不同材料分层铺筑时，可分为表面层、中面层和下面层。

沥青结合料类材料层间应设置黏层（tack coat）；在沥青结合料类材料层与其他材料层间应设置封层（seal coat），宜设置透层（prime coat）。黏层是路面结构中起黏结作用的功能层。封层是路面结构中用以阻止水下渗的功能层。透层即为设置于非沥青类材料层上，能透入表面一定深度，增强非沥青类材料层与沥青混合料层整体性的功能层。

路面结构组合设计应根据道路的交通等级与气象、水文等自然因素，合理选择与安排路面结构各个层次，确保在设计使用期内，承受车辆荷载与自然因素的共同作用，充分发挥各结构层的最大效能，使整个路面结构满足技术经济合理的要求。沥青路面结构组合设计应遵循以下原则：

（1）保证路面表面使用品质长期稳定　在整个设计使用期内，表面抗滑安全性能、平整性和抗车辙性能等各项功能指标均稳定在允许范围之内。

（2）路面各结构层的强度、抗变形能力与各层次的力学响应相匹配　车轮荷载与温度、湿度变化产生的各项应力或应变由上到下发生变化。通常面层承受较高的压应力和剪应力，应具有较高的强度、模量和抗变形能力；基层承受拉应力，应具有较好的疲劳性能。

（3）直接经受温度、湿度等自然因素变化而造成强度、稳定性下降的结构层次应提高其耐久性。

（4）充分利用当地材料，节约外运材料，做好优化选择，降低建设与养护费用。

1）面层

沥青面层直接经受车轮荷载反复作用和各种自然因素影响，并将荷载传递到基层及以下的结构层。因此,沥青面层应满足功能性和结构性的使用性能要求,具有平整、抗车辙、抗疲劳开裂、抗低温开裂和抗水损坏等性能。沥青面层可为单层、双层和三层。双层结构分为表面层、下面层;三层结构分为表面层、中面层和下面层。高速公路、一级公路一般选用三层沥青面层结构。

表面层应具有平整、抗滑和耐磨等服务功能,同时应具有高温抗车辙、低温抗开裂、抗老化和抗剥离等品质。中、下面层应具有一定的密水性、高温抗车辙等性能;下面层还应具有良好的抗疲劳性能并兼顾其他性能要求。

为满足上述要求,应精心选择不同层位的沥青混合料。通常认为密实型中粒式或细粒式沥青混合料(如 AC-13、AC-16)最宜用于表面层,它的空隙率一般为 3%～5%。在这个最佳范围内可以防止水害及冻害,又由于它保留一定的空隙率,热季不会泛油。表面层切忌使用空隙率大于 6%的半密实型混合料。此外,密实型沥青混合料的抗裂性、疲劳性能和耐久性均较优。对于重交通和特重交通等级的道路,普通热拌沥青混合料不能满足使用要求时,可从沥青原材料和混合料级配方面改善,如采用改性沥青结合料和 SMA-10、SMA-13 等混合料。

沥青中面层和下面层经受着与沥青表面层相同的不利工作环境,唯平整性和抗滑性方面的要求略低一些,因此对沥青混合料的选择同样有较高的要求,特别是在密实防水和抗剪切变形等方面的要求也很高,通常选用密实型中粒式和粗粒式混合料(如 AC-20、AC-25)。对于特重交通等级道路或者炎热地区道路,常采用改性沥青结合料。

二级、三级及以下等级公路一般采用双层式沥青面层,即表面层与下面层,沥青混合料的选型,除了沥青混凝土之外,也可选用热拌沥青碎石(ATB)或沥青贯入式结构,再加上表面封层。四级公路一般可采用双层沥青表面处治结构。

沥青路面面层材料类型宜按表 10.2.1 选用。

表 10.2.1 面层材料的交通荷载等级和层位

面层材料类型	适用交通荷载等级和层位
连续级配沥青混合料	各交通荷载等级的表面层、中面层和下面层
沥青玛蹄脂碎石混合料	极重、特重和重交通荷载等级的表面层、对抗滑有特殊要求的表面层
厂拌热再生沥青混合料	各交通荷载等级的表面层、中面层和下面层
上拌下贯沥青碎石	中等、轻交通荷载等级的面层
沥青表面处治	中等、轻交通荷载等级的表面层

面层在沥青路面结构层中价格最高,一般情况下对沥青面层厚度应有所控制,但是也不宜过薄。从压实效果来看,各种类型的沥青层最小压实厚度与它的公称最大粒径相关,若小于最小厚度,则压实效果不好。为保证混合料压实,减少施工离析,不同粒径沥青混合料的层厚应符合表 10.2.2 的规定。连续级配沥青混合料和沥青玛蹄脂碎石混合料的结构层厚度

不宜小于集料公称最大粒径的 2.5 倍,开级配沥青混合料的结构层厚度不宜小于集料公称最大粒径的 2.0 倍。

表 10.2.2　不同粒径沥青混合料层厚

沥青混合料类型	以下集料公称最大粒径沥青混合料的层厚/mm,不小于					
	4.75	9.5	13.2	16.0	19.0	26.5
连续级配沥青混合料	15	25	35	40	50	75
沥青玛蹄脂碎石	—	30	40	50	60	—
开级配沥青混合料	—	20	25	30	—	—

2) 基层和底基层

沥青路面的基层不仅承担着沥青面层向下传递的全部荷载,还承受着由于水温状况多变而发生的路基支承能力变化,使之不致影响沥青面层的正常工作。基层结构是承上启下保证路面结构耐久、稳定的承重结构层,因此要求基层具有较高的强度、稳定性和耐久性。与沥青面层相比,由于基层不直接与车轮和大气接触,相对于路面表面性能有关的材料性能指标(如抗滑性能、抗剪切变形等)可以略为放宽。

沥青路面的基层按材料和力学特性的不同可以分为柔性基层(沥青稳定碎石或无结合料级配碎石)、半刚性基层(水泥、石灰、工业废渣等无机结合料稳定碎石)和刚性基层(水泥混凝土)三种。各种基层有不同的特点,各有适用的场合。

选择基层类型关系到路面结构的耐久性和长期使用性能,首先应根据路面结构所承受的交通等级进行比选,同时应考虑地基支承的可靠性、当地水温状况、路基排水与路基稳定的可靠程度作不同方案,比较后择优选定。

在交通环境等各方面工作条件都十分恶劣的情况下,可以考虑各种基层组合使用。如地基承载力不佳、交通特别繁重、雨水集中和路基排水不良等情况,可以考虑半刚性基层和柔性基层组合使用,采用半刚性基层下层和柔性基层上层。一方面提高结构承载力,减轻沥青面层荷载应力;另一方面发挥柔性基层变形协调作用,利于渗水排水,使路面始终保持良好工作状态,还可避免横向裂缝反射到面层。对于严重超载的沥青路面,除了采用组合基层之外,也可以采用配钢筋的混凝土板或连续配筋混凝土板作基层的沥青路面。

基层和底基层的材料类型可参照表 10.2.3 选用。

基层结构的厚度主要应满足强度与刚度的设计要求,在厚度设计时,应逐层进行验算。除此之外,还应考虑施工实施的可行性和材料规格对厚度的影响。一般情况下,基层的厚度应大于混合料最大粒径的 2 倍,同时还应考虑压实机具的功能,通常取能一次压密的最佳厚度。若基层厚度超过最佳厚度,可分几层铺筑,每层厚度接近最佳厚度。不同材料基层和底基层厚度应符合表 10.2.4 的规定。

表 10.2.3 基层和底基层材料的适用交通荷载等级和层位

类型	材料类型	适用交通荷载等级和层位
无机结合料稳定类	水泥稳定级配碎石或砾石、水泥粉煤灰稳定级配碎石或砾石、石灰粉煤灰稳定级配碎石或砾石	各交通荷载等级的基层和底基层
	水泥稳定未筛分碎石或砾石、石灰粉煤灰稳定未筛分碎石或砾石、石灰稳定未筛分碎石或砾石	轻交通荷载等级的基层、各交通荷载等级的底基层
	水泥稳定土、石灰稳定土、石灰粉煤灰稳定土	轻交通荷载等级的基层、各交通荷载等级的底基层
粒料类	级配碎石	重及重以下交通荷载等级的基层、各交通荷载等级的底基层
	级配砾石、未筛分碎石、天然砂砾、填隙碎石	中等和轻交通荷载等级的基层、各交通荷载等级的底基层
沥青结合料类	密级配沥青碎石、半开级配沥青碎石、开级配沥青碎石	极重、特重和重交通荷载等级的基层
	沥青贯入碎石	重及重以下交通荷载等级的基层
水泥混凝土	水泥混凝土或贫混凝土	极重、特重交通荷载等级的基层

表 10.2.4 基层和底基层厚度 单位:mm

材料种类	集料公称最大粒径	厚度,不小于
密级配沥青碎石 半开级配沥青碎石 开级配沥青碎石	19.0	50
	26.5	80
	31.5	100
	37.5	120
沥青贯入碎石	—	40
贫混凝土	31.5	120
无机结合料稳定类	19.0、26.5、31.5、37.5	150
	53.0	180
级配碎石 级配砾石 未筛分碎石、天然砂砾	26.5、31.5、37.5	100
	53.0	120
填隙碎石	37.5	75
	53.0	100
	63.0	120

3) 垫层

沥青路面垫层结构位于基层以下,主要用于路基状况不良的路段,以确保路面结构不受路基中滞留的自由水的侵蚀以及冻融的危害。通常认为路基处于以下状况时,应专门设置垫层:

(1) 地下水位高,排水不良,路基经常处于潮湿、过湿状态的路段。
(2) 排水不良的土质路堑,有裂隙水、泉眼等水文条件不良的岩石挖方路段。
(3) 季节性冰冻地区的中湿、潮湿路段,可能产生冻胀、需设防冻垫层的路段。
(4) 基层或底基层可能受污染以及路基软弱的路段。

从垫层的设置目的与功能出发,垫层可分为以下几类:(1)防水垫层;(2)排水垫层;(3)防污垫层;(4)防冻垫层。

当路基处于潮湿、过湿状态,土质不良,粉土的含量高,在毛细水作用下水分将自下而上渗入底基层和基层结构的情况下,为隔断地下水源而应设置防水垫层。防水垫层应不含粉土、黏土的成分,主要采用粗砂、砂砾和矿渣等粗粒材料铺筑。在垫层以下应铺设不透水层(如透水系数低的黏土层及土工织物反滤层),防止自下而上的渗透和污染。

地下水位高、排水不良的路段,有裂隙水、泉眼等水文条件不良岩石挖方路段,基层和底基层为非粒料类材料时,可在基层或底基层与路床间设置粒料类排水垫层。粒料类排水垫层一方面可避免潮湿路基或裂隙水、地下毛细水等影响路面湿度状态;另一方面可及时排出路面内部水,避免下渗影响路基。排水垫层的材料规格、要求、排水能力和结构层厚度均应满足路面结构排水设计的规定与要求,通过设计计算确定。粒料类排水垫层应与路基边缘或与边沟下渗沟相连接,厚度不宜小于150 mm。排水垫层以下应设置土工织物反滤层,严防路基土通过地下水进入排水垫层,污染结构并降低排水功能。若排水垫层同时也承担着排出地面渗入路面结构的雨水的功能,则排水层与底基层交界面上亦应设置反滤层,以防止基层材料的有害成分污染排水层,影响其排水功能的发挥。

对于地处软土地带的潮湿路段,为了防止路基土浸入路面污染结构,可设置防污垫层作为隔离层,以保护路面结构。通常采用土工合成材料与粒料分多层间隔铺筑,即可达到防污的效果。有时将防污垫层设置在防水垫层或排水垫层以下,两种垫层同时使用,可取得良好的效果。

在季节性冰冻地区,当冻深较大,路基土为易冻胀土时,常常出现冻胀和翻浆现象。当路面厚度不满足防冻要求时,应设置防冻垫层,以保护路面结构不受冻胀和翻浆的危害。防冻层应采用隔温性能良好,导热系数低的材料,如粗砂、砂砾和碎石等粒料类材料以及煤渣、矿渣、石灰煤渣稳定粒料等。防冻层厚度的确定除了路面结构总厚度应满足疲劳特性等设计控制指标达到规范要求之外,还应满足防止冻胀的要求,以确保路基路面在冻深范围内不会出现聚冰带。防冻厚度与路基干湿类型、路基土类、道路冻深以及路面结构材料的热物理性能有关。

4) 沥青路面层间结合

沥青路面各结构层之间应紧密结合,不因层间滑动或松散而丧失结构的整体效应。

(1) 沥青面层与基层之间应设置透层沥青或黏层沥青,极重、特重和重交通荷载等级道路路面对层间黏结强度要求高,因此黏层宜采用改性乳化沥青、道路石油沥青或改性沥青;中等和轻交通荷载等级道路路面的黏层可选用乳化沥青。

(2) 当采用半刚性基层时,为防止粒料松散和雨水下渗,宜采用单层层铺法表处或稀浆封层表处进行封闭,结合料可采用改性沥青、道路石油沥青或乳化沥青;当采用水泥混凝土刚性基层时,也应设黏层沥青,由于水泥混凝土板与沥青面层间材料性质的差异,较难形成有效黏结,黏层宜采用改性沥青。

(3) 沥青面层由两层或三层组成又不能连续摊铺时,需在铺上层之前彻底清扫下层表面的灰尘、泥土和油污等有可能破坏层间结合的有害物质,然后洒布黏层沥青。

(4) 透层沥青、黏层沥青、单层表处下封层、稀浆封层下封层的材料规格、用量应根据地区气候特点、施工季节和结构类型的不同,按《公路沥青路面施工技术规范》(JTG F40)的要求选定。

(5) 粒料类基层和无机结合料稳定类基层顶面宜设置透层,透层沥青具有良好的渗透性,可采用稀释沥青或乳化沥青等。

(6) 冷再生类材料对水损坏较为敏感,无机结合料稳定类或冷再生类材料结构层与沥青结合料类结构层之间宜设置封层,封层可采用单层沥青表处或稀浆封层等。当设置改性沥青应力吸收层时,可不再设封层。

5) 沥青路面结构组合

(1) 常用沥青路面结构组合及特点　应根据交通荷载等级和路基状况等因素,结合路面材料特性和结构特性,选择沥青路面结构方案。沥青路面结构类型可按基层材料性质分为无机结合料稳定类基层沥青路面、粒料类基层沥青路面、沥青结合料类基层沥青路面和水泥混凝土基层沥青路面四类。各类沥青路面结构类型的特点及主要适用的交通荷载等级道路为:

① 无机结合料稳定类基层沥青路面:无机结合料稳定类基层沥青路面承载能力高,适用于各种交通荷载等级的道路,主要病害是无机结合料稳定层疲劳开裂和面层反射裂缝。反射裂缝处雨水、雪水渗入后容易出现唧泥、基层脱空等损坏。采用粒料底基层或设置粒料类路基改善层等,可减轻反射裂缝处的唧泥和脱空等损坏。

常见的无机结合料稳定类基层沥青路面结构组合见表10.2.5。

表10.2.5　常见的无机结合料稳定类基层沥青路面结构

结构层次	结构亚层	路面材料
面层	表面层	AC-10、AC-13、AC-16、SMA-10、SMA-13、SMA-16
	中面层	AC-20、AC-25、SUP-20
	下面层	AC-25、SUP-25
基层	上基层	水泥稳定碎石、二灰稳定碎石
	底基层	二灰土

② 粒料类基层沥青路面:粒料类基层沥青路面适用于重及以下交通荷载等级的道路。粒料类基层沥青路面无反射裂缝问题,但沥青面层承受更大的弯拉作用,沥青面层疲劳是主

要损坏指标。此外,此类结构沥青面层、粒料层和路基都可能产生永久变形,需关注路面车辙问题。

③ 沥青结合料类基层沥青路面:沥青结合料类基层沥青路面适用于各种交通荷载等级的道路,底基层采用无机结合料稳定类材料时,性能类似于无机结合料稳定类基层沥青路面,由于沥青混合料层较厚,路面承载能力更强,且具有更好的延缓反射裂缝能力。底基层采用粒料类材料时,性能类似于粒料类基层沥青路面。

④ 水泥混凝土基层沥青路面:水泥混凝土基层沥青路面具有较高的承载能力,适用于重及重以上交通荷载等级的道路。除水泥混凝土路面常见损坏外,此类路面结构主要病害是水泥混凝土板接缝处沥青面层反射裂缝和沥青面层永久变形。

路面结构组合的选择需要充分考虑各种路面结构组合的材料特性和结构特性、主要损坏类型及性能衰变规律。不同结构组合的沥青路面主要损坏类型见表10.2.6。

表10.2.6 不同结构组合的沥青路面主要损坏类型

结构类型	粒料类基层沥青路面、底基层采用粒料的沥青结合料类基层沥青路面		无机结合料稳定类基层沥青路面、底基层采用无机结合料稳定类材料的沥青结合料类基层沥青路面	
沥青混合料层厚度/mm	≥50	<50	≥150	<150
主要损坏类型	车辙、沥青混合料层疲劳开裂	车辙	车辙、基层疲劳开裂、面层反射裂缝	基层疲劳开裂、面层反射裂缝
季冻地区	面层低温开裂			

(2)路面各层位功能与力学特性

① 半刚性基层沥青路面:沥青面层承受车辆荷载的直接作用,对其性能既有结构性能方面的要求,也有使用功能方面的要求。沥青面层在高温季节应有足够的抵抗车辙和推移等热稳定类病害的能力,在低温季节具有抗低温缩裂的能力,同时还具有良好的抗疲劳开裂、反射裂缝和水损害的性能。作为车辆行驶的表面层,必须具备良好的平整度、抗滑性、耐磨光、耐老化、低噪声、密水或透水等功能,以有利于车辆安全、快速、平衡地行驶。半刚性基层沥青路面面层的功能作用如图10.2.1所示。

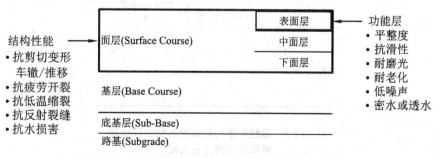

图10.2.1 半刚性基层沥青路面面层结构性能与功能作用

半刚性基层和底基层应具有足够的承载能力、抗疲劳开裂性能、足够的耐久性和水稳定性。沥青结合料类和粒料类材料基层还应具有足够的抗永久变形能力。基层是沥青路面结构的主要承重结构,对于基层的使用性能要求主要为结构性方面的要求;底基层是位于基层与路基之间的过渡性结构,对其使用性能的要求更侧重于功能性方面。半刚性基层沥青路面基层与底基层的功能作用如图10.2.2所示。

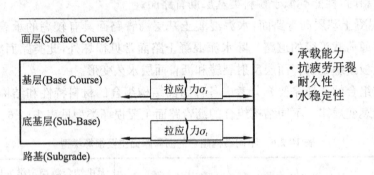

图10.2.2　半刚性基层沥青路面基层结构承载作用

② 柔性基层沥青路面：柔性基层沥青路面根据各层位功能主要包括"可以重复维修的表面层""中间层性能良好的沥青层"和"底面的抗疲劳层"。首先通过沥青层的厚度设计和材料选择,控制抗疲劳层的沥青混合料弯拉应变处于比较小的水平,保证抗疲劳层的耐久性和不发生较大变形(结构性车辙);其次中间层的沥青混合料是进行抗车辙设计的沥青层材料,保证具有稳定、良好的使用性能;表面层采用的是经过一定使用时间可以再次进行铣刨罩面的磨耗层,为了保证使用的耐久性,磨耗层应该采用抗车辙、抗磨耗的沥青混合料。柔性基层沥青路面各结构层功能定位及应力分布区域如图10.2.3所示。

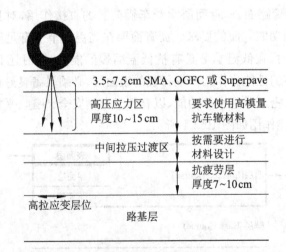

图10.2.3　柔性基层沥青路面各结构层功能定位及应力分布区域

(3) 沥青路面结构组合设计原则　路面结构组合设计应针对各种路面结构组合的力学特性、功能特性及其长期性能衰变规律和损坏特点，遵循路基路面综合设计的理念，保证路面结构的安全、耐久和全寿命周期经济合理。

在设计使用年限内，路面应不发生由于疲劳导致的结构破坏。疲劳导致的路面结构破坏是指由于车辆荷载作用，结构层层底弯拉应力反复作用导致的疲劳开裂。设计使用期内，对车辙、抗滑性能不足和横向裂缝等表面病害，可通过面层修复恢复路面功能。

多雨地区的无机结合料稳定类基层和水泥混凝土基层沥青路面，路面出现反射裂缝后易发展为唧泥、脱空等，从而加速路面状况恶化。有必要采取如在无机结合料稳定类基层或水泥混凝土基层下方铺设粒料排水层或设置粒料类路基改善层等措施，减少唧泥、脱空损坏。

路基湿度状态为中湿或潮湿时，宜采用粒料类底基层或设置粒料类路基改善层。

反射裂缝是无机结合料稳定类基层沥青路面的常见病害，当采用无机结合料稳定类基层时，可采取下列一种或多种措施减少基层收缩开裂和路面反射裂缝：

① 选用抗裂性好的无机结合料稳定类基层。

② 增加沥青混合料层厚度，或在无机结合料稳定类基层上设置沥青碎石层或级配碎石层。

③ 在无机结合料稳定类基层上设置改性沥青应力吸收层或敷设土工合成材料。

(4) 路面各结构层厚度范围　不同交通荷载等级时，沥青路面结构层厚度组合可参照表10.2.7～表10.2.12选用，也可根据当地工程经验确定。结构层厚度应根据交通荷载等级、路基承载能力等因素选择。交通荷载等级高、路基承载能力弱时宜取靠近高限的厚度或参照高一个交通荷载等级的路面厚度范围，反之可靠近低限取值或参照低一个交通荷载等级的路面厚度范围。

表10.2.7　无机结合料稳定类基层(粒料类底基层)路面厚度范围　　　　单位：mm

交通荷载等级	极重、特重	重	中等	轻
面层	150～250	150～250	100～200	20～150
基层(无机结合料稳定类)	350～600	300～550	250～500	150～450
底基层(粒料类)	150～200			

表10.2.8　无机结合料稳定类基层(无机结合料稳定类底基层)路面厚度范围　　　　单位：mm

交通荷载等级	极重、特重	重	中等	轻
面层	120～250	100～250	100～200	20～150
基层(无机结合料稳定类)	250～500	200～450	150～400	200～500
底基层(无机结合料稳定类)	150～200			—

表10.2.9　粒料类基层(粒料类底基层)路面厚度范围　　　　　　　　单位:mm

交通荷载等级	重	中等	轻
面层	200～350	150～300	100～200
基层(粒料类)	350～450	300～400	250～350
底基层(粒料类)		150～200	

表10.2.10　沥青结合料类基层(粒料类底基层)路面厚度范围　　　　单位:mm

交通荷载等级	重	中等	轻
面层	120～150	100～120	40～80
基层(沥青结合料类)	200～250	180～220	120～200
底基层(粒料类)	300～400	300～400	250～350

表10.2.11　沥青结合料类基层(无机结合料稳定类底基层)路面厚度范围　　单位:mm

交通荷载等级	极重、特重	重	中等	轻
面层	100～120	100～120	80～100	40～80
基层(沥青结合料类)	120～180	100～150	100～150	80～100
底基层(无机结合料稳定类)	300～600	300～600	250～550	200～450

表10.2.12　沥青结合料类基层(粒料类+无机结合料稳定类底基层)路面厚度范围　单位:mm

交通荷载等级	极重、特重	重	中等	轻
面层	100～120	100～120	80～100	40～80
基层(沥青结合料类)	160～240	120～180	100～160	80～100
底基层(粒料类)	150～200	150～200	150～200	150～200
底基层(无机结合料稳定类)	200～400	200～400	200～350	150～250

10.3　弹性层状体系理论

由不同材料的结构层及路基组成的路面结构,在荷载作用下其应力-应变关系一般呈非线性特性,且应变随应力作用时间而变化,同时应力卸除后常有一部分变形不能恢复。因此,严格地说,沥青路面在力学性质上属于非线性的弹-黏-塑性体。但是考虑到行驶车轮作用的瞬时性(百分之几秒),在路面结构中产生的黏-塑性变形数量很小,所以对于厚度较大、强度较高的高等级路面,将其视作线性弹性体,并应用弹性层状体系理论进行分析计算是合适的。

1) 基本假设

弹性层状体系是由若干个弹性层组成,上面各层具有一定厚度,最下一层为弹性半空间体,如图 10.3.1 所示。应用弹性力学方法求解弹性层状体系的应力、变形和位移等分量时,引入如下一些假设:

(1) 各层连续、完全弹性、均质、各向同性以及位移和形变是微小的。

(2) 最下一层在水平方向和垂直向下方向为无限大,其上各层厚度为有限、水平方向为无限大。

(3) 各层在水平方向无限远处及最下一层向下无限深处,其应力、变形和位移为零。

(4) 不计自重。

2) 弹性层状体系

路面结构力学指标计算应采用双圆均布垂直荷载作用下的弹性层状连续体系理论。

路面结构验算时,各设计指标应选用表 10.3.1 规定的竖向位置处的力学响应,并按图 10.3.1 所示计算点位置,选取 A、B、C 和 D 四点位置计算的最大力学响应量。

表 10.3.1 各设计指标对应的力学响应及其竖向位置

设计指标	力学响应	竖向位置
沥青混合料层层底拉应变	沿行车方向的水平拉应变	沥青混合料层层底
无机结合料稳定层层底拉应力	沿行车方向的水平拉应力	无机结合料稳定层层底
沥青混合料层永久变形量	竖向压应力	沥青混合料层各分层顶面
路基顶面竖向压应变	竖向压应变	路基顶面

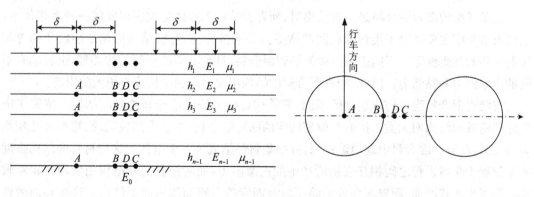

图 10.3.1 力学响应计算点位置图示

3) 弹性层状体系力学响应的计算

应用弹性层状体系理论计算沥青路面的应力、应变和位移时,由于理论计算过程复杂,本书不做太多介绍。在实际工程中,常采用计算机程序进行求解。

随着计算机技术的迅速发展和普及,特别是1962年召开第一届国际沥青路面设计会议以后,许多设计组织和机构采用计算机程序求解。除弹性层状体系理论外,有些程序还能求解黏弹性问题。这些程序中较有影响的有壳牌石油公司的 BISAR 程序,加州大学 Berkely 分校的 ELSYM 程序。MEPDG 设计法也开发了配套的计算程序。我国有关单位也先后开发了基于弹性层状体系理论的路面分析程序,如东南大学的 HPDS 程序。现行《沥青规范》也开发了相配套的路面结构分析和设计程序。20世纪60年代后期,有限元方法开始应用于路面的荷载响应分析。有限元方法的优点在于它能较灵活地反映路面材料的非线性特性,从而能够更加合理地给出弹性层状体系理论或黏弹性体系的非线性响应。

10.4 沥青混凝土材料特性及设计参数

路面材料应根据道路技术等级、交通荷载等级、气候条件、各结构层功能要求和当地材料特性等,在技术经济论证基础上进行设计并确定材料设计参数。路面结构层材料设计参数的确定可分为三个水平。

(1) 水平一 通过室内试验实测确定材料参数,需要具有一定的设备条件,设计成本高,故规定用于高速公路和一级公路的施工图设计阶段。

(2) 水平二 利用已有经验关系式确定设计参数,但目前只有沥青混合料动态压缩模量有对应的经验关系式。

(3) 水平三 参照《沥青规范》推荐的典型数值确定参数,适用于二级及二级以下公路各设计阶段和高速公路、一级公路的初步设计阶段。

10.4.1 沥青混合料的结构组成

压实成型的沥青混合料是由石质集料、沥青胶结料和残余空隙所组成的一种多相体系,它的力学强度主要取决于集料颗粒间的摩擦力和嵌挤力、沥青胶结料的黏结性以及沥青与集料之间的黏附性等。不同级配组成的沥青混合料,具有不同的空间结构类型,也就具有不同的内摩阻力和黏结力。因此,沥青混合料的结构组成对其强度构成有很大的影响。

按沥青混合料强度构成原则的不同,其结构可分为按嵌挤原理构成的结构和按密实级配原理构成的结构两大类。按嵌挤原理构成的沥青混合料,要求采用较粗的、颗粒尺寸较均匀的集料,沥青在混合料中起填隙作用,并把集料黏结成为一个整体。这种材料的结构强度主要依赖于集料颗粒之间相互嵌挤所产生的内摩阻力,而对沥青的黏结作用依赖性相对较小。沥青贯入式路面、沥青表面处治路面以及沥青碎石路面均属此类结构。这些路面的性能受温度的影响相对较小。

按密实级配原理构成的沥青混合料,是指集料和沥青按最大密实原则进行配合而形成的一种材料,其结构强度是以沥青与集料之间的黏结力为主、以集料颗粒间的嵌挤力和内摩阻力为辅而构成的。沥青混凝土路面和沥青碎石混合料路面属于此类,这种路面的性能受温度的影响相对较大。按这种混合料网络结构中"嵌挤成分"和"密实成分"所占的比例不同,沥青混合料的组成结构形态有三种典型类型,即悬浮密实结构、骨架空隙结构和骨架密实结构,如图 10.4.1 所示。

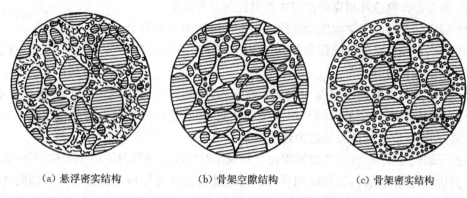

(a) 悬浮密实结构　　　　(b) 骨架空隙结构　　　　(c) 骨架密实结构

图 10.4.1　沥青混合料的典型组成结构图

(1) 悬浮密实结构　悬浮密实结构形态的沥青混合料,通常采用连续型密级配,集料的颗粒尺寸由大到小连续存在。这种材料中含有大量细料,而粗料数量较少,且相互间没有接触,不能形成骨架,粗颗粒犹如"悬浮"于细颗粒之中。这种沥青混合料黏结力较高,而内摩阻力较小。用这种沥青混合料修筑的路面,受沥青材料性质的影响较大。

(2) 骨架空隙结构　采用连续开级配的沥青混合料属于骨架空隙结构类型。在这种沥青混合料中,粗集料较多而细集料较少,因此虽然能够形成骨架,但其残余空隙较大。这种材料的内摩阻力较大,而黏结力较小。用这种沥青混合料修筑的路面,受沥青材料性质的影响较小。

(3) 骨架密实结构　骨架密实结构是综合以上两种类型组成的结构。混合料既有一定数量的粗集料形成骨架,又根据残余空隙的多少加入细料,从而形成较高的密实度。这种沥青混合料同时具有较高的黏结力和内摩阻力。间断级配即是按此原理构成的。

10.4.2　沥青混合料温度与时间依赖性

沥青混合料是一种典型的弹、黏、塑性综合体,其物理、力学性质受温度影响较大。在低温小变形范围内接近线弹性体,在高温大变形范围内表现为黏塑性体,而在常温范围内则为黏弹性体。因此,研究沥青混合料的力学行为有一个前提,就是在一定的温度条件下。事实上,沥青路面出现的不同病害现象,都与温度息息相关,如高温时易出现车辙病害、低温时易出现断裂病害、常温时易出现疲劳病害等。同时,荷载作用时间对于沥青混合料也有较大的影响。当荷载作用时间较短时,沥青混合料主要表现出黏弹性;而当荷载作用时间较长时,沥青混合料就更易产生塑性变形。因此,沥青路面对于高速行驶的车辆的响应以黏弹性为主,对于低速行驶的车辆的响应以黏塑性为主。

10.4.3 沥青混合料应力-应变特性

在比较宽的温度与时间区域中考察沥青混合料的力学性质,其变化是有规律的,这种规律性可以用黏弹性理论加以描述,作为温度与时间的函数加以分析。用黏弹性理论研究沥青混合料的变形特性时应遵循如下基本原则:

(1) 沥青混合料兼具胡克弹性与牛顿黏性的双重性质。

(2) 沥青混合料的力学性质均应作为温度与时间的函数表示。

(3) 将沥青混合料的性质作为"某一条件的响应"是比较合理的,宜将其描述为仅在某一条件下才具有的性质。

沥青路面工作在时间与温度均较宽的范围内,因此通过试验测试其应力-应变关系时,试验条件必须包括拟考察的时间与温度全部区域,同时符合沥青路面的受力状况。大量的研究表明,动态压缩模量试验是较为合适的试验方法。

动态压缩模量试验,可以考虑沥青混合料模量对温度和加载时间的依赖性,其中温度可反映不同地区的气候条件,加载时间可反映行车速度和沥青层厚度的影响。加载时间在试验中以加载频率表征。根据车辆荷载沿路面深度方向的扩散,对特定的行车速度,越靠近路表加载时间越短,对应频率越高;反之则加载时间越长,对应频率越低。

动态压缩模量试验是对试件施加正弦波荷载,对于黏弹性体测得的应变也是一个正弦波,但存在一个相位差,复数模量即是两个最大幅值之比,如式(10.1)所示。

$$E_a = \frac{\sigma_0}{\varepsilon_0} \tag{10.1}$$

式中:E_a——沥青混合料动态压缩模量(MPa);

σ_0——应力幅(MPa);

ε_0——应变幅。

沥青混合料动态压缩模量可分为三个水平确定:

(1) 水平一 沥青混合料动态压缩模量的测定应符合现行《公路工程沥青及沥青混合料试验规程》(JTG E20)T 0738 的有关规定,取平均值,试验温度选用 20 ℃,面层沥青混合料加载频率采用 10 Hz,基层沥青混合料加载频率采用 5 Hz。

(2) 水平二 采用式(10.2)计算确定沥青混合料动态压缩模量,适用于采用道路石油沥青和常规级配的沥青混合料。

$$\begin{aligned}\lg E_a = & 4.59 - 0.02f + 2.58G^* - 0.14P_a - 0.041V - 0.03VCA_{DRC} - \\ & 2.65 \times 1.1^{\lg G^*} \cdot f^{-0.06} - 0.05 \times 1.52^{\lg f}VCA_{DRC} \cdot f^{-0.21} + \\ & 0.003\ 1f \cdot P_a + 0.002\ 4V \end{aligned} \tag{10.2}$$

式中:E_a——沥青混合料动态压缩模量(MPa);

f——试验频率(Hz);

G^*——60 ℃、10 rad/s 下沥青动态剪切复数模量(kPa);

P_a——压实沥青混合料的油石比(%);

V——压实沥青混合料的空隙率(%);

VCA_{DRC}——捣实状态下粗集料的松装间隙率(%)。

(3) 水平三　参照表10.4.1确定沥青混合料动态压缩模量。

表10.4.1　常用沥青混合料20℃条件下动态压缩模量取值范围　　　　单位:MPa

沥青混合料类型	沥青种类[2]			
	70号道路石油沥青	90号道路石油沥青	110号道路石油沥青	SBS改性沥青
SMA-10、SMA-13、SMA-16	—	—	—	7 500~12 000
AC-10、AC-13	8 000~12 000	7 500~11 500	7 000~10 500	8 500~12 500
AC-16、AC-20、AC-25	9 000~13 500	8 500~13 000	7 500~12 000	9 000~13 500
ATB-25[1]	7 000~11 000			

注:1. ATB-25为5 Hz条件下动态压缩模量,其他沥青混合料为10 Hz条件下动态压缩模量。
　　2. 沥青黏度大、级配好或空隙率小时取高值,反之取低值。

10.4.4　高温性能

沥青路面高温稳定性通常是指沥青混合料在荷载作用下抵抗永久变形的能力。车辙、推移、拥包和泛油等现象均为沥青路面高温稳定性不足的表现,主要出现在高温、低加载频率以及抗剪切能力不足时,即沥青路面的模量较低的情况下。

对于渠化交通的沥青混凝土路面来说,高温稳定性问题主要表现为车辙。车辙是指沥青路面在车辆荷载的反复作用下产生的永久变形的累积。车辙形成的最初原因是压密及沥青高温下的流动,最后导致集料骨架的失稳,从本质上讲主要是沥青混合料的结构特征发生了变化。路表车辙同时伴随轮迹处沥青层厚度减薄,削弱了面层及路面结构的整体强度,易诱发其他病害,如雨天路表排水不畅,车辙积水导致车辆漂滑,影响高速行车的安全。车辙也会导致车辆在超车或更换车道时方向失控,影响车辆操纵的稳定性。

推移、拥包和搓板等损坏主要是由于沥青路面在水平荷载作用下抗剪强度不足引起的,一般发生在沥青表面处治和沥青贯入式等次高级沥青路面的交叉口和变坡路段。泛油是由于交通荷载作用使混合料内集料不断挤紧,空隙率减小,最终将沥青挤压到道路表面令路面光滑,导致抗滑能力下降引起的。

评价沥青混合料高温稳定性的试验方法主要包括车辙试验、单轴贯入强度试验、简单剪切试验和蠕变试验等,下面介绍常用的车辙试验和单轴贯入强度试验。

1) 车辙试验

车辙试验是一种模拟实际车辆荷载在路面上行走而形成车辙的工程试验方法。从广义上来说,室内小型往复车辙试验、旋转车辙试验、大型环道试验及直道试验等都可认为是属于车辙试验范畴。这些试验最基本的和共同的原理就是通过采用车轮在板状试件或路面表面结构上反复行走,观察和检测试件或路面结构的变形响应。

室内小型往复车辙试验是评价沥青混合料在规定温度条件下抵抗塑性流动变形能力的

有效方法。标准车辙试验温度为 60 ℃，压强为 0.7 MPa，试件厚度为 50 mm。通过板状试件与车轮之间的往复相对运动，使板状试件在车轮的重复荷载作用下，产生压密、剪切、推移和流动，从而产生车辙，由此可得出以下三类指标。

(1) 任意一个时刻的总变形，即车辙深度。

(2) 在变形曲线的直线发展期，通常是求取 45 min、60 min 的变形 D_{45}、D_{60}，按式 (10.3) 计算沥青混合料的动稳定度

$$DS = \frac{(60-45) \times 42}{D_{60} - D_{45}} \times C_1 \times C_2 \qquad (10.3)$$

式中：DS——沥青混合料的动稳定度(次/mm)；

$\quad D_{60}$——试验时间为 60 min 时试件变形量(mm)；

$\quad D_{45}$——试验时间为 45 min 时试件变形量(mm)；

$\quad C_1$——试验机类型修正系数，曲柄连杆驱动试件的变速行走方式为 1.0，链驱动试验轮的等速行走方式为 1.5；

$\quad C_2$——试验系数，实验室制备的宽 300 mm 的试件为 1.0，从路面切割的宽 150 mm 的试件为 0.8。

(3) 变形速率 RD，它实际上是动稳定度 DS 的倒数。

由实践可知，尽管总变形非常直观，但不同试件之间的波动较大。在整个变形中，开始阶段的几次碾压能产生很大的变形，与试件接触的均匀程度是数据波动的重要原因。另外，总变形能区分试验结果的差别，但不便于估计变形的发展情况。调查研究发现，轮辙试验的动稳定度与沥青路面的车辙深度有较好的相关性，恰当地控制沥青混合料的动稳定度，有助于提高沥青面层的抗永久变形能力。

2) 单轴贯入强度试验

单轴贯入强度试验方法可以模拟路面受力状况，反映沥青混合料高温抗剪强度的大小。试件采用高 100 mm、直径 100 mm 或 150 mm 的圆柱，在 60 ℃ 或其他不利的高温条件下，通过贯入压头在试件上部以 1 mm/min 的加载速率施加压力，测得贯入压头的压力和位移，然后通过公式计算出沥青混合料的高温贯入强度。

无机结合料稳定类基层沥青路面、底基层采用无机结合料稳定类材料的沥青结合料类基层沥青路面和水泥混凝土基层沥青路面的沥青混合料，都应采用单轴贯入强度试验方法测定沥青混合料贯入强度，贯入强度应满足式 (10.4) 的要求。

$$R_{rs} \geq \left(\frac{0.31 \cdot \lg N_{e5} - 0.68}{\lg [R_a] - 1.31 \cdot \lg T_d - \lg \psi_s + 2.50} \right)^{1.86} \qquad (10.4)$$

式中：$[R_a]$——沥青混合料层容许永久变形量(mm)，根据公路技术等级，参照表 10.6.14 确定；

$\quad N_{e5}$——设计使用年限内或通车至首次针对车辙维修的期限内，月平均气温大于 0 ℃ 的月份，设计车道当量设计轴载累计作用次数；

$\quad T_d$——设计气温(℃)，为所在地区月平均气温大于 0 ℃ 的各月份气温平均值；

ψ_s——路面结构系数,根据式(10.5)计算:

$$\psi_s = (0.52 h_a^{-0.003} - 317.59 h_b^{-1.32}) E_b^{0.1} \qquad (10.5)$$

式中:h_a——沥青混合料层的厚度(mm);

h_b——无机结合料稳定层或水泥混凝土层的厚度(mm);

E_b——无机结合料稳定层或水泥混凝土层的模量(MPa);

$R_{\tau s}$——各沥青混合料层的综合贯入强度,根据式(10.6)计算:

$$R_{\tau s} = \sum_{i=1}^{n} w_{is} R_{\tau i} \qquad (10.6)$$

式中:$R_{\tau i}$——第 i 层沥青混合料的贯入强度(MPa),由试验确定,普通沥青混合料一般为 0.4~0.7 MPa,改性沥青混合料一般为 0.7~1.2 MPa;

n——沥青混合料层的层数;

w_{is}——第 i 层沥青混合料的权重,为第 i 层厚度中点剪应力与各层厚度中点剪应力之和的比值 $\left[w_{is} = \dfrac{\tau_i}{\sum\limits_{i=1}^{n} \tau_i} \right]$。沥青混合料层为1层时,$w_i$ 取1.0;沥青混合料层为2层时,自上而下,w_1 可取 0.48,w_2 可取 0.52;沥青混合料层为3层时,自上而下,w_1、w_2 和 w_3 可分别取 0.35、0.42 和 0.23。

粒料类基层沥青路面和底基层采用粒料的沥青结合料类基层沥青路面,沥青混合料贯入强度应满足式(10.7)的要求。

$$R_{\tau g} \geq \left(\frac{0.35 \cdot \lg N_{e5} - 1.16}{\lg [R_a] - 1.62 \cdot \lg T_d - \lg \Psi_g + 2.76} \right)^{1.38} \qquad (10.7)$$

式中:Ψ_g——路面结构系数,根据式(10.8)计算:

$$\Psi_g = 20.16\, h_a^{-0.642} + 820\,916\, h_b^{-2.84} \qquad (10.8)$$

$R_{\tau g}$——路面各层沥青混合料的综合贯入强度,根据式(10.9)计算:

$$R_{\tau g} = \sum_{i=1}^{n} w_{ig} R_{\tau i} \qquad (10.9)$$

w_{ig}——第 i 层沥青混合料的权重,为第 i 层厚度中点剪应力与各层厚度中点剪应力之和的比值 $\left[w_{ig} = \dfrac{\tau_i}{\sum\limits_{i=1}^{n} \tau_i} \right]$。沥青混合料层为1层时,$w_1$ 取1.0;沥青混合料层为2层时,自上而下,w_1 可取 0.44,w_2 可取 0.56;沥青混合料层为3层时,自上而下,w_1、w_2 和 w_3 可分别取 0.27、0.36 和 0.37。

其他符号意义同式(10.4)~式(10.6)。

10.4.5 低温性能

沥青路面的低温缩裂与温度下降引起的材料体积收缩有关。由于沥青层受到约束,随着温度下降材料不能自由收缩,则产生温度应力。温度较高时,沥青混凝土表现出黏弹性性质,所产生的温度应力将因应力松弛而消失。但是在低温范围内,沥青混凝土主要表现为弹性,温度应力不会消失,当温度应力超过沥青混凝土的抗拉强度时就会产生裂缝。此类裂缝表现为沥青路面的横向裂缝,多从路表面自上而下发展,沿道路纵向有规律地出现。沥青路面的低温性能可以从沥青材料和沥青混合料两个方面进行检验和评价。

1) 沥青弯曲蠕变劲度试验

评价沥青材料低温性能的常用方法包括低温延度试验、弗拉斯脆点试验和弯曲蠕变劲度试验(简称"BBR试验")等,其中BBR试验可以更准确地用于确定沥青材料所适用的低温范围。

BBR试验是采用弯曲梁流变仪测定沥青材料低温性能的试验方法,以试验温度下弯曲蠕变劲度$S(t)$和蠕变速率m值作为技术指标进行评价。BBR试验可用于评价原样沥青、压力老化后的沥青和薄膜烘箱(或旋转薄膜烘箱)后的老化沥青。试件为长方体沥青小梁,浸泡在恒温浴中以保持稳定的温度。试验开始时,在沥青小梁的跨中施加(980 ± 50) mN的恒定荷载P且保持不变,测得并记录8.0 s、15.0 s、30.0 s、60.0 s、120.0 s、180.0 s和240.0 s时沥青小梁所承受的荷载值和跨中变形值。该试验基于线黏弹性模型,通过式(10.10)计算沥青弯曲蠕变劲度

$$S(t)=\frac{Pl^3}{4bh^3\delta(t)} \tag{10.10}$$

式中:$S(t)$——时间t时的弯曲蠕变劲度(MPa);

P——恒定荷载(N);

l——沥青小梁跨度(mm);

b——沥青小梁宽度(mm);

h——沥青小梁厚度(mm);

$\delta(t)$——沥青小梁在时间t时的跨中变形(mm)。

对应的蠕变速率$m(t)$为弯曲蠕变劲度$S(t)$与时间t的双对数关系曲线的斜率,按式(10.11)计算:

$$m(t)=Slope\{\lg[S(t)],\lg t\} \tag{10.11}$$

我国《沥青规范》规定,在进行沥青面层低温开裂指数验算时,取时间$t=180.0$ s时的弯曲蠕变劲度$S(t)$作为沥青材料的低温性能试验结果。对于季节性冻土地区高速公路和一级公路表面层沥青低温性能,宜满足以下指标要求:

(1) 分析工程所在地连续10年的年最低气温平均值,作为路面低温设计温度。路面低温设计温度提高10 ℃的试验条件下,沥青弯曲蠕变劲度不宜大于300 MPa,且蠕变曲线斜率m不宜大于0.30。

(2) 当弯曲蠕变劲度处于300~600 MPa范围内,且蠕变曲线斜率m大于0.30时,增加沥青直接拉伸试验,其断裂应变不宜小于1%。

(3) 以上都不满足时,采用沥青弯曲蠕变劲度试验和直接拉伸试验确定沥青临界开裂

温度,临界开裂温度不宜高于路面低温设计温度。

2) 沥青混合料低温弯曲试验

评价沥青混合料低温抗裂性能的方法主要包括间接拉伸试验、蠕变试验、约束试件温度应力试验、应力松弛试验和弯曲试验等,其中以弯曲试验应用最为广泛。

低温弯曲试验通常采用长 250 mm、宽 30 mm、高 35 mm 的沥青混合料小梁,其跨径为 200 mm,在 -10 ℃的环境下,以 50 mm/min 的速率,在跨中单点加载。在小梁断裂时,记录梁底最大拉应变。用低温弯曲破坏应变评价沥青路面的低温抗裂性能,概念明确,指标直观、可控。沥青混合料的低温弯曲破坏应变应根据气候分区的特征,符合表10.4.2的规定。

表 10.4.2　沥青混合料低温弯曲试验破坏应变技术要求

气候条件与技术指标	相应于下列气候分区所要求的破坏应变/$\mu\varepsilon$								试验方法
年极端最低气温/℃及气候分区	<-37.0		-37.0~-21.5		-21.5~-9.0		>-9.0		
	1. 冬严寒区		2. 冬寒区		3. 冬冷区		4. 冬温区		
	1-1	2-1	1-2	2-2	3-2	1-3	2-3	1-4	2-4
普通沥青混合料,不小于	2 600		2 300			2 000				T 0715
改性沥青混合料,不小于	3 000		2 800			2 500				

注:气候分区的确定应符合现行《公路沥青路面施工技术规范》(JTG F40)的有关规定。

10.4.6　水稳定性

水损坏是沥青路面早期病害的主要损坏类型之一。沥青路面的耐久性主要依靠沥青与集料之间的黏附程度,水会破坏沥青与集料之间的黏附性,是影响沥青路面耐久性的主要因素之一。无论在冰冻地区,还是在南方多雨地区,水损坏都有可能发生。水损坏发生后使得沥青与集料脱离,从而使路面出现松散、剥离和坑洞等病害,严重危害道路的使用性能。

沥青路面的水损坏包括两个过程:首先,水浸入沥青中使沥青黏附性减小,导致沥青混合料的强度和模量减小;其次,水进入沥青薄膜和集料之间,阻断沥青与集料的相互黏结,由于集料表面对水比对沥青有更强的吸附力,从而使沥青与集料表面的接触面减小,使沥青从集料表面剥落。

评价沥青混合料水稳定性的试验方法主要包括:煮沸试验、浸水马歇尔试验、浸水间接拉伸试验、冻融劈裂试验和浸水车辙试验等。我国《沥青规范》规定采用浸水马歇尔试验残留稳定度和冻融劈裂试验残留强度比评价沥青混合料的水稳定性,两项指标应符合表10.4.3的规定。水稳定性不满足要求时,可采取掺入消石灰、水泥或抗剥落剂,或更换集料等措施改善集料与沥青的黏附性,提高沥青混合料抗水损坏的能力。

表 10.4.3　沥青混合料水稳定性技术要求

沥青混合料类型		相应于以下年降雨量的技术要求/mm		试验方法
		≥500	<500	
浸水马歇尔试验残留稳定度/%				
普通沥青混合料,不小于		80	75	T 0709
改性沥青混合料,不小于		85	80	
SMA混合料,不小于	普通沥青	75		
	改性沥青	80		
冻融劈裂试验的残留强度比/%				
普通沥青混合料,不小于		75	70	T 0729
改性沥青混合料,不小于		80	75	
SMA混合料,不小于	普通沥青	75		
	改性沥青	80		

10.4.7　疲劳性能

疲劳现象是指循环加载下的沥青混合料,在某点或某些点产生局部损伤,于一定循环次数后形成宏观裂纹,并进一步扩展到完全断裂的现象。疲劳破坏是指沥青混合料在低于其强度极限的循环加载作用下,发生破坏的现象。疲劳寿命是指沥青混合料在疲劳破坏时所作用的应力(应变)循环次数。疲劳极限是指当重复荷载作用次数(疲劳寿命)为无限大时的最大应力(应变)值。疲劳曲线是将重复应力 σ_r 与一次加载破坏的极限应力比值(称为应力比)或重复应变 ε_r 作为纵坐标,绘制出 σ_r/σ_f 或 ε_r 与重复作用次数 N_f 的关系曲线。

20世纪60年代开始,世界各国对路面疲劳特性进行了系统研究,对路面疲劳破坏机理也有了更科学的认识。理论和实践都已表明,在移动车辆荷载作用下,路面结构内各点处于不同的应力-应变状态,如图10.4.2所示。路面面层底部 B 点处于三向应力状态,车轮作用其上时,B 点受到全拉应力作用,车轮驶过后应力方向改变,量值变小,并有剪应力产生。当车轮驶过一定距离后,B 点则承受主压应力作用。B 点应力随时间的变化曲线如图10.4.3所示。

路面表面上 A 点则相反,车轮驶近时受拉,车轮直接作用时受压,车轮驶过后又受拉。车轮驶过一次就使点出现一次拉压应力循环。路面在整个使用过程中,长期处于应力(应变)重复循环变化的状态。由于路面材料的抗压强度远大于抗拉强度,而面层底部 B 点在车轮下所受的拉应力较之表面 A 点在车轮驶近或驶离后产生的拉应力要大得多,因此在荷载重复作用下路面裂缝通常从面层底部开始发生。路面疲劳设计大多数以面层底部拉应力或拉应变作为控制指标。

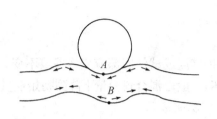

图10.4.2　路面面层在车轮下的受力状态图

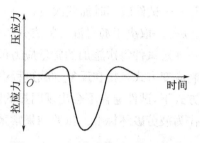

图10.4.3　B点应力随时间的变化

1) 沥青混合料疲劳力学模型

沥青路面疲劳特性的研究方法可以分为两类：一类为现象学法，即传统的疲劳理论方法，它采用疲劳曲线表征材料的疲劳性质；另一类为力学近似法，即应用断裂力学原理分析疲劳裂缝扩展规律以确定材料疲劳寿命。现象学法与力学近似法都是研究材料的裂缝以及裂缝的扩展，其主要区别就在于前者的材料疲劳寿命包括裂缝的形成和扩展阶段，研究裂缝形成的机理以及应力、应变与疲劳寿命之间的关系，各种因素对疲劳寿命及疲劳强度的影响；后者只考虑裂缝扩展阶段的寿命，认为材料一开始就有初始裂缝存在，它主要是研究材料的断裂机理及裂缝扩展规律。以下介绍现象学法。

沥青混合料的疲劳是材料在荷载重复作用下产生不可恢复的强度衰减积累所引起的一种现象。显然荷载的重复作用次数越多，强度的衰减就越剧烈，它所能承受的应力或应变值就越小。

在现象学法中，把材料出现疲劳破坏的重复应力值称作疲劳强度，相应的应力重复作用次数称为疲劳寿命。疲劳寿命可以用两种指标来表示，即服务寿命和断裂寿命。服务寿命为试件能力降低到某种预定状态所必需的加载累积次数；断裂寿命为试件完全破裂所必需的加载累积次数。如果试件破坏都被定义为在连续重复加载下完全裂开，则服务寿命与断裂寿命两者相等。

应用现象学法进行疲劳试验的方法很多，归纳起来可以分为三类：第一类是实际路面在真实车辆荷载作用下的疲劳破坏试验，如美国的AASHTO试验路；第二类是足尺路面结构在模拟车辆荷载作用下的疲劳试验研究，包括环道试验、加速加载试验；第三类是实验室小型试件的疲劳试验研究。由于前两类试验研究方法耗资大、周期长，因此大量采用的还是周期短、费用少的室内小型疲劳试验。室内小型疲劳试验的方法很多，如四点小梁弯曲试验、中点加载小梁弯曲试验、悬臂梁试验、单轴压缩试验、间接拉伸试验和旋转悬臂试验等。

应用现象学法进行疲劳试验时，可采用控制应力(常应力)和控制应变(常应变)两种加载模式。控制应力方式是指在反复加载过程中所施加荷载(或应力)的峰谷值始终保持不变，随着加载次数的增加最终导致试件断裂破坏。这种控制方式以完全断裂作为疲劳损坏的标准。试验结果常用式(10.12)来表示：

$$N_f = k\left(\frac{1}{\sigma}\right)^n \tag{10.12}$$

式中：N_f——试件破坏时加载次数；

k、n——取决于沥青混合料成分和特性的常数；

σ——对试件每次施加的常量应力最大幅值。

控制应变方式是指在反复加载过程中始终保持挠度或试件底部应变峰谷值不变。在这种控制方式下，试件通常不会出现明显的断裂破坏，一般以混合料模量下降到初始模量50%或更低作为疲劳破坏标准。试验结果常采用式(10.13)来表示：

$$N = C\left(\frac{1}{\varepsilon}\right)^m \tag{10.13}$$

式中：N——混合料模量下降为初始模量50%或更低时的次数；

C、m——取决于沥青混合料成分和特性的常数；

ε——对试件每次施加的常量应变最大幅值。

式(10.12)和式(10.13)表明，材料在承受重复常应力或常应变条件下，施加的应力或应变同疲劳寿命之间的关系在双对数坐标上成线性反比关系。图10.4.4为沥青混合料在采用应力和应变模式时所得到的疲劳试验曲线。

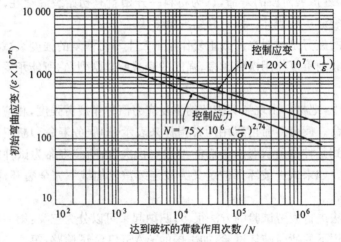

图10.4.4　不同加载模式下的疲劳曲线

2) 影响沥青路面疲劳的因素

沥青路面的疲劳寿命除了受荷载条件的影响外，还受到材料性质和环境变量的影响。

(1) 荷载条件　材料的疲劳寿命可按不同的荷载条件来测定。如果在全过程中荷载条件保持不变，则称为简单荷载；如果按某种预定形式重复改变荷载条件，称为复合荷载。显然，对于相同的沥青混合料，试件承受简单荷载或是复合荷载所表现的疲劳反应是不同的。

试件在承受简单荷载的情况下，即使初始应力和应变相同，采用两种不同加载模式所得出的疲劳寿命试验结果也是不同的。这是因为在控制应力加载模式中，材料劲度随着加载次数的增加而减小,为了保持各次加载时的常量应力不变,实际作用于试件的变形就要增加;而在控制应变加载模式中,为了要保持每次加载时的常量应变不变,实际作用于试件的应力则减小。

研究表明,控制应变加载模式疲劳试验较适合于薄沥青混合料层,控制应力加载模式疲劳试验较适合于厚沥青混合料层,介于中间厚度的沥青混合料层,需要在二者之间建立过渡关系。《沥青规范》采用疲劳加载模式系数k_b进行不同加载模式间的过渡和转换。疲劳加载模式系数k_b按式(10.14)计算。

$$k_b = \left[\frac{1 + 0.3 E_a^{0.43} (VFA)^{-0.85} e^{0.024 h_a - 5.41}}{1 + e^{0.024 h_a - 5.41}}\right]^{3.33} \tag{10.14}$$

此外,加载速率、加载波形和荷载间隔时间等因素对疲劳试验结果也有明显的影响。一般情况下,加载速率过快,荷载间隔时间过短,试件的疲劳恢复时间过短,容易加速破坏,疲劳寿命较短。

(2) 材料性质 沥青混合料的模量是影响疲劳寿命的重要参数。根据试验,在控制应力加载模式中,疲劳寿命随混合料模量的增加而增加,这是因为每次加载产生的应变较小,因此重复作用的次数就多。而在控制应变的加载模式中,疲劳寿命随混合料模量的增加而减少。这是因为模量高,每次重复加载的应力就大,疲劳寿命就减少。一切与模量相关的因素都将直接影响到沥青混合料的疲劳寿命,如沥青用量、沥青的种类和稠度等。

沥青混合料的空隙率对疲劳寿命的影响十分明显,不论是何种加载模式,降低空隙率都能延长混合料的疲劳寿命,所以一般密级配混合料比开级配混合料的疲劳寿命要长。此外,集料的表面纹理、形状和级配都对混合料的疲劳寿命有一定影响。

(3) 环境条件 温度对疲劳性能的影响可以用混合料模量来解释。温度在一定限度内下降时,沥青混合料的模量增大,试件在承受一定压力的条件下所产生的应变就小,因而在控制应力加载模式的试验中有较长的疲劳寿命;而在控制应变加载模式的试验中,温度增加引起混合料模量降低,使裂缝扩展速度变慢而导致疲劳寿命得以增长。

R.Guericke 和 F.Weinert 根据室内试验结果认为,在低温时控制应力加载模式所得的疲劳寿命与控制应变加载模式的试验结果基本接近,但在较高温度下两种加载模式所得的疲劳寿命之间的差值颇为显著。

3) 沥青混合料四点弯曲疲劳试验

在室内小型疲劳试验方面,沥青混合料四点弯曲疲劳试验已得到普遍应用,也是《沥青规范》所推荐采用的疲劳试验方法。目前,一般按照控制应变模式进行沥青混合料疲劳试验。

在实验室通过轮碾成型板块或从现场路面获得板块试件,切割成厚度为 50 mm、宽度为 63.5 mm 和长度为 380 mm 的小梁试件,并确定试件的空隙率(VV)和矿料间隙率(VMA)。

试验时,先将小梁放置在规定温度的环境箱内存放 4 h 以上,在目标试验应变下预加载 50 个循环,计算第 50 个循环的试件模量作为初始模量,然后继续加载直到满足加载条件,即当沥青混合料的弯曲模量降低到初始弯曲模量的 50% 时,加载自动停止。最大拉应力 σ_t (Pa)和最大拉应变 ε_t 分别按式(10.15)和式(10.16)计算。

$$\sigma_t = \frac{LP}{wh^2} \tag{10.15}$$

$$\varepsilon_t = \frac{12\delta h}{3L^2 - 4a^2} \tag{10.16}$$

式中：L ——梁跨距(m)，即外端两个夹具的间距，一般为 0.357 m；
　　　P ——峰值荷载(N)；
　　　w ——梁宽(m)；
　　　h ——梁高(m)；
　　　δ ——梁中心最大位移(m)；
　　　a ——相邻夹头中心间距(m)，为 $L/3$，一般为 0.119 m。

弯曲模量 S(Pa)和相位角 φ(°)分别按式(10.17)和式(10.18)计算。

$$S = \frac{\sigma_t}{\varepsilon_t} \tag{10.17}$$

$$\varphi = 360 ft \tag{10.18}$$

式中：f ——加载频率(Hz)；
　　　t ——应变峰值滞后于应力峰值的时间(s)。

第 i 次加载的单个循环耗散能 E_{Di}(J/m³)和累计耗散能 E_{CD}(J/m³)分别按式(10.19)和式(10.20)计算。

$$E_{Di} = \pi \sigma_t \varepsilon_t \sin\varphi \tag{10.19}$$

$$E_{CD} = \sum_{i=1}^{n} E_{Di} \tag{10.20}$$

4) 沥青混合料疲劳寿命的预估方法

世界各国都在致力于研究沥青混合料疲劳寿命的预估方法，进一步用于路面结构，以预估沥青路面的疲劳寿命。通过大量试验明确了影响混合料疲劳寿命的各种因素之后，进一步研究各种因素影响疲劳寿命的规律性，即可提出沥青混合料疲劳寿命的预估方法。下面介绍几个有代表性的预估方程式。

(1) 诺丁汉大学法　诺丁汉大学通过对各种沥青混合料进行室内疲劳试验，建立了拉应变、疲劳荷载作用次数、沥青含量和软化点的关系式：

$$\lg \varepsilon_t = \frac{14.39 \lg V_B + 24.21 g T_{R\&B} - 40.7 - \lg N}{5.13 \lg V_B + 8.63 \lg T_{R\&B} - 15.8} \tag{10.21}$$

式中：ε_t ——拉应变；
　　　N ——荷载作用次数；
　　　V_B ——沥青体积百分率；
　　　$T_{R\&B}$ ——沥青软化点。

当拉应变为 100×10^{-6} 时，混合料的疲劳寿命同沥青用量和软化点之间的经验关系式为：

$$\lg N(\varepsilon = 100 \times 10^{-6}) = 4.13 \lg V_B + 6.95 \lg T_{R\&B} \tag{10.22}$$

式中：N——试件在常量应变 100×10^{-6} 时达到破坏的加载次数；

V_B——沥青体积百分率；

$T_{R\&B}$——沥青软化点。

（2）沥青学会法　沥青学会得到的关系式为：

$$N = 18.4C[4.325 \times 10^{-3}(\varepsilon_t)^{-3.291}(S_{mix})^{-0.354}] \tag{10.23}$$

$$C = 10^M \tag{10.24}$$

$$M = 4.84\left(\frac{V_B}{V_V + V_B} - 0.69\right) \tag{10.25}$$

式中：N——试件达到破坏的加载次数；

ε_t——拉应变；

V_V——空隙率；

V_B——沥青体积百分率；

S_{mix}——特定时间、温度下混合料的劲度。

10.5　沥青路面的破坏状态与设计指标

沥青路面由于环境因素的不断影响和车辆荷载的反复作用，经过一段时间的使用，便会产生损伤而逐渐失去原有的使用性能。设计控制标准是指根据路面结构的破坏过程和破坏机理所达到的极限状态，从力学响应的角度提出的控制指标。路面结构设计中结构厚度组合只要满足了控制指标的极限标准，就能保证路面结构在设计使用期内正常工作，不致出现破坏的极限状态。

10.5.1　沥青混合料层和无机结合料稳定层疲劳开裂

疲劳开裂是沥青路面常见的一种破坏类型，是路面在正常使用情况下，由车辆荷载的多次反复作用引起的。疲劳开裂的特点是：路面无显著的永久变形，开裂开始大都是形成细而短的横向裂缝，继而逐渐扩展成网状，裂缝的宽度和范围不断扩大，如图 10.5.1 所示。产生疲劳开裂的原因，是沥青结构层受车辆荷载的反复弯曲作用，使结构层底面产生的拉应变（或拉应力）值超过材料的疲劳强度（它较一次荷载作用的极限值小很多），底面便开裂，并逐渐向表面发展；经水硬性结合料稳定而形成的无机结合料稳定基层也会产生疲劳开裂，甚至导致面层破坏。

结构层达到临界疲劳状态时所承受的荷载重复次数称为疲劳寿命。某一种路面结构层疲劳寿命的大小，主要取决于所受到的重复应变（或应力）大小，同时也与路面的环境因

图 10.5.1 疲劳开裂

素有关。通过室内试验和现场路段的观测，可以建立路面或结构层材料承受重复荷载次数与重复应变(或应力)大小之间的关系，即疲劳方程或疲劳曲线。因而可根据路面的设计使用年限求得累计荷载作用次数，由疲劳方程确定路面结构层所容许的重复应变(或应力)的大小。

沥青路面有两个地方存在疲劳开裂的风险：一是沥青混合料层层底，二是无机结合料稳定层层底。设计时，应保证沥青混合料层的疲劳开裂寿命和无机结合料稳定层的疲劳开裂寿命大于设计使用年限内设计车道的当量设计轴载累计作用次数，如式(10.26)和式(10.27)所示。

$$N_{e1} < N_{f1} \tag{10.26}$$

$$N_{e2} < N_{f2} \tag{10.27}$$

式中：N_{e1}——设计使用年限内设计车道上沥青混合料层的当量设计轴载累计作用次数；

N_{f1}——沥青混合料层的疲劳开裂寿命(轴次)；

N_{e2}——设计使用年限内设计车道上无机结合料稳定层的当量设计轴载累计作用次数；

N_{f2}——无机结合料稳定层的疲劳开裂寿命(轴次)。

10.5.2 沥青混合料层永久变形

车辙是路面结构层及路基在车辆重复荷载作用下的补充压实以及结构层材料的侧向位移产生的累积永久变形(见图 10.5.2)。这种变形出现在车辆轮迹带处，即形成路面的纵向带状凹陷。车辙是高级沥青路面的主要破坏形式之一。因为这类路面的使用寿命较长，虽然每一次车辆荷载作用产生的残余变形量很小，但是多次重复作用累积起来的残余变形总和也会很大，足以影响车辆的正常行驶。

路面的车辙同荷载应力大小、重复作用次数以及结构层和路基的性质有关。根据观测

图 10.5.2　车辙

和试验结果,国内外已提出了表征上述关系的经验公式和设计指标,有代表性的控制车辙深度的指标为沥青混合料层的永久变形量。可表示为:

$$R_a \leqslant [R_a] \tag{10.28}$$

式中:R_a——沥青混合料层永久变形量(mm),可通过标准条件下的车辙试验,用分层法计算求得;

$[R_a]$——沥青混合料层的容许永久变形量(mm)。

10.5.3　路基顶面沉陷

沉陷是路面在车轮作用下表面产生的较大凹陷变形,有时凹陷两侧伴有隆起现象出现,如图 10.5.3 所示。当沉陷严重时,超过了结构的变形能力,在结构层受拉区产生开裂而形成纵裂,并有可能逐渐发展成网裂。造成路面沉陷的主要原因是路基土的压缩。当路基土的承载能力较低时,不能承受从路面传至路基表面的车轮压力,便产生较大的垂直变形即沉陷。

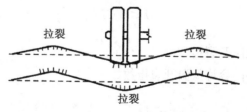

图 10.5.3　沉陷示意图

为控制路基土的压缩引起路面的沉陷,可选用路基土的竖向压应变作为设计标准,如式(10.29)所示。

$$\varepsilon_z \leqslant [\varepsilon_z] \tag{10.29}$$

式中：ε_z——路基表面由车辆荷载作用产生的竖向压应力或应变，可用弹性层状体系理论求得；

$[\varepsilon_z]$——路基土的容许竖向压应力或应变，其数值同路基的特性（弹性模量）和车轮荷载作用次数有关。

10.5.4 低温缩裂

路面结构中某些整体性结构层在低温（通常为零下温度）时由于材料收缩受限制而产生较大的拉应力，当它超过材料相应条件下的抗拉强度时便产生开裂（见图 10.5.4）。由于路面的纵向尺度远大于横向，低温收缩时侧向约束不大，故这种开裂一般为横向间隔性的裂缝，严重时才发展为纵向裂缝。在冰冻地区，沥青面层和用无机结合料稳定的整体性基层，冬季可能出现纵向缩裂。

图 10.5.4 低温缩裂

低温缩裂是一项同荷载因素无关的设计指标，即低温时结构层材料因收缩受约束而产生的温度应力不大于该温度时材料的容许拉应力。在设计时，要求季节性冻土地区沥青面层低温开裂指数不大于容许值，即：

$$CI \leqslant [CI] \tag{10.30}$$

式中：CI——沥青面层低温开裂指数；

$[CI]$——沥青面层的容许低温开裂指数。

10.5.5 设计指标

沥青路面设计应控制沥青混合料层疲劳开裂损坏、无机结合料稳定层疲劳开裂损坏、沥青混合料层永久变形量、路基顶面竖向压应变，以及季节性冻土地区的路面低温开裂。路面结构验算应根据路面结构组合，参照表 10.5.1 选择设计指标。

表 10.5.1 不同结构组合路面的设计指标

基层类型	底基层类型	设计指标[1]
无机结合料稳定类	粒料类	无机结合料稳定层层底拉应力、沥青混合料层永久变形量
	无机结合料稳定类	
沥青结合料类	粒料类	沥青混合料层层底拉应变、沥青混合料层永久变形量和路基顶面竖向压应变
	无机结合料稳定类	沥青混合料层永久变形量、无机结合料稳定层层底拉应力
粒料类[2]	粒料类	沥青混合料层层底拉应变、沥青混合料层永久变形量和路基顶面竖向压应变
	无机结合料稳定类	沥青混合料层层底拉应变、沥青混合料层永久变形量和无机结合料稳定层层底拉应力
水泥混凝土[3]	—	沥青混合料层永久变形量

注：1. 季节性冻土地区应增加沥青面层低温开裂验算和防冻厚度验算。
    2. 在沥青混合料层与无机结合料稳定层间设置粒料层时，应验算沥青混合料层疲劳开裂寿命。
    3. 水泥混凝土基层应按现行《水泥规范》设计。

以柔性基层和半刚性基层沥青路面为例，分析损坏模式与控制指标。图 10.5.5 和图 10.5.6 分别为柔性基层沥青路面损坏模式和控制指标。损坏模式主要有：(1)沥青层疲劳开裂；(2)沥青层永久变形；(3)路基永久变形。控制指标主要有：(1)沥青混合料层层底拉应变；(2)沥青混合料层永久变形量；(3)路基顶面竖向压应变。

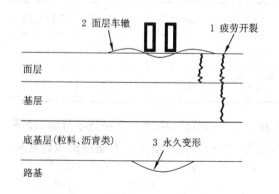

图 10.5.5 柔性基层沥青路面损坏模式

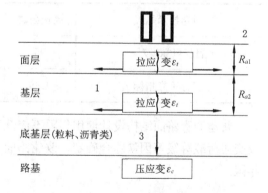

图 10.5.6 柔性基层沥青路面控制指标

图 10.5.7 和图 10.5.8 分别为半刚性基层沥青路面损坏模式和控制指标。损坏模式主要有：(1)基层和底基层疲劳开裂；(2)沥青层反射裂缝；(3)沥青层永久变形。控制指标主要有：(1)无机结合料稳定层层底拉应力；(2)沥青混合料层永久变形量。

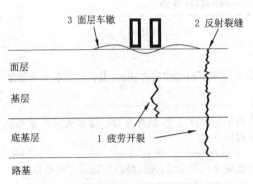
图 10.5.7 半刚性基层沥青路面损坏模式

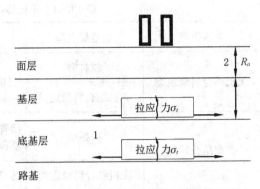
图 10.5.8 半刚性基层沥青路面控制指标

10.6 我国沥青路面结构设计

我国沥青路面设计方法采用双圆垂直均布荷载作用下的弹性层状体系理论,验算在设计期内,路面结构在环境和交通荷载作用下,路面的使用性能满足沥青层疲劳开裂、无机结合料稳定层疲劳开裂、沥青混合料层永久变形、路基永久变形和低温开裂等方面的要求。路面交(竣)工时,应采用落锤式弯沉仪(FWD)验收路面结构的弯沉值。

10.6.1 沥青路面设计标准

路面结构的目标可靠度和目标可靠指标见表 10.6.1。

表 10.6.1 路面结构的目标可靠度和目标可靠指标

道路技术等级	高速公路	一级公路	二级公路	三级公路	四级公路
目标可靠度/%	95	90	85	80	70
目标可靠指标	1.65	1.28	1.04	0.84	0.52

新建沥青路面结构设计使用年限不应低于表 10.6.2 的规定,应根据道路技术等级、经济及交通荷载等级等因素综合确定。改建路面结构设计可根据实际情况选取适宜的设计使用年限。

表 10.6.2 路面结构设计使用年限　　　　　　　　　　　　　　　单位:年

道路技术等级	设计使用年限	道路技术等级	设计使用年限
高速公路、一级公路	15	三级公路	10
二级公路	12	四级公路	8

路面结构所承受的交通荷载应按表 10.6.3 进行分级。

表 10.6.3 设计交通荷载等级

设计交通荷载等级	极重	特重	重	中等	轻
设计使用年限内设计车道累计大型客车和货车交通量（$\times 10^6$，辆）	$\geqslant 50.0$	$19.0 \sim 50.0$	$8.0 \sim 19.0$	$4.0 \sim 8.0$	<4.0

注：大型客车和货车为表 1.3.6 所列的 2 类～11 类车。

高速公路、一级公路以及山岭重丘区二级和三级公路的路面在交工验收时，其抗滑技术指标应满足表 10.6.4 的技术要求。

表 10.6.4 抗滑技术要求

年平均降雨量/mm	交工检测指标值	
	横向力系数 SFC_{60}^1	构造深度 TD^2/mm
$>1\,000$	$\geqslant 54$	$\geqslant 0.55$
$500 \sim 1\,000$	$\geqslant 50$	$\geqslant 0.50$
$250 \sim 500$	$\geqslant 45$	$\geqslant 0.45$

注：1. 横向力系数 SFC_{60}——用横向力系数测试车，在 (60 ± 1)km/h 车速下测定。
    2. 构造深度 TD——用铺砂法测定。

10.6.2 路面结构设计流程

路面结构设计主要包括下列内容：

(1) 根据道路交通状况的调查和预测，分析交通参数，确定交通荷载等级。

(2) 根据设计要求，收集所在地区的常用路面结构组合和材料性质要求，分析影响路面结构设计的其他因素，初拟路面结构组合与厚度方案，选取设计指标。

(3) 确定各结构层模量等设计参数，并检验粒料的 CBR 值，无机结合料稳定类材料的无侧限抗压强度，沥青低温性能要求，沥青混合料的低温破坏应变、动稳定度、贯入强度和水稳定性等。

(4) 收集工程所在地区气温资料，确定各设计指标对应的温度调整系数或等效温度。

(5) 采用多层弹性体系理论程序计算各设计指标的力学响应量。

(6) 进行路面结构验算，当不符合要求时，须调整路面结构方案重新验算，直至符合为止。

(7) 对通过结构验算的路面结构进行技术经济分析，选定路面结构方案。

(8) 计算设计路面结构的验收弯沉值。

路面结构设计应按图 10.6.1 所示的流程进行。

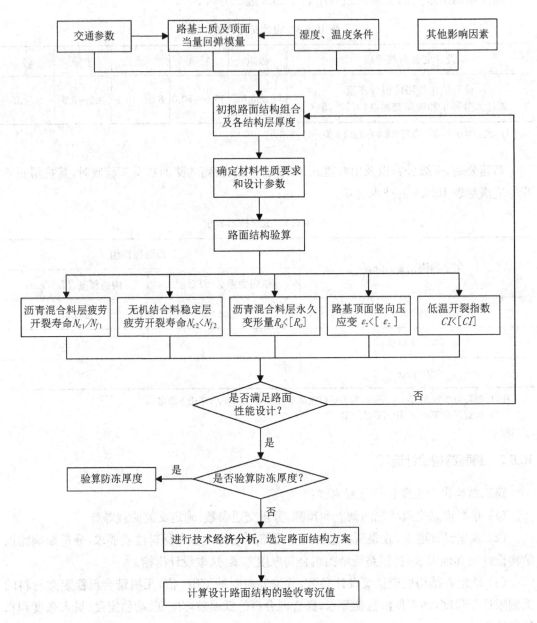

图 10.6.1　路面结构设计流程图

10.6.3　交通荷载参数分析与计算

各设计指标对应的当量设计轴载累计作用次数，应根据交通参数调查分析结果和设计使用年限，按本节内容计算确定。

1）交通数据调查

交通数据调查应包括交通量及增长率、方向系数、车道系数、车辆类型组成、轴组组成和轴重等，详见第一章相关内容。

车辆类型分布系数为某一类车型数量占2类~11类车辆总数的百分比,是反映交通组成的重要参数。货车类型分布系数 TTC 为反映车辆组成中整体式货车和半挂式货车所占比例的参数。根据对我国交通数据的分析,对于沥青路面设计,将 TTC 分类简化为5类。车辆类型分布系数可按下列三个水平确定,改建设计应采用水平一,新建路面设计可采用水平二或水平三。

(1)水平一 根据现场交通量观测资料分析2类~11类车型所占的百分比,得到车辆类型分布系数;

(2)水平二 根据交通历史数据或经验数据按表10.6.5确定公路 TTC 分类,采用该 TTC 分类车辆类型分布系数当地经验值;

(3)水平三 根据交通历史数据或经验数据按表10.6.5确定公路 TTC 分类,采用表10.6.6 给出的每种分类的车辆类型分布系数。

表10.6.5 公路 TTC 分类标准　　　　　　　　　　　　　　　　单位:%

TTC 分类	整体式货车比例	半挂式货车比例
TTC1	<40	>50
TTC2	<40	<50
TTC3	40~70	>20
TTC4	40~70	<20
TTC5	>70	—

注:表中整体式货车为表1.3.6中3类~6类车,半挂式货车为表1.3.6中7类~10类车。

表10.6.6 不同 TTC 分类车辆类型分布系数

车辆类型	2类	3类	4类	5类	6类	7类	8类	9类	10类	11类
TTC1	6.4	15.3	1.4	0.0	11.9	3.1	16.3	20.4	25.2	0.0
TTC2	22.0	23.3	2.7	0.0	8.3	7.5	17.1	8.5	10.6	0.0
TTC3	17.8	33.1	3.4	0.0	12.5	4.4	9.1	10.6	8.5	0.7
TTC4	28.9	43.9	5.5	0.0	9.4	2.0	4.6	3.4	2.3	0.1
TTC5	9.9	42.3	14.8	0.0	22.7	2.0	2.3	3.2	2.5	0.2

2) 车辆当量设计轴载换算

轴载换算参数包括轴组系数、轮组系数和换算系数,三个系数受路面设计参数、性能模型等直接影响。

各类车辆当量设计轴载换算系数可按下列三个水平确定,高速公路和一级公路的改建设计应采用水平一,其他情况可采用水平二或水平三。

(1) 水平一 采用称重设备连续采集设计车道上车辆类型、轴型组成和轴重数据,按下列步骤分析各类车辆当量换算系数。

① 分别统计表 1.3.6 所列 2 类～11 类车辆单轴单胎、单轴双胎、双联轴和三联轴的数量,除以各类车辆总量,按式(10.31)计算各类车辆中不同轴型平均轴数。

$$NAPT_{mi} = \frac{NA_{mi}}{NT_m} \tag{10.31}$$

式中:$NAPT_{mi}$——m 类车辆中 i 种轴型的平均轴数;

NA_{mi}——m 类车辆中 i 种轴型总数;

NT_m——m 类车辆总数;

i——分别为单轴单胎、单轴双胎、双联轴和三联轴;

m——表 1.3.6 所列 2 类～11 类车。

② 按式(10.32)计算 2 类～11 类车辆不同轴型在不同轴重区间所占的百分比,得到不同轴型的轴重分布系数,即轴载谱。确定轴载谱时,单轴单胎、单轴双胎、双联轴和三联轴应分别间隔 2.5 kN、4.5 kN、9.0 kN 和 13.5 kN 划分轴重区间。

$$ALDF_{mij} = \frac{ND_{mij}}{NA_{mi}} \tag{10.32}$$

式中:$ALDF_{mij}$——m 类车辆中 i 种轴型在 j 级轴重区间的轴重分布系数;

ND_{mij}——m 类车辆中 i 种轴型在 j 级轴重区间的数量;

NA_{mi}——m 类车辆中 i 种轴型的数量。

③ 按式(10.33)计算 2 类～11 类车辆不同轴型在不同轴重区间的当量设计轴载换算系数,计算时取各轴重区间中点值作为该轴重区间代表轴重。

$$EALF_{mij} = c_1 c_2 \left(\frac{P_{mij}}{P_s}\right)^b \tag{10.33}$$

式中:$EALF_{mij}$——m 类车辆中 i 种轴型在 j 级轴重区间的当量设计轴载换算系数;

P_s——设计轴载(kN);

P_{mij}——m 类车辆中 i 种轴型在 j 级轴重区间的单轴轴载(kN),对于双联轴和三联轴,为平均分配到每根单轴的轴载;

b——换算指数。分析沥青混合料层疲劳和沥青混合料层永久变形时,$b=4$;分析路基永久变形时,$b=5$;分析无机结合料稳定层疲劳时,$b=13$;

c_1——轴组系数,前后轴间距大于 3 m 时,分别按单个轴计算;轴间距小于 3 m 时,按表 10.6.7 取值;

c_2——轮组系数,双轮组为 1.0,单轮时取 4.5。

表 10.6.7 轴组系数取值

设计指标	轮—轴型	c_1 取值
沥青混合料层层底拉应变、沥青混合料层永久变形量	双联轴	2.1
	三联轴	3.2
路基顶面竖向压应变	双联轴	4.2
	三联轴	8.7
无机结合料稳定层层底拉应力	双联轴	2.6
	三联轴	3.8

按式(10.34)计算各类车辆当量设计轴载换算系数：

$$EALF_m = \sum_i \left[NAPT_{mi} \sum_j (EALF_{mij} \times ALDF_{mij}) \right] \quad (10.34)$$

式中：$EALF_m$——m 类车辆的当量设计轴载换算系数；
　　　$NAPT_{mi}$——m 类车辆中 i 种轴型的平均轴数；
　　　$ALDF_{mij}$——m 类车辆中 i 种轴型在 j 级轴重区间的轴重分布系数；
　　　$EALF_{mij}$——m 类车辆中 i 种轴型在 j 级轴重区间当量设计轴载换算系数,根据式(10.33)计算确定。

(2) 水平二和水平三按式(10.35)确定各类车辆的当量设计轴载换算系数。

$$EALF_m = EALF_{ml} \times PER_{ml} + EALF_{mh} \times PER_{mh} \quad (10.35)$$

式中：$EALF_{ml}$——m 类车辆中非满载车的当量设计轴载换算系数；
　　　$EALF_{mh}$——m 类车辆中满载车的当量设计轴载换算系数；
　　　PER_{ml}——m 类车辆中非满载车所占的百分比；
　　　PER_{mh}——m 类车辆中满载车所占的百分比。

式(10.35)中非满载车和满载车的比例和当量设计轴载换算系数,水平二时取当地经验值。

非满载车和满载车以车辆总重标准划分,小于或等于车辆总重标准的车辆为非满载车,否则为满载车。车辆总重标准如下：

① 二轴货车 180 kN；
② 三轴货车 250 kN（三轴货车列车 270 kN）；
③ 四轴货车 310 kN（四轴货车列车 360 kN）；
④ 五轴货车列车 430 kN；
⑤ 六轴及六轴以上货车列车 490 kN,其中牵引车驱动轴为单轴时为 460 kN。

以上车辆总重标准中,除驱动轴外,二轴组、三轴组以及半挂车和全挂车的车轴每侧轮胎按照双轮胎计算,若每轴每侧轮胎为单轮胎,限定标准减少 30 kN；车辆最大允许总重超过各车轴最大允许轴荷之和时,以各车轴最大允许轴荷之和作为判别标准。

对客车(2 类车),将 39 座(含 39 座)以下的客车称为非满载车,39 座以上的客车称为满载车。

水平三时取表 10.6.8 和表 10.6.9 所列全国经验值。

表 10.6.8　2 类～11 类车辆非满载车与满载车比例

车型	非满载车比例	满载车比例
2 类	0.80～0.90	0.10～0.20
3 类	0.85～0.95	0.05～0.15
4 类	0.60～0.70	0.30～0.40
5 类	0.70～0.80	0.20～0.30
6 类	0.50～0.60	0.40～0.50
7 类	0.65～0.75	0.25～0.35
8 类	0.40～0.50	0.50～0.60
9 类	0.55～0.65	0.35～0.45
10 类	0.50～0.60	0.40～0.50
11 类	0.60～0.70	0.30～0.40

表 10.6.9　2 类～11 类车辆当量设计轴载换算系数

车型	沥青混合料层层底拉应变、沥青混合料层永久变形量		无机结合料稳定层层底拉应力		路基顶面竖向压应变	
	非满载车	满载车	非满载车	满载车	非满载车	满载车
2 类	0.8	2.8	0.5	35.5	0.6	2.9
3 类	0.4	4.1	1.3	314.2	0.4	5.6
4 类	0.7	4.2	0.3	137.6	0.9	8.8
5 类	0.6	6.3	0.6	72.9	0.7	12.4
6 类	1.3	7.9	10.2	1 505.7	1.6	17.1
7 类	1.4	6.0	7.8	553.0	1.9	11.7
8 类	1.4	6.7	16.4	713.5	1.8	12.5
9 类	1.5	5.1	0.7	204.3	2.8	12.5
10 类	2.4	7.0	37.8	426.8	3.7	13.3
11 类	1.5	12.1	2.5	985.4	1.6	20.8

3) 当量设计轴载累计作用次数

当量设计轴载累计作用次数是在设计使用年限内,设计车道上当量轴次的总和。

根据路面结构设计使用年限和车辆当量设计轴载换算系数,可确定当量设计轴载累计作用次数。按式(10.36)计算初始年设计车道日平均当量轴次 N_1。

$$N_1 = AADTT \times DDF \times LDF \times \sum_{m=2}^{11}(VCDF_m \times EALF_m) \quad (10.36)$$

式中:$AADTT$ ——2 轴 6 轮及以上车辆的双向年平均日交通量(辆/d);

DDF ——方向系数;

LDF ——车道系数;

m ——车辆类型编号;

$VCDF_m$ ——m 类车辆类型分布系数;

$EALF_m$ ——m 类车辆的当量设计轴载换算系数。

根据初始年设计车道日平均当量轴次 N_1、设计使用年限等,按式(10.37)计算设计车道上的当量设计轴载累计作用次数。

$$N_e = \frac{[(1+\gamma)^t - 1] \times 365}{\gamma} N_1 \quad (10.37)$$

式中:N_e ——设计使用年限内设计车道上的当量设计轴载累计作用次数(次);

t ——设计使用年限(年);

γ ——设计使用年限内交通量的年平均增长率;

N_1 ——初始年设计车道日平均当量轴次(次/d)。

10.6.4 路面结构验算

沥青路面直接承受车辆荷载和大气因素的作用,为了保证路面为车辆提供稳定、耐久的服务,沥青路面必须具有足够的稳定性和耐久性。沥青路面的稳定性和耐久性主要包括高温稳定性、低温抗裂性、水稳定性、抗疲劳性能和抗老化性能,其中高温稳定性和低温抗裂性称为沥青路面的温度稳定性,水稳定性、抗疲劳性能及抗老化性能称为沥青路面的耐久性。

1) 材料和环境参数

(1) 材料设计参数的选用　气温和湿度条件是影响路面性能的重要外部因素。路面结构验算时,不同设计指标、不同地区温度和湿度条件的影响以温度调整系数、等效温度或湿度调整系数表征。路面结构验算时,结构层模量取值应符合下列规定:

① 沥青面层采用 20 ℃、10 Hz 条件下的动态压缩模量,沥青类基层采用 20 ℃、5 Hz 条件下的动态压缩模量。

② 无机结合料稳定层采用室内中间段法单轴压缩试验测定的弹性模量乘结构层模量调整系数 0.5。

③ 粒料层采用平衡湿度条件下的回弹模量,即标准条件下测试的回弹模量乘湿度调整系数。湿度调整系数可在 1.6～2.0 范围内选取。粒料回弹模量应取用最佳含水率和与压实

度要求相应的干密度条件下的试验值。压实度要求应符合现行《公路路面基层施工技术细则》(JTG/T F20)的有关规定。

④ 路基采用平衡湿度状态下并考虑干湿与冻融循环作用后的顶面当量回弹模量,即顶面回弹模量需进行湿度调整和干湿与冻融循环作用的折减,按式(8.17)计算。

⑤ 沥青混合料层疲劳开裂寿命、无机结合料稳定层疲劳开裂寿命和路基顶面竖向压应变验算时,应根据所在地区的气温条件、路面结构类型和结构层厚度,确定温度调整系数。

⑥ 沥青混合料层永久变形量验算时,应根据所在地区的气温条件,选用相应的等效温度。

(2) 温度调整系数和等效温度　路面结构沥青面层或基层(含底基层)由两层或两层以上不同材料结构层组成时,应按式(10.38)和式(10.39)分别换算成当量沥青面层和当量基层。对采用沥青结合料类基层的路面,将基层换算至当量沥青面层。超过2层时,重复利用式(10.38)和式(10.39)自上而下逐层换算,把实际路面结构简化为由当量沥青面层、当量基层和路基构成的三层路面结构,称为基准路面结构。

$$h_i^* = h_{i1} + h_{i2} \tag{10.38}$$

$$E_i^* = \frac{E_{i1}h_{i1}^3 + E_{i2}h_{i2}^3}{(h_{i1}+h_{i2})^3} + \frac{3}{h_{i1}+h_{i2}}\left(\frac{1}{E_{i1}h_{i1}} + \frac{1}{E_{i2}h_{i2}}\right)^{-1} \tag{10.39}$$

式中: h_i^*, E_i^* ——分别为当量层厚度(mm)和模量(MPa),下标 $i=a$ 为沥青面层,$i=b$ 为基层。

不同气温状况下基准路面结构的损坏,转换成标准温度(20 ℃)条件下基准路面结构的等效损坏,得到基准路面结构温度调整系数。部分地区各类路面结构设计指标的基准路面结构温度调整系数,可参照表10.6.10取用。其他地区的基准路面结构温度调整系数,可按气温条件相近地区的系数值取用,气温资料取连续10年的平均值。

表10.6.10　各地气温统计资料及相应的基准路面结构温度调整系数和等效温度

地名	省 (自治区、 直辖市)	最热月平 均气温 /℃	最冷月平 均气温 /℃	年平均 气温 /℃	温度调整系数		等效温度 /℃
					沥青混合料层层底拉 应变、无机结合料稳 定层层底拉应力	路基顶面竖 向压应变	
北京	北京	26.9	−2.7	13.1	1.23	1.09	20.1
济南	山东	28.0	0.2	15.1	1.32	1.17	21.8
日照	山东	26.0	−2.0	12.7	1.21	1.06	19.4
太原	山西	23.9	−5.2	10.5	1.12	0.98	17.3
大同	山西	22.5	−10.4	7.5	1.01	0.89	15.0
侯马	山西	26.8	−2.3	13.0	1.23	1.08	19.9
西安	陕西	27.5	0.1	14.3	1.28	1.13	20.9
延安	陕西	23.9	−5.3	10.5	1.12	0.98	17.3

(续表)

地名	省（自治区、直辖市）	最热月平均气温/℃	最冷月平均气温/℃	年平均气温/℃	温度调整系数		等效温度/℃
					沥青混合料层层底拉应变、无机结合料稳定层层底拉应力	路基顶面竖向压应变	
安康	陕西	27.3	3.7	15.9	1.35	1.19	21.7
上海	上海	28.0	4.7	16.7	1.38	1.23	22.5
天津	天津	26.9	−3.4	12.8	1.22	1.08	20.0
重庆	重庆	28.3	7.8	18.4	1.46	1.31	23.6
台州	浙江	27.7	6.9	17.5	1.42	1.26	22.8
杭州	浙江	28.4	4.5	16.9	1.40	1.25	22.8
合肥	安徽	28.5	2.9	16.3	1.37	1.22	22.6
黄山	安徽	27.5	4.4	16.6	1.38	1.23	22.3
福州	福建	28.9	11.3	20.2	1.55	1.40	24.9
建瓯	福建	28.2	8.9	19.1	1.49	1.35	24.1
敦煌	甘肃	25.1	−8.0	9.9	1.10	0.97	17.6
兰州	甘肃	22.9	−4.7	10.5	1.12	0.98	17.0
酒泉	甘肃	22.2	−9.1	7.8	1.02	0.90	15.0
广州	广东	28.7	14.0	22.4	1.66	1.52	26.5
汕头	广东	28.6	14.4	22.1	1.64	1.50	26.1
韶关	广东	28.5	10.3	20.4	1.56	1.42	25.2
河源	广东	28.4	13.1	21.9	1.63	1.49	26.1
连州	广东	27.6	11.0	20.3	1.55	1.40	24.8
南宁	广西	28.4	13.2	22.1	1.64	1.51	26.3
桂林	广西	28.0	8.1	19.1	1.49	1.35	24.2
贵阳	贵州	23.7	4.7	15.3	1.31	1.15	20.1
郑州	河南	27.4	0.6	14.7	1.30	1.15	21.2
南阳	河南	27.3	1.7	15.2	1.32	1.17	21.4
固始	河南	28.1	2.6	16.0	1.36	1.21	22.3
黑河	黑龙江	21.5	−22.5	1.0	0.80	0.77	10.7
漠河	黑龙江	18.6	−28.7	−3.9	0.67	0.73	6.4
齐齐哈尔	黑龙江	23.0	−19.7	3.5	0.88	0.81	13.0

(续表)

地名	省（自治区、直辖市）	最热月平均气温/℃	最冷月平均气温/℃	年平均气温/℃	温度调整系数		等效温度/℃
					沥青混合料层层底拉应变、无机结合料稳定层层底拉应力	路基顶面竖向压应变	
沈阳	辽宁	24.9	−11.2	8.6	1.06	0.94	16.9
大连	辽宁	24.8	−3.2	11.6	1.16	1.02	18.2
朝阳	辽宁	25.4	−8.7	9.8	1.10	0.97	17.7
二连浩特	内蒙古	24.0	−17.7	4.8	0.92	0.84	14.2
东胜	内蒙古	21.7	−10.1	6.9	0.98	0.87	14.2
额济纳旗	内蒙古	27.4	−10.3	9.5	1.10	0.97	18.2
海拉尔	内蒙古	20.5	−24.1	0.0	0.77	0.76	9.8
科尔沁右翼前旗	内蒙古	20.8	−16.7	3.0	0.86	0.79	11.4
通辽	内蒙古	24.3	−12.5	7.3	1.01	0.90	15.7
锡林浩特	内蒙古	21.5	−18.5	3.3	0.87	0.80	12.2
石家庄	河北	26.9	−2.4	13.3	1.24	1.10	20.3
承德	河北	24.4	−9.1	9.1	1.07	0.95	16.8
邯郸	河北	26.9	−2.3	13.5	1.25	1.10	20.5
武汉	湖北	28.9	4.2	17.2	1.41	1.27	23.3
宜昌	湖北	27.5	5.0	17.1	1.40	1.25	22.7
长沙	湖南	28.5	5.0	17.2	1.41	1.26	23.1
常宁	湖南	29.1	6.0	18.1	1.45	1.31	23.9
湘西	湖南	27.2	5.3	16.9	1.39	1.24	22.4
长春	吉林	23.6	−14.5	6.3	0.97	0.87	14.9
延吉	吉林	22.2	−13.1	5.9	0.95	0.86	13.9
南京	江苏	28.1	2.6	15.9	1.35	1.20	22.1
南通	江苏	26.8	3.6	15.5	1.33	1.17	21.2
南昌	江西	28.8	5.5	18.0	1.45	1.30	23.8
赣州	江西	29.1	8.3	19.6	1.52	1.38	25.0
银川	宁夏	23.8	−7.5	9.5	1.08	0.95	16.8
固原	宁夏	19.6	−7.9	6.9	0.97	0.86	13.2
西宁	青海	17.3	−7.8	6.1	0.94	0.84	11.9

10 沥青路面设计

(续表)

地名	省（自治区、直辖市）	最热月平均气温 /℃	最冷月平均气温 /℃	年平均气温 /℃	温度调整系数 沥青混合料层层底拉应变、无机结合料稳定层层底拉应力	温度调整系数 路基顶面竖向压应变	等效温度 /℃
海北	青海	11.3	−13.6	0.0	0.74	0.74	5.5
格尔木	青海	18.2	−8.9	5.7	0.93	0.83	11.9
玉树	青海	12.9	−8.0	3.5	0.85	0.78	8.2
果洛	青海	9.9	−12.9	−0.3	0.73	0.74	4.7
成都	四川	25.5	5.8	16.5	1.37	1.21	21.5
峨眉山	四川	11.7	−5.8	3.4	0.84	0.77	7.4
甘孜藏族自治州	四川	13.9	−4.6	5.7	0.92	0.82	10.0
阿坝藏族羌族自治州	四川	11.0	−10.0	1.7	0.79	0.75	6.4
泸州	四川	27.0	7.6	17.9	1.43	1.28	22.9
绵阳	四川	26.2	5.5	16.7	1.38	1.22	21.9
攀枝花	四川	26.4	12.8	20.8	1.57	1.42	24.6
拉萨	西藏	16.2	−0.9	8.4	1.01	0.88	12.5
阿克苏	新疆	24.2	−7.7	10.6	1.13	0.99	18.0
阿勒泰地区	新疆	22.0	−15.4	5.0	0.92	0.84	13.4
哈密	新疆	26.3	−10.0	10.1	1.12	0.99	18.5
和田地区	新疆	25.7	−4.1	12.9	1.22	1.08	20.0
喀什地区	新疆	25.4	−5.0	11.9	1.18	1.04	19.1
若羌	新疆	27.9	−7.2	12.0	1.19	1.06	20.2
塔城地区	新疆	23.3	−10.0	7.7	1.02	0.90	15.3
吐鲁番	新疆	32.3	−6.4	15.0	1.34	1.21	24.1
乌鲁木齐	新疆	23.9	−12.4	7.4	1.01	0.90	15.7
焉耆	新疆	23.4	−11.0	8.9	1.06	0.94	16.4
伊宁	新疆	23.4	−8.3	9.4	1.08	0.95	16.8
昆明	云南	20.3	8.9	15.6	1.30	1.13	18.7
腾冲	云南	19.9	8.5	15.4	1.29	1.12	18.5
蒙自	云南	23.2	12.7	18.8	1.46	1.29	21.9

(续表)

地名	省（自治区、直辖市）	最热月平均气温/℃	最冷月平均气温/℃	年平均气温/℃	温度调整系数		等效温度/℃
					沥青混合料层层底拉应变、无机结合料稳定层层底拉应力	路基顶面竖向压应变	
丽江	云南	18.7	6.2	12.8	1.18	1.02	16.1
景洪	云南	26.3	17.2	22.7	1.06	1.51	25.6
海口	海南	28.9	18.4	24.6	1.77	1.65	27.9
三亚	海南	29.1	22	26.2	1.85	1.74	28.8
西沙群岛	海南	29.3	23.6	27.0	1.89	1.79	29.3

路面结构的温度调整系数，应根据式(10.40)～式(10.54)计算。

$$k_{Ti} = A_h A_E \hat{k}_{Ti}^{1+B_h+B_E} \tag{10.40}$$

式中：k_{Ti}——温度调整系数；下标 $i=1$ 对应沥青混合料层疲劳开裂分析，$i=2$ 对应无机结合料稳定层疲劳开裂分析，$i=3$ 对应路基顶面竖向压应变分析；

$\hat{k}_{Ti}$——基准路面结构温度调整系数，按所在地查表 10.6.10 取用；

A_h, B_h, A_E, B_E——与面层、基层厚度和模量有关的函数，按式(10.41)～式(10.52)计算。

沥青混合料层疲劳开裂：

$$A_E = 0.76 \lambda_E^{0.09} \tag{10.41}$$

$$A_h = 1.14 \lambda_h^{0.17} \tag{10.42}$$

$$B_E = 0.14 \ln(\lambda_E/20) \tag{10.43}$$

$$B_h = 0.23 \ln(\lambda_h/0.45) \tag{10.44}$$

无机结合料稳定层疲劳开裂：

$$A_E = 0.10 \lambda_E + 0.89 \tag{10.45}$$

$$A_h = 0.73 \lambda_h + 0.67 \tag{10.46}$$

$$B_E = 0.15 \ln(\lambda_E/1.14) \tag{10.47}$$

$$B_h = 0.44 \ln(\lambda_h/0.45) \tag{10.48}$$

路基顶面竖向压应变：

$$A_E = 0.006 \lambda_E + 0.89 \tag{10.49}$$

$$A_h = 0.67 \lambda_h + 0.70 \tag{10.50}$$

$$B_E = 0.12 \ln(\lambda_E/20) \tag{10.51}$$

$$B_h = 0.38\ln(\lambda_h/0.45) \tag{10.52}$$

λ_E——面层与基层当量模量之比,按式(10.53)计算。

$$\lambda_E = \frac{E_a^*}{E_b^*} \tag{10.53}$$

λ_h——面层与基层当量厚度之比,按式(10.54)计算。

$$\lambda_h = \frac{h_a^*}{h_b^*} \tag{10.54}$$

分析沥青混合料层永久变形量时,沥青混合料层的等效温度按式(10.55)计算。

$$T_{pef} = T_\xi + 0.016 h_a \tag{10.55}$$

式中:T_{pef}——沥青混合料层等效温度(℃);

h_a——沥青混合料层厚度(mm);

T_ξ——基准等效温度,按所在地查表10.6.10取用。

2) 沥青混合料层疲劳开裂验算

为控制沥青混合料层疲劳开裂,要求沥青混合料层疲劳寿命不小于按照疲劳等效换算得到的设计车道当量轴载作用次数。

沥青混合料层的疲劳开裂寿命应根据路面结构分析得到的沥青混合料层层底拉应变,按式(10.56)计算。

$$N_{f1} = 6.32 \times 10^{15.96 - 0.29\beta} k_a k_b k_{T1}^{-1} \left(\frac{1}{\varepsilon_a}\right)^{3.97} \left(\frac{1}{E_a}\right)^{1.58} (VFA)^{2.72} \tag{10.56}$$

式中:N_{f1}——沥青混合料层的疲劳开裂寿命(轴次);

β——目标可靠指标,根据道路技术等级按表10.6.1取值;

k_a——季节性冻土地区调整系数,按表10.6.11采用内插法确定;

k_b——疲劳加载模式系数,按式(10.14)计算;

E_a——沥青混合料20 ℃时的动态压缩模量(MPa);

VFA——沥青混合料饱和度(%),根据混合料设计结果或按现行《公路沥青路面施工技术规范》(JTG F40)的有关规定确定;

k_{T1}——温度调整系数,根据式(10.40)~式(10.54)计算;

ε_a——沥青混合料层层底拉应变(10^{-6});根据弹性层状体系理论选取计算点,按式(10.57)计算,并采用其中最大的力学响应量进行分析。

$$\varepsilon_a = p \bar{\varepsilon}_a \tag{10.57}$$

$$\bar{\varepsilon}_a = f\left(\frac{h_1}{\delta}, \frac{h_2}{\delta}, \cdots, \frac{h_{n-1}}{\delta}; \frac{E_2}{E_1}, \frac{E_3}{E_2}, \cdots, \frac{E_{n-1}}{E_{n-1}}\right)$$

式中:$\bar{\varepsilon}_a$——理论拉应变系数;

p,δ——分别为标准轴载的轮胎接地压强(MPa)和当量圆半径(mm);

E_0——路基顶面回弹模量(MPa);

$h_1, h_2, \cdots, h_{n-1}$——各结构层厚度(mm);

$E_1, E_2, \cdots, E_{n-1}$——各结构层模量(MPa)。

季节性冻土地区冻融循环作用会对路面造成一定的损伤,从而降低路面疲劳开裂寿命。考虑这一作用,需要在沥青混合料层疲劳开裂模型和无机结合料稳定层疲劳开裂模型中引入季节性冻土地区调整系数,见表10.6.11。

表 10.6.11 季节性冻土地区调整系数 k_a

冻区	重冻区	中冻区	轻冻区	其他地区
冻结指数 $F/(℃/d)$	≥2 000	800~2 000	50~800	≤50
k_a	0.60~0.70	0.70~0.80	0.80~1.00	1.00

沥青混合料层的疲劳开裂寿命应大于设计使用年限内设计车道的当量设计轴载累计作用次数。否则,应调整路面结构方案,重新验算,直至满足要求。

3) 无机结合料稳定层疲劳开裂验算

为控制无机结合料层疲劳开裂,要求无机结合料层疲劳寿命不小于按照疲劳等效换算得到的设计车道当量轴载作用次数。

无机结合料稳定层的疲劳开裂寿命应根据路面结构分析得到的各无机结合料稳定层层底拉应力,按式(10.58)计算。

$$N_{f2} = k_a k_{T2}^{-1} 10^{a-b\frac{\sigma_t}{R_s}+kc-0.57\beta} \tag{10.58}$$

式中:N_{f2}——无机结合料稳定层的疲劳开裂寿命(轴次);

k_a——季节性冻土地区调整系数,按表 10.6.11 采用内插法确定;

k_{T2}——温度调整系数,根据式(10.40)~式(10.54)计算;

R_s——无机结合料稳定类材料的弯拉强度(MPa);

a, b——疲劳试验回归参数,按表 10.6.12 确定;

k_c——现场综合修正系数,按式(10.59)确定。

$$k_c = c_1 e^{c_2(h_a + h_b)} + c_3 \tag{10.59}$$

式中:c_1, c_2, c_3——现场综合修正系数相关参数,按表 10.6.13 取值;

h_a, h_b——分别为沥青混合料层和计算点以上无机结合料稳定层厚度;

β——目标可靠指标,根据道路技术等级按表 10.6.1 取值;

σ_t——无机结合料稳定层的层底拉应力(MPa),根据弹性层状体系理论选取计算点,并采用其中最大的力学响应量进行分析,按式(10.60)计算:

$$\sigma_t = p \bar{\sigma}_t \tag{10.60}$$

$$\bar{\sigma}_t = f\left(\frac{h_1}{\delta}, \frac{h_2}{\delta}, \cdots, \frac{h_{n-1}}{\delta}; \frac{E_2}{E_1}, \frac{E_3}{E_2}, \cdots, \frac{E_0}{E_{n-1}}\right)$$

式中：$\bar{\sigma}_t$——理论拉应力系数；

p,δ——分别为标准轴载的轮胎接地压强（MPa）和当量圆半径（mm）；

E_0——路基顶面回弹模量（MPa）；

$h_1,h_2,\cdots,h_{n-1}$——各结构层厚度（mm）；

$E_1,E_2,\cdots,E_{n-1}$——各结构层模量（MPa）。

表 10.6.12　无机结合料稳定层疲劳破坏模型参数

材料类型	a	b
无机结合料稳定粒料	13.24	12.52
无机结合料稳定土	12.18	12.79

表 10.6.13　现场综合修正系数 k_c 相关参数

参数	材料类型			
	新建路面结构层或改建工程既有路面结构层		改建工程加铺层	
	无机结合料稳定粒料	无机结合料稳定土	无机结合料稳定粒料	无机结合料稳定土
c_1	14.0	35.0	18.5	21.0
c_2	−0.007 6	−0.015 6	−0.01	−0.012 5
c_3	−1.47	−0.83	−1.32	−0.82

无机结合料稳定层的疲劳开裂寿命应大于设计使用年限内设计车道的当量设计轴载累计作用次数。否则，应调整路面结构组合或层厚，重新验算，直至满足要求。

4）沥青混合料层永久变形量验算

为控制沥青混合料层高温稳定性病害，要求沥青混合料层永久变形量小于设计使用年限内或通车至首次针对车辙维修的期限内，沥青混合料层容许永久变形量。

考虑沥青路面不同深度处应力分布和不同沥青混合料层抗车辙性能的差异，采用分层法计算永久变形量。

应按下列要求对各沥青混合料层进行分层，分别计算各分层的永久变形量。

① 表面层，采用 10~20 mm 为一分层；

② 第二层沥青混合料层，每一分层厚度应不大于 25 mm；

③ 第三层沥青混合料层，每一分层厚度应不大于 100 mm；

④ 第四层及其以下沥青混合料层，作为一个分层。

根据标准条件下的车辙试验，得到各层沥青混合料的车辙试验永久变形量，按式（10.61）计算各分层的永久变形量和沥青混合料层总的永久变形量。

$$R_a = \sum_{i=1}^{n} R_{ai} \qquad (10.61)$$

$$R_{ai} = 2.31 \times 10^{-8} k_{Ri} T_{pef}^{2.93} p_i^{1.80} N_{e3}^{0.48} (h_i/h_0) R_{0i}$$

式中：R_a——沥青混合料层永久变形量(mm);

R_{ai}——第 i 分层永久变形量(mm);

n——分层数;

T_{pef}——沥青混合料层永久变形等效温度(℃),按式(10.55)计算;

N_{e3}——设计使用年限内或通车至首次针对车辙维修的期限内,设计车道上当量设计轴载累计作用次数;

h_i——第 i 分层厚度(mm);

h_0——车辙试验试件的厚度(mm);

R_{0i}——第 i 分层沥青混合料在试验温度为 60 ℃,压强为 0.7 MPa,加载次数为 2 520 次时,车辙试验永久变形量(mm);

k_{Ri}——综合修正系数,按式(10.62)~式(10.64)计算。

$$k_{Ri} = (d_1 + d_2 \cdot z_i) \cdot 0.973^{z_i} \quad (10.62)$$

$$d_1 = -1.35 \times 10^{-4} h_a^2 + 8.18 \times 10^{-2} h_a - 14.5 \quad (10.63)$$

$$d_2 = 8.78 \times 10^{-7} h_a^2 - 1.50 \times 10^{-3} h_a + 0.90 \quad (10.64)$$

式中：z_i——沥青混合料层第 i 分层深度(mm),第一分层取为 15 mm,其他分层为路表距分层中点的深度;

h_a——沥青混合料层厚度(mm),h_a 大于 200 mm 时,取 200 mm;

p_i——沥青混合料层第 i 分层顶面竖向压应力(MPa),根据弹性层状体系理论选取计算点,并采用其中最大的力学响应量进行分析,按式(10.65)计算：

$$p_i = p \bar{p}_i \quad (10.65)$$

$$\bar{p}_i = f\left(\frac{h_1}{\delta}, \frac{h_2}{\delta}, \cdots, \frac{h_{n-1}}{\delta}; \frac{E_2}{E_1}, \frac{E_3}{E_2}, \cdots, \frac{E_0}{E_{n-1}}\right)$$

$\bar{p}_i$——理论压应力系数。

其他符号意义同式(10.57)。

验算所得的沥青混合料层永久变形量应小于表 10.6.14 的容许永久变形量要求。否则,应调整沥青混合料设计,直至满足要求。

表 10.6.14 沥青混合料层容许永久变形量

基层类型	沥青混合料层容许永久变形量/mm	
	高速、一级公路	二级、三级公路
无机结合料稳定类基层、水泥混凝土基层和底基层为无机结合料稳定类的沥青混合料基层	15	20
其他基层	10	15

满足沥青混合料层容许永久变形量要求的沥青混合料,还应满足标准车辙试验的动稳定度技术要求(见表 10.6.15),其永久变形量 R_0 对应的动稳定度可用作沥青混合料的质量

要求和施工控制指标。高速公路和一级公路沥青混合料应在规定的试验条件下进行车辙试验,并应符合表 10.6.15 的要求,二级公路可参照执行。

表 10.6.15　沥青混合料车辙试验动稳定度技术要求

气候条件与技术指标	相应于下列气候分区所要求的动稳定度技术要求[1,3]								试验方法
七月平均最高气温/℃ 及气候分区[2]	>30				20～30			<20	
	1. 夏炎热区				2. 夏热区			3. 夏凉区	
	1-1	1-2	1-3	1-4	2-1	2-2	2-3	2-4	3-2	
普通沥青混合料, 不小于/(次·mm^{-1})	800		1 000		600		800		600	T 0719[4]
改性沥青混合料, 不小于/(次·mm^{-1})	2 800		3 200		2 000		2 400		1 800	
SMA 混合料, 不小于/(次·mm^{-1})	普通沥青	1 500								
	改性沥青	3 000								
OGFC 混合料, 不小于/(次·mm^{-1})	1 500(中等、轻交通荷载等级)、 3 000(重及以上交通荷载等级)									

注:1. 气候分区的确定应符合现行《公路沥青路面施工技术规范》(JTG F40)的有关规定。
　　2. 当其他月份的平均最高气温高于七月时,可使用该月平均最高气温。
　　3. 在特殊情况下,对钢桥面铺装、重载车特别多或纵坡较大的长距离上坡路段、厂矿专用道路,可酌情提高动稳定度要求。
　　4. 对炎热地区或特重及以上交通荷载等级道路,可根据气候条件和交通状况适当提高试验温度或增加试验荷载。

5) 路基顶面竖向压应变验算

为控制路基永久变形,要求路基顶面竖向压应变不大于容许压应变值。路基顶面的容许竖向压应变应按式(10.66)计算确定。

$$[\varepsilon_z] = 1.25 \times 10^{4-0.1\beta}(k_{T3}N_{e4})^{-0.21} \tag{10.66}$$

式中:$[\varepsilon_z]$——路基顶面容许竖向压应变(10^{-6});

β——目标可靠指标,根据道路技术等级,按表 10.6.1 取值;

N_{e4}——设计使用年限内设计车道上的当量设计轴载累计作用次数;

k_{T3}——温度调整系数,根据式(10.40)~式(10.54)计算。

应根据弹性层状体系理论选取计算点,并采用其中最大的力学响应量进行分析,按式(10.67)计算路基顶面竖向压应变。路基顶面竖向压应变应小于容许压应变值,否则调整路面结构方案,重新验算,直至满足要求。

$$\varepsilon_z = p\bar{\varepsilon}_z \tag{10.67}$$

$$\bar{\varepsilon}_z = f\left(\frac{h_1}{\delta}, \frac{h_2}{\delta}, \cdots, \frac{h_{n-1}}{\delta}; \frac{E_2}{E_1}, \frac{E_3}{E_2}, \cdots, \frac{E_0}{E_{n-1}}\right)$$

式中：$\bar{\varepsilon}_z$——理论竖向压应变系数，其他符号意义同式(10.57)。

6) 沥青面层低温开裂指数验算

为控制季节性冻土地区沥青面层低温开裂，要求沥青面层低温开裂指数不大于容许低温开裂指数要求。季节性冻土地区沥青面层，应按式(10.68)验算其低温开裂指数 CI。

$$CI = 1.95 \times 10^{-3} S_t \lg b - 0.075(T + 0.07h_a) \lg S_t + 0.15 \qquad (10.68)$$

式中：CI——沥青面层低温开裂指数；

T——路面低温设计温度(℃)，为连续10年年最低气温平均值；

S_t——在路面低温设计温度加10℃试验温度条件下，表面层沥青弯曲蠕变劲度试验加载180 s时蠕变劲度(MPa)；

h_a——沥青结合料类材料层厚度(mm)；

b——路基类型参数，砂 $b=5$，粉质黏土 $b=3$，黏土 $b=2$。

计算的季节性冻土地区沥青面层低温开裂指数应满足表10.6.16的要求，否则应改变所选用的沥青材料，直至满足要求。

表10.6.16 低温开裂指数要求

道路技术等级	高速、一级公路	二级公路	三级、四级公路
低温开裂指数 CI，不大于	3	5	7

注：低温开裂指数 CI——竣工验收时100 m调查单元内横向裂缝条数，贯穿全幅的裂缝按1条计，未贯穿且长度超过一个车道宽度的裂缝按0.5条计，不超过一个车道宽度的裂缝不计入。

7) 防冻厚度验算

季节性冻土地区路基为中湿或潮湿状态时，应按式(10.69)计算道路多年最大冻深。

$$Z_{\max} = abcZ_d \qquad (10.69)$$

式中：$Z_{\max}$——道路多年最大冻深(mm)；

Z_d——大地多年最大冻深(mm)，根据调查资料确定；

a——大地冻深范围内路基、路面各层材料热物性系数，按表10.6.17确定；

b——路基湿度系数，按表10.6.18确定；

c——路基断面形式系数，根据表10.6.19按内插法确定。

表10.6.17 路基、路面材料热物性系数

路基材料	黏质土	粉质土	粉土质砂	细粒土质砂、黏土质砂	含细粒土质砾(砂)
热物性系数	1.05	1.10	1.20	1.30	1.35
路面材料	水泥混凝土	沥青结合料类	级配碎石	二灰或水泥稳定粒料	二灰土及水泥土
热物性系数	1.40	1.35	1.45	1.40	1.35

表 10.6.18　路基湿度系数

干湿类型	干燥	中湿	潮湿
湿度系数	1.0	0.95	0.90

表 10.6.19　路基断面形式系数

填挖形式和高(深)度	路基填土高度					路基挖方深度			
	零填	<2 m	2～4 m	4～6 m	>6 m	<2 m	2～4 m	4～6 m	>6 m
断面形式系数	1.0	1.02	1.05	1.08	1.10	0.98	0.95	0.92	0.90

根据道路多年最大冻深,按规定验算路面的防冻厚度。路面结构厚度小于规定的最小防冻厚度时,应增设防冻层,使其满足最小防冻厚度的要求(见表 10.6.20)。

表 10.6.20　沥青路面结构最小防冻厚度　　　　　　　　　　　　单位:mm

路基土质	基层、底基层材料类型	对应于以下公路多年最大冻深 Z_{max} 和路基干湿类型的最小防冻厚度[1,2,3,4]							
		中湿				潮湿			
		50～1 000	1 000～1 500	1 500～2 000	>2 000	500～1 000	1 000～1 500	1 500～2 000	>2 000
盐性土、细亚砂土	粒料类	400～450	450～500	500～600	600～700	450～550	550～600	600～700	700～800
	水泥或石灰稳定类、水泥混凝土	350～400	400～450	450～550	550～650	400～500	500～550	550～650	650～750
	水泥粉煤灰或石灰粉煤灰稳定类、沥青结合料类	300～350	350～400	400～500	500～600	350～450	450～500	500～550	550～700
粉质土	粒料类	450～500	500～600	600～700	700～750	500～600	600～700	700～800	800～1 000
	水泥或石灰稳定类、水泥混凝土	400～450	450～500	500～600	600～700	450～550	550～650	650～700	700～900
	水泥粉煤灰或石灰粉煤灰稳定类、沥青结合料类	300～400	400～450	450～500	500～650	400～500	500～600	600～650	650～800

注:1. 在《公路自然区划标准》(JTJ 003—86)中,对潮湿系数小于 0.5 的地区,Ⅱ、Ⅲ、Ⅳ等干旱地区的防冻厚度可比表中值减少 15%～20%。
　　2. 对Ⅱ区砂性土路基防冻厚度应相应减少 5%～10%。
　　3. 道路多年最大冻深大时,靠近上限取值,反之靠近下限取值。
　　4. 基层、底基层采用不同材料类型时,按厚度较大的材料类型确定。

8) 设计路面结构的验收弯沉值

路面弯沉是路面在垂直荷载作用下产生的垂直变形。一般认为,路面弯沉可以反映路面各结构层及路基的整体强度和刚度,同时弯沉值的测定也比较方便,可以作为设计路面结构的验收值。路面交(竣)工验收时,验收弯沉值是工程验收的重要指标,它是以不利季节,利用落锤式弯沉仪(FWD)实测路基顶面和路表弯沉代表值进行评定的。在确定路基顶面和路表弯沉代表值时,除实测数据外,还要考虑路基平衡湿度、温度以及路面等级等因素的影响。

路基顶面验收弯沉值 l_g,应按式(10.70)计算。

$$l_g = \frac{176pr}{E_0} \tag{10.70}$$

式中：l_g——路基顶面验收弯沉值(0.01 mm);

p——落锤式弯沉仪承载板施加荷载(MPa);

r——落锤式弯沉仪承载板半径(mm);

E_0——平衡湿度状态下路基顶面回弹模量(MPa)。

采用落锤式弯沉仪进行路基验收,落锤式弯沉仪荷载为 50 kN,荷载盘半径为 150 mm。路基顶面实测代表弯沉值应符合式(10.71)的要求。

$$l_0 \leqslant l_g \tag{10.71}$$

式中：l_g——路基顶面验收弯沉值(0.01 mm);

l_0——路段内实测的路基顶面弯沉代表值(0.01 mm),以 1~3 km 为一评定路段,按式(10.72)计算。

$$l_0 = (\bar{l}_0 + \beta \cdot s)K_1 \tag{10.72}$$

式中：$\bar{l}_0$——路段内实测的路基顶面弯沉平均值(0.01 mm);

s——路段内实测的路基顶面弯沉标准差(0.01 mm);

β——目标可靠指标,根据道路技术等级按表 10.6.1 取值;

K_1——路基顶面弯沉湿度影响系数,根据当地经验确定。

路表验收弯沉值 l_a,应根据设计路面结构,采用弹性层状体系理论按式(10.73)计算。路面结构层参数应与路面结构验算时相同。路基顶面回弹模量应采用平衡湿度状态下路基顶面回弹模量乘模量调整系数 k_l。

$$l_a = p\bar{l}_a \tag{10.73}$$

$$\bar{l}_a = f\left(\frac{h_1}{\delta}, \frac{h_2}{\delta}, \cdots, \frac{h_{n-1}}{\delta}; \frac{E_2}{E_1}, \frac{E_3}{E_2}, \cdots, \frac{k_l E_0}{E_{n-1}}\right)$$

式中：$\bar{l}_a$——理论弯沉系数;

k_l——路基顶面回弹模量调整系数,无机结合料稳定类基层沥青路面和水泥混凝土基层沥青路面取 0.5;粒料类基层沥青路面和沥青结合料类基层沥青路面,当采用无机结合料稳定底基层时取 0.5,否则取 1.0;

E_0——平衡湿度状态下路基顶面回弹模量(MPa)。

其他符号意义同式(10.57)。

路面交(竣)工时应对路表弯沉值进行检测,落锤式弯沉仪中心点弯沉代表值应符合式(10.74)的要求。

$$l_0 \leqslant l_a \tag{10.74}$$

式中：l_a——路表验收弯沉值(0.01 mm)；

l_0——路段内实测的路表弯沉代表值(0.01 mm)，以 1～3 km 为一评定路段，按式(10.75)计算。

$$l_0 = (\bar{l}_0 + \beta \cdot s) K_1 K_3 \tag{10.75}$$

式中：$\bar{l}_0$——路段内实测的路表弯沉平均值(0.01 mm)；

s——路段内实测的路表弯沉标准差(0.01 mm)；

β——目标可靠指标，根据道路技术等级按表 10.6.1 取值；

K_1——路表弯沉湿度影响系数，根据实测弯沉值通过反算得到路基模量值，再对路基模量值进行修正得到结构模量值，然后得出测试状态下弯沉湿度修正系数 K_1，或者根据当地经验确定；

K_3——路表弯沉温度影响系数，按式(10.76)确定。

$$K_3 = e^{[9 \times 10^{-6}(\ln E_0 - 1)h_a + 4 \times 10^{-3}](20-T)} \tag{10.76}$$

式中：T——弯沉测定时沥青结合料类材料层中点实测或预估温度(℃)；

h_a——沥青结合料类材料层厚度(mm)；

E_0——平衡湿度状态下路基顶面回弹模量(MPa)。

【思考题】

1. 试用沥青混合料的"高温稳定性"解释道路交叉口沥青路面上出现的波浪、推挤等现象。

2. 为什么整体性材料结构层的低温缩裂多呈横向间隔性裂缝？如何区分路面裂缝是沥青层缩裂还是反射裂缝？

3. 沥青混合料的疲劳试验试件加载方式有哪些？选择时应考虑什么因素？

4. 沥青路面设计为何要采用多指标进行控制设计？具体指标有哪些？

5. 沥青混合料属于黏-弹-塑性体，为何又能应用弹性层状体系理论对它进行应力-应变分析？

11 水泥混凝土路面设计

> **本章提要**
>
> 本章主要介绍了水泥混凝土路面的基本特性、性能要求和设计内容；水泥混凝土路面的分类与结构；弹性地基板理论的基本假设和水泥混凝土路面力学模型，以及弹性地基双层板荷载应力和温度应力的计算方法；水泥混凝土路面的病害类型、极限状态与设计准则；水泥混凝土各结构层位的组合设计；路基回弹模量、粒料类基层回弹模量、无机结合料稳定类材料弹性模量和水泥混凝土弯拉强度等材料特性及设计参数；我国水泥混凝土路面结构厚度设计方法与流程、交通荷载参数分析与计算以及防冻厚度验算；以及纵向接缝、横向接缝和接缝材料等。

11.1 概述

水泥混凝土路面，亦称刚性路面，是以水泥混凝土作面层(配置钢筋或不配置钢筋)的路面。它是由水泥与水合成的水泥浆作为结合料，碎(砾)石为骨料，砂为填充料，按适当的配合比例，经加水拌和、摊铺、振捣、整平和养生而筑成。

11.1.1 水泥混凝土路面的基本特性

水泥混凝土路面与沥青路面相比，有一些优点和缺点。

(1) 优点

① 强度高、刚性大。水泥混凝土路面具有较高的抗压、抗弯拉和抗磨耗的力学强度(路用水泥混凝土抗弯拉强度达 4.0~5.5 MPa，抗压强度达 30~40 MPa，弹性模量达 $2.5 \times 10^4 \sim 4.0 \times 10^4$ MPa)，具有较高的承载能力和扩散荷载能力。

② 稳定性好。环境温度和湿度对水泥混凝土路面的力学强度影响较小，因而热稳定性、水稳定性和时间稳定性都较好，尤其是其强度随时间增长而逐渐增高，既不会像沥青路面那样出现"老化"现象，也不会像砂石路面那样出现"衰退"现象。抗油类侵蚀能力强，不会因受油类污染而损坏。

③ 色泽鲜明，反光能力强，有利于夜间行车。

(2) 缺点

① 对水的需要量大。修筑厚 0.2 m、宽 7.0 m 的水泥混凝土路面，每 1 000 m 路面要耗费水约 250 t，还未计入养生用水，这给缺水地区带来较大困难。

② 施工前准备工作较多。如设模板、布设接缝及传力杆设施等。

③ 有接缝。由于热胀冷缩的特性,水泥混凝土路面必须设置许多接缝,而接缝是路面的薄弱点。接缝增加了施工和养护的复杂性,如处理不当,将导致水泥混凝土路面板板边、板角处破坏。接缝还容易引起行车跳动,影响行车舒适性。

④ 施工后不能立即开放交通。施工后要经过15~20 d的湿治养护,才能开放交通。

⑤ 阳光下反光太强,车辆驾驶员感觉不舒服。

⑥ 对超载敏感。水泥混凝土是脆性材料,一旦荷载超出混凝土的极限强度,水泥混凝土路面板将出现断裂。

⑦ 挖掘和修补困难。水泥混凝土路面破坏后,挖掘和修补工作很困难,且影响交通,修补后的路面质量不如原来的整体强度高。

11.1.2 水泥混凝土路面的工作特性

水泥混凝土路面强度高、板体性强,在荷载作用下产生的变形较小,通常是处于弹性工作状态,故可将其视为弹性的板体。同时,由于板体在荷载作用下产生的挠度很小,混凝土路面板下地基(即板下各层次的总称)产生的变形也很小,可以把混凝土路面板下的地基看成是弹性地基。因此,水泥混凝土路面可看成是被支承在弹性地基上的弹性板。

在车轮荷载作用下,混凝土路面板产生弯曲,当荷载作用于板中部时,板顶面会出现压应力,而板底面则出现弯拉应力。当荷载作用于板角时,板底面出现压应力,而板顶面则出现弯拉应力。水泥混凝土有较高的抗压强度,因而板内产生的压应力对确定路面厚度影响不大,但板内所产生的弯拉应力则不容忽视,因为混凝土路面板的极限抗弯拉强度要比它的极限抗压强度低很多。所以当荷载较大而板较薄时,板内产生的弯拉应力就可能超过混凝土路面板的极限抗弯拉强度,因而使板底部或顶部产生裂缝。在车辆荷载重复作用下,混凝土路面板由于达到疲劳强度极限,会在荷载应力低于极限抗弯拉强度时发生开裂。因此,要使路面能够承受车辆荷载的长期作用,水泥混凝土路面必须有足够的强度和厚度。

水泥混凝土路面在自然因素(温度及湿度)的作用下会在板内产生内应力。例如,当气温上升时,混凝土路面板的长度便随之伸长,但是板受到前后板的制约以及板底与基层摩阻力的制约而不能自由伸长,于是在板内便相应产生一定的压应力。相反,在气温下降时,混凝土路面板的长度有随之缩短的趋势,受到相同的制约后,便会在板内产生拉应力。当混凝土路面板顶和板底有温度坡差时,板因翘曲受阻而产生翘曲应力(拉或压应力)。这些内应力,特别是拉应力,有时与荷载产生的弯拉应力叠加在一起,超过混凝土路面板的抗折强度时,便会在板内产生纵向或横向裂缝。为了减少这些内应力,预先限定混凝土路面板开裂的位置,须将路面划分为较小尺寸的板,板间设有胀缩缝,缝有纵向和横向之分,纵缝间距通常按一条车道宽度来定,横缝间距则可根据温度应力大小计算确定。

水泥混凝土是一种脆性材料,它在断裂时的相对伸长变形很小,在弯曲断裂时的表面相对拉伸变形只有 $0.000\,1\sim0.000\,3$。因此,在荷载作用下,路基或基层的变形情况,对水泥混凝土路面板的影响很大,不均匀的变形会使板体与基层脱空,这种工作状态比板被均匀地支承时危险得多,所以要求板下的路基、基层既要有足够的强度,又要注意它的均匀性和水稳定性。

水泥混凝土路面的这些工作特性，在进行设计时都要给予充分的重视，如果混凝土路面板的强度不足、厚度不够、分块尺寸与接缝设置不当，或路基与基层的均匀性、水稳定性不好，就会导致水泥混凝土路面产生不同类型的病害，最终使路面破坏。

11.1.3 水泥混凝土路面的使用性能要求

水泥混凝土路面的使用性能要求包含结构性要求和功能性要求两个方面。水泥混凝土路面结构设计，主要考虑满足结构性使用性能方面的要求，同时通过采用结构性措施（如接缝设置传力杆等）兼顾对功能性的要求。结构性使用性能要求主要体现为对结构承载能力和结构完好程度（损坏）的要求，而水泥混凝土路面的结构损坏主要有混凝土路面板断裂和接缝错台两类。

11.1.4 水泥混凝土路面设计内容

水泥混凝土路面设计内容主要包括以下 6 个部分：

① 结构组合设计：基于路基的基本状况和道路等级、交通荷载等级、自然环境条件以及特殊工程要求等，选择行车道和路肩的结构层类型和层次以及各结构层的组成材料类型，包括基层的层数（是否需要底基层）、面层水泥混凝土路面的类型，并选择和布设路面表面和内部排水设施。

② 结构层厚度设计：通过力学计算和损坏预估分析，对初拟路面结构进行验证和修正，使之满足预定的使用性能要求，由此确定各结构层和路面结构所需的设计厚度。

③ 材料组成设计：依据各结构层的功能要求和力学性质要求，选择合适的组成材料，进行混合料组成设计和性质测试。

④ 接缝构造设计：确定面层板块的平面尺寸，选择和布设接缝的类型和位置，设计接缝的构造（传荷装置和填封）。

⑤ 钢筋配置设计：确定特殊部位、钢筋水泥混凝土面层或连续配筋水泥混凝土面层的配筋量和钢筋布置。

⑥ 设计方案的技术经济论证：对高等级、极重和特重交通荷载或有特定使用要求的道路混凝土路面提出的各种备选设计方案，进行寿命周期费用分析，依据资金筹措情况、目标可靠度要求以及其他非经济因素，选择费用-效果最佳方案。

此外，还需进行路面表面特性设计，提供满足抗滑、耐磨或低噪声要求的路面表面的措施。

11.2 水泥混凝土路面的分类与结构

11.2.1 水泥混凝土路面的分类

1) 普通混凝土路面

普通混凝土路面是指除接缝区和局部范围（边缘及角隅）外，面层内均不配置钢筋的水泥混凝土路面,也称素混凝土路面。它是我国目前应用最广泛的刚性路面形式,也是最重要的水泥混凝土路面种类。

与其他类型的水泥混凝土路面相比,其构造上的主要特征如下:

① 板内基本不配置钢筋,或只按构造在局部薄弱环节配置少量加强钢筋。

② 除个别特殊位置外,板被主动切割出纵横向正交接缝,横缝间距4~6 m,冬季低温情况下,材料产生收缩,将沿设定的接缝位置释放变形。

普通水泥混凝土路面因钢筋用量很少,造价相对低廉,在砂石、水泥资源丰富地区,可以利用本地筑路材料,进一步降低运输费用。在基础稳定性良好的情况下,耐久性较好,全寿命经济性好。但因板体刚度大,对重载的敏感性高,如果超限、超载严重,路面使用寿命会急剧下降,不能达到其设计目标。

通过对普通水泥混凝土路面病害的调查发现,除荷载因素外,其损坏的直接原因往往是其下部支承层出现积水、松散、脱空及唧泥等现象,这与水的影响密不可分。我国早期修筑的水泥混凝土路面对结构内排水不够重视,在地基软弱、路基干湿状况较差路段极易出现病害。因此,在这些路段铺筑普通水泥混凝土路面时,应重视基层的耐冲刷能力,必须设置路面排水沟管,且需综合采用路基渗沟、垫层、排水基层及面层配筋等技术措施,或采用钢筋混凝土路面或连续配筋混凝土路面。

接缝是普通水泥混凝土路面的薄弱环节,从路面受力分析可知,接缝传荷能力是影响其结构安全耐久的重要因素。传荷能力指的是普通水泥混凝土等有接缝的刚性路面,在接缝一侧承受荷载时,荷载效应被传递到另一侧的能力。传荷能力高时,荷载效应被接缝两侧的板块共同承担,增大了承载范围,降低了板内荷载应力,延长路面使用寿命。接缝的传荷能力一般由两种技术措施来保证:一种是切缝时不做全深切割,即"假缝",收缩开裂时,自然断裂面上会出现"犬牙交错"的状态,可利用此界面上的咬合作用传递竖向剪力;另一种是通过钢筋,使接缝两侧板块断裂后仍由钢筋联系在一起,从而起到传荷作用,对重交通路段,应在纵、横向接缝处分别设置拉杆和传力杆。还有一种"企口缝"的构造方式,实践证明其易从企口处断裂,现已被规范弃用。随着路面使用年限的增加,传荷能力会逐步衰退,必要时需重新植入钢筋加以恢复。

接缝处形成的水下行通道是影响普通水泥混凝土路面结构安全耐久的另一个因素。因此,普通混凝土路面的接缝要求做填缝处理,且每年养护工作中的一项重要任务就是更换填缝料。如果因填缝料品质不佳、更换不及时等原因,不能及早阻止水分下渗,就会对路面耐久性产生不利影响。

2) 钢筋混凝土路面

钢筋混凝土路面是指面层内配置纵、横向钢筋或钢筋网并设接缝的水泥混凝土路面。配置钢筋的目的不是为增加板体的抗弯拉强度而减薄面板的厚度,而是确保路面板在产生裂缝之后保持裂缝紧密接触,裂缝宽度不会扩张。因此,钢筋混凝土路面主要适用于各种容易引起路面板裂缝的情况。例如:

① 路面板的平面尺寸过大或形状不规则,如路面板长度大于20 m。

② 地基软弱,虽经处理,但仍有可能产生明显的不均匀沉降而导致面板支承不均匀,如

半填半挖路基、局部路基位于塘边及在河边填筑路堤等。

③ 路面板下埋设地下设施,路面板上开设检查口等。

由于钢筋混凝土路面配置钢筋后并不能够提高路面板的抗弯拉强度,因此路面板的厚度采用与不配置钢筋的普通混凝土路面相同的设计厚度。

钢筋混凝土路面纵、横向钢筋宜采用相同的直径,钢筋网中钢筋的最小间距应大于混凝土集料最大粒径的 2 倍,钢筋的搭接长度宜大于其直径的 35 倍。钢筋网应设在面板顶部以下 1/3~1/2 板厚范围内,横向钢筋位于纵向钢筋之下。外侧钢筋中心距接缝或自由边的距离一般为 100~150 mm。保护层最小厚度不小于 50 mm。

钢筋混凝土路面的横向接缝间距(即路面板长度)可通过技术经济论证后确定,通常如接缝间距过长,则要增加钢筋用量;如接缝间距太短,则要增加接缝数量,对行车平顺性不利。一般情况下取接缝间距为 10~20 m,最大不超过 30 m。横向接缝采用缩缝形式,并设置传力杆。

3) 连续配筋混凝土路面

连续配筋混凝土路面是指面层内沿纵向连续配置钢筋,除了在与其他路面附近或临近构造物附近设置施工缝外,横向不设缩缝的水泥混凝土路面。

在路面纵向配有足够数量的不间断连续钢筋,可控制路面板因纵向收缩而产生的横向裂缝的宽度。因此连续配筋混凝土路面不设横向胀缝和缩缝,可形成一个完整且平坦的行车表面,从而改善了行车平顺性,同时也增加了路面板的整体强度。连续配筋混凝土路面适用于高速公路、一级公路和交通量特别大的重载道路。

连续配筋混凝土路面并非完全没有横向裂缝,只是由于混凝土的收缩变形为连续钢筋所约束,收缩应力被钢筋所承担,使横向裂缝分散在更多的部位,通常间距为 1.0~2.0 m。即使有一道微小裂缝,但是由于钢筋的紧束,混凝土仍然保持紧密接触,裂缝宽度较小,这种小裂缝不致破坏路面的整体连续性、行车平稳性,如同无缝路面一样,路面表面雨水也不易渗入,因此使用效果较好。

连续配筋混凝土路面纵向配置连续钢筋的作用是约束变形,防止裂缝宽度增大,并不分担截面的弯拉应力,因此原则上连续配筋混凝土路面的厚度与普通混凝土路面相同。

纵向连续配置钢筋是根据混凝土的体积收缩与温度收缩而引起的钢筋受力状态来设置的,在分析钢筋应力时,不考虑车辆荷载对钢筋应力的影响。纵向配筋率是基于以下三项原则来确定的:

① 最小配筋率足以保证混凝土在干缩时引起的内应力不超出混凝土的最大拉应力。

② 最小配筋率足以保证混凝土在温度下降时引起的收缩应力不超出混凝土的最大拉应力。

③ 最小配筋率足以保证混凝土已有裂缝位置钢筋的最大拉应力不超过钢筋的屈服应力。

纵向配筋率满足以上三项原则,则混凝土已有裂缝不会增宽,也不会产生新的裂缝。横缝间距通常应不大于 1.8 m,裂缝宽度小于 0.5 mm。一般来说,较高配筋率导致较小的横缝间距和较小的裂缝宽度。

连续配筋混凝土路面的纵向、横向钢筋均应采用螺纹钢筋,纵向配筋率经计算确定,通常纵向配筋率控制在 0.6%～1.0%,横向钢筋用量可取纵向钢筋用量的 1/8～1/5。

4) 钢纤维混凝土路面

钢纤维混凝土路面是在混凝土面层中掺入钢纤维的水泥混凝土路面。

钢纤维混凝土是一种性能优良的路面材料,它能显著提高混凝土的抗拉强度、弯拉强度、抗冻性、抗冲击、抗磨耗以及抗疲劳等性能,应用在路面工程中,可以明显减小路面板厚度,改善路用性能。国外主要用于公交停车站、收费站和行驶重型车辆的路面和旧路面的加铺层。我国近年来已逐步推广应用,特别适用于地面高程或恒载受限制的场合,如城市道路旧混凝土路面的加铺层、桥面铺装等。

钢纤维混凝土的特性除了受基质混凝土影响之外,钢纤维的品质对其也有很大影响。钢纤维的用量通常以体积率表示,即 1 m^3 钢纤维混凝土中所含钢纤维的体积百分率。路面用钢纤维宜用剪切型纤维或熔抽型纤维,其抗拉强度不低于 550 MPa,纤维直径为 0.4～0.7 mm,纤维长度取直径的 50～70 倍。混合料中粗集料的最大粒径不超过纤维长度的1/2,同时不应大于 20 mm,其他材料要求同普通水泥混凝土。钢纤维的体积率一般取 0.6%～1.0%,混合料的砂率较普通混凝土增大 50%。

钢纤维混凝土的弯拉强度为普通混凝土的 1.5～2.0 倍,在所有条件相同的情况下,钢纤维混凝土路面板的厚度约为普通混凝土路面板厚度的 0.55～0.75 倍,但最小厚度不低于 180 mm。钢纤维体积率高的取低限,体积率低的取高限。为了提高其整体刚度,通常在钢纤维混凝土路面下设置半刚性基层。

钢纤维混凝土路面的缩缝间距可较普通混凝土路面适当延长,一般取缩缝间距为 15～20 m。胀缝、缩缝、纵缝及施工缝的构造形式与普通混凝土路面相同。

5) 复合式混凝土路面

复合式混凝土路面是指面层由两层不同材料类型和力学性质的结构层复合而成的路面。

复合式混凝土路面板适用于以下三种情况:

① 为节省材料、降低造价,上下层采用不同等级的混凝土,较高等级的混凝土用于上层,较低等级的混凝土用于下层。这种路面一般限于地方道路使用。

② 高速公路或一级公路,采用低等级混凝土或碾压混凝土作为基层,而面板与基层连续摊铺,可将面板与基层视为复合式混凝土路面。

③ 在改建旧混凝土路面时,有时在其上加铺一层新混凝土面层,形成双层式混凝土路面。

根据复合式混凝土路面上下层板之间结合程度的不同,可分为结合式、分离式和部分结合式三种。

① 结合式:上下层混凝土板牢固结合,成为一整体。新建路面时,上下层混凝土连续施工,即可做成结合式。改建路面时,将下层板表面凿毛、洗净晾干,并喷刷高强度等级水泥浆(水灰比为 0.4～0.5)或环氧树脂等黏结剂,随即浇筑新混凝土面层。对于这种结合形式,下层板的裂缝和接缝将会反射到上层板内,因此要求上下层板的接缝必须对齐,并采用同样的

接缝形式和缝隙宽度,这种结合形式适用于下层板完整无裂缝或虽有一些裂缝但不再发展的情况。支立模板时,可采用混凝土块顶撑或利用旧路面板的接缝钻孔插入钢钎固定的方法。

② 分离式:上下混凝土板之间铺以厚度为 1~2 cm 的沥青砂,可防止下层板的裂缝和接缝反射到上层板内。因此,分离式双层混凝土路面板不要求上下层板的接缝对齐。当下层板严重破碎时,也可采用这种形式。新铺混凝土面层的厚度不宜小于 0.12 m。施工立模时可采用穿孔插钎固定模板,也可采用预制混凝土块顶撑模板的方法固定模板。

③ 部分结合式:改建路面时,先对原有混凝土板表面进行清理后再浇筑上层板。由于上下层板之间存在部分结合,下层板上的裂缝与接缝通常仍会反射到上层板内,所以上下层板接缝位置应对齐,但其形式和宽度不要求完全相同。旧面层的结构损坏不太严重并已经修复时,可采用这种结合形式。

6) 水泥混凝土预制块路面

水泥混凝土预制块路面是指由水泥混凝土预制块铺砌成的路面。铺筑路面的块料由高强水泥混凝土材料预制而成。抗压强度约为 60 MPa,水泥含量为 350~380 kg/m^3,水灰比为 0.35,最大集料尺寸为 8~16 mm,块料承受磨耗的面积一般小于 0.03 m^2,厚度至少为 0.06 m,形状有矩形和嵌锁型(不规则形状)两类。这种路面结构由面层、砂整平层(厚 0.03 m)和基层组成,基层类型与普通混凝土路面相同。这种路面具有结构简单,价格低廉,能承受较大的单位压力,出现较大变形也不会破坏块料,便于修复等优点。因此,自 20 世纪 70 年代中期以来,这种路面在欧美各国得到了较大的发展,广泛地用于铺筑人行道、停车场、堆场(特别是集装箱码头堆场)、街区道路、次要道路以及一般道路等。

7) 装配式混凝土路面

装配式混凝土路面是在工厂中把混凝土预制成板块,然后运至工地现场装配而成。这种路面的优点是混凝土板可以全年生产,不受气候影响,混凝土质量容易保证;施工进度快,铺筑完毕即可通车;损坏后易于拆换修理。因此,它较适用于城市道路、厂矿道路、大型基建场地、停车站场和软弱路基土。装配式混凝土路面的缺点是接缝多,整体性差,容易引起行车颠簸跳动,因而在高等级道路上一般不宜采用。

11.2.2 水泥混凝土路面结构

水泥混凝土路面结构层由面层、基层和底基层、垫层等结构层次组成,对各个结构层次有不同的结构性要求和功能性要求。各个结构层可以由不同类型和性质的材料组成,各具不同的力学特性。

选择和组合结构层时,应考虑结构层上、下层次的相互作用以及层间结合条件和要求,如上下层的刚度(模量)比,是否会引起上层底面产生过大的拉应力,是否会使混凝土面层产生过大的温度和湿度翘曲应力等。

路面结构是个多层体系,整个结构的性能和寿命受制于系统内最薄弱的环节(层次)。因而,在考虑并合理处理上、下层次的相互作用的同时,还需要顾及整个路面结构体系中各组成部分性能的协调,以能提供平衡的路面结构组合。

1) 路基

理论分析表明,通过水泥混凝土面层和路面基层传到路基土的压力很小,一般不超过 0.05 MPa。因此,水泥混凝土路面板下似乎不需要有坚强的路基支承。然而,如果路基的稳定性不足,在路基自重的影响下会出现较大的变形,特别是不均匀沉陷,将给混凝土面板带来很不利的影响。实践证明,由于路基不均匀支承,使面板在受荷时底部产生过大的弯拉应力,易导致水泥混凝土路面产生破坏。因此,水泥混凝土路面下的路基必须密实、稳定和均匀。

路基的不均匀支承,可能由下列因素造成:

(1) 不均匀沉陷 湿软地基未充分固结;土质不均匀、压实不充分、填挖结合部以及新老路基交接处处理不当。

(2) 不均匀冻胀 季节性冰冻地区,土质不均匀(对冰冻敏感性不同);路基潮湿条件变化。

(3) 膨胀土在过干或过湿(相对于最佳含水率)时压实;排水设施不良等。

控制路基不均匀支承最经济、最有效的方法是:①进行有效的地基处理,控制沉降,尤其是不均匀沉降;②控制压实时的含水率接近于最佳含水率,并保证压实度达到要求;③保证路基排水设施通畅;④加设功能层,以缓和可能产生的不均匀变形对面层的不利影响。

2) 基层

除路基本身就是级配良好的砂砾类土,且是排水条件良好的轻交通道路之外,都应设置基层。同时,基层应具有足够的强度和稳定性。理论计算和实践均证明,采用整体性好,具有较高弹性模量的材料修筑基层(如贫混凝土、沥青混凝土、水泥稳定碎石、石灰粉煤灰稳定碎石及级配碎石等),可以确保混凝土路面良好的使用特性,延长路面的使用寿命。因此,基层材料的技术要求必须符合现行《公路路面基层施工技术细则》(JTG/T F30)的要求。如果基层出现较大的塑性变形累积(主要在接缝附近),面层板将与之脱空,支承条件恶化,从而增加板的应力;同时,若基层材料中含有过多的细料,还将促使其产生唧泥、错台等病害。

3) 面层

轮载作用于水泥混凝土面板中部时,路面板所产生的最大应力约为轮载作用于板边部时的 2/3。因此,早期面层板的横断面曾采用过中间薄两边厚的形式,以适应荷载应力的变化。但是厚边式路面会对路基和基层的施工带来不便,而且使用经验也表明,在厚度变化转折处,易引起板的折裂。因此,目前国内外常采用等厚式横断面的水泥混凝土面板。

水泥混凝土面板应保证表面平整、耐磨、抗滑。水泥混凝土面板的平整度以 3 m 直尺测量为准。3 m 直尺与路面表面的最大间隙,高速公路和一级公路不应大于 3 mm,其他各级公路不应大于 5 mm。水泥混凝土面板的抗滑标准以构造深度为指标,高速公路和一级公路不应低于 0.8 mm,其他各级公路不应低于 0.6 mm。

4) 接缝

水泥混凝土面层是由一定厚度的水泥混凝土路面板所组成,它具有热胀冷缩的性质。由于一年四季气温的变化,水泥混凝土路面板会产生不同程度的膨胀和收缩。而在一昼夜中,白天气温升高,水泥混凝土路面板顶面温度比底面高,这种温度坡差会使板的中部形成隆起。夜间气温降低，水泥混凝土路面板顶面温度比底面低，这种温度坡差会使板的周边和角隅处发生翘起[图 11.2.1(a)]。这些变形会受到板与基础之间的摩阻力和黏结力，以及板的自重、车轮荷载等的约束，致使板内产生过大的应力，造成板的开裂[图 11.2.1(b)]或拱胀等破坏。

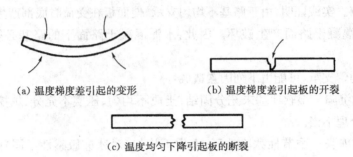

(a) 温度梯度差引起的变形　　(b) 温度梯度差引起板的开裂

(c) 温度均匀下降引起板的断裂

图 11.2.1　混凝土由于温度变化引起的变形及破坏

由图 11.2.1 可见，由于翘曲引起的裂缝，将板体分割为两块，但是板体尚不致完全分离，而板体温度均匀下降引起收缩，则会将两块板体拉开[图 11.2.1(c)]，从而失去传递荷载的作用。为避免这些缺陷，水泥混凝土路面在纵、横两个方向设置许多接缝，把整个路面分割成许多板块，如图 11.2.2 所示。

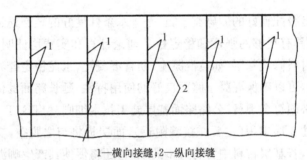

1—横向接缝；2—纵向接缝

图 11.2.2　路面接缝设置示意图

普通混凝土、钢筋混凝土、碾压混凝土和钢纤维混凝土面层板的平面布局宜采用矩形分块，其纵向和横向接缝应垂直相交，纵向接缝两侧的横向接缝不得相互错位。

无论哪种形式的接缝，板体都不可能完全连续，其传递荷载的能力均无法达到连续板的传荷水平，而且任何形式的接缝都避免不了会漏水。因此，对各种形式的接缝，都必须提供相应的传荷与防水设施。

11.3　水泥混凝土路面应力分析

11.3.1　弹性地基板理论

两个平行面和垂直于这两个平行面的柱面或棱柱面所围成的物体称为板。平分厚度 h

的平面称为板的中面。如果板的厚度 h 远小于板平面的最小尺寸就称为薄板。薄板受到垂直于板面的荷载作用时,板面就会弯曲,板中面所弯成的曲面称为弹性曲面,而中面各点沿 z 方向的位移称为薄板的挠度 w。假如薄板的挠度 w 远小于板的厚度 h 就称为小挠度薄板,相应的理论称为小挠度薄板理论;当板下基础被简化为温克勒地基或弹性半空间体地基时,两者共同构成了弹性地基板理论的核心模型。水泥混凝土路面结构分析的基本理论为弹性地基上的小挠度薄板理论。

根据小挠度薄板理论,地基上小挠度薄板的曲面微分方程为:

$$D\left(\frac{\partial^4 w}{\partial x^4} + 2\frac{\partial^4 w}{\partial x^2 \partial y^2} + \frac{\partial^4 w}{\partial y^4}\right) = p - q \tag{11.1}$$

式中:D ——地基上板的抗弯刚度;

w ——地基上板的中面上的竖向挠度;

p —— $p(x,y)$ 为板顶外荷载;

q —— $q(x,y)$ 为地基反力,根据地基的假定不同,表达函数不同。

为获得式(11.1)的解析解,必须引入对 $q(x,y)$ 的简化条件,以往研究者采用的地基性质假设主要有两种:温克勒地基假设和弹性半空间体地基假设。

(1) 温克勒地基假设 温克勒地基是以地基反应模量 K 表征的弹性地基。它假设地基上任一点的反力仅同该点的挠度成正比,而与其他点无关,即地基相当于由互不相联系的弹簧组成,如图 11.3.1 所示。这一假设首先由捷克工程师温克勒(E. Winkler)提出,故被称为温克勒地基。地基反力 $q(x,y)$ 与该点的挠度 $w(x,y)$ 的关系为:

$$q(x,y) = Kw(x,y) \tag{11.2}$$

式中:K ——地基反应模量(MPa/m)。

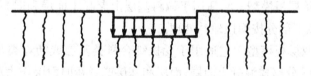

图 11.3.1 温克勒地基

威斯特卡德(H.M.S. Westergaard)采用这一地基假设,分析了图 11.3.2 所示的三种车轮荷载位置下板的挠度和弯矩,即①轮载作用于无限大板中央,分布于半径为 R 的圆面积内;②轮载作用于受一直线边限制的半无限大板的边缘,分布于半圆内;③轮载作用于受两条相互垂直的直线边限制的大板的角隅处,压力分布圆面积的圆心距角隅点为 $\sqrt{2}R$。

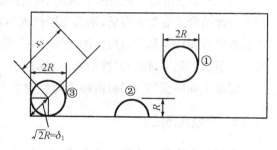

图 11.3.2 三种车轮荷载位置

(2) 弹性半空间体地基假设　弹性半空间地基是以弹性模量和泊松比表征的。它假设地基为一各向同性的弹性半无限体。地基在荷载作用范围内及受影响的以外部

图 11.3.3　弹性半空间体地基

分均产生变形(图 11.3.3)，其顶面上任一点的挠度不仅同该点的压力有关，也同其他各点的压力有关，关系式为：

$$q(x, y) = f[w(x, y)] \tag{11.3}$$

1938 年，霍格(A.H.A. Hogg)根据弹性半空间体地基假设，对轴对称竖向荷载下半无限地基上无限大圆板的位移和应力做了理论分析。1939 年该理论分析即被舍赫捷尔应用于刚性路面计算中。

必须指出的是，工程实践中采用的水泥混凝土路面板基本属于有限尺寸的矩形板。采用以上两种地基和无限大板的假设均与实际有偏离，因此试验结果需进行一定的修正。

11.3.2　水泥混凝土路面力学模型

水泥混凝土路面可采用弹性层状体系或弹性地基板理论进行结构分析。考虑到混凝土面层为有限尺寸的板块，其刚度(弹性模量)远大于面层下的结构层，因此弹性地基板理论更为合适。

采用弹性地基板理论，把结构层体系分为地基和板两部分。除粒料类基层外，其他各类基层与混凝土面层应按双层板模型进行结构分析。粒料类基层及各类底基层和垫层，其整体路面结构为弹性多层体系。分析板内荷载应力时，应将其多层体系换算为半无限体，以地基顶面的当量回弹模量作为半无限地基的弹性模量值。根据基层和面层类型与组合的不同，水泥混凝土路面结构分析可分别采用下述力学模型：

(1) 弹性地基单层板模型　它适用于粒料基层上混凝土面层和旧沥青路面加铺混凝土面层，面层板底面以下部分按弹性地基处理。

(2) 弹性地基双层板模型　它适用于无机结合料类基层或沥青类基层上混凝土面层，旧混凝土路面上加铺分离式混凝土面层；面层和基层或者新旧面层作为双层板，基层底面以下或者旧面层底面以下部分按弹性地基处理。

(3) 复合板模型　它适用于两层不同性能材料组成的面层或基层复合板。旧混凝土路面上加铺结合式混凝土面层，两层不同性能材料组成的层间黏结的面层，作为弹性地基上的单层板或者弹性地基上双层板的上层板；无机结合料类基层或沥青类基层与无机结合料类底基层组成的基层，作为弹性地基上双层板的下层板。

混凝土面层板和基层板的临界荷位均位于纵向接缝边缘中部。

11.3.3　有限元方法

有限元方法是结构和连续介质应力分析中的一种较新且较有效的计算方法。采用有限元方法分析水泥混凝土路面的荷载应力，比解析解(解微分平衡方程)有许多优越的地方，主

要表现在以下四个方面:

① 可以按板块的实际大小求解有限尺寸的板,从而消除假设板无限大所带来的误差(此误差随荷载接近板块边缘和相对刚度半径的增大而增加)。

② 可以考虑各种荷载情况(包括荷载组合和荷载位置),而不必像前述方法那样规定若干种典型的荷位,并且能解算简单的荷载组合情况。因此,可以用于符合实际荷载情况的应力分析。

③ 可以考虑板的实际边界条件,如接缝的传荷能力、板和地基的脱空(不连续接触)等。

④ 所解得的结果是整个板面上的位移场和应力场,从而可以更全面地分析板的受荷情况。

《水泥规范》就采用了有限元法分析了荷载作用下板的极限应力值,由此给出了应力回归计算公式和诺模图。

11.3.4 弹性地基双层板荷载应力分析

在工程实践中,经常会遇见采用双层板的水泥混凝土路面。应力分析与计算时应分别对上层板和下层板进行计算,同时还要考虑最重轴载在上层板临界荷位处可能造成上层板直接断裂的情况。

1) 上层板的荷载疲劳应力

设计轴载在四边自由板临界荷位处产生的荷载应力 σ_{ps},按式(11.4)~式(11.6)计算。

$$\sigma_{ps} = \frac{1.45 \times 10^{-3}}{1 + D_b/D_c} r_g^{0.65} h_c^{-2} P_s^{0.94} \tag{11.4}$$

$$D_b = \frac{E_b h_b^3}{12(1 - \nu_b^2)} \tag{11.5}$$

$$r_g = 1.21[(D_c + D_b)/E_t]^{1/3} \tag{11.6}$$

式中:P_s——设计轴载的单轴重(kN);

D_b——下层板的截面弯曲刚度(MN·m),按式(11.5)计算;

h_b、E_b、ν_b——分别为下层板的厚度(m)、弯拉弹性模量(MPa)和泊松比;

r_g——双层板的总相对刚度半径(m),按式(11.6)计算;

h_c——上层板的厚度(m);

D_c——上层板的截面弯曲刚度(MN·m),按式(11.7)确定。

$$D_c = \frac{E_c h_c^3}{12(1 - \nu_c^2)} \tag{11.7}$$

式中:h_c、E_c、ν_c——分别为上层板的厚度(m)、弯拉弹性模量(MPa)和泊松比。

新建道路的板底地基当量回弹模量 E_t 按式(11.8)~式(11.11)计算。

$$E_t = \left(\frac{E_x}{E_0}\right)^\alpha E_0 \tag{11.8}$$

$$\alpha = 0.86 + 0.26\ln h_x \tag{11.9}$$

$$E_x = \sum_{i=1}^{n}(h_i^2 E_i) / \sum_{i=1}^{n} h_i^2 \tag{11.10}$$

$$h_x = \sum_{i=1}^{n} h_i \tag{11.11}$$

式中：E_t——板底地基当量回弹模量，分新建道路和旧沥青混凝土路面加铺水泥混凝土面层两种情况；

E_0——路床顶面综合回弹模量(MPa)；

α——与粒料层总厚度 h_x 有关的回归系数；

E_x——粒料层的当量回弹模量(MPa)；

h_x——粒料层的总厚度(mm)；

n——粒料层的层数；

E_i、h_i——分别为第 i 结构层的回弹模量(MPa)与厚度(mm)。

在旧沥青混凝土路面上铺筑水泥混凝土面层时，旧沥青混凝土路面顶面的地基综合当量回弹模量 E_t 可根据落锤式弯沉仪(荷载 50 kN，承载板半径 150 mm)的中心点弯沉的测定结果应按式(11.12)，或根据贝克曼梁(后轴重 100 kN 的车辆)的弯沉测定结果按式(11.13)计算确定。

$$E_t = 18\,621/w_0 \tag{11.12}$$

$$E_t = 13\,739 w_0^{-1.04} \tag{11.13}$$

$$w_0 = \bar{w} + 1.04\,s_w \tag{11.14}$$

式中：w_0——路段弯沉代表值($\times 0.01$ mm)；

$\bar{w}$——路段弯沉平均值($\times 0.01$ mm)；

s_w——路段弯沉的标准差($\times 0.01$ mm)。

设计轴载在上层板临界荷位处产生的荷载疲劳应力 σ_{pr} 应按式(11.15)计算。

$$\sigma_{pr} = k_r k_f k_c \sigma_{ps} \tag{11.15}$$

式中：σ_{pr}——设计轴载在上层板临界荷位处产生的荷载疲劳应力(MPa)；

σ_{ps}——设计轴载在四边自由板临界荷位处产生的荷载应力，按式(11.4)～式(11.6)计算；

k_r——考虑接缝传荷能力的应力折减系数，采用混凝土路肩时，$k_r = 0.87 \sim 0.92$(路肩面层与路面面层等厚时取低值，减薄时取高值)；采用柔性路肩或土路肩时，$k_r = 1$；

k_c——考虑计算理论与实际差异以及动载等因素影响的综合系数，按道路技术等级查表 11.3.1 确定；

表 11.3.1 综合系数 k_c

道路技术等级	高速公路	一级公路	二级公路	三、四级公路
k_c	1.15	1.10	1.05	1.00

k_f——考虑设计基准期内荷载应力累计疲劳作用的疲劳应力系数,按式(11.16)确定。

$$k_f = N_e^\lambda \tag{11.16}$$

式中:N_e——设计基准期内设计轴载累计作用次数,按式(11.39)计算;

λ——材料疲劳指数,普通混凝土、钢筋混凝土、连续配筋混凝土,$\lambda=0.057$;碾压混凝土和贫混凝土,$\lambda=0.065$;钢纤维混凝土,按式(11.17)计算。

$$\lambda = 0.053 - 0.017\rho_f \frac{l_f}{d_f} \tag{11.17}$$

式中:ρ_f——钢纤维的体积率(%);

l_f——钢纤维的长度(mm);

d_f——钢纤维的直径(mm)。

2) 下层板的荷载疲劳应力

贫混凝土、碾压混凝土基层板或下层板临界荷位处产生的荷载疲劳应力,应按式(11.18)计算。其中,疲劳应力系数 k_f 和综合系数 k_c 的确定方法分别见式(11.16)和表 11.3.1;设计轴载 P_s 在下层板临界荷位处产生的荷载应力应按式(11.19)计算。

$$\sigma_{bpr} = k_f k_c \sigma_{bps} \tag{11.18}$$

$$\sigma_{bps} = \frac{1.41 \times 10^{-3}}{1 + D_c/D_b} r_g^{0.68} h_b^{-2} P_s^{0.94} \tag{11.19}$$

式中:σ_{bpr}——基层板或下层板临界荷位处产生的荷载疲劳应力(MPa);

σ_{bps}——设计轴载在基层板或下层板临界荷位处产生的荷载应力(MPa)。

3) 最重轴载在上层板临界荷位处产生的最大荷载应力

最重轴载是指调查中获得的最重轴重,用于验算和控制水泥混凝土路面板的极限断裂。对于承受极重交通荷载等级的水泥混凝土路面,应选择该路面所承受货车中占主要份额的特重车型的轴载作为设计轴载。所谓占主要份额的特重车型是指具有代表性的,并对累计轴次贡献较大的车型。

最重轴载在上层板临界荷位处产生的最大荷载应力应按式(11.20)计算。其中,应力折减系数 k_r 和综合系数 k_c 的确定方法与"1) 上层板的荷载疲劳应力"部分相同。

$$\sigma_{p,\max} = k_r k_c \sigma_{pm} \tag{11.20}$$

式中:$\sigma_{p,\max}$——最重轴载 P_m 在上层板临界荷位处产生的最大荷载应力(MPa);

σ_{pm}——最重轴载 P_m 在四边自由板临界荷位处产生的最大荷载应力(MPa)按式(11.4)计算,式中的设计轴载 P_s 改为最重轴载 P_m(以单轴计,kN)。

11.3.5 弹性地基双层板温度应力分析

水泥混凝土路面板内不同深度处的温度,随气温的变化而变化。这种变化使水泥混凝土路面板出现膨胀和收缩变形的趋势。当变形受阻时,板内产生胀缩应力或翘曲应力。研究表明,水泥混凝土路面被划分为有限尺寸的板后,因收缩而产生的应力很小,可不予考虑。因此,水泥混凝土路面板内温度应力主要为翘曲应力。

由于水泥混凝土路面板、基层和路基的导热性能较差,当气温变化较快时,板顶面与底面会产生温差,因而板顶与板底的胀缩变形大小不同。当气温升高时,板顶面温度较其底面高,板顶膨胀变形比板底大,则板中部隆起;相反,当气温下降时,板顶面温度较其底面低,板顶收缩变形比板底大,因而板的边缘和角隅翘起,如图11.3.4所示。由于板的自重、地基反力和相邻板的钳制作用,使部分翘曲变形受阻,从而使板内产生翘曲应力。由气温升高引起的板中部隆起受到限制时,板底面出现拉应力;而当气温降低引起的板的边缘和角隅翘起受阻时,板顶面出现拉应力。

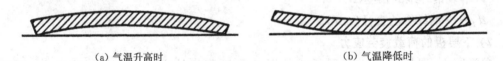

(a) 气温升高时　　　　　　　　　　(b) 气温降低时

图 11.3.4　水泥混凝土路面板的翘曲变形

在上层板临界荷位处产生的温度疲劳应力 σ_{tr}、最大温度翘曲应力 $\sigma_{t,\max}$、综合温度翘曲应力和内应力作用的温度应力系数 B_L 应分别按式(11.21)、式(11.23)、式(11.24)计算。下层板临界荷位处产生的温度疲劳应力不需要计算分析。

$$\sigma_{tr} = k_t \sigma_{t,\max} \tag{11.21}$$

式中:σ_{tr}——上层板临界荷位处产生的温度疲劳应力(MPa);

k_t——考虑温度应力累计疲劳作用的温度疲劳应力系数,按式(11.22)计算。

$$k_t = \frac{f_r}{\sigma_{t,\max}} \left[a_t \left(\frac{\sigma_{t,\max}}{f_r} \right)^{b_t} - c_t \right] \tag{11.22}$$

式中:a_t、b_t 和 c_t——回归系数,按所在地区的公路自然区划查表11.3.2确定;

f_r——水泥混凝土弯拉强度标准值。

表 11.3.2　回归系数 a_t、b_t 和 c_t

回归系数	公路自然区划					
	Ⅱ	Ⅲ	Ⅳ	Ⅴ	Ⅵ	Ⅶ
a_t	0.828	0.855	0.841	0.871	0.837	0.834
b_t	1.323	1.355	1.323	1.287	1.382	1.270
c_t	0.041	0.041	0.058	0.071	0.038	0.052

最大温度梯度时水泥混凝土路面上层板最大温度翘曲应力 $\sigma_{t,\max}$ 按式(11.23)计算。

$$\sigma_{t,\max} = \frac{\alpha_c E_c h_c T_g}{2} B_L \tag{11.23}$$

式中：α_c——水泥混凝土的线膨胀系数，根据粗集料的岩性按表 11.6.8 取用；

T_g——道路所在地水泥混凝土面层的 50 年一遇的最大温度梯度标准值，可按道路所在地的公路自然区划查表 11.3.3 取用；

表 11.3.3 最大温度梯度标准值

公路自然区划	Ⅱ、Ⅴ	Ⅲ	Ⅳ、Ⅵ	Ⅶ
最大温度梯度/(℃/m)	83～88	90～95	86～92	93～98

注：海拔高时，取高值；湿度大时，取低值。

B_L——综合温度翘曲应力和内应力作用的温度应力系数，按式(11.24)计算。

$$B_L = 1.77 e^{-4.48 h_c} C_L - 0.131(1 - C_L) \tag{11.24}$$

$$C_L = 1 - \left(\frac{1}{1+\xi}\right) \frac{\sinh t \cos t + \cosh t \sin t}{\cos t \sin t + \sinh t \cosh t} \tag{11.25}$$

$$t = \frac{L}{3 r_g} \tag{11.26}$$

$$\xi = -\frac{(k_n r_g^4 - D_c) r_\beta^3}{(k_n r_\beta^4 - D_c) r_g^3} \tag{11.27}$$

$$r_\beta = \left[\frac{D_c D_b}{(D_c + D_b) k_n}\right]^{\frac{1}{4}} \tag{11.28}$$

$$k_n = \frac{1}{2} \left(\frac{h_c}{E_c} + \frac{h_b}{E_b}\right)^{-1} \tag{11.29}$$

式中：C_L——水泥混凝土路面上层板的温度翘曲应力系数，按式(11.25)计算；

ξ——与双层板结构有关的参数，按式(11.27)计算；

r_β——层间接触状况参数(m)，按式(11.28)计算；

k_n——面层与基层之间竖向接触刚度，上下层之间不设沥青混凝土夹层或隔离层时按式(11.29)计算，设沥青混凝土夹层或隔离层时取 3 000 MPa/m。

11.4 水泥混凝土路面的病害及设计指标

11.4.1 水泥混凝土路面的病害

水泥混凝土路面的使用性能在行车和环境因素作用下逐渐退化，其损坏形态同沥青路面的损坏形态大不相同，常见的病害有：裂缝、板边缘和角隅的损坏、接缝的损坏、板面磨损和错台等。按病害形式可分为以下四类：

（1）裂缝类　包括横向裂缝、纵向裂缝、斜向裂缝、交叉裂缝、板角断裂和网裂等。

水泥混凝土路面板由于板内应力超过了混凝土的强度而出现横向或纵向断裂裂缝，或者角隅处的折断裂缝都属于断裂。面板越薄、荷载越大，板产生的弯拉应力就越大，当弯拉应力超过混凝土的极限抗弯拉强度时，混凝土路面板便产生断裂裂缝。断裂产生的主要原因是在荷载的反复作用下，路面板会产生疲劳破坏，混凝土疲劳可能在两条横向裂缝之间的路面边缘中间处引起横向开裂，也可能在横向裂缝轮迹处，一般是在靠近板中心线的轮迹处，引起纵向开裂；板的平面尺寸太大，引起较大的温度翘曲应力；地基过量塑性变形使板底脱空失去支承；养生期间收缩应力过大，材料或施工质量不佳使混凝土未能达到设计要求等，都可能导致路面板断裂。断裂的出现，破坏了面板的结构整体性，使板丧失了大部分以至全部承载能力。因而，通常将断裂看作是水泥混凝土面层结构破坏的临界状态。

（2）变形类　包括错台、拱起等。

① 错台：错台是接缝两侧路面板端部出现的竖向相对位移。错台的原因包括：当胀缝下部填缝板与上部缝槽未能对齐，或胀缝两侧混凝土壁面不垂直，使缝旁两板在伸胀挤压过程中，会上下错位而形成错台；横向裂缝处传荷能力不足，车轮经过时相邻板端部分出现挠度差，使沿接缝下渗的水带着路面板与基层之间的碎屑挤向后方，导致后方板板端抬起；当交通量或地基承载力在横向各块板上分布不均匀，各块板沉陷不一致时，纵向裂缝处也会产生错台现象。错台的出现，降低了行车的平顺性和舒适性。

② 拱起：水泥混凝土路面板在热膨胀受到约束时，某一接缝两侧的数块板突然出现的向上拱起的屈曲失稳现象称为拱起。这主要是由于板收缩时接缝缝隙张开，填缝料失效，坚硬的碎屑落入缝内，致使板在受热膨胀时产生较大的热压应力，易使板出现纵向屈曲失稳现象。采用膨胀性较大的石料（如硅岩等）作粗集料，容易引起板拱起，因此选择合适的集料是防止水泥混凝土路面拱起的首要方法。

（3）接缝损坏类　包括接缝碎裂、填缝料损坏、接缝张开、错台、唧泥以及拱起。

① 接缝碎裂：水泥混凝土路面板接缝两侧斜的剪切挤碎现象，主要出现于横向接缝（胀缝居多）两侧数十厘米宽的范围内。由于胀缝内的滑动传力杆排列不正或不能滑动，或者缝隙内落入坚硬的杂屑等阻碍了板的伸长，使混凝土在膨胀时受到较高的挤压应力而裂成碎块。

② 唧泥和冲刷。车辆行经接缝时，缝内喷溅出稀泥浆的现象称为唧泥。在重轮载的频繁作用下，基层由于塑性变形累积而同面层脱离接触，水分沿接缝下渗而积聚在脱空的空隙内，在轮载作用下积水变成有压水同基层内浸湿的细料搅混成悬液，并沿接缝喷溅出，形成唧泥。唧泥的出现，使面层板边缘部分和角隅部分逐渐失去支承，因而导致在离接缝1.5～1.8 m处产生横向裂缝或角隅处断裂。水泥混凝土路面设计中，除了考虑疲劳开裂以外，还需要考虑的另一重要破坏形式就是板下和板侧面的唧泥和冲刷。

（4）表面损坏类　包括裂纹、网裂、起皮、磨损、露骨、坑槽、孔洞以及磨光等。

由以上列举的主要病害现象可以看出，影响水泥混凝土路面使用品质的因素是多方面的，如轮载、温度、基层、接缝构造、水分、材料以及施工和养护情况等，因而水泥混凝土路面设计时必须从多方面采取措施来保证它的使用寿命。

11.4.2 水泥混凝土路面的极限状态与设计准则

水泥混凝土路面的工作特性和病害特点,使它在设计方法上与沥青路面大不相同。水泥混凝土路面的病害可分为结构性损坏和功能性损坏。结构性损坏指的是结构受力超过材料的承受能力,产生破坏后使得路面的结构承载能力下降,已无法有效承受车辆荷载作用,如水泥混凝土路面的断裂等;功能性损坏指的是表面的缺陷等病害,使得路面发挥其功能时受到不良影响,如水泥混凝土路面的磨损、露骨等。

一般而言,功能性损坏通过适当处治可恢复路面功能,而结构性损坏发生后,则需要实施路面大修改造工程。因此,路面设计应针对结构性损坏,首先需要分析路面结构层受力状况,然后与其材料抗力对比,通过组合设计和厚度设计使材料在使用期内不发生结构物破坏。水泥混凝土材料抗力主要以其强度指标来表征,要达到以上设计目标,首先需要确定强度指标。

水泥混凝土材料的抗压强度远高于其抗拉强度,水泥混凝土面板的结构性损坏是其裂缝类病害。水泥混凝土面板产生断裂的原因是其抗拉能力不足以抵抗拉应力,板内产生应力的外因主要是车辆荷载作用和温度的变化。水泥混凝土路面板因温度翘曲变形受到约束而产生的温度翘曲应力有时可达到相当大的数值;特别当路面板长大于 6 m 时,温度翘曲应力会超过荷载应力。因此结构设计的应力分析应综合考虑荷载应力和温度应力。

由于材料内部存在局部缺陷或不均匀性,在荷载作用下产生应力集中而出现微裂缝,应力的反复作用使微裂缝逐步扩大,从而不断减少承受应力的有效面积,表现出强度随荷载重复作用次数增加而降低的现象,称为疲劳。荷载应力和温度应力的共同反复作用,是使水泥混凝土产生疲劳断裂的主要原因。水泥混凝土在重复应力作用下断裂破坏时的强度,称为疲劳强度,它比水泥混凝土初始强度要低。为考虑疲劳的影响,水泥混凝土路面结构设计方法中采用了简化处理,将标准轴载作用下结构受到的应力乘一个大于 1 的修正系数(水泥混凝土路面设计中,处理荷载应力引起的疲劳时采用的"荷载疲劳应力系数")放大。在分析水泥混凝土路面板温度应力引起的疲劳效应时比较特殊,因考虑了导致温度应力产生的约束将随温度应力作用次数增加而弱化,其修正系数(温度疲劳应力系数)小于1。混凝土的极限应力根据其是否被修正,分别被称为"荷载应力""荷载疲劳应力"以及"温度应力""温度疲劳应力"。

水泥混凝土路面极限状态的表达式以路面上的临界荷位为计算点。临界荷位是水泥混凝土路面板内最重荷载应力与最大温度应力之和或荷载疲劳应力与温度疲劳应力之和最大的位置。水泥混凝土面层板和基层板的临界荷位都是纵向接缝边缘中部。

根据水泥混凝土路面板断裂发生时的两种可能状况,我国《公路水泥混凝土路面设计规范》(JTG D40)设想了两种破坏状态,并以此作为设计的极限状态。

① 设计基准期内车辆荷载和温度梯度综合作用产生的面层板疲劳断裂。按荷载疲劳应力和温度疲劳应力设计的面层板厚度,可以在设计基准期内经受住车辆荷载(以设计轴载表征)和温度梯度的综合疲劳作用。

② 路面板在单次最重轴载和最大温度梯度的综合作用下,出现超出混凝土弯拉强度的突然断裂。因此,还需要进行极限断裂破坏的验算,以控制少数超重轴载对面层板的断裂破坏作用。

11.5 水泥混凝土路面结构组合设计

水泥混凝土路面的结构层次较沥青路面简单,一般由水泥混凝土路面板面层、基(垫)层和路基组成,通常将基(垫)层和路基合称为地基,地基起支撑路面板的作用。要求面层应具有足够的强度、耐久性、表面抗滑、耐磨及平整度,其弯拉强度、厚度和平面尺寸均应满足水泥混凝土路面设计的要求。

水泥混凝土路面结构设计方案,应根据道路技术等级、交通荷载、路基条件、当地温度和湿度状况以及使用性能要求,结合当地气候、水文、地质、材料、建设和养护条件、工程实践经验及环境保护等,通过综合分析确定。

路面结构是由多个层次组成的复合结构,各个结构层由不同类型和性质的材料组成。结构设计首先要选择层次、各层的类型和材料性质要求以及各层的厚度,组合成预期能满足使用性能要求的路面结构。选择和组合时主要考虑以下因素:

(1) 道路技术等级和交通荷载　道路技术等级高或交通荷载等级高的路面结构需选用较多的结构层次及较强和较厚的结构层;反之,低等级道路或轻交通荷载的路面结构可选用较少的结构层次及较弱和较薄的结构层。

(2) 路基条件　对于较弱的路基,应首先采取改善路基的措施,在满足规定的最低支承要求后再考虑路面结构;对于较强的路基,可以相应减少路面结构层的强度或厚度。

(3) 当地温度和湿度状况　在季节性冰冻地区,需考虑防冻层最小厚度的要求;在多雨潮湿地区,需考虑采用路面结构内部排水措施等。

(4) 已有道路路面的使用经验。

11.5.1 面层

水泥混凝土面层是路面结构的主要承重层,同时也是与车辆直接接触的表面层。因而,一方面要求面层应具有足够的强度和耐久性,另一方面要求面层具有良好的行驶质量,表面应抗滑、耐磨和平整。

(1) 面层类型　面层宜采用设置接缝的普通水泥混凝土。当面层板的平面尺寸较大或形状不规则,路面结构下埋有地下设施,位于高填方、软土地基、填挖交界段等有可能产生不均匀沉降的路基段时,应采用接缝设置传力杆的钢筋混凝土面层。连续配筋混凝土、碾压混凝土和钢纤维混凝土等其他面层类型可依据适用条件选用,见表 11.5.1 和表 11.5.2。由于表面平整度难以满足要求以及接缝处难以设置传力杆,碾压混凝土不宜用作高速或一级公路以及承受特重或重交通的二级公路面层。

表11.5.1　公路水泥混凝土路面面层类型选择

面层类型		适用条件
连续配筋混凝土面层		高速公路
复合式面层	密级配沥青混合料下面层	极重、特重交通荷载的高速公路
	设置传力杆普通混凝土下面层	
碾压混凝土面层		二级及二级以下公路
钢纤维混凝土面层		高程受限制路段、混凝土加铺层
混凝土预制块面层		二级及二级以下公路桥头引道沉降未稳定段、服务区停车场

表11.5.2　城市道路水泥混凝土路面面层类型选择

面层类型	适用条件
连续配筋混凝土面层	特重交通的快速路、主干路
碾压混凝土面层	次干路以下道路、停车场、广场
钢纤维混凝土面层	高程受限制路段、收费站、混凝土加铺层和桥面铺装
普通水泥混凝土面层	各级道路、停车场、广场

(2) 面层厚度　普通水泥混凝土面层一般采用等厚形式断面，其厚度根据交通量大小，经应力计算确定。现行《水泥规范》提出了可供路面结构组合设计及初拟面层厚度时的建议参考范围，见表11.5.3。在所建议的各级面层厚度参考范围内，设计轴载作用次数多，变异系数大，最大温度梯度大，基层和垫层厚度或模量值低时，取高值。高速公路的施工水平只能达到中等变异水平等级时，可参照低变异水平等级的厚度范围的高限或者高于此高限选用。

表11.5.3　公路水泥混凝土路面面层厚度的参考范围

交通荷载等级	极重	特重			重		
公路技术等级	一级	高速	一级	二级	高速	一级	二级
变异水平等级	低	低	中	低	中	低	中	中
面层厚度/mm	≥320	280~320	260~300	240~280	230~270	220~260

交通荷载等级	中等			轻	
公路技术等级	二级		三、四级	三、四级	
变异水平等级	高	中	高	中	高	中
面层厚度/mm	220~250	210~240	200~230	190~220	180~210

城市道路水泥混凝土路面面层厚度可参考表11.5.4所列并满足计算要求。

表 11.5.4　城市道路水泥混凝土路面面层厚度的参考范围

交通荷载等级	特重					重					
道路技术等级	快速路		主干路		次干路		快速路		主干路		次干路
变异水平等级	低	中	低	中	低	中	低	中	低	中	中
面层厚度/mm	≥260	≥250		≥240			≥240		≥230		≥220

交通荷载等级	中等				轻	
道路技术等级	次干路		支路		支路	支路
变异水平等级	高	中	高	中	高	中
面层厚度/mm	≥210		≥200		≥200	≥180	≥180

普通水泥混凝土、钢筋混凝土、碾压混凝土和连续配筋混凝土面层的计算厚度,可依据交通荷载等级、道路技术等级和变异水平等级,按 11.7 节"水泥混凝土路面厚度设计"相关内容确定。各种混凝土面层的设计厚度应依据计算厚度加 6 mm 磨耗层后,按 10 mm 向上取整。

钢纤维混凝土的钢纤维体积率宜为 0.6%～1.0%,面层厚度宜为普通水泥混凝土面层厚度的 0.65～0.75 倍,按钢纤维掺量确定。特重或重交通荷载时,其最小厚度应为 180 mm;中等或轻交通荷载时,其最小厚度应为 160 mm。

复合式路面的沥青混凝土上面层的厚度不宜小于 40 mm。水泥混凝土下面层与沥青混凝土上面层之间应设置黏层。

(3) 面层板尺寸和表面处理　水泥混凝土面层板一般划分为矩形,纵、横向接缝应垂直相交,纵向接缝两侧的横向接缝不得相互错位。纵向接缝的间距(即板宽)宜在 3.0～4.5 m 范围内选用。横向接缝的间距(即板长)应按面层类型和厚度选定:普通水泥混凝土面层宜为 4～6 m,面层板的长宽比不宜超过 1.35,平面面积不宜大于 25 m²。在普通水泥混凝土面层的建议范围内,所选横向接缝间距可随面层厚度增加而增大,随基层刚度的增加而适当缩短。

路面表面必须采用拉毛、拉槽、压槽或刻槽等方法增大粗糙度,在交(竣)工验收时路面表面的构造深度应满足表 11.5.5 的要求。其中,特殊路段对于高速和一级公路系指立交、平交或变速车道等处,对于其他等级公路系指急弯、陡坡、交叉口或集镇附近。在年降雨量 600 mm 以下的地区,表列数值可适当降低。

表 11.5.5　各级公路水泥混凝土面层的表面构造深度要求　　　　　　　　单位:mm

道路技术等级	高速公路、一级公路	二、三、四级公路
一般路段	0.70～1.10	0.50～1.00
特殊路段	0.80～1.20	0.60～1.10

11.5.2　基层和底基层

水泥混凝土路面的基层为路面板提供均匀而稳定的支承,防止唧泥、错台及冰冻等病害,延长路面使用寿命,要求基层平整、坚实,应具有足够的抗冲刷能力和适当的刚度。其中对水泥混凝土面层下基层的首要要求是抗冲刷能力。不耐冲刷的基层表面,在渗入水和荷载的共同作用下,会产生冲刷、唧泥、板底脱空和错台等病害,导致路面不平整,并加速和加剧面层板的断裂。提高基层的刚度,虽然可以增加路面结构的弯曲刚度,降低面层板的荷载应力,但也会增加面层板的温度翘曲变形(增加板底脱空区范围)和翘曲应力,对路面结构产生不利影响,并不一定能减薄面层厚度。因此,基层的刚度要适中。

(1) 基层和底基层类型　基层和底基层可以按组成材料分为无机结合料类(包括贫混凝土、碾压混凝土、水泥稳定碎石、开级配水泥稳定碎石和石灰粉煤灰稳定碎石等)、沥青结合料类(包括沥青混凝土、沥青稳定碎石和开级配沥青稳定碎石等)和粒料类(包括级配碎石、级配砾石、未筛分碎石等)三大类型。

基层的受冲刷程度与水的渗入、交通荷载作用的繁重程度和基层材料的抗冲刷能力有关。各类基层具有不同的抗冲刷能力,它取决于基层材料中结合料的性质和含量以及细料(小于 0.075 mm)的含量。对于基层的抗冲刷能力,目前尚未有标准的试验方法和定量评定指标。一些试验研究结果表明,最耐冲刷的是贫混凝土(水泥剂量 7% 或 8%)和沥青混凝土(沥青含量 6%)基层,其次是水泥稳定碎石(水泥剂量 5%)基层,再次是低剂量水泥稳定碎石(水泥剂量 3.5%)和沥青稳定碎石(沥青含量 3%)基层,较易冲刷的是二灰稳定碎石和级配碎石基层,各种稳定土、未筛分碎砾石、细粒土等均不耐冲刷。

承受极重、特重或重交通荷载的路面,为增加路面结构的弯曲刚度,降低面层的荷载应力,往往选用刚度较大的基层。这时,为了缓解由于基层与路床的刚度比过大而产生的问题,在基层下应设置底基层。而对于承受中等或轻交通荷载的路面,面层和基层通常可提供足够的弯曲刚度,因而可以不设底基层。但若基层为无机结合料稳定类材料,而上路床由细粒土组成时,基层与路床之间的刚度差仍可能过大,会引起基层因拉应力过大而开裂,并且会产生水沿裂缝下渗引起路床的冲刷和唧泥病害。因此,需在基层与路床间设置小于 0.075 mm 颗粒含量少于 7% 的粒料类底基层。

通常情况下,底基层宜采用粒料类材料。基层采用无机结合料类材料时,底基层没有必要再采用刚度(模量)较大的无机结合料稳定碎石类底基层,以提高路面结构的弯曲刚度。并且,采用无机结合料稳定碎石类底基层时,有可能因底基层与路床的模量比大而产生过大的拉应力,并且其收缩裂缝提供了水分下渗的通路及产生冲刷和唧泥的条件。

基层和底基层的材料可依据交通荷载等级、结构层组合要求和材料供应条件,分别参照表 11.5.6 和表 11.5.7 选用。

表 11.5.6　各交通荷载等级的基层材料类型

交通荷载等级	基层材料类型
极重、特重	贫混凝土、碾压混凝土
	沥青混凝土
重	密级配沥青稳定碎石
	水泥稳定碎石
中等、轻	级配碎石
	水泥稳定碎石,石灰、粉煤灰稳定碎石

注:交通荷载分级见表 11.7.4。

表 11.5.7　各交通荷载等级的底基层材料类型

交通荷载等级	底基层材料类型
极重、特重、重	级配碎石,水泥稳定碎石,石灰、粉煤灰稳定碎石
中等、轻	未筛分碎石、级配砾石,或不设

注:交通荷载分级见表 11.7.4。

多雨地区,路基由低透水性细粒土组成的高速公路和一级公路或者承受极重或特重交通荷载的二级公路,宜设置由开级配沥青稳定碎石或开级配水泥稳定碎石组成的排水基层。排水基层下应设置由密级配粒料或水泥稳定碎石组成的不透水底基层。底基层顶面宜铺设沥青类封层或防水土工织物。

(2) 基层和底基层厚度　基层厚度以 20 cm 左右为宜。研究表明,用厚基层来提高路基的支承力,或者说借以降低面层应力或减薄面层厚度一般不经济。但随着稳定类基层厚度的减小,基层底面的弯拉应力随之增大,因此基层厚度不宜太薄。

基层宽度应比水泥混凝土路面板每侧各宽出 25~35 cm(采用小型机具)或 50~60 cm(采用滑模摊铺机施工),或与路基同宽,以供施工时安装模板,并防止路面边缘渗水至路基而导致路面破坏。

在冰冻深度大于 0.5 m 的季节性冰冻地区,为防止路基可能产生的不均匀冻胀对水泥混凝土面层的不利影响,路面结构应有足够的总厚度,以便将路基的冰冻深度约束在有限的范围内。路面结构的最小总厚度,随冰冻线深度、路基的潮湿状况和土质而异,其数值可参照表 11.5.8 选定。设计出的结构总厚度(面层＋基层)小于表 11.5.8 中最小防冻厚度要求时,不足部分可用基层下的垫层(防冻层)来补足。

表 11.5.8　水泥混凝土路面结构最小防冻厚度

路基干湿类型	路基土类别	当地最大冰冻深度[3,4]/m			
		0.50~1.00	1.00~1.50	1.50~2.00	>2.00
中湿路基	易冻胀土[1]	0.30~0.50	0.40~0.60	0.50~0.70	0.60~0.95
	很易冻胀土[2]	0.40~0.60	0.50~0.70	0.60~0.85	0.70~1.10
潮湿路基	易冻胀土	0.40~0.60	0.50~0.70	0.60~0.90	0.75~1.20
	很易冻胀土	0.45~0.70	0.55~0.80	0.70~1.00	0.80~1.30

注:1. 易冻胀土:细粒土质砾(GM、GC)、除极细粉土质砂外的细粒土质砂(SM、SC)、塑性指数小于 12 的黏质土(CL、CH)。
　　2. 很易冻胀土:粉质土(ML、MH)、极细粉土质砂(SM)、塑性指数为 12~22 的黏质土(CL)。
　　3. 冻深小或填方路段,或基、垫层采用隔温性能良好的材料,应采用低值;冻深大或挖方及地下水位高的路段,或基、垫层采用隔温性能稍差的材料,应采用高值。
　　4. 冻深小于 0.50 m 的地区,可不考虑结构层防冻厚度。

各种基层和底基层的结构层适宜压实厚度,应按表 11.5.9 和表 11.5.10 所选集料的公称最大粒径和压实效果的要求而定。基层或底基层的设计层厚度超出相应材料的适宜压实厚度范围时,宜分层铺设和压实。

表11.5.9 道路各种材料基层和底基层的结构层适宜施工层厚

材料种类		适宜施工层厚/mm
贫混凝土、碾压混凝土		120~200
无机结合料稳定粒料		150~200
集料公称最大粒径	沥青混凝土 9.5	25~40
	沥青混凝土 13.2	35~65
	沥青混凝土 16	40~70
	沥青混凝土 19	50~75
	沥青稳定碎石 19	
	沥青稳定碎石 26.5	75~100
多孔隙水泥稳定碎石		100~150
级配碎石、未筛分碎石、级配砾石或碎砾石		100~200

表11.5.10 城市道路各类基层最小厚度

基层类型		最小厚度/mm
刚性基层	贫混凝土或碾压混凝土基层	150
	多孔混凝土排水基层	150
半刚性基层	水泥稳定类基层	150
	石灰稳定类基层	150
	水泥粉煤灰稳定类基层	150
	石灰粉煤灰稳定类基层	150
沥青基层	沥青稳定碎石基层(ATB) ATB-25	80
	ATB-30	90
	ATB-40	120
	半开级配沥青碎石基层(AM) AM-25	80
	AM-40	120
	沥青稳定碎石排水基层(ATPB) ATPB-25	80
	ATPB-30	90
	ATPB-40	120
	级配碎石	80

贫混凝土或碾压混凝土基层的计算厚度应满足11.7节"水泥混凝土路面厚度设计"相关内容的要求。基层设计厚度应依据计算厚度按10 mm向上取整。

开级配沥青稳定碎石或水泥稳定碎石排水基层的计算厚度应满足排出表面水设计渗入量的需要。排水基层的设计厚度宜依据计算厚度按 10 mm 向上取整后再增加 20 mm。

11.5.3 垫层

垫层主要设置在温度和湿度状况不良的路段上,以改善路面结构的使用性能。遇有以下情况时,应在基层或底基层下设置垫层。

① 季节性冰冻地区,路面结构厚度小于最小防冻厚度要求(表 11.5.8)时,应设置防冻垫层,使路面结构免除或减轻冻胀和翻浆病害。

② 水文地质条件不良的土质路堑,路床土湿度较大时,宜设置排水垫层,可以疏干路床土,改善路面结构的支承条件。

防冻垫层和排水垫层宜采用碎石、砂砾等颗粒材料。垫层应与路基同宽,厚度不小于 150 mm。

11.5.4 路基

路面结构对路基所能提供的支承条件或水平的要求可采用路床顶面的综合回弹模量值来表征,并按照交通荷载等级的不同,分别有不同的要求值。路床顶面的综合回弹模量值,轻交通荷载等级时不得低于 40 MPa,中等或重交通荷载等级时不得低于 60 MPa,特重或极重交通荷载等级时不得低于 80 MPa。不满足要求时,应选用粗粒土或低剂量无机结合料稳定土作路床或上路床填料。当路基工作区底面接近或低于地下水位时,可采取更换填料、设置排水渗沟等措施。

路基填料应满足以下要求:

① 高液限黏土及含有机质的细粒土不应用作高速公路和一级公路的路床填料或二级公路和二级以下公路的上路床填料。

② 高液限粉土、塑性指数大于 16 或膨胀率大于 3% 的低液限黏土不应用作高速公路和一级公路的上路床填料。

③ 因条件限制必须采用上述土作填料时,应掺入水泥、粉煤灰或石灰等结合料进行改善。

季节性冰冻地区的中湿类和潮湿类路基,当冰冻线深度达到路基的易冻胀土层时,在易冻胀土层上应设置防冻垫层或用不易冻胀土置换冰冻线深度范围内的易冻胀土。

水文地质条件不良的土质路堑,应采取地下排水措施。

对路堤下的软弱地基进行加固处治后,其工后沉降量应符合现行《路基规范》的规定,并宜在路床顶部铺筑粒料层。

石质挖方或填石路床顶面应铺设整平层。整平层可采用碎石、低剂量水泥稳定粒料等材料,其厚度可根据路床顶面平整程度确定,最小厚度不小于 100 mm。

11.6 水泥混凝土路面材料特性及设计参数

11.6.1 路基回弹模量

土为非线性弹塑性体,其回弹模量值是土类、物理状况(含水率和干密度)和应力状况的函数。路基回弹模量的获取方法详见本书 8.2.3 节相关内容。当受条件限制无法通过试验获得路基回弹模量时,可依据土的类别由表 11.6.1 查取路基回弹模量经验参考值,并按路床顶面到地下水位的距离由表 11.6.2 查取路基的回弹模量湿度调整系数,二者相乘后得到回弹模量值。

表 11.6.1 路基回弹模量经验参考值　　　　　　　　　　单位:MPa

土组	取值范围	代表值
级配良好砾(GW)	240~290	250
级配不良砾(GP)	170~240	190
含细粒土砾(GF)	120~240	180
粉土质砾(GM)	160~270	220
黏土质砾(GC)	120~190	150
级配良好砂(SW)	120~190	150
级配不良砂(SP)	100~160	130
含细粒土砂(SF)	80~160	120
粉土质砂(SM)	120~190	150
黏土质砂(SC)	80~120	100
低液限粉土(ML)	70~110	90
低液限黏土(CL)	50~100	70
高液限粉土(MH)	30~70	50
高液限黏土(CH)	20~50	30

注:1. 对于砾和砂,D_{60}(通过率为60%时的颗粒粒径)大时,模量取高值;D_{60}小时,模量取低值。
　　2. 对于其他含细粒的土组,小于 0.075 mm 颗粒含量大和塑性指数高时,模量取低值;反之,模量取高值。

表 11.6.2 路基回弹模量湿度调整系数

土组	路床顶面到地下水位的距离/m					
	1.0	1.5	2.0	2.5	3.0	4.0
细粒质砾(GF)、土质砾(GM、GC)	0.81~0.88	0.86~1.00	0.91~1.00	0.96~1.00	—	—
细粒质砂(SF)、土质砂(SM、SC)	0.80~0.86	0.83~0.97	0.87~1.00	0.90~1.00	0.94~1.00	—

(续表)

土组	路床顶面到地下水位的距离/m					
	1.0	1.5	2.0	2.5	3.0	4.0
低液限粉土(ML)	0.71~0.74	0.75~0.81	0.78~0.89	0.82~0.97	0.86~1.00	0.94~1.00
低液限黏土(CL)	0.70~0.73	0.72~0.80	0.74~0.88	0.75~0.95	0.77~1.00	0.81~1.00
高液限粉土(MH)、高液限黏土(CH)	0.70~0.71	0.71~0.75	0.72~0.78	0.73~0.82	0.73~0.86	0.74~0.94

注:1. 小于 0.075 mm 颗粒含量大和塑性指数高时,调整系数取低值;反之,调整系数取高值。
2. 当表中调整系数最大值为 1.00 时,调整系数取高值。

11.6.2 粒料类基层回弹模量

(1)试验法 粒料类基层的回弹模量应采用重复加载三轴压缩试验测定。粒料试件的尺寸为直径 150 mm、高 300 mm。

(2)经验法 当受试验条件限制时,可依据粒料类别选取粒料类基层的回弹模量,参照表 11.6.3 取值。

表 11.6.3 粒料类基层和底基层材料回弹模量经验参考值 单位:MPa

材料类型	取值范围	代表值
级配碎石(基层)	200~400	300
级配碎石(底基层)	180~250	220
未筛分碎石	180~220	200
级配砾石(基层)	150~300	250
级配砾石(底基层)	150~220	190
天然砂砾	105~135	120

11.6.3 无机结合料稳定类材料弹性模量

(1)试验法 无机结合料稳定类材料的弹性模量采用圆柱试件的压缩弹性模量,通过单轴压缩试验测定,但压缩应变的量测应在试件中间 1/3 部位进行,以消除两端接触面在压缩试验时的约束作用。试件尺寸应为直径100 mm、高 200 mm 或直径 150 mm、高 300 mm。水泥稳定类材料的试件龄期应采用 90 d,石灰粉煤灰稳定类材料的试件龄期应采用 180 d,测定前试件应浸水 1 d。

(2)经验法 当受试验条件限制时,无机结合料稳定类基层或底基层的弹性模量可采用考虑结构层收缩开裂后的有效模量,参照表 11.6.4 取值。

表 11.6.4　无机结合料稳定类基层和底基层材料弹性模量经验参考值　　单位：MPa

材料类型	7 d 浸水抗压强度	试件模量	收缩开裂后模量	疲劳破坏后模量
水泥稳定类	3.0～6.0	3 000～14 000	2 000～2 500	300～500
	1.5～3.0	2 000～10 000	1 000～2 000	200～400
石灰、粉煤灰稳定类	≥0.8	3 000～14 000	2 000～2 500	300～500
	0.5～0.8	2 000～10 000	1 000～2 000	200～400
石灰稳定类	≥0.8	2 000～4 000	800～2 000	100～300
	0.5～0.8	1 000～2 000	400～1 000	50～200
开级配水泥稳定碎石（CTPB）	≥4.0	1 300～1 700		—

11.6.4　水泥混凝土弯拉强度

（1）试验法　水泥混凝土配合比设计时的混合料试配弯拉强度的均值，应按式(11.30)确定。

$$f_m = \frac{f_r}{1-1.04c_v} + ts \tag{11.30}$$

式中：f_m——水泥混凝土试配弯拉强度的均值（MPa）；

f_r——水泥混凝土弯拉强度标准值（MPa）；

c_v——水泥混凝土弯拉强度的变异系数，参照表 11.7.2 取用；

s——水泥混凝土弯拉强度试验样本的标准差；

t——保证率系数，按样本数和判别概率参照表 11.6.5 确定。

表 11.6.5　保证率系数

道路技术等级	判别概率	样本数			
		6	9	15	20
高速公路	0.05	0.79	0.61	0.45	0.39
一级公路	0.10	0.59	0.46	0.35	0.30
二级公路	0.15	0.46	0.37	0.28	0.24
三、四级公路	0.20	0.37	0.29	0.22	0.19

水泥混凝土的设计强度应采用 28 d 龄期的弯拉强度。各交通荷载等级要求的水泥混凝土弯拉强度标准值不得低于表 11.6.6 的规定。

表 11.6.6　水泥混凝土弯拉强度标准值　　单位：MPa

交通荷载等级	极重、特重、重	中等	轻
水泥混凝土的弯拉强度标准值	≥5.0	4.5	4.0
钢纤维混凝土的弯拉强度标准值	≥6.0	5.5	5.0

(2) 经验法 水泥混凝土设计参数经验参考值见表 11.6.7～表 11.6.9。

表 11.6.7 水泥混凝土强度和弹性模量经验参考值

弯拉强度/MPa	1.5	2.0	2.5	3.0	3.5	4.0	4.5	5.0	5.5
抗压强度/MPa	7	11	15	20	25	30	36	42	49
抗拉强度/MPa	0.89	1.21	1.53	1.86	2.20	2.54	2.85	3.22	3.55
弹性模量/GPa	15	18	21	23	25	27	29	31	33

表 11.6.8 水泥混凝土线膨胀系数经验参考值

粗集料类型	石英岩	砂岩	砾石	花岗岩	玄武岩	石灰岩
水泥混凝土线膨胀系数/(10^{-6}/℃)	12	12	11	10	9	7

表 11.6.9 水泥混凝土面层与基层间摩阻系数经验参考值

基层材料	取值范围	代表值
级配碎石、级配砾石或碎砾石	0.5～4.0	2.5
沥青混凝土、沥青碎石	2.5～15	7.5
无机结合料稳定粒料	3.5～13	8.9
贫混凝土、碾压混凝土	3.0～20	8.5

11.7 水泥混凝土路面厚度设计

11.7.1 可靠度设计标准

为了使设计更加合理和更能反映实际情况,以及满足施工控制和质量检验的要求,各设计参数变异性对结构功能的影响必须加以定量的研究。可靠性理论的出现和发展为此提供了理论基础和分析手段。

我国水泥混凝土路面结构采用概率极限状态设计法进行设计,即在度量路面结构的可靠性上由定值设计方法转变为运用统计数学的方法,以反映材料和结构的变异性以及施工技术和控制水平的差异对路面使用寿命和结构层厚度要求的影响。

路面结构可靠度是在规定的时间段内,在规定的条件下,路面结构性使用性能满足预定水平要求的概率。因而,水泥混凝土路面结构可靠度也可定义为,在规定的设计基准期内,且在规定的交通和环境条件下,荷载疲劳应力和温度疲劳应力的总和不超过水泥混凝土弯拉强度的概率,或者,最重轴载应力和最大温度应力的总和不超过水泥混凝土弯拉强度的概率。

可靠度系数是目标可靠度及设计参数变异水平等级和相应的变异系数的函数。设计时,可依据各设计参数变异系数值在各变异水平等级变化范围内的情况选择可靠度系数。

各级道路水泥混凝土路面结构的设计安全等级及相应的设计基准期、目标可靠指标与目标可靠度,应符合表 11.7.1 的规定。当二级及二级以下公路路面结构破坏可能产生很严重后果时,可提高一级安全等级。

表 11.7.1　可靠度设计标准

道路技术等级	高速公路	一级公路	二级公路	三级公路	四级公路
安全等级	一级		二级	三级	
设计基准期/年	30		20	15	10
目标可靠度/%	95	90	85	80	70
目标可靠指标	1.64	1.28	1.04	0.84	0.52

各安全等级路面的材料性能和结构尺寸参数的变异水平可分为低、中和高三级,应按道路技术等级以及所采用的施工技术和所能达到的施工质量控制和管理水平,通过调研确定变异水平等级和相应的变异系数,高速公路、一级公路的变异水平等级宜为低级,二级公路的变异水平等级应不大于中级。确有困难时可按表 11.7.2 规定的主要设计参数变异系数范围选择相应的变异系数。

表 11.7.2　变异系数 c_v 的范围

变异水平等级	低	中	高
水泥混凝土弯拉强度	$0.05 \leqslant c_v \leqslant 0.10$	$0.10 < c_v \leqslant 0.15$	$0.15 < c_v \leqslant 0.20$
基层顶面当量回弹模量	$0.15 \leqslant c_v \leqslant 0.25$	$0.25 < c_v \leqslant 0.35$	$0.35 < c_v \leqslant 0.55$
水泥混凝土面层厚度	$0.02 \leqslant c_v \leqslant 0.04$	$0.04 < c_v \leqslant 0.06$	$0.06 < c_v \leqslant 0.08$

11.7.2　路面结构设计标准和验算标准

水泥混凝土路面结构设计应以面层板在设计基准期内,在车辆荷载和温度梯度综合作用下,不产生疲劳断裂作为设计标准;并在最重轴载和最大温度梯度综合作用下,不产生极限断裂作为验算标准。其极限状态设计表达式可分别采用式(11.31)和式(11.32)表示:

$$\gamma_r(\sigma_{pr} + \sigma_{tr}) \leqslant f_r \tag{11.31}$$

$$\gamma_r(\sigma_{p,\max} + \sigma_{t,\max}) \leqslant f_r \tag{11.32}$$

式中:γ_r——可靠度系数,依据所选目标可靠度、变异水平等级及变异系数通过计算确定;

σ_{pr}——面层板在临界荷位处产生的荷载疲劳应力(MPa);

σ_{tr}——面层板在临界荷位处产生的温度疲劳应力(MPa);

$\sigma_{p,\max}$——最重轴载在临界荷位处产生的最大荷载应力(MPa);

$\sigma_{t,\max}$——所在地区最大温度梯度在临界荷位处产生的最大温度应力(MPa);

f_r——水泥混凝土弯拉强度标准值(MPa)。

贫混凝土或碾压混凝土基层应以设计基准期内行车荷载不产生疲劳断裂作为设计标准,其极限状态设计表达式可采用式(11.33)表示:

$$\gamma_r \sigma_{bpr} \leqslant f_{br} \tag{11.33}$$

式中：σ_{bpr}——基层内在临界荷位处产生的荷载疲劳应力(MPa)；

f_{br}——基层材料的弯拉强度标准值(MPa)。

11.7.3 交通荷载参数分析与计算

1) 交通数据调查

交通数据调查应包括道路设计基准期内的交通量及增长率、方向系数、车道系数、车辆类型组成、轴组组成和轴重等(详见第一章相关内容)。本节主要介绍水泥混凝土路面设计所特有的车辆轮迹横向分布系数。

车辆在道路上行驶时，车轮的轨迹总是在横断面中心线附近一定范围内左右摆动。由于轮迹的宽度远小于车道的宽度，因而总的轴载通行次数既不会集中在横断面上某一固定位置，也不可能平均分配到每一点上，而是按一定规律分布在车道横断面上。因此，把某点通行次数与总通行次数之比称为车辆轮迹的横向分布。如图 11.7.1 所示为单向行驶时一个车道内的车辆轮迹横向分布频率曲线，如图 11.7.2 所示为混合行驶时双车道内的车辆轮迹横向分布频率曲线。

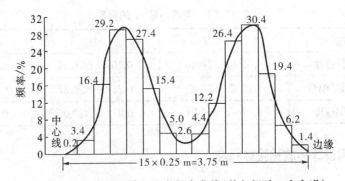

图 11.7.1　车辆轮迹横向分布频率曲线(单向行驶一个车道)

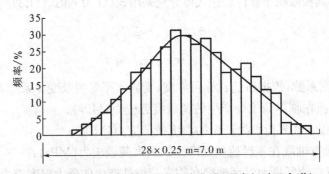

图 11.7.2　车辆轮迹横向分布频率曲线(混合行驶双车道)

分布频率曲线中的直方图条带宽为 25 cm，大约接近轮迹宽度，以条带上受到的车轮作用次数除以车道上受到的作用次数作为该条带的频率。由图 11.7.1 可知，在单向行车的一个车道上,由于行车的渠化,频率曲线出现两个峰值,约为30%,而车道边缘处频率很低。由图11.7.2可知,混合行驶的双车道,车辆集中在双车道中央,频率曲线出现一个峰值,约为30%,两侧边缘频率很低。

车辆轮迹横向分布频率曲线图形随许多因素而变化,如交通量、交通组成、车道宽度及交通管理规则等,需分别根据各种不同情况,通过实地调查才能确定。

在水泥混凝土路面结构设计中,用横向分布系数 η 来反映轮迹横向分布频率的影响。测试时通常取宽度为两个条带的宽度,即50 cm,因为双轮组每个轮宽20 cm,轮隙宽10 cm。这时的两个条带频率之和称为车辆轮迹横向分布系数。

车辆轮迹横向分布系数一般仅在水泥混凝土路面设计中使用,用于考虑设计车道上车辆荷载在水泥混凝土路面板临界荷位处的作用。表11.7.3列出了水泥混凝土路面车辆轮迹横向分布系数的建议值。表中数据,当车道、行车道较宽或者交通量较大时,取高值;反之,取低值。

表 11.7.3　水泥混凝土路面车辆轮迹横向分布系数

道路技术等级		纵向接缝边缘处
高速公路、一级公路、收费站		0.17~0.22
二级及二级以下公路	行车道宽>7 m	0.34~0.39
	行车道宽≤7 m	0.54~0.62

2) 轴载调查与分析

对于水泥混凝土路面,重点是获得单轴轴载谱,可采用以轴型为基础和以车辆类型为基础两种方法获得单轴轴载谱。以轴型为基础进行称重和统计时,随机统计3 000辆2轴6轮及以上车辆中单轴、双联轴和三联轴等不同轴型出现的单轴次数,并分别称取其单轴轴重,可按单轴轴重级位统计整理后得到轴载谱;以车辆类型为基础进行各种轴型的轴载称重和统计时,可将2轴6轮及以上车辆分为整车、半挂和多挂三大类,调查获取车辆类型组成比例,每类车再按轴数细分,分别按车型称重后得到单轴轴载谱。

可通过实地设立站点进行各类车辆的轴型调查和轴重测定,或者利用该地区或相似类型公路已有称重站的车型、轴型和轴重测定统计资料,获取设计道路的车辆类型、轴型和轴重组成数据,以及最重轴载和货车中占主要份额的特重车型轴载。

(1) **轴载换算方法**　按疲劳断裂设计标准进行结构分析时,以100 kN单轴-双轮组荷载作为设计轴载,对极重交通荷载等级的水泥混凝土路面,宜选用货车中占主要份额的特重车型轴载作为设计轴载。各级轴载作用次数 N_i,可按式(11.34)换算为设计轴载的作用次数 N_s。

$$N_s = \sum_{i=1}^{n} N_i \left(\frac{P_i}{P_s}\right)^{16} \tag{11.34}$$

式中:P_i——第 i 级轴载重(kN),联轴按每一根轴载单独计;

P_s——设计轴载重(kN);

n——各种轴型的轴载级位数；

N_i——第 i 级轴载的作用次数；

N_s——设计轴载的作用次数。

(2) 按轴型统计 各类车辆按轴型称重和统计时，可采用以轴型为基础的轴载当量换算系数法计算分析设计车道使用初期的设计轴载日作用次数。随机统计 3 000 辆 2 轴 6 轮及以上车辆中单轴、双联轴和三联轴等不同轴型出现的单轴次数，并分别称取其单轴轴重。可按单轴轴重级位统计整理后得到轴载谱，并按式(11.35)计算确定不同轴重级位的设计轴载当量换算系数。

$$k_{p,i} = \left(\frac{P_i}{P_s}\right)^{16} \quad (11.35)$$

式中：$k_{p,i}$——不同单轴轴重级位 i 的设计轴载当量换算系数；

P_i——单轴级位 i 的轴重(kN)；

P_s——设计轴载重(kN)。

依据单轴轴载谱和相应的设计轴载当量换算系数，可按式(11.36)计算得到设计车道使用初期的设计轴载日作用次数。

$$N_s = ADTT \frac{n}{3\,000} \sum_i (k_{p,i} \times p_i) \quad (11.36)$$

式中：N_s——设计车道使用初期的设计轴载日作用次数[轴次/(车道·d)]；

$ADTT$——设计车道的年平均日货车交通量[辆/(车道·d)]；

n——随机调查 3 000 辆 2 轴 6 轮及以上车辆中出现的单轴总数；

p_i——单轴轴重级位 i 的频率(以分数计)。

(3) 按车辆类型统计 以车辆类型为基础进行各种轴型的轴载称重和统计时，可采用车辆当量轴载系数法计算分析设计车道使用初期的设计轴载日作用次数。

可将 2 轴 6 轮及以上车辆分为整车、半挂和多挂三大类，每类车再按轴数细分，分别按车型称重后得到单轴轴载谱。可由式(11.35)和式(11.37)计算得到各类车辆的设计轴载当量换算系数。

$$k_{p,k} = \sum_i k_{p,i} p_i \quad (11.37)$$

式中：$k_{p,k}$——k 类车辆的设计轴载当量换算系数；

p_i——k 类车辆单轴轴重级位 i 的频率(以分数计)。

依据调查所得的车辆类型组成数据，可按式(11.38)计算确定设计车道使用初期的设计轴载日作用次数。

$$N_s = ADTT \times \sum_k (k_{p,k} \times p_k) \quad (11.38)$$

式中：p_k——k 类车辆的组成比例(以分数计)。

3) 当量设计轴载累计作用次数

设计基准期内水泥混凝土路面设计车道临界荷位处所承受的设计轴载累计作用次数，

应按式(11.39)计算确定。

$$N_e = \frac{N_s \times [(1+g_r)^t - 1] \times 365}{g_r} \times \eta \tag{11.39}$$

式中：N_e——设计基准期内设计车道所承受的设计轴载累计作用次数(轴次/车道)；

t——设计基准期(年)；

g_r——基准期内货车交通量的年平均增长率(以分数计)；

η——临界荷位处的车辆轮迹横向分布系数，按表11.7.3选用。

水泥混凝土路面设计车道在设计基准期内所承受的设计轴载累计作用次数分为5级，分级范围见表11.7.4。

表11.7.4 交通荷载分级

交通荷载等级	极重	特重	重	中等	轻
设计基准期内设计车道承受设计轴载(100 kN)累计作用次数(10^4)	$>1\times10^6$	2 000～1×10^6	100～2 000	3～100	<3

11.7.4 水泥混凝土路面板厚度计算流程

(1) 进行行车道路面结构的组合设计，初拟路面结构，包括路床、垫层、基层和面层的材料类型和厚度，并按表11.5.3或表11.5.4所列的水泥混凝土面层厚度的参考范围，依据交通荷载等级、道路技术等级和所选变异水平等级初选水泥混凝土路面板厚度。

(2) 按照初拟路面结构的组合情况，选择相应的结构分析模型。

(3) 参照图11.7.3所示的水泥混凝土路面板厚度计算流程，分别计算水泥混凝土面层板(单层板或双层板的面层板)的最重轴载产生的最大荷载应力、设计轴载产生的荷载疲劳应力、最大温度梯度产生的最大温度应力及温度疲劳应力。

(4) 当荷载疲劳应力与温度疲劳应力之和与可靠度系数的乘积，小于且接近于水泥混凝土弯拉强度标准值，同时，最大荷载应力与最大温度应力之和与可靠度系数的乘积，小于水泥混凝土弯拉强度标准值，即满足式(11.31)和式(11.32)时，初选厚度可作为水泥混凝土路面板的计算厚度。

(5) 贫混凝土或碾压混凝土基层或者双层板的下面层板，需计算其荷载疲劳应力，并验算荷载疲劳应力与可靠度系数的乘积是否小于或等于其材料的弯拉强度标准值，即应满足式(11.33)。

(6) 若不能同时满足式(11.31)、式(11.32)及式(11.33)，则应改选水泥混凝土面层板厚度或(和)调整基层类型或(和)厚度，重新计算，直到同时满足式(11.31)、式(11.32)及式(11.33)。

(7) 计算厚度加6 mm磨损厚度后，应按10 mm向上取整，作为水泥混凝土面层的设计厚度。

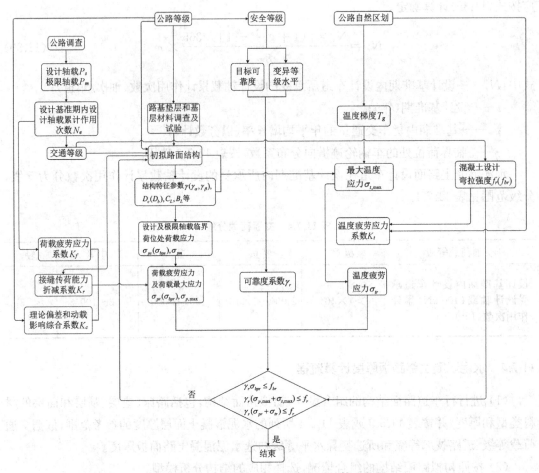

图 11.7.3 水泥混凝土路面板厚度计算流程图

11.8 接缝设计

水泥混凝土路面因划块设置了许多纵、横向接缝,而接缝是水泥混凝土路面的薄弱部位,易产生挤碎、拱起、错台以及唧泥等结构性破坏,接缝设置得好坏,直接影响水泥混凝土路面的使用性能和寿命。

11.8.1 纵向接缝

纵向接缝是指平行于道路中线的接缝,主要有纵向施工缝和纵向缩缝。纵向接缝的间距(即板宽)宜在 3.0~4.5 m 范围内。纵向接缝的布设应视路面总宽度、行车道及硬路肩宽度以及施工铺筑宽度而定。

① 一次铺筑宽度小于路面宽度时,应设置纵向施工缝。纵向施工缝应采用设置拉杆平缝形式,上部应锯切槽口,深度宜为 30~40 mm,宽度宜为 3~8 mm,槽内应灌塞填缝料,其构造如图 11.8.1(a)所示。

② 一次铺筑宽度大于 4.5 m 时,应设置纵向缩缝。纵向缩缝应采用设置拉杆假缝形式,锯切的槽口深度应大于施工缝的槽口深度。采用粒料基层时,槽口深度应为板厚的 1/3;采用半刚性基层时,槽口深度应为板厚的 2/5,其构造如图 11.8.1(b)所示。

③ 碾压混凝土面层一次摊铺宽度大于 7.5 m 时,应设置纵向缩缝,缩缝构造如图 11.8.1(b)所示;钢纤维混凝土面层在摊铺宽度小于 7.5 m 时,可不设纵向缩缝。

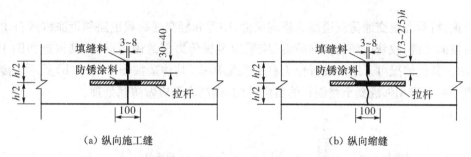

图 11.8.1 纵向接缝构造(单位:mm)

为使路面美观,纵向接缝应与道路中线平行,且间距一般按车道线设置。带有路缘带的高速公路和一级公路,板宽可按车道和路缘带的宽度确定,车道和路缘带间不设纵向接缝。

在路面等宽的路段内或路面变宽路段的等宽部分,纵向接缝的间距和形式应保持一致。路面变宽段的加宽部分与等宽部分之间,应以纵向施工缝隔开。加宽板在变宽段起终点处的宽度不应小于 1 m。

行车道路面与混凝土硬路肩之间的纵向接缝必须设置拉杆。拉杆应采用螺纹钢筋,设在板厚中央,并应对拉杆中部 100 mm 范围内进行防锈处理。纵向接缝拉杆的直径、长度和间距可参照表 11.8.1 数据选用。施工布设时,拉杆间距应根据横向接缝的实际位置予以调整,最外侧的拉杆到横向接缝的距离不得小于 100 mm。

表 11.8.1 纵向接缝拉杆的直径、长度和间距

面层厚度 /mm	到自由边或未设拉杆纵向接缝的距离/m					
	3.00	3.50	3.75	4.50	6.00	7.50
200~250	14×700×900	14×700×800	14×700×700	14×700×600	14×700×500	14×700×400
≥260	16×800×800	16×800×700	16×800×600	16×800×500	16×800×400	16×800×300

注:拉杆尺寸表示方法为直径×长度×间距,直径、长度和间距的单位都是 mm。

11.8.2 横向接缝

横向接缝是垂直于道路中线的接缝,共有三种,即缩缝、胀缝和施工缝。

1) 横向缩缝

设置横向缩缝的目的是减小收缩应力和温度翘曲应力,保证路面板因温度和湿度的降低而收缩时沿该薄弱断面缩裂,从而避免产生不规则的裂缝。横缝间距大小影响板内温度应力、接缝缝隙宽度和接缝传荷能力。横向缩缝间距即为板长,可采用等间距或变间距布

设,采用假缝形式,相邻板的横向缩缝应对齐。板长应按面层类型和厚度选定。

(1) 普通水泥混凝土面层宜为 4～6 m,面层板的长宽比不宜超过 1.35,平面面积不宜大于 25 m²。

(2) 碾压混凝土或钢纤维混凝土面层宜为 6～10 m。

(3) 钢筋混凝土面层宜为 6～15 m,面层板的长宽比不宜超过 2.5,平面面积不宜大于 45 m²。

极重、特重和重交通荷载道路的横向缩缝,中等和轻交通荷载道路邻近胀缝或自由端部的 3 条横向缩缝,收费广场的横向缩缝,应采用设置传力杆的假缝形式,其构造如图 11.8.2(a)所示。其他情况可采用不设置传力杆的假缝形式,其构造如图 11.8.2(b)所示。传力杆的设置不应妨碍相邻混凝土路面板的自由伸缩,钢筋表面应做防锈处理。

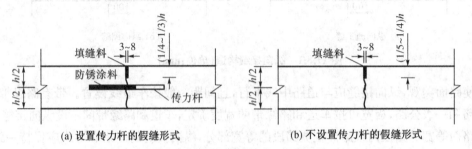

(a) 设置传力杆的假缝形式　　　(b) 不设置传力杆的假缝形式

图 11.8.2　横向缩缝构造(尺寸单位:mm)

横向缩缝顶部应锯切槽口,设置传力杆时槽口深度宜为面层厚度的 1/4～1/3,不设置传力杆时槽口深度宜为面层厚度的 1/5～1/4。槽口宽度应根据施工条件、填缝料性能等因素而定,宽度宜为 3～8 mm,槽内应填塞填缝料。二级及二级以下公路的槽口可一次锯切成型。高速公路和一级公路槽口宜二次锯切成型,在第一次锯切缝的上部宜增设宽为 7～10 mm 的浅槽口,槽口下部应设置背衬垫条,上部应用填缝料灌填,其构造如图 11.8.3 所示。

横向缩缝传力杆的尺寸、间距和要求可按表 11.8.2 数据选用。传力杆应采用光圆钢筋。最外侧的传力杆到纵向接缝或自由边的距离宜为 150～250 mm。

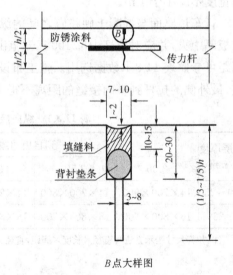

B 点大样图

图 11.8.3　二次锯切槽口构造(尺寸单位:mm)

表 11.8.2　横向缩缝传力杆的尺寸和间距　　　　　　　　单位:mm

面层厚度	传力杆直径	传力杆最小长度	传力杆最大间距
220	28	400	300
240	30	400	300

(续表)

面层厚度	传力杆直径	传力杆最小长度	传力杆最大间距
260	32	450	300
280	32~34	450	300
≥300	34~36	500	300

2) 横向胀缝

设置横向胀缝的目的是为水泥混凝土面层的膨胀提供伸长的余地,从而避免路面板在高温季节产生拱胀和折断破坏,同时胀缝也能起到缩缝的作用。在邻近桥梁或其他固定构造物处,或者与其他道路相交处,也应设置横向胀缝。胀缝条数应根据膨胀量大小设置。胀缝宽宜为20~25 mm,缝内应设置填缝板和可滑动的传力杆。横向胀缝的构造如图11.8.4所示。

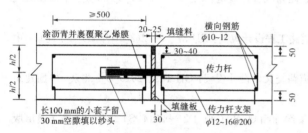

图11.8.4 横向胀缝构造(尺寸单位:mm)

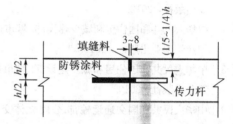

图11.8.5 横向施工缝构造(尺寸单位:mm)

3) 横向施工缝

每日施工结束或因临时原因中断施工时,必须设置横向施工缝,其位置宜选在胀缝或缩缝处。设在胀缝处的施工缝,其构造应与胀缝相同,如图11.8.4所示;设在缩缝处的施工缝,应采用加传力杆的平缝形式,其构造如图11.8.5所示。

11.8.3 接缝材料

接缝槽口超过3 mm时,均需加以填封,填封材料有填缝料和填缝板。填缝料应富有弹性、可压缩性大、不透水、耐疲劳,并能同混凝土表面黏附牢。常用的填缝料有:沥青玛蹄脂、沥青橡胶混合料、聚氯乙烯胶泥、聚氨酯及氯丁橡胶嵌缝条和沥青橡胶嵌缝条等。填缝板应选用能很好适应混凝土的膨胀收缩、施工时不易变形、耐久性良好的材料,如杉木板、沥青纤维板或泡沫橡胶板等。

【思考题】

1. 与沥青路面相比,水泥混凝土路面的优、缺点是什么?
2. 水泥混凝土路面结构组成是什么?主要设计内容有哪些?
3. 水泥混凝土路面结构受力分析计算采用的是什么理论?为什么采用这种理论?
4. 水泥混凝土路面设计指标有哪些?主要用于控制哪些病害?
5. 水泥混凝土路面板的接缝类型有多少种?在构造上有什么区别?

参考文献

[1] 中华人民共和国交通运输部. 公路工程技术标准：JTG B01—2014[S]. 北京：人民交通出版社，2015.

[2] 中华人民共和国交通部. 公路工程名词术语：JTJ 002—1987[S]. 北京：中国标准出版社，1987.

[3] 中华人民共和国交通部. 公路自然区划标准：JTJ 003—1986[S]. 北京：中国标准出版社，1986.

[4] 中华人民共和国交通部. 公路勘测规范：JTG C10—2007[S]. 北京：人民交通出版社，2007.

[5] 中华人民共和国交通运输部. 公路路线设计规范：JTG D20—2017[S]. 北京：人民交通出版社，2017.

[6] 中华人民共和国住房和城乡建设部. 城市道路路线设计规范：CJJ 193—2012[S]. 北京：中国建筑工业出版社，2012.

[7] 中华人民共和国住房和城乡建设部. 城市道路工程设计规范：CJJ 37—2012(2016年版)[S]. 北京：中国建筑工业出版社，2016.

[8] 中华人民共和国住房和城乡建设部. 城市道路交叉口设计规程：CJJ 152—2010[S]. 北京：中国建筑工业出版社，2010.

[9] 中华人民共和国交通运输部. 公路立体交叉设计细则：JTG/T D21—2014[S]. 北京：人民交通出版社，2014.

[10] 中华人民共和国交通运输部. 公路排水设计规范：JTG/T D33—2012[S]. 北京：人民交通出版社，2012.

[11] 中华人民共和国交通运输部. 公路路基设计规范：JTG D30—2015[S]. 北京：人民交通出版社，2015.

[12] 中华人民共和国交通运输部. 公路路基施工技术规范：JTG/T 3610—2019[S]. 北京：人民交通出版社，2019.

[13] 中华人民共和国住房和城乡建设部. 城市道路路基设计规范：CJJ 194—2013[S]. 北京：建筑工业出版社，2013.

[14] 中华人民共和国交通运输部. 公路沥青路面设计规范：JTG D50—2017[S]. 北京：人民交通出版社，2017.

[15] 中华人民共和国交通部. 公路沥青路面施工技术规范：JTG F40—2004[S]. 北京：人民交通出版社，2005.

[16] 中华人民共和国交通运输部. 公路水泥混凝土路面设计规范：JTG D40—2011[S]. 北京：人民交通出版社，2011.

[17] 中华人民共和国交通运输部. 公路水泥混凝土路面施工技术细则：JTG/T F30—2014[S]. 北京：人民交通出版社，2014.

[18] 中华人民共和国住房和城乡建设部. 城镇道路路面设计规范：CJJ 169—2012[S]. 北京：中国建筑工业出版社，2012.

[19] 中华人民共和国交通运输部. 公路路面基层施工技术细则：JTG/T F20—2015[S]. 北京：人民交通出版社，2015.

[20] 中华人民共和国交通运输部. 公路工程沥青及沥青混合料试验规程：JTG E20—2011[S]. 北京：人民交通出版社，2011.

[21] 中华人民共和国交通部. 公路工程水泥及水泥混凝土试验规程：JTG E30—2005[S]. 北京：人民交通出版社，2005.

[22] 中华人民共和国交通运输部. 公路工程无机结合料稳定材料试验规程：JTG E51—2009[S]. 北京：人民交通出版社，2009.

[23] 中华人民共和国交通运输部. 公路路基路面现场测试规程：JTG E60—2008[S]. 北京：人民交通出版社，2008.

[24] 中华人民共和国交通运输部. 公路工程质量检验评定标准 第一册 土建工程：JTG F80/1—2017[S]. 北京：人民交通出版社，2017.

[25] 沈志云，邓学钧. 交通运输工程学[M]. 2版. 北京：人民交通出版社，2017.

[26] 裴玉龙. 道路交通安全[M]. 北京：人民交通出版社，2018.

[27] 孙家驷. 道路勘测设计[M]. 4版. 北京：人民交通出版社，2019.

[28] 许金良. 道路勘测设计[M]. 5版. 北京：人民交通出版社，2018.

[29] 张志清. 道路勘测设计[M]. 3版. 北京：科学出版社，2016.

[30] 刘培文，赵永平，张映雪，等. 道路规划和勘测设计基础理论与实操技术[M]. 北京：人民交通出版社，2013.

[31] 杨少伟. 道路勘测设计[M]. 3版. 北京：人民交通出版社，2009.

[32] 孙家驷. 道路设计资料集—2—线路测设[M]. 北京：人民交通出版社，2001.

[33] 张雨化. 道路勘测设计[M]. 北京：人民交通出版社，1997.

[34] 邓学钧. 路基路面工程[M]. 3版. 北京：人民交通出版社，2008.

[35] 黄晓明. 路基路面工程[M]. 4版. 北京：人民交通出版社股份有限公司，2014.

[36] 黄晓明，李昶，马涛. 路基路面工程[M]. 2版. 南京：东南大学出版社，2011.

[37] 邓学钧，陈荣生. 刚性路面设计[M]. 2版. 北京：人民交通出版社，2005.

[38] 黄卫，钱振东. 高等沥青路面设计理论与方法[M]. 北京：科学出版社，2001.

[39] 黄仰贤. 路面分析与设计[M]. 余定选，齐诚，译. 北京：人民交通出版社，1998.

[40] 沈金安. 国外沥青路面设计方法总汇[M]. 北京：人民交通出版社，2004.

[41] 凌天清. 道路工程[M]. 4版. 北京：人民交通出版社，2019.

[42] 王强，焦玲. 道路工程[M]. 徐州：中国矿业大学出版社，2017.

[43] 张超，支喜兰. 道路工程[M]. 北京：人民交通出版社，2018.

[44] 徐家钰，王凤丽，杜海明. 道路工程[M]. 3版. 上海：同济大学出版社，2015.

[45] 张兴强. 道路工程[M]. 2版. 北京：清华大学出版社，北京交通大学出版社，2012.

[46] 王清友，杜丽惠. 道路工程[M]. 北京：清华大学出版社，2012.

[47] 凌天清. 道路工程试验检测技术[M]. 重庆：重庆大学出版社，2011.

[48] 周明华. 土木工程结构试验与检测[M]. 南京：东南大学出版社，2002.

[49] 潘兵宏. 山区高速公路平均纵坡研究[D]. 西安：长安大学，2008.

[50] 陈渤. 山区高速公路长大下坡路段避险车道设计方法研究[D]. 成都：西南交通大学，2007.